대한제국의 토지조사와 토지법제

The Land Survey and the Legislation of Land Law in the Daehan Empire

Wang Hyeon Jong

이 저서는 2011년 대한민국 교육부와 한국학중앙연구원(한국학진흥사업단)의
한국학총서사업(모던코리아 학술총서)의 지원을 받아 수행된 연구임(AKS-2011-DAE-3104)

This work was supported by Korea Studies Series through the Ministry of Education of the Republic of
Korea and Korean Studies Promotion Service of the Academy of Korean Studies (AKS-2011-DAE-3104)

한국 근대의 토지와 농민 총서 2

대한제국의 토지조사와 토지법제

왕 현 종 지음

혜안

한국역사의 사회성격을 규명하는 데 토지와 농민은 가장 핵심적인 주제이다. 전근대사회에서 농업은 가장 중요한 산업이고, 대부분의 인구가 농민이거나 농업과 관련된 일에 종사하고 있었기 때문에 토지와 농민, 그리고 농업 문제는 한국역사의 사회성격을 규명하는 핵심적인 고리였다. 이에 '토지'와 '농민'이라는 키워드를 통하여 한국의 근대를 탐구한 것이 바로 〈한국 근대의 토지와 농민 총서〉(총5책)이다.

이 총서는 5명의 연구자들이 각기 저술한 5권의 연구서를 묶은 것으로, 연구에 참여한 5명은 모두 한국역사연구회의 토지대장연구반에서 함께 활동하고 있다. 토지대장연구반 반원들은 조선의 근대 이행기에 농업과 토지소유 제도를 연구함으로써 한국 근대사회의 성격을 규명하고자 노력해왔다.

한국사에서 역대 왕조의 정부는 체제를 유지하기 위해 세금을 징수하고, 그 부세원을 파악하기 위해서 토지를 조사하고 그 소유와 경작관계를 파악하였다. 양안(量案) 및 토지대장 등의 자료들은 그 결과물로 생산되었다. 정부는 이 장부들을 바탕으로 지세를 징수하고, 토지소유권을 확인해주는 일을 행하였다. 연구반은 국가운영의 기초가 된 양안 장부들을 바탕으로 당시의 사회상을 재구성하기 위하여 연구해왔다. 또한 한국사회가 중세에서 근대로 이행해갈 때 토지의 소유권 및 조세 등의 토지문제와 생산 농민의 사회적 지위를 밝힘으로서 당해 사회의 성격을 규명하고자 노력해

왔다.

지난 30년의 기간 동안 연구반은 여러 공동 연구업적을 제출하였다. 대한제국의 광무양전사업과 광무양안에 대한 공동 연구 결과물인『대한제국의 토지조사사업』(민음사, 1995)을 시작으로『대한제국의 토지제도와 근대』(혜안, 2010), 경자양전을 통하여 조선후기 토지제도를 살핀『조선후기 경자양전 연구』(혜안, 2008), 자료 발굴을 통하여 창원군 일대를 대상으로 일제의 토지조사사업을 연구한『일제의 창원군 토지조사와 장부』(선인, 2011)와『일제의 창원군 토지조사사업』(선인, 2013) 등이 대표적이다.

이로써 연구반의 연구활동은 토지와 농민, 그리고 사회경제적 측면에서 근대성에 대한 학계의 논의에서 항상 중심에 서 있었다. 대한제국기 양전사업의 목적과 평가를 비롯하여 대한제국의 성격에 대한 포괄적인 논쟁을 다루었으며, 동시에 일제의 토지조사사업(1910~1918)에 대한 논쟁에도 '수탈론'이나 '식민지근대화론'에서 제기한 연구 성과를 재검증하는 작업을 수행하기도 하였다. 이처럼 총서는 조선후기-대한제국-일제강점기에 이르는 토지조사와 토지제도에 대한 주제들에 대하여 다양한 자료의 발굴과 연구방법을 통하여 토지와 농민을 중심으로 하는 한국의 근대와 그 대안을 모색하고자 하였다.

〈한국 근대의 토지와 농민 총서〉의 각 권은 아래와 같은 문제의식을 가지고 있다.

최윤오의『조선후기 토지개혁론과 양전제』는 조선후기 유자들의 전제개혁론을 복원하여 그 특징을 추적하고, 그것이 체제유지와 개혁에 이르기까지 다양한 층위로 나타나고 있음을 확인하고자 하였다. 특히 1720년 경자양전 사업을 전후한 시기의 양전제와 유형원 공전법과 유집일 방전법 등을 비교하여 조선후기 체제위기 타개책의 특징과 그 역사적 성격이 지향하는 바를 밝히고자 하였다.

왕현종의『대한제국의 토지조사와 토지법제』에서는 개항 이후 조선사회의 토지문제 해결과 외국인의 토지침탈 대책 속에서 광무양전 관계발급 사업이 행해지고 토지법제화가 진행되는 일련의 과정을 살펴보았다. 이는 대한제국의 토지법제에 대한 이론적 배경과 근대 토지제도의 수립 방향을 밝히려는 시도였다. 따라서 19세기말 한국인의 주체적인 토지제도 수립 노력을 검토함으로써 대한제국이 전통에서 근대로의 독자적인 이행의 길을 지향했음을 알 수 있다.

최원규의『일제의 토지조사와 소유권 분쟁』은 일제가 토지조사사업에서 생산한 자료를 조사 분석하여 그 실상과 속내를 밝힌 것이다. 특히 공토의 '수조권'이 국유지의 '소유권'으로 전환되어 가는 모습과 민유지환급론의 실상을 해명하였다. 이것은 기존 연구의 소유권 중심적 분석틀에서 벗어나 중답주 도지권 등의 물권도 시야에 넣고 분석하여 추출한 결과물이다. 일제는 구래의 토지권을 배타적 소유권으로 재편해간 것이다.

이영학의『근대 전환기의 농업정책과 농정론』에서는 19세기 중엽부터 1920년대까지 정부의 농업정책을 두 단계로 나누어 고찰하였다. 먼저 조선 정부는 농업의 근대화를 위해 어떠한 노력을 기울였는가를 살펴보고, 다음으로 통감부 시기 이후 일본제국주의가 조선의 자주적 근대화의 노력을 좌절시키고 식민지화해 간 과정을 농업정책을 통하여 살펴보고자 하였다.

허원영은『한국 근대 양반지주가의 경제활동』을 통하여 두 양반지주가 문의 농업경영과 경제생활을 추적하였다. 이 연구는 두 가문에서 생산하여 전해 온 수천여 점의 고문서를 촘촘하게 배치하고 다양하게 분석한 실증적 연구이다. 조선후기로부터 일제강점기에 걸친 근대이행기를 배경으로, 지주라는 경제적 배경을 지닌 전통적 지배엘리트의 경제활동을 재구성하였다.

마지막으로 〈한국 근대의 토지와 농민 총서〉를 발간할 수 있도록 지원해 준 한국학중앙연구원 한국학진흥사업단에 감사의 말씀을 드린다. 또한 어려운 출판여건 속에서 흔쾌히 본 총서의 발간을 맡아 주신 도서출판 혜안에게 깊은 감사의 마음을 전한다.

이 총서가 한국 근대 역사상의 규명에 조그마한 도움이 되었으면 하는 바람이다. 앞으로도 토지대장 연구반은 공동연구를 통하여 한국 근대 토지제도의 역사상을 규명하는 데 노력할 것이다.

2017년 1월

〈한국 근대의 토지와 농민 총서〉 필자 일동

서언

　이 책은 1898년부터 1904년까지 지속된 대한제국의 토지조사사업, 즉 광무 양전·지계사업을 근대적 토지조사와 토지법제의 수립과정으로 검토하려는 것이다.

　이 시기 근대적 토지제도의 수립 문제는 1910년대 이래 흔히 일제의 조선토지조사사업에서 비롯되었고, 일제의 '사업'이야말로 근대적 토지조사와 법제 수립의 잣대로 간주되어 왔다. 대한제국의 토지조사사업에 대한 최초 논쟁은 이미 1970년대 중반에 있었으나 1990년대 이후에야 심화되었다. 대한제국의 사업은 토지조사의 엄밀성이나 사적 토지소유권의 확립의 측면에서도 수준에 미치지 못하거나 그나마도 완성할 수 없는 실패한 사업으로 평가되었다. 이로써 기존 1970년대의 연구시각을 비판하는 것에서 시작하여 광무양안에 대한 실증적인 연구에 이르기까지 다양한 방면으로 비판이 확대되었다.

　본 연구는 기존 대한제국의 양전·지계사업에 대한 긍정적인 연구 성과를 수용하면서 19세기 중반이후 20세기 초반에 이르는 수십 년간 토지제도 개혁의 논의를 재검토하고, 19세기 후반 조선의 토지제도 개혁의 방향과 구체적인 추진과정을 밝혀보려고 하였다. 여기에 해명 과제는 이 시기 전통적인 양전 방식의 재검토가 이루어졌는지, 토지소유자의 소유권을 어느 정도 중시했는지의 여부였다.

　그런데 개항 이후 서구와 일본의 경제적 침략이 이루어지는 시기로 개항장의 조계지를 통한 외국인의 토지침탈이 이루어졌으므로 이와 연계하여 이루어지는 토지제도 개혁을 검토해야 했다. 그래서 조계지내 외국인 토지의 소유권 확정뿐 아니라 조계지 이외 지역의 토지 가옥 침탈에 대해서도 상세하게 다루려고 했다. 1883년 이후 한성부내 잡거지 확대를 통한 외국인의 토지·가옥 침탈 사례와 이에 대한 대항으로 고안된 가계(家契) 제도의 출현을 다루었고, 1890년대 후반 이후 전국적으로 외국인의 토지침탈에 대한 대책으로 전면적인 양전·지계사업과 토지제도 개혁이 기획되었음을 다루었다.

또한 1897년 대한제국의 성립 이후 의욕적으로 추진한 양전·지계사업의 추진과정을 자세하게 다루면서 당시 고종황제와 집권세력이 추구한 토지개혁의 구상과 추진내용을 부각시켜 이해하려고 했다. 기존 연구와 다른 점은 1899년 양전시행 조례의 실체를 처음으로 밝혔고, 이를 기초로 각군 양전사업이 이루어지고, 광무양안을 완성하는 단계에 이르렀음을 확인할 수 있었다. 특히 대한제국의 토지제도 개혁 내용 중에서 토지소유자에 대한 규정과 소유권 확인 과정에 대해서 중점을 두고 다루었다.

이 연구의 전체적인 구도는 근대적 토지제도의 형성이 일본제국주의의 정책에 의해 주어지는 것이 아니라 대한제국이 국가적 차원에서 하나의 토지제도 수립 원칙을 마련하고 추진하였다는 것이다. 이를 위해서는 사실 대한제국 아래 국민들이 가진 토지소유권 이해와 당시의 소유권 보장 체계 등을 비교하여 다루려고 하였다. 그러므로 대한제국의 토지법제 구상은 국가 정부 차원의 정책적인 레벨에서만이 아니라 전국적인 토지관련 기획을 구상하는 관료, 지식인들의 토지문제 인식과 토지개혁 사상에서 나온다는 점에 주목하려고 하였다.

한편, 필자는 오랫동안 근대 토지제도의 형성과 근대 국가 수립이라는 연구 과제를 다루고 있다. 이에 따라 이 책은 필자의 또 다른 저서, 『한국 근대 토지제도의 형성과 양안 − 지주와 농민의 등재기록의 변화』(혜안,

2016)와 연결되는 책이다.

이 책은 2011년에 한국학중앙연구원으로부터 지원받은 학술교양총서로 기획되었다. 한국역사연구회 토지대장연구반의 성원들이 주축으로 구성되어 있는 과제인 '한국 근대의 토지와 농민 총서' 시리즈 2번째 권에 속한다.

이 책은 원래 총서의 이름과 같이 학술과 교양의 측면을 모두 만족시키는 저서를 목표로 하였지만, 실제 내용에서는 교양적인 측면보다는 학술적인 측면이 더 비중이 높다. 그럼에도 진정 학술서로서 대한제국의 토지제도 특성과 토지 법제화의 방향을 제대로 다루고 있는지 염려하는 바가 크다.

이 책이 나오기까지 한국역사연구회 토지대장연구반 이영학·최원규 선생님을 비롯한 회원들의 도움과 질책을 받았다. 기존의 통설을 최대한 반영하면서 일부의 장은 새로 사료를 보충하여 확대한 것도 있었지만, 책의 기획에 맞게 새로운 장을 추가하였다. 그럼에도 교양서적으로서 자격을 갖추기 위해 이해하기 쉽게 서술하지 못했다는 난점이 있었음을 고백한다. 독자들의 양해와 질정을 바란다.

짧은 시간에도 출판을 위해 원고를 잘 다듬어 주신 혜안 출판사의 오일주 사장님을 비롯한 김태규·김현숙 편집자님에게 감사의 말씀을 올린다. 이 책이 나오기까지 함께 지켜준 연세대학교 원주 사학과 대학원 석·박사 학생들과 또한 필자의 한국근대사 강좌를 열심히 경청해준 역사문화학과 수강생들에게도 고맙다는 인사를 전하고 싶다.

마지막으로 필자의 연구 작업을 오랫동안 지켜봐준 우리 가족과 친구들에게 고마움을 전하고 싶다.

2017년 1월
매지리 연구실에서 필자 씀

목차

서장 :
대한제국기 근대적 토지제도 개혁의 의미

1. 서언

19세기 중반 개항 이전 조선사회는 조선후기 이래 사회경제적 변화로 인하여 내부적으로 크게 요동치고 있었다. 17세기 이래 농업에서의 변화가 생산력적 발전을 가져오고 사회 전반에 상품화폐경제를 점차 발전시켰으며, 농업에서 지주와 농민 관계의 변화를 초래하고 있었다. 이에 따라 19세기 중반에는 사회적 분업 및 신분적 변화가 조선사회의 구조를 밑으로부터 뒤흔들고 있었다.

1876년 이래 일본에 의한 강제 개항과 1880년대 초 미국을 비롯한 프랑스, 독일 등 서양 제국 열강과의 통상확대가 나타났다. 이는 조선사회의 대내·내외적 변화에 큰 영향을 미쳤다. 개항장과 국내시장과의 불평등 교환에 따라 일본 상인의 상권 및 토지침탈이 점차 확대되었다.

1880년대에는 외국 상권에 의한 국내 시장의 침탈이 문제였다면, 1894년 청일전쟁과 농민전쟁 이후에는 본격적으로 국외 시장의 압도적 압력에 의한 국내 시장의 재편이 본격화되는 시기였다.[1] 이후 제국주의 열강,

---

1) 19세기말 근대사의 연구동향은 『한국사론』 25(국사편찬위원회, 1995)와, 『역사학보』 각 년도 한국근대사 관련 회고와 전망에 실려 있다. 이영호, 2006, 「동아시아

특히 청·일 상인층이 토지를 침탈하고 있었으므로 이 시기에는 민족간 및 민족내 계급문제로 토지문제가 부각되고 있었다.

개항 당시 조선사회의 기간산업은 역시 농업이 중심이어서 이곳에서 나오는 생산물과 그것의 교환이 가장 중요한 문제로 되어 있었다. 결과적으로 토지를 둘러싼 소유와 경작 문제는 국내 계급문제에 국한되는 것이 아니라 열강의 토지침탈과 맞물려 심각한 사회문제로 확대되고 있었다.

1) 개항 이후 토지제도의 변화는 어떻게 보고 있나?

여기서 다루려는 주요 문제는 외래 자본주의 시장체계의 개편과정에서 기존의 토지소유권과 경작관계가 어떻게 적용·변용·발전하게 되는가이다. 종래 연구에서는 토지소유권의 근대화 과정을 흔히 토지소유자인 지주가 어떻게 근대적 토지소유권자 및 지주로 변모되는가를 주로 다루어왔다. 그렇지만 토지소유권의 개념 성립이나 소유권자로서의 지주와 경작 농민과의 관계를 어떻게 다루어야 하는가 하는 문제를 검토하지 못했다.

여기에서는 실증적인 차원에서 '양안(量案)과 지계(地契)'가 왜 이 시기에 출현하였으며, 토지소유권의 기재방식의 변화라는 차원에서 어떤 과정을 거쳐 제도화되었는가를 다루려고 한다. 또한 근대 법체제의 출현과 관련하여 이론적인 차원에서는 토지소유권의 특성을 규정하는 대한제국의 법제화와 그 수준을 살펴보려는 것이다. 2개의 측면을 해명하는 것이 19세기에서 20세기 초로 넘어가는 한국사회의 근대적 전환의 기본 축을 설명하기 위한 전제라고 생각하고 있다.

이 문제를 보다 구체적으로 살펴보기 위해서는 연구사적인 문제 설정이

국제질서의 변동과 대한제국 평가논쟁−2005년 한국근대사 연구의 쟁점」『역사학보』191 ; 왕현종, 2010, 「한국 근대사의 전통·근대의 연계와 동아시아 관계사 모색」『역사학보』207 참조.

필요하다. 우선, 지금까지 개항 이후 대한제국기 토지소유권 제도의 도입과 전개에 관한 연구를 다시 검토할 필요가 있다.

1945년 해방 이후 가장 큰 초점이 되었던 것은 일제의 토지조사사업의 근대성 여부를 다루는 것이었다. 한국 근대토지제도의 수립과정에서 이 사업은 근대 토지제도로서 의심할 바 없이 분명한 것으로 간주되었다. 그렇지만 해방 이후 이를 비판하면서 대한제국이 추진하는 광무 양전·지계 사업을 근대적 토지제도의 또 다른 수립과정으로 평가하게 되었다.

한편 1980년대 중반부터는 초기 연구에 대해 지계사업과 관련해서는 일부 추진의도를 인정하면서도 근대적 소유권의 법인이라는 측면에서 제도상으로나 실질상으로도 결함이 많다고 비판하고 있다.

이렇게 일제의 토지조사사업과 대한제국의 양전·지계사업의 논쟁은 현재 명확한 결론을 내지 못한 채 대치하고 있다.

2) 개항장 조계지의 지계는 어떤 영향을 끼쳤나?

지금까지 개항장 연구는 주로 제국주의의 상권 확대와 토지침탈이라는 측면에서 다루어졌다. 즉 일본인 거류민과 거류지 현황에 대한 연구가 초점이었다. 한말 개항장을 중심으로 외국인 거류지의 종류와 성격, 조직체계 등을 다루었다.[2] 또한 1880년대 일본인들이 서울에 들어와 자리 잡는 과정을 검토하고 청일·러일전쟁을 거치면서 일본인 상권이 확대되는 과정을 추적하였다. 개항 이후 외국 상인의 서울 상권 침투에 대한 구체적인 연구가 진행되었다.[3] 최근에는 도시발달사의 입장에서 한말 일제강점기

---

2) 이현종, 1967, 「구한말 외국인 거류지의 종별과 성격」『진단학보』 31 ; 이현종, 1975,『한국개항장연구』, 일조각 ; 손정목, 1994,『한국개항기도시변화과정연구』, 일지사.

3) 한우근, 1970,『한국개항기의 상업연구』, 일조각 ; 김정기, 1989, 「1890년 서울상인의 철시동맹파업과 시위투쟁」『한국사연구』 67 ; 이병천, 1985, 「개항기 외국상인

한성부 및 개항장 도시의 변화를 연구하고 있다. 여기서는 단지 일본의 토지침탈 보다는 전통과 근대의 변화, 혹은 자본주의 도시화라는 시각으로 바라보고 있다.[4]

이렇게 초기 개항장 연구에서는 1876년 개항 이후 개항장에 도입된 '지계제도(地契制度)'를 주목했다.[5] 이 지계제도는 서양 선진 자본주의 제국과 청·일 후진 자본주의국가에서도 토지소유권을 보장하기 위해 필수적인 제도였다. 지계제도는 19세기 중반 불평등한 개항장 제도를 통해서 외국인이 조계지내에서 합법적으로 취득한 토지의 소유권을 보장하기 위한 제도였다. 그런데 개항장의 지계제도 도입과 관련하여 일제의 개항통상 강요나 일련의 근대적 개혁 요구에 의해 '수동적으로' 전개된 것으로 이해되는 경향이 있다. 또한 19세말 조선사회의 사회발전 수준을 크게 낮추어보는 시각은 소위 '근대와의 단절'이라는 관점과 연결되었다.

다른 한편 1894년 조선을 둘러싼 청·일과 제국주의 열강의 각축은 기본적으로 조선의 경제체제를 근대 자본주의 형태로 개편하고 조선을 식민지하려는 침략의도에서 말미암은 것이었다. 자본주의화의 추세에 대응하여 조선 내부의 근대적 대응 양태가 매우 더디게 진행되었으며, 더욱이 1884년 갑신정변의 실패에 이어 1894년 갑오개혁도 역시 성과를 제대로 이루지

의 침입과 한국상인의 대응」, 서울대 경제학과 박사학위논문 ; 박찬승, 1992,「러일전쟁 이후 서울의 일본인 거류지 확장 과정」『지방사와 지방문화』5-2 참조.

4) 전우용, 1997,「19세기말~20세기초 한인 회사연구」, 서울대학교 국사학과 박사학위논문(『한국 회사의 탄생』, 서울대학교 출판문화원, 2011) ; 고석규, 2004,『근대도시목포의 역사, 공간, 문화』, 서울대 출판부 ; 민유기, 2007,「한국 도시사 연구에 대한 비평과 전망」『사총』64 ; 박은숙, 2009,「개항기(1876~1894) 한성부 5部의 차별적 변화와 자본주의적 도시화」『한국사학보』36 ; 김종근, 2003,「서울 중심부의 일본인 시가지 확산 : 개화기에서 일제강점 전반기까지(1885~1929년)」『서울학연구』20 참조.

5) 이현종, 1966,「구한말 인천청국거류지치폐고」『동국사학』9 ; 손정목, 1982,「개항장·조계제도의 개념과 성격 - 한반도 개항사의 올바른 인식을 위하여」『한국학보』8권 1호 ; 최원규, 2001,「19세기 후반 지계제도와 가계제도」『지역과 역사』8 참조.

못했기 때문에 외세에 의한 일방적인 자본주의화 과정으로 보았다. 최근까지도 경제사학계의 일각에서는 19세기말 조선사회의 경제 구조를 지나치게 낙후된 것으로 보면서 근대적 토지소유제도의 미비를 자본주의 발전의 후진성 내지 맹아적 발전의 부정으로 취급하고 있다.[6]

그런데 근대적인 토지소유권의 권리문서로 주목되는 '지계'는 조선사회 전체에 도입된 것은 아니었고, 일부 개항장에 국한되었을 뿐이었다. 종래 조선사회의 토지소유권을 보장하는 제도나 문서 등과는 판이하게 달랐기 때문에 전체 조선사회의 토지제도로 수용되기는 어려웠다. 그렇지만 당시 경제적 현안에 대한 논거를 비록 전통적인 사유에 입각하고는 있음에도 불구하고 그러한 바탕에서도 근대적 개념과 법제를 수용하려고 했던 당대 지식인과 조선국가의 개혁발상을 주목할 필요가 있다. 왜냐하면 1890년대 후반 조선사회의 토지제도 개혁은 바로 대한제국의 시대적 과제이자 국가적 숙원사업으로 추진하려고 했기 때문이다.

3) 대한제국기 고종과 집권 세력은 어떤 개혁을 추진하였나?

대한제국시기 국가체제 개혁의 핵심은 아무래도 토지소유와 생산관계의 변화를 가져오게 하는 토지개혁에 있었다. 이를테면, 대한제국은 토지소유자인 지주의 소유권 강화와 국가적 통제를 지향하고 있었지만, 농촌사회 내부에 만연해 있는 지주 소작관계의 갈등, 몰락농민층의 빈곤에 대해 외면할 수는 없었다. 이러한 농촌현실에 대한 국가의 대응 방식은 그야말로 1898년 이후 광무양전사업의 추진에서 여실하게 드러나 있었다.

---

6) 경제사학계 내부에서도 한국 자본주의 맹아의 수준을 놓고 한창 논쟁 중이다. 이헌창, 2008, 「조선후기 자본주의 맹아론과 그 대안」, 『한국사학사학보』 17 ; 우대형, 2008, 「조선 전통사회의 경제적 유산−낙성대경제연구소의 연구성과를 중심으로」, 『역사와 현실』 68 ; 정승진, 2009, 「김용섭의 원축론과 사회경제사학의 전개−≪조선후기농업사연구Ⅰ·Ⅱ≫를 중심으로」, 『한국사연구』 147 참조.

1898년부터 대한제국은 전국적으로 토지를 조사하고 토지소유자에게 지계를 발급하기 위한 사업을 추진하였다. 이는 '양전·지계사업'으로 불리었다. 1898년 7월 양전을 담당할 기구로서 양지아문을 설립하였으며, 한성부로부터 전국적으로 토지측량사업을 확대시켰다. 1901년 10월에는 지계를 발급하기 위한 기구로서 지계아문을 설립했다. 이에 양지아문의 토지측량사업을 인수받아 지계아문은 1902년 3월부터 순차적으로 각 지방의 양전과 관계발급사업을 진행시키고 있었다.

 대한제국의 양전사업은 전통적인 양전 방식을 사용하면서도 근대적 측량법을 수용했으며, 토지소유자와 경작자를 각각 시주와 시작으로 파악하여 토지제도의 개혁과 국가적 관리를 효율적으로 이루려고 하였다. 대한제국 정부의 시도는 서구식 토지조사 방식으로 대체하려는 의도를 가지고 있었다. 또한 사적인 토지소유권자의 소유권 보호만을 지향하거나 국내의 토지소유자를 보호할 뿐만 아니라, 경작자인 농민의 권리도 보장하려는 다면적인 정책을 취하였다고 평가할 수 있다. 대한제국의 개혁은 당시 국내외 정세 속에서 매우 위태로운 상황을 맞이하고 있었다. 즉 전통과 근대적 잣대와의 절충, 토지소유를 둘러싼 지주와 농민, 그리고 외국인 소유자와의 갈등 해소, 또한 국가의 토지 관리와 사적 토지소유권 보장 등 상반된 이슈들에 대해 대처해 나가야했다.

 따라서 대한제국의 토지제도 개혁을 이해하기 위해서는 먼저 개항 이후 서구적 토지제도를 어떻게 도입하고 있었는지, 또한 전통적인 사유에 입각한 근대적 토지제도의 수립 움직임이 어떻게 전개되었는지 양 측면에 주목할 필요가 있다. 또한 개항 이후 서구 열강과의 통상 확대로 말미암아 서구적인 토지소유권 개념이 도입되었으며, 조계지를 활용한 외국인의 토지소유 확대가 국가적 차원의 이슈로 되었음도 살펴보아야 한다. 그리고 조선 지식인들과 조선 정부, 이후 대한제국 정부는 외부적인 힘의 강제에 대응하여 어떻게 주체적으로 근대 토지제도를 수립하려고 하였는지 하는 내재적 대응의 측면을 다루어야 한다.

2. 개항 이후 통상조약 확대와 개항장 조계지·거류지 문제

1876년 일본에 의한 강제 개항 이후 부산을 비롯하여 원산과 인천에 개항장이 설치되었다. 일본은 조선시기 초량왜관이 있었던 곳을 개항장으로서 일본의 전관거류지를 설정함으로써 첫 개항장으로 일본에 유리한 형태로 출발하였다.[7] 부산 개항장은 일본 상인의 상업과 토지소유권 등을 규정한 조계지와 비슷한 성격을 가졌다. 일본은 이전의 왜관 설치의 연장선상에 있는 것으로 주장하면서 거류지역소, 영사관, 경찰서, 상업회의소, 금융기관, 병원 등과 같은 시설들을 설치하고 독자적인 행정과 경찰권을 설정하려고 했다.[8]

이후 1882년 4월 인천의 개항은 조선측 전권 신헌(申櫶)과 미국측 전권 슈펠트(R. W. Shufeldt) 사이에 체결된 「조·미 수호통상조약」, 1882년 5월 23일 「조·독 수호통상조약」 등이 계기가 되었다.[9] 인천에는 개항 이전인 1882년 4월 일본영사관이 먼저 설치되었고, 1883년 9월 '인천항 일본인 조계차입약서'에 의해 약 7천 평의 일본 전관 거류지의 조계가 설정되었다. 더욱이 인천 개항장 조계의 토지는 거의 무상에 가까운 대가로 일본인에게 영구히 대여되었다. 그래서 이곳 조계지에서는 조선 법률의 적용을 받지 않는 '치외법권' 지역으로 일본의 영사재판권이 행사되었다.

한편 1883년 10월에 체결된 「한·영 수호통상조약」(Parkes조약)에서는

---

7) 이현종, 1975, 앞의 책, 일조각, 18~19쪽 ; 손정목, 1994, 앞의 책, 일지사, 441쪽.

8) 차철욱, 2004, 「개항기−1916년 부산 일본인상업회의소 구성원 변화와 활동」『지역과 역사』14 ; 전성현, 2006, 「일제하 조선상업회의소 연합회의 산업개발전략과 정치활동」, 동아대학교 박사학위논문.

9) 이광린, 1991, 『근대사강좌(Ⅴ)−근대편』, 일조각 참조.

4조 1항에 "양국이 조약을 체결하고 시행된 날로부터 조선국 인천부 제물포, 원산 및 부산 각 개항장 및 한양성 양화진을 통상지역으로 정하여 영국인이 무역할 수 있도록 한다"고 규정하였다. 다음으로 「한·영 선후속조」내에 "중국이 장차 한성 개잔을 철폐로 받아들인다면 각국도 역시 이 권리를 원용(援用)하지 않겠다"는 단서 조항을 삽입하였다.[10] 이로 인하여 "조계 밖 10리 범위 내에서 외국인이 토지를 구입 임차하여 거주할 수 있음"을 명문화하여 조계지의 범위와 규정을 확대시켰다.

그런데 1885년 조청상민수륙무역장정에서도 인천과 부산에 청국 상인의 전관조계를 설정할 때 '지계(地界)'라는 용어를 사용하였다. 개항 초기부터 조선 정부가 외국에 허여한 것은 조계지로서 토지를 영구히 차여하는 형식으로 특권의 허여이기는 하나 결코 영토의 할양은 아니었다. 당시 조계지에는 당해 토지를 '영구차입'하는 형식을 취하였기 때문에 완전한 소유권을 인정한 것은 아니었다. 다만 일정한 지세를 납부하는 의무를 부과하였다. 이러한 권리는 이른바 영대차지권(永代借地權)이라고 하여 영원히 토지소유권을 보장하는 것인가[영조(永租)] 아니면 잠정적으로 토지 소유권을 보장한 것인가[잠조(暫租)]의 여부가 쟁점이 되고 있었다.

인천 개항장에서는 각국 상인들을 위한 거류지를 설정하면서 일정 구역을 일괄하여 조선 정부가 직접 외국상인에게 토지를 불하하는 방식을 취하였다. 이는 해당 지역을 각국에 전관조계지로 설정하지는 않았기 때문에 '조계지(Concession)'가 아니라 기본적으로는 '거류지(Settlement)'에 해당하는 것이었다.[11] 1883년 9월 인천에 감리서를 설치하여 외국영사와의 교섭, 조계 안에서의 일체 사무, 개항장에서의 상품수출입과 세액을

---

10) 「한·영 수호통상조약」, 「한·영 수호통상조약 선후속약」, 『구한말조약휘편』(중), 315쪽, 368쪽 참조.

11) 손정목은 개항장 조계지의 성격을 '거류지(settlement)'와 '조계지(concession)'로 나누고 후자를 독자적인 영역과 행정, 사법, 경찰권이 별도로 주어지는 '조계지'로 규정하여 전자와 구별하였다(손정목, 1982, 앞의 논문 참조).

결정하는 등 관세업무, 외국상인과 왕래하는 조선 상인의 보호, 개항장 상업 치안 질서 유지 등 개항장 내 모든 사무를 전담하여 처리하게 되었다. 이에 1884년 인천에서는 일본 전관조계 부근에 약 5천 평(혹은 3,853평)의 청국 전관조계와 14만평의 각국 공동 거류지의 조계가 설치되었다.

1890년대 인천은 점차 조선 최대 무역항으로 성장하면서 많은 일본의 모험 상인들이 들어왔다. 일본은 해안 매립을 통해 거류지의 확장을 도모했으나 이를 허가하지 않았고, 청일전쟁 이후에는 일본인이 더욱 유입되었기 때문에 다른 거류지로의 침투가 이루어졌다. 결국 공동조계에 거주하는 일본인의 인구와 소유면적이 대다수를 차지하게 되었다.[12] 인천 개항장에서 압도적인 비중을 차지하는 일본거류민은 공동조계에서 지배적인 위치를 차지하고 있었지만, 자치조직인 신동공사(紳董公司)의 역원으로 활동할 수밖에 없었고, 영국과 러시아 등의 간섭을 받게 되었다.[13]

대한제국에 들어와서 추가로 개방된 개항장으로 1897년 7월 목포, 진남포를 개방하였다.[14] 이때 대한제국의 의정부는 추가 개항지를 결정하고 이를 각국 사신들에게 통고하는 형식으로 확대 개방을 추진하였다.[15] 물론 일본을 비롯한 열강이 1894년 갑오개혁 이래 계속해서 추가 개방을 요구한 데 따른 것이기는 하나, 대한제국 정부의 주도적인 개방의 성격이

---

12) 1895년 현재 일본인은 709호 4,148명이었고, 이는 인천 내에 거주하는 조선인 1,146호 4,728명과 비슷한 숫자였다. 1897년에는 조선인 8,923명, 일본인 3,949명, 중국인 1,331명, 기타 외국인 57명 정도였다(『신찬 인천사정』, 인천학연구원 인천학 자료총서 4, 2007 참조).

13) 박준형, 2008, 「1890년대 후반 한국 언론의 '자주독립'과 한청 관계의 재정립」 『한국사론』 54 ; 박준형, 2009, 「청일전쟁 발발 이후 동아시아 각지에서의 청국인 규제규칙의 제정과 시행」 『한국문화』 49 ; 양홍석, 2008, 「개항기(1876~1910) 한·미 간의 치외법권 사례 분석」 『동학연구』 24 ; 한철호, 2008, 「갑오개혁·아관파천기 (1894~1897) 일본의 치외법권 행사와 조선의 대응」 『한국민족운동사연구』 56 참조.

14) 한철호, 2008, 「대한제국기 목포항의 무역구조와 유통권의 변동(1897~1910)」 『호남 문화연구』 42.

15) 『조선왕조실록』 1898년(고종 35, 광무 2), 5월 26일 참조.

컸다. 그렇지만 독일의 청국 교주만 점령으로 인하여 1898년 이후에는 서양 열강이 한국에 조차지를 요구할 수 있다는 우려를 갖고 있었다. 이에 대해 대한제국 정부는 사전에 세계열강에의 개항을 통해 열강간의 상호견제로 인해 세력 균형 속에서 실익을 도모하고 대한제국의 안전을 도모한다는 고육책을 취했다.

이로 인해 계속해서 전국 요지에 개항장을 추가 설치했는데, 1899년 5월에 다시 군산, 성진, 마산을 개항하였다.[16] 이 세 곳의 개항지에서는 공동조계지가 설정되었는데, 이전의 목포와 진남포와 같이 자발적인 개항장 설치였지만, 그동안 러시아와 일본의 세력 다툼이 더욱 치열해졌다. 마산에서의 조계를 둘러싼 러시아와 일본간의 각축은 심각하였다. 이때 '조계지'라는 성격보다는 '조차지(租借地)'의 설정에까지 이를 수 있는 사항이었으므로 양자의 갈등으로 비화되었다.

조차지란 다른 나라의 영토 일부를 빌고 조차를 받은 국가는 그 지역 내에서 사법, 입법, 행정을 관장하고 군대를 주둔시키는 등 독점적, 배타적 관할권을 가진 지역을 말한다. 1900년 마산포 지역의 조차지에 관한 한·러 조약에서는 러시아는 태평양함대가 통상 사용하는 석탄 창고와 병원을 마산포 율구미에 설립하기 위한 것이라는 명목으로 군사시설을 설치하려고 하였다. 이는 이전의 전관거류지와는 다른 성격으로 조약을 근거로 외국인의 행정·재판·군사적 점령지라고 할 수 있는 '조차지'로 전변시킬 수 있는 위험성이 있었다. 다행히도 마산의 조차지 분쟁은 러일전쟁이 일어난 후 폐기되어 대한제국과의 조차 협정은 무효로 되었다.

이와 같이 개항장내의 조계지역은 1870년대 후반부터 1900년대까지 조선 정부가 각국 상인 및 정부기관에 불하하는 형식을 취하면서, 각국의

---

16) 김상민, 2002, 「마산포의 개항과 각국공동조계의 성립에 관한 연구」, 경남대학교 대학원 사학과 석사학위논문 ; 허정도, 2005, 『전통도시의 식민지적 근대화−일제강점기의 마산』, 신서원.

상인들은 조선 정부에 매년 일정한 지조(地租)를 납부하는 것으로 운영되었다. 그리고 이는 독자적인 영역과 행정, 사법, 경찰권이 별도로 주어지는 '조계지(concession)'에 해당되는 것은 아니었다. 기본적으로 거류지의 성격을 벗어나지 않았다. 부산과 원산, 인천 등지 일본 전관조계지의 경우에도 이와 비슷한 상황이 전개되고 있는 형편이었다.

왜냐하면 각지 개항장내에는 대부분 각국 공동 조계지가 설정되어 자율적으로 운영되었음에도 불구하고 조선 정부에서도 감리서를 설치하는 등 일정한 간섭을 통해 제어했기 때문이다. 그럼에도 각지 개항장에서 외국인에게 불하되어 상당기간 외국인의 소유지로서 운영되었던 조계지에 대해서 조선의 민인들은 국가가 관장하는 토지주권을 방치하고 영토의 일부를 영원히 떼어주는 행위로 심각하게 인식하고 있었다. 1880년대 후반부터 조선의 관료 지식인들, 나아가 일반 민인에게까지도 점차 토지주권의 확보를 주장하는 요구를 하게 되었다.

3. 대한제국기 양전·지계사업과 근대적 토지소유 제도 수립

지금까지 양전·지계사업의 시행과 성격에 대하여 많은 연구가 진행되었다. 초기 연구에서는 이 사업을 대한제국이 추진하는 근대적 토지제도의 수립으로 높이 평가하였다.

대한제국의 양전·지계사업에 대한 본격적인 연구는 1968년 김용섭에 의해 이루어졌다.[17] 그는 광무년간 양전사업의 개혁적인 의의를 분명히 하고자 하였다. 이 사업은 봉건적인 부세제도의 모순을 개혁하기 위해 개항 전부터 제기되어 왔던 양전론과 양전사업을 총결산한 것이었다고

---

17) 김용섭, 1968, 「광무년간의 양전·지계사업」『한국근대농업사연구』(재수록, 일조각, 1975 ;『한국근대농업사연구(하)』증보판, 일조각, 1984).

보았다. 양전 추진기구인 양지아문(量地衙門)은 활발한 토지매매와 관련해 토지소유권을 보호하고 외국인 특히 일본인의 토지 투매나 잠매를 막기 위해 양전과 지계사업을 계획하고 있었다.

또한 지계아문(地契衙門)에서는 1901년부터 본격적으로 지계를 발급하였다고 보았다. 토지소유권 증서인 '지계'는 모든 토지를 대상으로 발급되었지만, 철저히 내국인 토지소유자에게만 발급하는 것을 원칙으로 하였다. 이는 당시 제국주의 열강의 토지침탈에 대항하는 구래의 지배층 위주의 자주적인 개혁임을 보여주는 것으로 간주하였다. 따라서 광무년간의 양전·지계사업은 조선왕조 양전의 최종적인 형태인 동시에 근대적 개혁의 주요한 지주였다고 평가되었다. 이 사업은 조선후기 이래 지배적인 소유관계인 지주적 토지소유를 그대로 온존시키면서 근대적 소유권제도로서 추인해 주는 것으로 토지소유권 제도에는 본질적인 차이가 없었다고 간주하였다.[18)]

그런데 이후 사업연구에 대한 비판은 광무 양전·지계사업이 과연 근대개혁의 주체가 수행한 개혁일 수 있는가 하는 반론으로 제기되었다. 대한제국의 집권세력은 친러수구파로 규정할 수 있고, 그들의 정책은 결코 개혁적이지도 주체적이지도 않다고 하였으므로 양전·지계사업은 "농업개혁이나 토지개혁이 아니라 조세증가정책에 불과"했다고 비판하였다.[19)] 그런데 이 논의는 광무개혁의 주체에 대한 비판에 그쳤을 뿐, 사업 자체의 근대적 성격을 부인한 것은 아니었다.

이에 대한 본격 비판은 1990년에 간행된 『대한제국기의 토지제도』에서 이루어졌다. 이 연구서는 김홍식, 미야지마 히로시(宮嶋博史), 이영훈, 조석

---

18) 김용섭, 1988, 「근대화과정에서의 농업개혁의 두 방향」 『한국자본주의 성격논쟁』, 대왕사.
19) 신용하, 1976, 「김용섭저, 『한국근대농업사연구』, 서평」 『한국사연구』 13, 한국사연구회.

곧, 이헌창의 공동연구 성과를 수록한 것이다.[20] 김홍식은 "대한제국기에 있어서 사실상 근대적 토지소유에 부합할 정도의 높은 수준으로 사적 토지소유가 발전하였음에도 불구하고, 그에 상응하는 국가적 법인체제가 끝내 결여되고 있을 때, 이같은 사태의 기저에 놓인 사적 토지소유와 조선국가의 토지지배의 상호관계를 어떠한 역사적 성격의 것"으로 규정할 것인가 라는 반론을 제기하였다.[21] 근대적 토지소유의 변혁내용을 근대적 지세제도의 성립으로 설명될 수 없고 도리어 전근대적 토지소유 그 자체의 구조의 해체와 재편이라는 시각에서 보아야 한다고 하였다.

또한 미야지마 히로시(宮嶋博史)와 이영훈은 양안 자체를 실증적으로 분석함으로써 이전에 파악하지 못한 광무양안의 장부상 문제점을 제기하였다.[22] 예컨대 양안분석에서 하나의 농가세대로 전제하였던 '기주(起主)', 혹은 '시주(時主)'는 분록과 대록현상으로 말미암아 그 자체로 분석할 수 없다는 점과 지주적 토지소유가 현실보다 적게 나타난다는 점, 그로 인해 토지제도 개혁으로서의 문제점 등을 지적하였다. 이러한 연구는 광무양안에 대한 실증적 분석에 국한되어 사업의 추진의도와 개혁적 성격을 충분히 해명하지 못한 채, 지계사업의 실효성을 부정하고 있었다.[23]

이에 대한 재반론으로 제기된 것이 1995년 한국역사연구회 근대사분과 토지대장연구반의 『대한제국의 토지조사사업』이었다. 이 책에서는 광무 양전의 실시과정 및 사업의 구체적 경과와 양안 및 지계에 대한 실증적 연구를 수행하여 양전·관계발급 사업이 토지조사의 성격으로 보아 근대적

20) 김홍식 외, 1990, 『대한제국기의 토지제도』, 민음사.
21) 김홍식 외, 1990, 위의 책, 31쪽.
22) 미야지마 히로시(宮嶋博史), 1991, 『朝鮮土地調査事業史の硏究』, 도쿄대학 동양문화 연구소 ; 이영훈, 1990, 「광무양전에 있어서 〈시주〉 파악의 실상」『대한제국기의 토지제도』, 민음사 ; 이영훈, 1992, 「광무양전에 있어서 〈시주〉 파악의 실상 2」 『성곡논총』 23, 성곡학술문화재단 참조.
23) 왕현종, 1991, 「광무양전사업의 다양한 성격과 좁은 시각」(서평), 『역사와 현실』 5, 한국역사연구회.

이었는가를 종합적으로 검토하였다.[24]

이 공동연구에서는 대한제국의 개혁사업이 근대적 소유권의 법적 확립을 이룩하고 지주적 자본주의 경제체제를 수립하려는 것이었으며, 동시에 지가제(地價制)에 의한 개별 부과제로의 개편을 통해 근대적 지세제도의 확정을 지향한 사업으로 결론지었다. 이 사업을 근대적 토지소유권의 수립이라는 측면에서 일제의 토지조사사업과의 차별성을 굳이 두지 않아도 되었으므로 양전사업의 명칭도 새로이 '대한제국의 토지조사사업'으로 고쳐졌다.[25]

이후의 연구는 일제의 토지조사사업과의 비교 연구를 통하여 심화되어 갔다. 앞서 김홍식을 비롯한 경제사학자들은 다시 1997년에 공동연구로서 『조선토지조사사업의 연구』를 내놓았다. 여기에서는 조선후기 이래 토지소유권의 발전과 토지소유자인 '주(主)'의 존재형태를 문제제기하였다.[26] 이 밖에도 1990년대 초·중반에는 대한제국과 일제의 토지조사사업에 관련된 많은 연구서들이 박사학위논문이나 간행본 형태로 제출되었다.[27]

이상과 같은 연구사의 흐름에서는 개항 이후 대한제국기까지 조선정부의 토지제도 개혁정책은 크게 두 계통의 정책을 수용하면서 형성되었다고 볼 수 있다. 하나는 1893년 이래 가계발급제도를 비롯하여 종래

24) 한국역사연구회 근대사분과 토지대장연구반, 1995, 『대한제국의 토지조사사업』, 민음사.
25) 이 공동연구는 토지제도 면에서 광무양전 및 양안·지계의 근대성을 밝힐 수 있는 종합적 근거를 마련하였다. 그리하여 이 공동연구는 양안 및 지계에 대한 최초의 체계적인 공동연구로서 평가되었다(이윤갑, 1995, 「대한제국의 양전 지계 발급사업을 둘러싼 제2단계 광무개혁 논쟁」(신간서평), 『역사와 현실』 16, 한국역사연구회).
26) 김홍식 외, 1997, 『조선토지조사사업의 연구』, 민음사.
27) 배영순, 1988, 『한말 일제초기의 토지조사와 지세개정에 관한 연구』, 서울대 국사학과 박사학위논문 ; 조석곤, 1995, 『조선토지조사사업에 있어서의 근대적 토지소유제도와 지세제도의 확립』, 서울대 경제학과 박사학위논문 ; 최원규, 1994, 『한말·일제초기 토지조사와 토지법 연구』, 연세대 사학과 박사학위논문.

입안이나 입지제도보다 진전된 부동산 공증제도를 수립하였다는 점이다. 1896년 이래 새로운 호구조사제도와 연계하여 가옥대장을 마련하였으며, 1898년부터는 양전사업과 관계사업을 단계적으로 추진하여 근대적인 토지소유제도를 수립하려고 했다.

다른 하나는 외국인의 토지침탈에 대한 정책이 단계적으로 추진되었다는 점이다. 1885년 이래 한성개잔권 철회 추진, 1895년 한성부내 외국인 잡거지 설정, 1898년 외국인의 한성부 무가옥 토지매입 금지, 그리고 1900년 외국인 가옥거래 허가제 등이 추진되었다. 이러한 두 흐름의 개혁정책이 1901년 이후 관계발급사업의 시행을 통해서 수렴되었다.

이에 따라 대한제국 정부는 당시 광범위하게 행해지고 있었던 외국인의 토지침탈을 금지하기 위한 조치로서 양전·지계사업의 시행과 적용을 추진하고 있었다. 한성부에서는 도성내 토지에 대해서는 매매 양여를 금지한다는 원칙을 강조하면서 아직 토지조사가 완료되지 않고 관계(官契)가 시행되지도 않았으므로 새로운 가사관계 발급을 일단 유보해 두고 있었다.[28]

또한 대한제국은 1903년부터는 전국적으로 외국인의 토지침탈을 구체적으로 조사하기 시작했다. 이제 지계아문이 한성부를 비롯한 전국 각 지역에 외국인의 토지소유를 금지하는 관계발급의 사업에 실제 착수한다면, 일본인들을 위시한 외래자본의 불법적인 토지거래가 이제 전면적으로 금지될 것이었다. 결국 1903년 말에는 토지소유권의 국가적 공인과 관리체계를 둘러싸고 민족간·사회계급간의 분쟁이 크게 확대되어 파국의 국면으로 나아가고 있었다.

---

28) 왕현종, 1997, 「대한제국기 한성부의 토지·가옥조사와 외국인 토지침탈대책」 『서울학연구』 10, 서울학연구소 ; 왕현종, 2001, 「갑오개혁기 개혁관료의 상업육성론과 경제정책」 『한국학보』 2001년 겨울호, 105집, 일지사.

4. 소결

대한제국기 시대적 과제를 해결하기 위한 당대 조선 사람들의 노력은 오늘날의 관점에서 보면, 매우 부족하고 미흡했으며 미숙하고 지속성을 갖지 못한 것이라고 보일 수도 있다. 그럼에도 불구하고 대한제국은 국가의 차원에서, 특히 고종황제의 적극적인 추진력에 의해 일정한 방향을 잡고 있었다.

1898년부터 1904년까지 7년여 동안 추진한 대한제국의 양전·지계사업은 무엇보다도 '토지소유권의 법인'이라는 측면에 중요한 성과를 거두고 있었다. 이전의 양전사업과 달리 토지소유자에게 관계를 발급하였다. 즉 양전사업을 통하여 개별토지와 토지소유자를 조사하고, 그 토지소유자가 매매문기 등을 제출하여 현실의 토지소유자임을 확인하는 사정과정을 거쳐 토지소유권자로 확정되었다. 이 관계발급사업이 주도면밀하게 양전과정과 결합되지는 못했으나 적어도 사적 토지소유에 대한 근대적 법인을 목표로 한 것이었고, 조선후기 이래 지배적 소유관계인 지주적 토지소유를 그대로 온존시키면서 그것을 토대로 하여 근대적 제개혁을 추구한 것이다.

이에 대해 국가적 토지소유의 지배적 규정성을 강조하는 연구에서는 양전이란 어디까지나 국가적 수취의 입장에서 그 수조지와 수조대상자를 확정하는 과정이었다고 비판하였다. 또한 토지소유권의 조사의 측면에서는 추진주체의 의도가 있었을지 모르지만 근대법적인 소유권 확정과 관리체계를 결여하고 있었기 때문에 양전사업이 그 자체로 실패할 수밖에 없었다고 파악하였다. 따라서 광무양전사업에서 소유권조사사업으로서의 성격은 하나의 의제에 불과하였다고 하였다.

그렇지만 대한제국의 양전·지계사업과 일본제국주의의 토지조사사업을 상호 비교할 필요가 있다. 무엇보다도 양 사업은 지주적 토지소유의 법인이라는 측면에서는 사업의 목표와 내용에 있어 크게 다른 것이 아니었다. 대한제국의 토지조사와 관계발급에서도 이전의 모든 매매문기를 강제적으로 거둬들이고 새로이 관계로 환급함으로써 국가가 토지소유권을 공인한다는 것이 핵심이었다. 이것은 국가가 모든 부동산의 소유권 등록과 이전 및 관련사항을 통제하도록 하는 강제규정이었다. 이렇게 구권과 관계의 교환과정을 통하여 그 시점 이후로는 관계가 소유권의 법적, 실재적 권원부(權原簿)로서 사적 토지소유권을 행사하게 되었다.

요컨대 대한제국의 양전사업에서 잠정적으로 조사되고 인정받았던 토지의 소유자인 '시주(時主)'에게 관계발급을 통하여 최종적으로 사정 이후에 확정된 토지소유권자가 되는 것에 다름이 아니었다. 따라서 관계발급으로 취득한 소유권은 어떤 이유로도 취소할 수 없는 국가로부터 추인받은 일지일주(一地一主)의 배타적 소유권으로서 '원시취득(原始取得)'한 소유권자를 확정해 가는 과정이라고 볼 수 있다.

그렇다면 19세기 말 대한제국의 토지개혁정책을 살펴보기 위해서는 양지아문과 지계아문의 설립 배경으로 근대적 토지소유제도의 확립과 외국인의 토지침탈 방지정책을 수행하고 있다는 역사적 맥락을 살펴보아야 한다. 그래야 양전·지계사업이 한국의 토지제도 발전과정에서 볼 때 한국 중세사회의 최종적인 해체국면으로 이해할 수 있으며, 근대국가의 수립에 중요한 경제적 토대형성의 관건이라는 점을 고려할 수 있을 것이다.

제1부

—

개항장 조계지 외국인 토지침탈과 대책 모색

머리말

  19세기 중반 서구 열강은 동아시아에 진출하면서 무력을 내세워 통상조약을 체결하고 일정한 토지를 개항장으로 설정하여 내지 침략의 기지로 삼았다. 1845년 영국은 중국과 조계조약을 체결하여 상하이에 외국인 조계를 설치했다. 1858년 일본은 미국, 영국, 프랑스 등 5개국과 통상조약을 체결하면서 요코하마 등 5개 지역에 조계지를 설치하도록 강요받았다. 반면 조선에서는 일본의 조계지 개방과 마찬가지로 1876년 부산에 일본인을 위한 조계를 설정하였으며, 1880년 원산, 그리고 1883년 일본을 비롯한 서구 열강과 협정을 맺어 인천 제물포에 조계를 설치하였다.

  조선에 설치된 조계지 중에서 부산을 제외하고 다른 지역에서는 처음부터 일본의 전관조계지로 설정되지는 않았다. 인천의 경우에는 '통상구안(通商口案)', 혹은 '개구안(開口案)' 등으로 호칭하면서 '개항장(open port)'의 용어를 쓰고 있었지만, 이는 외국에게 별도의 행정권과 재판권을 설정하지 않는 '거류지'에 불과하였다. 당시 조선 정부도 이를 '조계(租界)'라는 용어로 표기하고 있었다.[1] 그렇지만 당시 외국인 조계지, 혹은 거류지라고 했다고 해서 조선 정부가 직접적인 영향력을 행사하고 있는 것은 아니었다. 조계지 내 토지소유권은 외국인에게 소유권 자체를 양도한 것이 아니고 영대차지

---

1) 손정목, 1982, 「개항장 조계제도의 개념과 성격 – 한반도 개항사의 올바른 인식을 위하여」, 『한국학보』 8 참조.

권을 허용하는 것에 그쳤지만, 그럼에도 불구하고 조선 정부의 영향력은 지조 자체를 조선 정부의 수입으로 확보한 것도 아니고 영사재판권의 행사나 행정기관의 운영에도 직접 개입할 수 없었다.

지금까지 19세기 후반 개항장의 설치와 서구 및 일본의 토지침탈에 대한 연구는 주로 제국주의의 상권 확대와 토지침탈이라는 측면에서 다루어졌다. 그 중에서는 개항장 연구는 두 가지 방향에서 변화를 보이고 있다.

하나는 일본인 거류민과 거류지 현황에 대한 연구이다. 여기서는 한말 개항장을 중심으로 외국인 거류지의 종류와 성격, 조직체 등을 다루었다. 1880년대 일본인들이 서울에 들어와 자리 잡는 과정과 청일·러일전쟁을 거치면서 일본인 상권이 확대되는 과정을 추적하였다.[2] 다른 하나는 최근에 부각된 것으로 근현대 도시사의 입장에서 한말 일제강점기 한성부 도시의 변화에 관한 연구이다. 여기서는 단지 일본의 토지침탈 보다는 전통과 근대의 변화, 혹은 자본주의 도시화 시각으로 바라보고 있다.[3]

그런데 지금까지 연구에서는 개항기 시기별 개항장 조계지의 성격 변화와 토지소유권 논란에 대해 개항의 전시기를 통괄하여 다루고 있다. 그렇지만 개항장을 매개로 하여 이루어지는 외국인의 토지침탈 양상과 추이가 시기적으로 달랐기 때문에 개항장과 토지문제의 변화는 시기적 변화에 주목해야 한다. 또한 1880년대 이후 조선 민인과 조선 정부가 보다 적극적이면서도 구체적인 대응책으로 나아가고 있었기 때문이다.[4]

---

2) 이현종, 1967, 「구한말 외국인 거류지의 종별과 성격」 『진단학보』 31 ; 손정목, 1982, 앞의 논문 ; 박찬승, 2002, 「서울의 일본인 거류지 형성과정 : 1880년대~1903년을 중심으로」 『사회와 역사』 62 ; 김종근, 2003, 「서울 중심부의 일본인 시가지 확산 : 개화기에서 일제강점 전반기까지(1885~1929년)」 『서울학연구』.

3) 전우용, 2001, 「종로와 본정」 『역사와 현실』 40 ; 민유기, 2007, 「한국 도시사 연구에 대한 비평과 전망」 『사총』 64 ; 박은숙, 2009, 「개항기(1876~1894) 한성부 5部의 차별적 변화와 자본주의적 도시화」 『한국사학보』 36.

4) 김희신, 2010, 「'한성 개설행잔 조항 개정'교섭과 중국의 대응」 『동양사학연구』

따라서 제1장에서는 19세기말 각 개항장의 조계지가 점차 증설되고 있는 상황에서 당시 조선 정부와 민인의 대응은 어떠한 것이었고, 그것이 개항 지역사의 변화에서 차지하는 의미는 무엇인지를 검토해 보려고 한다.

제2장에서는 1880년대 한성부 토지문제의 발생 배경과 일련의 정부 정책의 추이를 검토하려고 한다. 한성부의 토지와 가옥에 대해 외국 상인들이 어떻게 잠식해 들어오고 있으며, 조선 정부가 취한 대책으로 가계발급제도와 외국인 거류지 정책이 어떠한 정책이었는지를 살펴보려고 한다. 이를 통해서 1898년부터 시행되는 대한제국의 토지조사사업과 어떻게 연관되는지를 검토해 보려고 한다.

---

113 ; 박준형, 2011, 「청일전쟁 이후 잡거지 한성의 공간재편논의와 한청통상조약」 『서울학연구』 45 참조.

1장 개항장 조계지의 확대와 거류지 토지 분쟁

1. 개항장 조계지의 설치와 확대

조선 정부는 1876년 2월 3일 일본과 조일수호조규를 체결하여 근대적 국제무역 관계를 맺기 시작했다. 이 조약은 이후 7월 6일 조일수호조규 부록과 조일 무역규칙, 수호조규 부록 등에 의해 일본의 침략을 허용하게 되었다.[5]

이들 조약에 의해 부산항과 차후 별도의 2개 항구 개항, 무관세 무역, 일본화폐의 유통, 조선 연안 무역의 특권 등을 내어주게 되었다. 이때 처음으로 개항된 부산에는 1877년 1월에 부산항 차입약서를 체결하여 일본 상인에게만 거주를 허용하였다. 일본 전관 거류지는 주의 약 2,200간 사방 성벽을 둘러싸고 삼면에 관문을 만들고 그 안을 동서로 나누어 동관, 서관으로 불렀다. 동관에는 용두산 허리에 관수옥(館守屋)이 있었고, 그 아래 여러 동의 가옥을 늘어서게 하여 대마번의 관리 및 상인이 머무는 곳으로 하였다. 한편, 서관에는 서대청, 중대청, 동대청 등의 장방형의 넓고 큰 건물이 있었다. 당시 양쪽의 가옥은 관사, 창고, 상가를 합쳐 150동에 달하였으나 이 양쪽의 사이에는 하나의 통로를 지날 뿐 황량한

---

5) 김경태, 1994, 「개항과 불평등조약관계의 구조」 『한국근대경제사연구』, 창작과비평사, 24~25쪽.

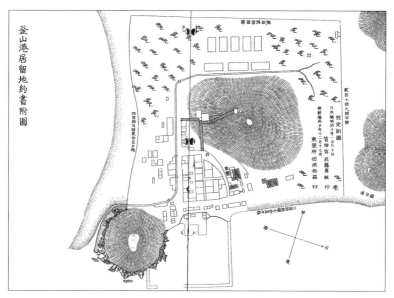

〈그림 1〉 부산항 거류지 약서 부서(1877)

느낌을 주었다고 한다. 이처럼 부산항 일본인 전관거류지의 설정과 측량, 배차(拜借) 등을 거쳐 '지권(地券)'을 발급함으로써 개항장에서는 일본식, 아니 서양식 토지권리증인 지권을 처음으로 지급하게 하였다.

당시 부산항 일본인 전관 거류지의 그림은 다음과 같다. 오른쪽에 교정부도(校定副圖)라는 제목 아래 관리관 곤도 마스키(近藤眞鋤)와 동래부백(東萊府伯) 홍우창(洪祐昌)이 1877년 1월 30일(음력 1876년 12월 17일)에 체결한 표식이 보인다.[6]

이후 부산항 지소(地所)에 대해서는 부산 일본제국 전관 거류지안에는 일본제국 신민에 한하여 차용할 수 있으며, 지소 배차인은 거류지 공공비를 부담할 의무가 있으며, 지소를 배차하려고 하는 자는 구명과 번호를 갖춘

---

6) 사방 크기는 남측이 415칸 2합 9석정, 북측 179칸 반여, 동측 340칸 7합 5리정, 서측, 2백 20칸여 등이었다[『구일본거류지』(B-3-12-2-58_001, 소장 : 일본 외무성외교사료관), 84~85쪽 및 부도 참조].

그림지도를 첨부하여 출원하여 허가를 받아야 한다고 규정하였다.[7] 이때 발급된 지권은 소유권을 허여한 것은 아니었고, 배차권의 양여 매매에 의해 지권의 명의를 변경하는 방법에 의하여 자기의 소유권을 인정받아야 했다. 일본인 전관 거류지에서 배차지를 일본 신민(臣民)에 한해 양여 혹은 대여할 수 있다는 '대도 규칙(貸渡規則)'에 따라 자신의 소유권을 행사할 수 있었으므로 일본인의 입장에서 스스로는 자신의 토지소유권을 확보한 것이라고 자신하고 있었다. 그렇지만 실제 개항장에서의 토지소유권은 엄밀하게 정의하자면, 잠정적이고 임시적인 성격에 지나지 않았다. 아무튼 부산 개항장 일본인 거류지의 지소 대여, 양여 등의 권한은 조선의 입장으로는 조선국가가 관할하는 토지주권을 최초로 외국인에 허용한 것으로 불평등하고 침략적인 조치를 어쩔 수 없이 수용한 꼴이 되었다.[8]

부산 개항 이후 1880년에 원산, 1883년 인천을 개항함으로써 당분간 일본의 무역 독점과 토지침탈을 허용하게 되었다. 특히 일본인 상인들에게 개항장 내에 조계지를 허용하여 토지와 가옥을 임차(賃借) 조영(造營)할 수 있는 거주권을 주게 되었다. 조계지내에서는 비록 토지 가옥에 대한 임대료를 지불할 것을 규정하고 있었지만, 매우 미비한 상태였고, 또 조계를 중심으로 사방 10리 이내에서 일본상민의 상업활동과 통행도 허락하였다는 점에서 조계지는 개항장 안과 밖에서 일본인 상업 거점으로서 역할을 톡톡히 하고 있었다.

이후 1882년 5월 22일에는 미국과 '조·미 수호통상조약'을 맺었다. 이

---

7) 『(역주)한국이대항실세(韓國二大港實勢)』, 인천광역시 역사자료관 역사문화연구실, 2006, 24~25쪽 참조. 이 책의 원저작은 아이자와 니스케(相澤仁助)가 편저자이며, 1905년 10월에 출판되었다.

8) 당시 일본인 거류지는 관용지 18,743평으로 영사관, 우체국, 주차대 영사 관사 등이 있었으며, 공용지 2,427평은 거류지 사무소, 병원, 상업회의소, 상품진열소, 기타 부속 건물로 되어있다. 또한 공원지 2만 480평은 용두산 및 용미산이 차지했으며, 도로용이 1만 3천평과 대여되는 배차지로 민유지 5만 5,350평 등 총 11만평으로 구성되어 있었다(앞의 책, 25쪽 참조).

조약에서는 조선 정부가 지대 지불을 조건으로 하여 미국이 조계 내에서 토지나 가옥을 임차하거나 주택 및 창고를 건축하는 것을 허가했다. 이후 일본인들이 조선내 토지를 합법적으로 확대하는 데 결정적인 역할을 한 서양과의 조약이 체결되었다. 1883년 11월 26일 영국과 맺은 '조·영수호통상조약'이었다. 이 조약에서는 영국인이 제물포·원산·부산·한성·양화진 등 지정 장소 내에 있는 토지 가옥에 대해 잠조(暫租), 또는 영조(永租)를 할 수 있도록 하였다. 특히 조계 밖 10리까지 토지를 매득하게 됨으로써 일본인들이 이 독소조항을 적극 활용하여 조계지 밖으로 자신들의 토지를 몰래 매득하였던 방식, 즉 잠매(潛賣)를 확대시켰다.

이러한 조계지 설정방식에서 가장 결정적인 영향을 끼친 것은 1882년 9월 30일에 조인된 「인천항 일본거류지 차입약서」였다. 여기에 규정된 인천항 일본인 거류지의 경우, "제1조에서는 조선국 인천항 외국인 거류지를 별지 도면에서 붉은 색으로 칠한 부분을 특별하게 일본 상민의 거주처로 충당하고 있다. 제2조에서 일본 상민들의 거주의 토지는 도로 구거를 제외하고 조선 정부가 도면에 정하는 바 택지의 구역에 따라, 경매법에 의해 일본인에게 대여(貸與)한다고 되어 있다. 이하 규정된 규정에 따라 택지세는 1년에 사방 2미터 상등지는 조선 동전 40문, 중등지는 30문, 하등지는 20문 등으로 정하였고, 택지의 경대원가는 2미터당 조선 동전 250문으로 정하였다. 이렇게 토지 매입자는 규정에 따라 일정 액수의 지세를 부담하기로 하고, 그 지세 중 1/3은 조선 정부에 납부하고, 그 나머지 2/3는 거류지의 적립금으로 하게" 규정하였다.[9]

이때 만든 지계 양식에는 "제 몇○호, 사지(四址) 동지 모처를 경계로 하고, 서남북은 일례로 개명(開明)하게 표기하고, 주소와 몇 ○방 미터"

---

9) 「인천항일본거류지차입약서」[1882년 9월 30일 조인, 일본 전권대신 판리공사, 竹添進一郎, 조선 전권대신독판교섭통상사무 민영목(閔泳穆)], 『인천부사(상)』, 한국지리풍속지총서 39, 경인문화사, 1989, 영인 초판, 121~125쪽.

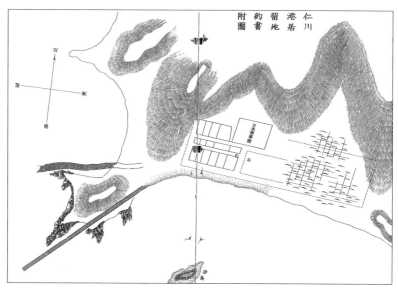

〈그림 2〉 인천항 거류지 약서 부도(1883)

등으로 기재하도록 하였다. 뒷면에는 지대로 몇 ○백문을 영수하고, 일본국 상인 성명 혹은 그 해당인 혹은 사속인(嗣續人)에게 '영대대여(永代貸與)'한다 는 문구를 삽입하였다. 그리고 4가지 조건의 원칙을 뒷면에 부기하였다.[10]

이렇게 하여 인천 거류는 1883년에 일본 전관 거류지의 경우 8,000평의 토지를 경매에 붙여 개인에게 대여하여 주었다. 이후 1897년에 각국 거류지 회에 교섭하여 일본 거류지 해안부터 57미터의 해안을 매립하였다. 또한 묘각사 아래 공원 서쪽에 다시 5천 평의 택지를 개발하여 거류지를 확대하 였다.[11]

---

10) 『인천부사(상)』(1989, 영인 초판), 124~125쪽 ; 『구일본거류지』(B-3-12-2- 58_001, 소장 : 일본 외무성외교사료관), 77~78쪽 참조.

11) 이로써 1905년 6월말까지 거류민은 일본인 거류지 거주 321호, 2,234명, 1만 9,540평, 서양 각국 거류지 600호 3,155명 14만 5,054평, 중국 거류지 57호 251명 1만 678평이었 으며 이로써 인천항 거류지 전체는 17만 5,272평으로 확대되어 있었다. 또한 거류지내의 한국인 마을은 1,017호 7,362명이 있어 거류지 인구는 1,995호, 1만

이러한 과정을 통하여 일본을 비롯한 서양 제국주의 열강은 통상조약에 이어 개항장마다 조계와 조차 조약을 체결하였다. 이들 조약에는 치외법권 지역인 조계내의 토지권을 확보하고 운영하기 위해 지계제도를 도입하였다. 앞서 살펴본 「인천항 일본 조계조약」은 하나의 지침을 세운 것이 되었고, 이후 「인천화상지계장정」(1884. 4. 2), 「인천제물포 각국 조계장정」(1884. 10. 3)에서 구체화되었고, 「진남포·목포 각국 조계장정」(1897. 10. 16)에서 가장 완비된 모습을 보였다.[12]

후속 조약이 체결됨에 따라 조계지에서의 토지소유권 보장은 제3자 대항권이 인정된 '영원조여(永遠租與)'한 소유권적 권리로 확고해졌다. 이 때문에 조계내의 토지는 조약국 인민에게는 이전과 상속이 보장되었던 반면, 조선 정부는 단지 지세를 부과하여 거두어들이는 정도로 그쳤기 때문에 소유권 자체를 규제할 수는 없었다.

1882년 2월 조선 정부는 청나라와 새로운 통상관계를 맺고자 문의관(問議官) 어윤중(魚允中)을 파견하여 조공사절, 칙사의 왕래와 국경 무역 등을 규정하려고 하였다. 청은 전통적인 사대 관계를 변경하고자 한다는 의도로 알고 거부하였다. 8월에 다시 어윤중을 청나라에 보내 협상을 벌였다. 1882년 8월 22일부터 진주사(陳奏使) 조영하(趙寧夏)와 부사 김홍집(金弘集), 문의관 어윤중 등이 준비한 장정 초안으로 논의하였다. 청의 대표로 천진 해관도(天津海關道) 주복(周馥), 후선도(候選道) 마건충(馬建忠) 등과 논의하였다. 당시 현안은 개항장에서의 재판관할권 문제, 양국 연안에서의 어업활동, 한성 개장 및 내지에서의 상업활동, 홍삼세율 등이었다. 청의 리홍장(李鴻章)은 '속방(屬邦)'인 조선과의 교역으로 간주하여 조선을 조공국으로 유지하

1,996명이었다(『(역주)한국이대항실세』, 2006, 26~27쪽 참조).

12) 『구한말조약휘찬(舊韓末條約彙纂)(중)』, 311~338쪽 및 앞의 책(하), 427, 299~311쪽 ; 최원규, 2000, 『한국사 44 – 갑오개혁 이후의 사회·경제적 변동』 I (국사편찬위원회), 외국 자본의 침투, 2. 일제의 토지침탈, 128~134쪽 참조.

면서 이권을 확장하려고 하였다. 이어 8월 23일에 청국에 사은사로 가 있던 사신들과 청국 정부 사이에 「중·조 상민수륙장정」을 체결하였다.13)

전문과 8개조로 구성된 무역장정 전문에서는 양국의 상민이 상호무역에서 모두 이익을 얻게 해야 한다는 점을 강조하면서도 이 장정은 "중국이 속방을 우대하는 뜻에서 나온 것이므로 각국은 일체 균점할 수 없다"고 하였다. 구체적인 조항으로는 제1~2조에서는 상무위원(商務委員)의 파견 및 파원의 처우, 조선내에서 청 상무위원의 영사재판권을 인정하였다. 제3~4조에서는 평안도 황해도 및 산둥 등 연안지방에서의 어채 허용, 북경과 한성의 양화진에서 개잔무역을 허용하되 양국상인의 내지 상업활동 금지 등을 규정하였다. 제5~7조에서는 책문과 의주, 훈춘, 회령에서의 개시 규정, 홍삼무역과 세칙규정, 초상국 윤선(輪船)의 운항 및 청나라 병선의 조선 연해 왕래·정박 등을 규정하였다. 제8조에서는 장정의 개정이 북양대신과 조선국왕의 자문으로 이루어짐을 규정하였다. 이 장정은 조선 정부의 비준도 받지 않고 9월 12일 청 광서제(光緒帝)의 재가를 받아 실효를 보게 되었다. 다만 육로통상에 관한 세부적인 규정이 마련되지 않아 1883년 이후 중강·회령 무역장정 등이 체결되었다.

여기서 주목되는 것은 북경과 한성 양화진에서 개잔무역을 허용했다는 것이다.14) 제4조에서 "조선상민이 북경에서 교역에 종사하는 것을 규정에 따라 허용하는 한편 중국상민도 또한 조선에 입국하여 양화진과 한성에 거래시설을 갖추어 상거래에 종사하는 것을 허용한다"고 규정되었다. 이에 따라 1883년 대외개방의 확대와 함께, 영국과의 통상조약에서 한성개 잔권(漢城開棧權)이 명문화된 것이다. 이로써 본래 청이 독점한다고 규정했

---

13) 김종원, 1966, 「조·중상민수륙무역장정에 대하여」『역사학보』32.

14) "朝鮮商民 除在北京例准交易 與中國商民 准入朝鮮楊花津漢城 開設行棧" "While Corean merchants are by rule allowed to trade at peking, and while Chinese merchants are allowed to keep up establishments at Yang-hua-chin and Seoul in Corea"(「중국·조선 수륙무역장정」 제4조).

으나 최혜국대우 조항에 의해 한성개잔권이 구미 각국에 모두 허용됨으로써 균점되었다.[15] 이제 공식적으로 외국상인들에게 도성내에 거주 통상이 허용됨으로써 청국과 일본 상인들을 비롯하여 구미인들도 도성내 가옥이나 대지를 임차하거나 매매할 수 있었다. 이에 따라 상점확보와 상권을 둘러싼 외상과 조선 상인과의 대립이 첨예화되었다.

이후 개항장 거류지와 외국인 거주 조건을 크게 변경시킨 사건으로 확대되었다. 조선 정부는 1882년 청국과의 무역장정 체결을 계기로 하여 수도 한성에 개시장을 개설하여 한성 상권의 침탈을 둘러싼 시전상인과 조선 상인들의 피해를 가져왔다. 1882년 7월 임오군란의 뒷처리 과정에서 일본과 체결한 「조·일수호조규 속약」에서도 이후 1년 이내에 양화진을 개시장으로 할 것을 규정하게 되었다. 이것은 한성부내 상권침탈을 위한 초석을 쌓아나가려는 것이었다.[16]

조선 정부는 인천 개항 이후에나 뒤늦게 문제의 심각성을 인식하고 1885년 이래 한성개잔을 철회하고 용산을 외국인 거류지로 지정하여 이설할 것을 추진하였다.[17] 1887년 2월 외아무 독판 김윤식은 "용산 양화진 개잔은 각국과 약조한 바이니 변경할 수는 없다. 다만 한성개잔에 관해서는 이미 청국이 철소키로 약속하였으니 각국도 이에 따라 철소(撤銷)케 될 것이다. 3, 4월까지 기다리면 각국정부의 회신이 내도할 것이니 일상들 또한 의당히 출성케 될 것이다. 그러므로 주민들이 가옥 지소를 사사로이 매각하는 행위는 엄중 금단하는 바이다. 모두 퇴거 귀가하여 각자의 생업에 충실할 것이며 부질없이 방황치 말라"고 지령하였다. 사전조치로서 당분간 주민들이 가옥 지소를 매각하는 것을 금지시키도록 하였다.[18] 또한 외상에

---

15) 『한국조약류찬』「한·영 수호통상조약」(1883. 10. 27), 138쪽.
16) 「조·일수호조규 속약」 1조(1882년 7월 17일) 『한국조약류찬』, 89~90쪽.
17) 『구한국외교문서(청안 1)』 8권, 문서번호 462호 「외아문 독판 김윤식 공문」.
18) 「漢城開棧ニ關シ京城市民集合ヲ爲ス事」(명치 20년 2월 28일자 주조선 임시대리공사 스기무라(杉村濬)가 본국 외무대신에게 보낸 기밀신 제26호) 국회도서관소장 일본

대항하여 종로 상인을 중심으로 한 서울 상인들은 1887년과 1890년에 여러 차례 한성 철잔을 요구하는 철시 동맹파업을 시도하였다.19) 그렇지만 외국 상인과 각국 사신들의 반대와 정부 예산의 부족으로 인하여 실행되지 못하였다.

2. 인천 개항장 조계지를 둘러싼 갈등과 조선 정부의 대응

19세기말 개항장 거류지의 분쟁은 상품교역에서 주로 발생하였지만, 그에 못지않게 거류지 토지의 확장과정에서도 발생했다. 토지와 가옥의 매매와 아울러 분묘 등을 이전해야 하는 민인들과의 이전 분쟁도 많았다. 청일전쟁 후 인천 개항장에 위치한 청국 조계에서는 청국 상인과 일본 상인, 그리고 조선인들 사이에 분쟁이 빈번하게 발생되었다.20)

인천 개항장의 청국 거류지는 사실 조약상 규정된 거류지는 아니었다. 왜냐하면 청일전쟁으로 인해 조선과 청국간의 모든 장정은 파기되었으며, 이에 따라 청국 조계의 법적 근거도 사라져 일시적으로 영국영사가 청국 상인의 권익을 보호하고 있는 상황이었다.21) 이때 1898년 6월 인천개항장 에서는 한국인이 새로 건축한 건물의 훼철 사건이 발생하였다. 이는 청국의 확장 거류지에 청일전쟁 이후 청국인의 소개로 인해 공백이 되자 조선인들 이 이를 활용하여 대지의 원소유자인 청국인 오례당(吳禮堂)의 의사와 무관하게 새로 가옥을 건축하여 사용하려고 했기 때문에 벌어진 것이었다.

외무성 육해군성기밀문서사 106권, 186~199쪽(손정목, 1982, 앞의 책, 일지사, 187쪽 재인용).

19) 손정목, 1982, 위의 책, 189~190쪽.

20) 박준형, 2010, 「청일전쟁 이후 인천 청국조계의 법적 지위와 조계 내 조선인 거주문제」 『한국학연구』 22, 303~312쪽.

21) 〈그림 3〉의 출전 : 손정목, 1982, 앞의 책, 일지사, 165쪽 재인용.

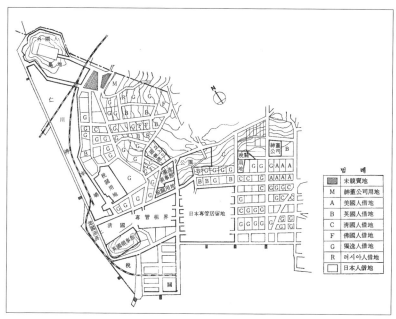

〈그림 3〉 인천 개항장 각국 조계지 위치도(1911)

이렇게 청국인의 땅에 불법 건축한 것이 119호나 되었다.

이에 1898년 10월 인천감리 서상교(徐相喬)는 이들의 이전비로 은화 420원을 총세무사에게 지불해 줄 것을 요청하고 있다. 청국 거류지에서 청국 상인의 토지가 그대로 있기는 했지만 활용되지 못한 상태에서 빈 땅에 들어가 한국인들이 살았던 것에 대해 다시 원상복귀시키며 철훼시키려고 하였다. 이러한 조치는 조선 정부가 가진 자국 영토에 대한 지배권의 특성과 한계를 보여주는 것이다.[22]

이에 따른 거류지의 확충 범위와 지배 한계를 명확히 규정해야 했으나 당시 정부에서는 제대로 된 대책을 내놓지는 못했다. 당시 조선 정부는 "1887년 삼리채(三里寨) 부속 토지 정동과 용동, 사촌 등 3곳을 중국 상인

---

22) 『독립신문』 46호, 1899년(광무 3) 3월 4일자 ; 48호, 3월 7일자 ; 120호, 5월 30일자 참조.

등이 영조(永租)하고 관계(官契)를 받았다"고 하였다. 그러나 청일전쟁 이후 조선과 청국간에 조약이 체결되지 않는 상황에서 영국공사가 중국 상인을 보호하는 직권을 가지고 수년 전부터 해당민가를 이주하도록 요구하고 압박하다가 이제는 스스로 민가를 철거하려고 하므로 외교상 문제가 없도록 한 것이었다. 이는 인천항의 외국인 거류지의 확장과정에서 나타난 토지주권과 관할에 대한 논쟁이었다.[23]

사실 이 사건의 빌미는 이미 1884년 4월 조선과 청국간에 체결된 「인천구 화상지계장정(仁川口華商地界章程)」 체결부터 시작된 것이었다. 이후 청국 조계 내에서 더 이상 집을 지을 만한 곳이 없었으므로, 이웃한 삼리채 지역에 새로운 조계지의 설정을 요청하였고, 1887년 7월 10개조의 「삼리채 확충화계장정(三里寨擴充華界章程)」을 체결하였다. 이때 삼리채에 들어선 중국 상인의 토지소유권을 허용하되 토지매매시 개인적인 매매를 용납하지 않고 감리서의 관인을 받아 매매를 이루고 그렇지 않을 경우 속공(屬公)할 것을 규정하였다.[24]

그런데 청일전쟁이 발발하자 청국의 확장 조계지에 거주하던 청국인이 본국으로 돌아가 장기간 토지를 비우게 되었고, 대신에 조선 상인과 주민들이 이 지역을 차지하게 되었다. 이후 다시 돌아온 청국 상인들은 토지와 가옥의 소유권을 둘러싸고 분쟁을 일으켰다. 1896년 9월 당시 거주하던 조선인들에게 청국인들은 토지의 임차 비용으로 매달 몇 백원씩의 세전을 받도록 강요하였으며, 그렇지 않으면 가옥을 철거하고 물러가라고 요구하였던 것이다. 이는 당시 『독립신문』에서도 주요한 개항장내의 대표적인 토지분쟁으로 거론하고 있었다.

---

23) 『각부청의서존안』 13책(규 17715), 「제187호 : 외부소관 인천항청상조계내 거민훼 천비를 예산외지출 청의서」, 1899년(광무 3) 12월 25일.
24) 이는 청국 상인과 조선 상인의 잡거를 인정한 것은 아니었다(박준형, 2010, 앞의 논문, 300~302쪽).

"근일에 들으니 인천 항구에서 청인들이 조선 백성이 조선 땅에 집 짓고 사는 것에 세전을 매삭에 몇 백원 씩을 받는다니, 만국공법에 말하기를 두 나라가 조약이 없으면 그 두 나라 사람이 서로 모르는 것이라. 조선과 청국이 서로 통상약조가 없으니 이왕에 청국사람에게 허하였던 거류지가 지금은 청국거류지가 아니고 조선에 도로 속한 땅이라. 이왕에 조선과 청국 사이에 있던 야조는 싸움 이후에 다 없어지고 그때에 허락하였던 일들이 다 적몰이 되었는지라. 어찌 약조도 없는 터라. 백성이 여기 와서 이 나라 백성이 이 나라 땅에 집 짓고 사는 것을 세 받을 권력이 있으리오. 만일 조선과 청국 사이에 약조가 있어 조선 정부에서 청국에 다시 거류지를 허한 후에는 만일 조선 사람들이 그 거류지 안에 집을 짓고 살 것 같으면 그때는 세를 받아도 옳거니와 (하략)"25)

독립신문의 논설은 청일전쟁 이후 조청 양국이 이제 무조약 관계로 되었으므로 이를 다시 개정하지 않는 상황에서 청국인들이 청국 조계내 조선인들로부터 토지의 세금을 걷는 일을 문제시한 것이었다. 이렇게 청국 상인들은 자신들의 토지가 조계지내이므로 자신들의 소유권을 주장 하였으나 당시 조선인의 요구도 있었으므로 청국인들은 토지소유권의 증서인 지계의 발급 여부를 확인해야 했다. 그 결과, 1896년 3월과 9월에 새로 발급받은 것을 확인하였다. 이는 영국영사에 의해 발급받아 합법적인 것이 되었으므로 조선인들의 퇴거가 결정되었다. 그렇지만 조선인들은 이미 집을 짓고 상당기간 살고 있었던 땅이고, 특별히 인천 개항장 조계지내 의 토지도 아니었으므로 이에 저항하였다. 이에 따라 원래 조선인들의 퇴거 기간으로 설정된 1897년 3월을 넘기고 1898년 8월까지도 해결되지 않았다. 이어 다음해 3월까지 연기되면서 분쟁이 종식되지 못했다.26)

---

25) 『독립신문』 1권 69호, 1896년 9월 12일 1면 논설.
26) 1899년 5월 정부의 승인 하에 인천세무사로부터 1,420원을 받다가 철거가옥

이후 미국공사 알렌은 청국 전관 조계지 설정에 대해 항의하였고, 각국의 균점 요구 등과 겹치면서 각국간의 현안이 되기도 하였다.[27] 그렇지만 한국 정부는 1899년 4월 4일 청국확충조계를 그대로 추인하면서도 '조계 밖 10리 이내'의 규정에 따라 청국 상인들에게 조선의 지방세 과정에 따르도록 포고하였다.[28]

이렇게 인천 조계지에서의 청국확장 조계지의 문제는 당시 대한제국의 토지 주권 확보와 민인들의 거주 권리 보장 문제와 밀접하게 관련된 것이었다.[29] 청국과의 거류지 설정은 1894년 청일전쟁 발발 후 이전의 모든 조약과 장정을 폐기한 상태에서 인천의 청국 조계지는 사실상 무효화 된 것이었고, 특히 한성내 청국 거류지의 문제도 역시 무효화될 수 있는 것이었다. 이는 1899년 한청조약에 이르기까지 청국과의 협상을 통해 재정립될 수 있는 상황이었다.

1899년에 체결된 「한청조약」에서는 청상의 내지 통상에 가해졌던 규제 를 일부 완화시켰다. 「한청조약」 제4관 1조에서는 "중국의 상인이 한국의 통상 항구에 가서 지정된 조계 내에서 집을 임대하여 거주하거나 혹은 땅을 조차하여 창고를 지을 경우에는 편의에 따라 하도록 하며 모든 토산물 및 제조물과 금지되지 않은 화물의 판매를 허가해야 한다."고

매간당 2원씩을 지급하여 철거하게 되었다(『인천지훈(仁川之訓)』, 1899년(광무 3) 12월 28일 훈령 제92호 ; 『인천항안』 제5책, 훈령, 1899년 2월 20일 〈훈령〉 제14호 참조). 1894년 7월부터 1898년 10월까지 기간 ; 한인의 가옥수는 121호이고, 전체 칸수는 710칸이었다(『청계주한사관당안(淸季駐韓史館撞案)』, 01-41- 073-04, 이은자, 2006, 앞의 논문, 167~168쪽 참조).

27) 민윤, 2007, 「개항기 인천 조계지 사회의 연구-조계지내 갈등과 범죄의 양상을 중심으로」 『인천학연구』 7 ; 이은자, 2012, 「인천 삼리채 중국조계 한민 가옥 철거 안건 연구」 『동양사학연구』 118 ; 노영택, 1975, 「개항기 인천의 청국인 발호」 『기전문화연구』 6 참조.

28) 박준형, 2010, 앞의 논문, 300~302쪽.

29) 일본인 거류지의 확장에 대해 노영택, 1974, 「개항지 인천의 일본인 발호」 『기전문화 연구』 5 ; 양상호, 1998, 「인천개항장의 거류지 확장에 관한 도시사적 고찰」 『논문집』 1 ; 박찬승, 2003, 「조계제도와 인천의 조계」 『인천문화연구』 1.

규정하였다. 중국 상인에게 통상 항구에 지정된 조계 내에서만 집을 임대하여 거주하거나 땅을 임조하여 창고를 지을 수 있게 허락하였다. 또한 제4관 3조에서는 "3. 한국 통상 항구의 지정된 조계 밖 외국인에게 영조(永租) 혹 잠조(暫租)와, 가옥의 임대와 구입이 허가된 곳에서는 중국 상인도 일체의 이익을 획득해야 한다. 다만 이런 지역을 조차하여 사는 사람은 거주, 납세의 각 일에 대하여 한국의 지방세 부과 장정을 준수해야 한다"고 하였다. 이에 따라 조계 밖 10리 이내에 외국인에게 영조 혹은 잠조로 하거나 가옥의 임대 구입 등 허가된 곳에서는 중국 상인에게도 동일하게 최혜국 대우를 받도록 하였다. 그렇지만 통상 한계 밖에서는 땅을 조차하거나 가옥을 임대하거나 창고를 지을 수 없게 하였으며, 한국의 내지로 가서 유람하고 통상할 때에도 점포를 차려 매매하는 것은 허락하지 않았다.[30] 이러한 조항은 1882년 조·중 무역장정의 제정 이전 수준으로 복귀한 것이라고 평가할 수 있다. 이러한 조치는 갑오개혁 이후 본격적으로 제기되었던 한성개잔권의 철회와 외국인거류지의 제한, 그리고 조계지 이외의 토지 가옥 침탈의 제한 등에서 크게 벗어난 것은 아니었다.[31]

한편 개항장 조계지에 대한 문제에 대해 조선 정부에서 하나의 통제 정책을 취할 수 있게 된 것은 1894년 갑오개혁에서였다. 1894년 새로 설치된 재판소 제도 중에는 한성 및 인천 기타 개항장재판소를 설치하게 되어 있다.[32] 특히 한성재판소, 인천재판소, 부산재판소, 원산재판소 설치를 명시하였다. 제11조에 일체 민사 및 형사를 재판하고, 또한 외국인으로

30) 『고종실록』 43책, 39권 63장, 「한청통상조약」(1899년 9월 11일) 참조.
31) 은정태, 2005, 「1899년 한 청통상조약 체결과 대한제국」 『역사학보』, 37~51쪽 ; 구범진, 2006, 「「한청통상조약」 일부 조문의 해석을 둘러싼 한·청의 외교분쟁」 『대구사학』 83, 197~204쪽.
32) 도면회, 1998, 「1894~1905년간 형사재판제도연구」, 서울대 박사학위논문 ; 이영록, 2005, 「개항기 한국에 있어 영사재판권—수호조약상의 근거와 내용」 『법사학연구』 32 참조.

서 본국인에 대한 민·형사 사건을 재판한다고 규정하였다. 한성은 개항장은 아니지만, 외교광관과 외국인 거류지가 설치된 개시장 지역으로서 외국인의 조선인에 대한 소송사건을 심리하기 때문에 한성재판소와 개항장재판소를 동종의 재판소로 묶은 것이었다.[33] 재판소 제도는 비록 일본인 고문관의 제안에 기초한 것이었으나 이제 외국인의 범죄 행위도 국내법에 의해 재판할 수 있는 근거를 갖게 되었다는 점에서 의의가 있었다. 이후 개항장 재판소 제도는 향후 외국의 영사재판권과 외국과의 통상조약 개정에 대비할 수 있는 체제도 염두에 둘 수 있었다.

또한 1896년 8월에는 각 개항장에 감리 부설 관제를 반포하였다.[34] 이에 각 개항장에 감리를 두고 각국 영사와의 교섭, 조계지와 일체 항내 사무를 관장하도록 하였으며, 항구내에 경무관을 두어 총순과 순검 등을 통해서 개항장 내의 치안을 맡아보게 하였다.[35]

이후 1899년 대한제국이 청과 체결한 한청통상조약에서도 다시 규정되어 제5조에 양국 민인은 소송사건이 있으면 피고소속국의 관원을 통하여 본국의 법률에 따라 심단한다고 되어 있다. 원고소속국가는 관원을 파견하여 재판에 참여할 수 있도록 보장하고 있기는 하지만, 청국 상인과의 분쟁이 발생하였을 때 이를 대한제국의 재판소에서 관할할 수 있다고 규정함으로써 그만큼 치외법권의 권한을 상호주의에 입각하여 규제하려는 것으로 보인다.[36]

---

33) 문준영, 2009, 「1895년 재판소구성법의 '出現'과 일본의 역할」『법사학연구』 39, 40~46쪽.

34) 원래 감리서는 1883년 8월 「감리통상사무설치사목」으로 명문화되어 외국인 세무사의 지휘를 받아 해관, 치안 유지, 세무 관련 등을 통괄하였다. 1895년에 일시 폐지되었으나 1896년 8월에 다시 복설된 것이었다(민회수, 2003, 「한국 근대 개항장·개시장의 감리서 연구」, 서울대학교 박사학위논문, 141~148쪽 참조).

35) 『조선왕조실록』 1896년(고종 33), 건양 1년, 8월 7일, 「칙령 제50호 : 각개항장감리 복설관제규칙」.

36) 이은자, 2005, 「한국 개항기(1876~1910) 치외법권 적용 논리와 한국의 대응―한중간

이에 따라 한성재판소와 고등재판소, 평리원 등에서 외국인과의 교섭사건에 대한 사건은 점차 증가하고 있었다. 1895년 6월부터 1904년까지만 해도 1895년에 220건, 1896년에 456건, 1897년 312건, 1898년에 416건 등 증가추세에 있었다.[37]

이렇게 1895년 갑오개혁 이후 법률제도의 근대적 정비와 개항장 재판소 및 감리제도의 채택은 서구 열강과 청·일의 상권 침투에 어느 정도 대처할 수 있는 대응조치를 마련한 것이었다.

조약 체결 과정을 중심으로」『동양사학연구』 92 ; 이은자, 2006, 「한청통상조약 시기(1900~1905) 중국의 재한 치외법권연구」『명청사연구』 26 참조.

37) 이영록, 2011, 「한말 외국인 대상 민사재판의 구조와 실태 : 한성(부) 재판소의 민사판결을 중심으로」『법과 사회』 41, 182~192쪽.

2장 한성부 지역 외국인 토지침탈과 대책 방향

1. 한성부 지역 외국인의 토지소유 확대

19세기 후반 한성부(漢城府)는 조선왕조의 수도이고 정치 경제적 중심지로서 전국의 상품 유통과 상업 활동이 집중하였다. 특히 17세기 이래 상품화폐경제가 발전하고 전국적 유통권이 발달함에 따라 서울을 끼고 흐르는 경강(京江)을 활용하여 이루어진 세곡의 수집뿐만 아니라 미곡, 어염, 목재 등 주요한 물화 유통의 중심지로 서울이 등장하였다.[38] 이에 상업도시로 발전하게 되고 인구도 증가하여 19세기 후반 한성부에서 조사한 호구수가 4만 6천여호, 인구 20만여명에 이르고 있었다.[39]

〈표 1〉 1864년 한성부 인구 호구수(단위 : 명, 호수)

구분	중부	동부	서부	남부	북부	합 계
원호	4,451	7,621	16,891	11,336	6,265	46,564
인구	24,372	31,330	68,118	51,239	27,580	202,639

1890년대에는 실제로는 대략 40만여 명에 이르는 것으로 추정될 정도로

---

38) 고동환, 1993, 「18,19세기 서울 경강지역의 상업발달」, 서울대 박사학위논문, 139~156쪽.

39) 『일성록』 1864년(고종 1) 12월 29일, 『육전조례』 권4, 호부 참조.

많은 사람들이 거주하거나 유동인구로서 서울을 주요한 활동지로 삼고 있었다.[40]

그런데 서울이 외국인에게 개방하게 된 계기는 청과의 불평등한 관계로 인한 것이었다. 1882년 7월 17일 임오군변의 뒷처리 과정에서 일본과 체결한 조일수호조규 속약에서 이후 1년 이내에 양화진(楊花鎭)을 개시장(開市場)으로 할 것을 규정하고 있었던 바, 이를 빌미로 청국이 강요한 결과였다.[41] 이어 8월 23일에는 청국 사은사(謝恩使)로 가 있던 사신들과 청국 정부 사이에 「중·조 상민수륙장정」을 체결하였는데, 이른바 한성과 양화진에 개설행잔권(開設行棧權)을 인정해버렸다. 이에 따라 1883년 대외개방의 확대와 함께, 영국과의 통상조약에서 한성개잔권이 명문화됨으로써 한성개잔권이 구미 각국에 균점되었다.[42] 이제 공식적으로 외국상인들에게 도성(都城)내에 거주 통상이 허용됨으로써 청국과 일본 상인들을 비롯하여 구미인들도 도성내 가옥이나 대지를 임차하거나 매매할 수 있었다.

1880년대 중반 이후 외국인의 토지 가옥침탈은 점차 확대되어 심각한 상황에 이르고 있었다.[43] 한성부는 1890년된 「각국 가계 한성부 소래책(各國家契漢城府所來冊)」을 작성하였다. 이 책에는 당시 외국인들의 가사 거래 및 가계 발급이 자세히 기록되어 있다.[44] 우선 청국인과의 거래는 1887년 5월 27일 중부 장통방 입전계 김경삼(金慶三)의 와가 13간, 전공대(前空垈) 25간, 전후공대 반간 등을 화상(華商) 북공순보호(北公順寶號)에 2,800량에

40) 유길준, 「세제의(稅制議)」(『유길준전서』 4, 일조각, 1971), 185~187쪽.
41) 「조일수호조규속약」 1조(1882년 7월 17일) 『한국조약류찬』, 89~90쪽.
42) "第四款 一 兩國立約條從施行之日 起朝鮮國仁川府之濟物浦 元山釜山各口(釜山一口設 有不宜之處則 可另揀附近別口) 幷漢陽京城楊花津(或附近便宜別處) 皆作爲通商之處 任請 英民來往貿易"(『한국조약류찬』 「한·영 수호통상조약」, 1883. 10. 27, 138쪽).
43) 1885년 4, 5월경부터 일본인의 입경 거류가 시작, 그해 말에는 거류 일본인수가 19호, 89인에 달했다(『경성부사』 2권, 977~979쪽 ; 『경성발달사』, 421~424쪽 ; 손정 목, 1982, 앞의 책, 일지사, 251쪽).
44) 『한성부거래안』(규 17984) 「각국가계 한성부소래책」(경인, 1890).

매도한 것이 처음이었다. 일본인과의 거래는 1885년 3월 남부 주동계에 살던 김성일(金聖一)의 초가 6간 공대 10간을 화룡동삼태랑(和瀧東三太郎)에게 전문 100량으로 영매(永買)한 거래부터 시작되었다. 1887년 3월 프랑스인 블랑(白圭三, Blanc, Marie Jean Gustave)주교는 남부 명례방 중종현 일대의 20개 지역 땅을 매입하였다. 그 밖에 1888년 1월 26일에 체결된 미국공사관 관사 거래 3건, 1888년 2월 미국인 언더우드(Underwood, 元德尤)의 가옥 매입 13건, 1889년 12월에는 미국인 선교사 아펜젤러(Appenzeller, 阿扁雪羅)가 서부 황화방 취현동계 와가 77간 공대 200간 가전(價錢) 6,250량에 매입한 가계 60건 등이 이루어졌다.[45] 이렇게 1880년대 후반 한성부지역에서 이들 외국인이 매입한 토지 가옥건수를 연도별로 구분하여 예시하면 다음과 같다.[46]

〈표 2〉 연도별 외국인 토지매입 추이

	청국인	일본인	프랑스인	미국인	합계
1885	0	2	0	0	2
1886	6	0	5	0	11
1887	10	2	13	0	25
1888	20	28	0	16	64
1889	28	56	0	60	144
미상	5	0	2	0	7
합계	69	88	20	76	253

위의 표는 1889년 말까지 한성부의 외국인 토지 가옥 소유신고에 대한 연도별 추이를 나타낸 것이다. 1885년에 일본인 2명이 한성부의 토지

45) 『구한국외교문서(미안 1)』 10권, 「아펜젤러(阿扁雪羅) 원두우가계인발최촉(元杜尤家契印發催促)」 1889년 음 6월 6일(미공사 단시모(丹時謨)⇒ 서리독판 조병직), 437~438쪽 ; 「원두우 아펜젤러 원가계의 격정(繳呈)과 아펜젤러(阿扁雪羅)가계재송래요청」 1889년 7월 20일(서리독판 조병직⇒미공사 단시모), 451~452쪽 ; 「아펜젤러(阿扁雪羅) 가계발급요청」 1890년 2월 25일(미공사 단시모⇒ 서리독판 민종묵), 485~486쪽.

46) 『한성부거래안』(규 17984) 「각국가계 한성부소래책」(1890년).

가옥을 매입한 이래 1886년에는 11건, 87년에는 25건, 88년에는 64건으로 크게 늘었으며 1889년 한 해 동안 무려 144건에 이르러 이전까지의 거래건수의 배가 넘을 정도였다. 특히 일본인의 매입상황에서는 1888년과 1889년에 집중적으로 가사 매입이 이루어졌는데, 그 중에서도 1889년 9월과 10월에는 38건으로 집계되어 있다. 1889년 현재 외국인의 가옥 토지매입 건수는 청국인 69건, 일본인 88건, 법국인 20건, 미국인 76건 등 모두 253건에 달하고 있었다. 당시 외국인의 거주지역은 우선 미국인의 경우 서부 황화방(皇華坊) 대정동(大貞洞)의 미국공사관 건물 주위인 황화방 취현동(聚賢洞), 대정동(大貞洞), 왜송동(倭松洞) 등지였으며, 일본인의 경우 남부 훈도방(薰陶坊) 니현(泥峴), 주자동(鑄字洞) 및 명례방(明禮坊) 나동(羅洞), 호동(壺洞) 등지였다. 청국인의 경우 중부 장통방(長通坊), 정선방(貞善坊), 남부 회현방(會賢坊), 서부 황화방(黃華坊) 등 다양하게 분포되어 있음을 알 수 있다.

그렇다면 당시 한성부의 토지 가옥에 대한 외국인 침탈 규모와 내용을 살펴보자(〈표 3〉). 1885년 2월부터 1889년 10월까지 5년간 일본인들이 한성부 지역에 침탈한 내역을 알 수 있다.[47]

일본인과의 거래 전체 58건 중 와가 구입은 21건에 불과하고 초가가 반수가 넘어 37건으로 높은 비중을 차지함을 알 수 있다. 매입 가옥의 가격은 1간당 50량 이상 100량 미만이 18건으로 가장 많다. 전체적으로 와가 가격은 초가에 비해 비교적 높은 가격을 이루고 있다. 지역적으로는 훈도방 진고개 지역보다 그 이외의 지역이 초가나 와가 모두 높은 가격대를 차지하고 있다. 그렇지만 매매 건수로는 남부 훈도방에 위치한 경우가

---

47) 전체 88건 중 가옥 간수가 표시된 부분 58건을 매입가별로 재정리한 것이다. 기준은 와가, 초가구분과 지역 구분이 있다. 지역을 나눈 것은 훈도방(니현, 주자동 등)과 그 이외 명례방(나동, 호동), 서부 여경방(서학현 등)을 구분한 것이다. 단 전체 토지매매가격에는 가옥 이외에 공대도 포함하고 있었는데 본 표의 작성에는 생략했으므로 표에 제시된 가격은 실제 보다 높게 평가되었을 가능성이 높다[출전 : 『한성부거래안』(규 17984) 「각국가계 한성부소래책」(1890년)].

〈표 3〉 일본인의 매입가옥 가격별 현황(1885-1889) (단위 : 량)

가옥종류	지역명	1-49	50-99	100-149	150-199	200-249	250-299	300-349	350-399	400-	합계
와가	훈도방	1	4	3	2	1	1				12
	그외		3	1	2	1		1		1	9
초가	훈도방	4	10	10	3	1					28
	그외		1	2	4	1	1				9
총계		5	18	16	11	4	2	1		1	58
비율		8.6	31.0	27.6	19.0	6.9	3.4	1.7		1.7	100

40건으로 상당수를 차지하고 있었다. 당시 일본인이 훈도방 진고개 지역에 집중적으로 거주하게 된 이유는 아마 이곳이 일본공사관 근처라는 점도 있었지만, 다른 지역에 비해서 상대적으로 가옥의 가격이 낮았다는 이점이 작용했을 것으로 추정된다.

2. 한성부의 외국인 토지가옥 소유 대책

1880년대 후반 이래 개화파 개혁관료들은 당시 대외 통상조약과 불평등한 통상관계의 확대로 인하여 초래된 사회변화에 일정하게 대응하지 않으면 안되었다. 개항장을 비롯하여 내지행상권의 확대, 특히 한성에서의 외국상인들의 개잔권은 해결해야 할 초미의 과제였다. 당시 미국에서 돌아와 유폐생활을 하고 있던 개화파 지식인 유길준은 외국인의 토지침탈 문제를 중요하게 생각하고 있었다.[48]

유길준은 1891년 「지제의(地制議)」와 「세제의(稅制議)」를 구상함으로써 구체적으로 지세와 토지제도의 개혁에 대한 대응책을 마련하게 되었다.[49]

---

48) 유길준은 「지제의」에서 외국인의 토지소유와 전당행위를 금지하는 방안을 제기하고 있었다(『유길준전서』 Ⅳ, 「지제의」, 168~169쪽).
49) 『유길준전서』 Ⅳ, 「지제의」, 147~148쪽.

그는 전국적으로 양전을 실시한 후, 농지뿐만 아니라 산림, 과수원, 목장, 어지(漁池), 광소(鑛所) 등 일체의 부동산에 대해 '지권(地券)'을 발행하고 이를 근거로 하여 지세를 수취하려고 하였다. 또한 당시 현안이 되었던 결폐(結弊) 등을 포함하여 조세문제의 해결 방향에 대하여 결부법(結負法)이 아닌 경무법(頃畝法)을 이용한 토지측량을 구상하였고 토지가에 입각한 새로운 지세제도의 수립으로 해결하려고 하였다.[50]

그는 「지제의(地制議)」에서 사유재산권의 절대성을 주장하면서 지주의 소유권을 옹호하였다.[51] 그는 지주의 토지를 몰수하여 농민에게 분배하는 토지 재분배론을 절대로 용납할 수 없는 것으로 간주하였다.[52] 이렇게 유길준은 지주나 부민의 토지소유권을 관철시키고 있으면서도 물론 부자의 토지겸병 확대를 무조건 긍정하는 것은 아니었다. 그는 농업에서의 생산관계를 개혁하고 지주와 소작인의 이해를 조정하려는 입장을 보이고 있었다. 그러한 방법은 과도한 농민수탈을 방지하기 위해 도조율(賭租率), 즉 소작료의 인하를 통하여 해결해 보려고 하였다.[53]

그는 또한 사사로운 토지매매의 폐단을 시정하기 위해 토지소유자에게 일률적으로 지권을 발급하고자 했다. 그가 구상한 지권제도는 토지 소유자에 대한 국가적인 공인을 추구하는 정책이었다. 유길준은 토지거래의 부정을 방지하기 위해 전토문권(田土文券)을 제작 반급하여 사용하도록

---

50) 『유길준전서』 IV, 「지제의」, 145~172쪽 ; 김용섭, 1984, 「갑신·갑오개혁기 개화파의 농업론」, 『한국근대농업사연구』(하), 일조각, 213~217쪽.

51) 『유길준전서』 IV, 「지제의」, 142쪽.

52) 유길준은 인민의 사유재산권의 보호가 절대적으로 필요하다고 보았다. 국법으로 인민의 사유재산법을 보호하지 못하면 경제적 평등관념이 비등해지고 이로 인하여 파급되는 폭력혁명을 수반한 사회적 혼란을 치유하기 어렵다고 하면서 프랑스혁명에서의 민중봉기를 비난하고 있었다(『서유견문』 제3편, 「인민의 교육」, 100~101쪽).

53) 왕현종, 1997, 「19세기 후반 지세제도 개혁론과 갑오개혁」『김용섭교수정년기념 한국사학논총(3) - 한국 근현대의 민족문제와 신국가건설』, 지식산업사, 143~149쪽.

제시하고 있는데, 이 문권은 본국민에게만 사용이 가능하고 외국인에게는 영매(永買), 권매(權買), 전당(典當) 등을 할 수 없도록 규정하고 있다.[54] 그가 구상한 지권제도는 외국인의 토지매매나 전당을 금지시키는 것을 전제로 이루어지고 있었다.

그런데 유길준이 모든 토지에 대한 양전 실시를 주장하고 있기는 하지만,[55] 경우에 따라서는 양전을 무리하게 시행하기 보다는 지권제도의 시행을 통해 점진적으로 접근하려고 하였다. 예컨대 각 면에서 토지 장부를 마련하고 지주가 지권을 발급받기 위해 토지를 조사 기록하는 과정에서, 지권에 시가(時價)가 그대로 기록되므로 굳이 양전을 하지 않아도 쉽게 파악할 수 있다는 논리로 나아갔다.[56]

한편, 1884년 갑신정변 실패 후 일본에 망명하고 있었던 개화파관료 박영효의 경우에도 외국인의 토지침탈 문제를 중요시하고 있었다.[57] 그는 특히 외국상인에게 허용한 한성개잔권을 철퇴할 것을 주장하였는데, 외국 상인의 송출과 조선 상인의 상업활동의 종사를 주장하였다. 더구나 그는 외국인에게 토지를 팔거나 전당을 잡히는 민인들의 행위 자체를 금지하는 법령을 구상하고 있었다.[58]

반면 온건개화파의 하나로 분류되는 김윤식은 당시 한성개잔권을 허용할 때 청국과의 교섭 당사자로서 책임을 통감하고 있었기 때문에 보다 현실적인 대응책을 제기하고 있었다. 그는 이미 1885년에 한성의 개잔을

---

54) 『유길준전서』 4, 「지제의」, 166~170쪽.

55) 유길준은 각지역의 토지상황을 보여주는 '전통도식(田統圖式)'의 경우에도 각 리를 단위로 하고 있어서 대단히 큰 단위로 구획될 뿐이다. 양전을 한 이후 분급되는 지권(地券)에 대해서도 명확하게 언급하지 않았다(『유길준전서』 IV, 「지제의」, 168~172쪽).

56) 『유길준전서』 IV, 「재정개혁」, 197쪽.

57) 박영효는 "禁民之典鬻土地於外人事"라고 하여 외국에 토지를 전당잡히거나 파는 행위를 금지하자고 했다(『일본외교문서』 21 「박영효건백서」, 300쪽).

58) 『일본외교문서』 21 「박영효건백서」, 300쪽.

폐지하고 양화진이나 용산으로 개시장(開市場)을 이설함으로써 공인과
시인의 영업 활동을 보호하고자 하였다. 그는 1885년 「한성개잔사의(漢城開
棧私議)」라는 글에서 자신의 입장을 피력하였다.[59] 한성개잔은 일방적으
로 외상의 이익을 확대하는 결과를 낳고 서울상권의 마비와 국가의 물자부
족도 초래한다고 비판하였다.[60] 그가 생각하기에는 한성개잔권의 근본적
인 해결은 그것 자체를 철폐하는 것이었지만, 그렇지 못할 경우 최소한
성외로 행잔(行棧)을 옮겨야 한다는 주장이었다. 그렇지만 1880년대 후반
청과 일본의 간섭이 심화되는 상황에서 쉽게 그것도 실현할 수 없었다.[61]

1890년에 들어와 김윤식이 스스로 조선이 외국과 체결한 조약 중에서
가장 잘못한 것 중의 하나가 바로 한성개잔이라고 지적할 정도였다.[62]
1890년 초에는 각 시전의 상민들이 철시 폐업을 하고 7, 8일 동안이나
외서(外署)에 호소하기도 하였다. 이 소식을 들은 김윤식은 시민의 철시
폐업에 힘입어 한성개잔권의 조약개정 논의를 다시 시작해야 한다고
주장하였다.[63]

이제 김윤식은 한성개잔의 철회 대책으로 두 가지 대안을 제기하고
있었다. 하나는 근본적인 대책으로서 이제는 조약을 개정하는 것을 논의하
여 각국의 상점을 철회하고 성 밖으로 내쫓는 것이었다. 이 방안에는
당시 각국과 맺은 통상조약을 개정해야 하는 커다란 난제를 담고 있었다.
다른 하나는 차선책이라고 할 수 있는데, 한성부 내에 외국인들이 거주할
수 있는 방리(坊里)를 일정하게 규정하여, 이곳에서 제한적으로 거주케

59) 『운양집』 권7, 의(議)2, 「한성개잔사의(漢城開棧私議)」 을유(乙酉), 464~470쪽.
60) 『운양집』 권7, 의2, 「한성개잔사의」, 464~470쪽.
61) 김정기, 1986, 「1890년 서울상인의 철시동맹파업과 시위투쟁」『한국사연구』 67 ;
    『기밀신(機密新)』 제26호, 「한성개잔에 관한 경성시민집회를 위한 사」(국회도서관
    소장, 『일본외무성 육해군 기밀문서사』 106권, 186~199쪽) ; 손정목, 1982, 앞의
    책, 187쪽.
62) 『운양집』 권7, 의(議)12, 부론 「약조삼실(約條三失)」, 504~505쪽.
63) 『운양집』 권7, 「십육사의(十六私議) : 제육 공시(貢市)」, 491쪽.

하는 방안을 마련하고 있었다.[64] 후자의 방안은 각국과 협조하에서도 이루어질 수도 있었다. 김윤식은 이때 충청도 면천에서 귀양살이를 하는 동안 조만간 정부에 복귀한다면 취해야겠다는 입장에서 후자의 방안을 현실적이라고 생각하고 있었다. 이것도 물론 한성부의 외국인 토지침탈을 근본적으로 방지할 수는 없는 대책이었다.

이렇게 한성부 외국인 침탈로 인해 시기가 지날수록 외국인의 토지소유는 날로 더욱 확대되고 있었다. 1891년 한성부 소윤(少尹) 이건창(李建昌)은 외국인이 영매(永買)한 가사가 무려 4백여 처에 이른다고 지적하고 있다.[65]

"신은 또 직무에 관계되는 일을 한 가지 진술하려고 합니다. 신이 『한성부등록(漢城府謄錄)』을 조사해 보니, 각 국 사람들이 영구히 산 집이 400여 곳이나 되고 그 간가(間架)는 이루 다 헤아릴 수 없을 정도입니다. 집을 세를 내거나 사는 것은 장정(章程)에 실려 있어 이미 본부(本府)에서 증서를 만들어 주었습니다. (중략) 부유한 사람들이 계속 많은 집을 사들인다면 서울의 원래 주민들은 어디에 들어가 살겠습니까? 지금 만일 이 사정을 각국 사람들에게 미리 말하기를, '이미 산 집이 적다고 할 수 없는 만큼 우리 백성들이 살 곳이 점점 좁아져 점점 곤란해지니 이제부터는 제한이 있어야 할 것이다.'라고 하고, 동시에 우리 백성으로서 오른 값으로 집을 팔아 중간이득을 노리는 자들을 좀 더 통제한다면 그래도 좋은 계책이 될 수 있을 것입니다.(하략)"

그가 『한성부등록』을 조사해 보니 외국 사람들이 한성부내에 가옥을 구입한 것이 모두 400여 곳이 된다고 하였다. 여기서 그는 '영매(永買)'라는

---

64) 『운양집』 권7, 「십육사의 : 제육 공시」, 491쪽.
65) 『일성록』 1891년(고종 28) 11월 19일, 「한성소윤 이건창 상소」, 370~371쪽 ; 『고종실록』 1891년(고종 28) 11월 19일, 「한성소윤 이건창 상소」 참조.

용어를 쓰고 있는데, 이는 당시 가옥 거래가 활성화되고 외국인이 조선인의 소유 토지와 가옥을 매입하면서 토지소유권을 확보했기 때문이었다.

그는 외국인 소유 토지의 확대에 대해, "외국의 부유한 사람들이 가옥을 매입하기를 그치지 않는다면 서울에 원래 거주하던 민들은 어디에서 살 수 있단 말인가"라고 한탄할 정도였다. 이제부터라도 한성부내에서 외국인의 토지 구입을 제한하는 조처를 취할 것을 요청하고 있다.

1891년에 매매건수가 400여 건으로 증가하였다면, 외국인과의 토지 가옥 거래 건수는 1889년까지 조사된 253건보다 불과 2년만에 백수십건의 증가가 이루어졌다는 것이다. 한성부의 관리들조차 이를 심각하게 받아들이고 있었던 것이다.

3. 한성부의 토지가옥 거래 허가제도 시행

1) 갑오개혁기 가계발급제도의 시행

조선 정부는 1893년부터 한성부내에서 모든 가호(家戶)를 대상으로 가계(家契)를 발급하여 거래의 혼란을 방지하고 간접적으로 외국인의 소유확대를 저지하려는 정책을 실시하였다.[66] 이 법령을 제안한 것은 좌부승지 이중하(李重夏)였다.

"도성 내 5부(部)의 방(坊)과 리(里)의 호적에 올라 있는 가호(家戶)는

---

66) 1893년 한성부내의 가계발급은 종래의 입안제도(立案制度)와 조계내에서의 지계(地契) 발급 경험을 바탕으로 하였다고 하면서 소유권의 근대화라는 측면에서 파악되고 있으나(와다 이치로(和田一郞), 1920, 『조선토지지세제도조사보고서』, 조선총독부, 271~272쪽), 한성부가 이전의 외국인 가사거래신고에 비해 보다 적극적인 규제정책으로 시행된다는 점에 주목해야 한다.

각자 집문서를 소유하고 있는데, 이것이 돌아다녀 매매(賣買)하는 증빙 자료가 되고 있습니다. 근자에는 인심이 점점 경박해져서 간사한 속임수를 부리는 일이 많이 일어나, 혹은 문권을 위조하기도 하고 혹은 집안에서 훔쳐다가 저당잡히거나 헐값으로 팔아먹기도 하면서 전혀 꺼리는 바가 없습니다. 그리하여 본래 주인은 가만히 앉아서 자기 집을 잃게 되니 소송이 끊이지 않고 애달픈 하소연이 날마다 들려옵니다. (중략) 지금 이후로는 경상(卿相)의 집 이하 각 방(坊)의 모든 가호에 한성부로 하여금 문권을 간행해서 일일이 나누어 준 다음 만약 이 문권이 아니면 감히 매매하지 못하도록 정식을 정하여 시행하는 것이 어떻겠습니까?"[67]

그는 도성내 각방리에 호적에 올라 있는 가호마다 각자 집문서를 소유하고 있는데, 이러한 문권이 매매하는 증빙 자료가 된다고 하면서 문권 위조나 호주의 허락도 없이 저당 잡히거나 헐값으로 팔리는 폐단이 발생되고 있다고 하였다. 그는 종래의 매매문기만으로는 폐단을 시정할 수 없으므로 경상가(卿相家)로부터 모든 가호에 이르기까지 한성부에서 간행한 문권, 즉 '경조간출문권(京兆刊出文券)'을 발급해야 한다고 주장하였다.

한성부에서는 이러한 건의를 받아들여 새로 가계를 발행하게 되었다. 아래의 양식으로 추정된다.[68]

〈그림 4〉의 가계 양식에서는 먼저 가계의 발급 연월과 호수를 적어 넣게 되었으며 그 다음에 5부와 각방 동 계 등을 기록하며 특히 와가 몇 간, 초가 몇 간, 공대 몇 간 등을 표기하게 되어 있다.[69] 매매의 결과

67) 『승정원일기』 12, 「이중하(李重夏) 계(啓)」 1893년 2월 13일, 465쪽.
68) 이 그림의 상단에 태극기가 그려져 있으나 여기서는 간략한 형태로 표기되어 있다.
69) 조선총독부 중추원, 1940, 『조선전제고』, 406쪽 ; 원영희, 1988, 『한국지적사(4정판)』 그림도판 가계, 서부(西部) 인달방(仁達坊) 봉상시(奉常寺)의 가계(1893) 재인용 ; 와다 이치로(和田一郎), 1967, 『조선토지지세제도조사보고서』, 宗高書房 판본,

매매당사자를 반드시 기록하고 해
당관리의 이름도 적게 되어 있다.
주목되는 부분은 바로 공대(空垈)
몇 칸(間)을 표시하게 되어 있는 점
이다. 이는 가옥의 매입 이외에도
토지의 매입도 표시되었다는 것을
말해준다. 이러한 가계양식을 통해
서도 알 수 있듯이, 조선 정부는 직접
가계를 발급하여 외국인의 토지침
탈을 규제하여 일정한 통제하에 두
려고 하였다.

이렇게 시행된 가계발급제도에
의하면, 가옥을 매매할 때는 구래의

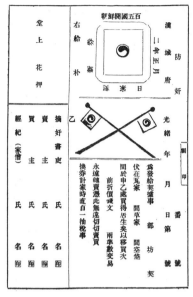

〈그림 4〉 1893년 가계 양식

문기나 구계(舊契)를 반납한 후 신계(新契)를 발급받도록 하였으며, 전당할
경우에는 당사자가 소관 관청에 신청하여 가계를 그 지(旨)를 현록(懸錄)받
도록 하였다.[70] 가계발급제도는 종래 매매문기상 쌍방간의 거래사실을
확인해 주는 입안(立案)이나 입지(立旨)와 비슷한 제도였지만, 일정한 양식
으로 관에서 발급내역을 기록·보관함으로써 거래사실을 확인할 수 있었다.
그러한 점에서 부동산 공증제도의 한 단계의 진전을 가져온 것이었다.
그렇지만 원래 계획한 대로 민간의 모든 호에게 발급되지 못하고 매매상
필요한 경우로 한정되어 발급되었을 가능성이 높았다.

한성부 토지문제에 대한 정부의 대책은 이후 1894년 갑오개혁에서는

273쪽.

70) 1894년 이후 발급된 가계제도는 가계 2장을 할인(割印)하여 하나는 관청에 보관하고
하나는 매주(買主)에 발급하였다(와다 이치로(和田一郎), 1920, 『조선토지지세제도
조사보고서』, 271~272쪽). 그런데 1893년 5월부터 발급한 1차 가계는 매주에게
발급했으나 관청은 다만 그 발급 내역을 기록하는 것으로 그치고 있었다.

보다 적극적으로 추진되었다. 이는 갑오정권의 핵심인사였던 유길준이나 김윤식에 의해 이루어진 것으로 추측된다. 유길준은 앞서 1891년에 쓴 「지제의」라는 논문에서 토지거래의 부정을 방지하기 위해 전토문권을 발급하되, 이 문권은 본국민에게만 사용이 가능하고 외국인에게는 영매, 권매, 전당 등을 할 수 없도록 주장한 바 있다.[71] 한편 김윤식도 한성개잔권의 부당성을 이미 1885년 당시에도 절감해오던 터였으므로 한성내의 외국인의 상업 및 토지침탈을 그대로 두고 볼 수는 없었다.[72]

이에 따라 1894년 8월 군국기무처에서는 '국내 토지 산림 광산은 본국에 입적한 인민이 아니면 점유하거나 매매를 허락하지 않는 일'이라는 의안(議案)을 결의하여 외국인 토지소유금지 원칙을 처음으로 제기하였다.[73]

1894년 11월부터는 새로운 형식의 가계제도가 제정되었다. 새로운 가계 양식에서 주목되는 점은 1893년에 제정된 1차 가계에 비해서 형식이 간단하게 바뀌었다는 점이다. 이는 전면에 토지 가옥의 소재 위치와 면적 및 매주(賣主), 가쾌(家儈), 매주(買主), 보증인란 등을 일목요연하게 기재할 수 있도록 한 반면, 가계 발행의 유의사항을 후개(後開)로 돌려 표기하였다.[74] 이 가계의 특징은 매매행위시 가계를 발급할 경우, 가쾌(家儈)가 있어야만 발급하도록 절차를 정한 것, 구권(舊券)이 없을 경우에는 가쾌와 보증인의 기명 화압(花押)을 받도록 한 것, 그리고 만일 시기가 지나거나 가격을 허위로 보고했을 경우에는 가쾌를 처벌하도록 하였다.[75] 결국

---

71) 『유길준전서』 4, 「지제의」, 166~170쪽.

72) 『운양집』 권7, 「한성개잔사의」 참조.

73) "國內土地山林鑛山 非本國入籍人民 不許占有及賣買事"(『의정존안(議定存案)』 개국 503년 8월 26일 의안).

74) 이때에는 이전의 매매분까지 소급하여 환급하여 발급하도록 하였고, 거래를 담당한 가쾌는 가계가 발급된 후에야 수수료를 받도록 규정하였다. 그리고 구권이 없는 경우, 가쾌나 보증인의 기명 사인도 없을 경우에는 절대로 신계를 발급하지 말아야 한다는 규정을 삽입하였다(『통상휘찬(通商彙纂)』 제11호, 「朝鮮國漢城府內 家契制改正ノ件」, 138~140쪽).

토지 가옥 거래의 중계 담당자로서 가쾌가 거래 일체를 담당하고 보증하도록 하는 제도 개선을 도모했다.

이 시기 거래된 가계의 규모는 1895년 8월 1일 발급된 가계의 번호가 1,361호로 되어 있는 것으로 보아,[76] 1894년과 1895년 두해 동안 발급된 가계는 1893년 이후에 발급된 가계가 재발급된 것을 포함하여 무려 천여 건에 달한 것으로 보인다. 새로운 가계제도의 시행이 토지 거래제도의 활성화에 크게 기여했음을 알 수 있다.

새로운 가계제도의 개정은 1894년 8월에 군국기무처에서 결의한 외국인의 토지소유금지라는 의안의 정신에는 미치지 못하는 미흡한 것이었지만, 적어도 국가가 토지 가옥의 거래에 대해서 보다 엄밀하게 파악하고 규제할 수 있게 되었다.

또한 새로운 가계발급 규정의 개정은 종래 외국인이 취득할 때 맞이하게 되었던 복잡한 수속과 매매문기의 문제를 시정하고 합법적으로 토지 가옥을 취득할 수 있도록 하였다. 이러한 조치는 도리어 외국인에게서도 환영을 받았다. 왜냐하면 이러한 조치는 한성부에서 외국인의 토지소유를 합법화하는 것이었기 때문에 일본인을 비롯한 각국 상인들에게는 한성에 상점을 확대시킬 수 있는 좋은 기회로 생각되었다. 일본 상인들은 종래 협소한 니현(泥峴)의 상점에서 벗어나 남대문 부근의 넓은 지역으로 상권을 확대하려고 하였다.[77] 이들은 1894년 11월에 남대문밖 공터에 새로이 상점을 꾸릴 계획으로 외무아문에 허락을 요청하기도 하였다.[78] 외국인들

75) 경성부, 1936, 『경성부사』(2), 631쪽 ; 최원규, 2001, 「19세기 후반 지계제도와 가계제도」, 『지역과 역사』 8, 111~112쪽.

76) "英館來照 現據本國士人 薛弼林稟稱 日昨買得 德國人麥登司 漢城房地一所 領存漢城府 地契一千三百六十一號 呈有憑票 稟稱知會等語 照轉知漢城觀察使 記冊爲盼"(『외아문일기』 1895년 고종 32 을미 8월 1일, 31쪽 ; 『구한국외교문서(영안 1)』 1895년 을미 8월 1일(양력 9월 19일), 593~594쪽).

77) 『통상휘찬』 제18호 「京城ニ於ケル地所家屋ノ賣買慣例」, 473~476쪽 ; 『일한통상협회 회보』 1호, 「京城內地所家屋賣買の慣例」, 119~120쪽.

은 한성부의 규제정책을 넘어서서 외국인이 마음대로 토지와 가옥을 차지할 수 있었을 뿐만 아니라 그러한 상점을 거점으로 도성의 상품유통시장을 장악해 들어오는 합법적인 제도로서 활용될 수 있었다.[79] 결국 가계제도의 개정은 역설적으로 종래 한성개시장에서 외국인의 토지소유를 확대시킬 수 있는 계기가 되었다.

2) 한성개잔권 개정 논의와 외국인 잡거지 대책

1895년에는 외부대신 김윤식(金允植)은 이전의 한성개잔권(漢城撤棧權)을 어느 정도 개정하지 않으면 외국인의 토지소유 확대를 막기 어렵다고 생각하였다. 그래서 마련한 대안이 도성 안에 외국인 거류지를 만들고자 하였다. 이는 「한성내 외국인 거류지 설정안」이라는 안건으로 제기되었다.

우선 1895년 윤5월 7일부터 한성부에서 경성 내외 각부의 자내에 거주하고 있는 외국인의 호구수를 조사토록 하면서 특히 신상명목 등을 일일이 조사하여 수록하도록 하였다.[80] 그리고 김윤식은 윤5월 11일(양력 7월 3일)에 당시 이노우에 가오루(井上馨) 공사에게 요청했으나 비협조적이었으므로 미국공사 실(John B. Sill : 施逸)에게 공문을 보내 의사를 전달했다. 앞으로 적당한 장소를 물색하여 계한을 정하고 기지(基址)를 만들어 서양인들이 거주할 장소를 만들겠다는 것이었다. 이러한 개선 방안을 검토하기 위해 각국의 총영사, 공사, 영사들이 참여하는 회의를 개최하자고 제안하였다.[81] 이때 구상한 안은 한성 도성 안에 각국 상민이 거류할 수 있는

---

78) 『통서일기』 3, 1894년(고종 31) 갑오 11월 21일, 477~478쪽.

79) 1894년 한성 지역에는 청국 상민이 3000명 내외가 있었고, 일본 상민은 7, 8백에 불과했지만, 1895년 6월 15일(양력) 조사에 의하면, 일본인은 1,438명으로 늘어났으며, 소유토지가 36,186평이고, 가옥도 249헌(軒)에 이를 정도였다(『일본외교문서』 23, 188쪽).

80) 『외아문일기』 1895년(고종 32) 을미 윤5월 7일, 6쪽.

지역에 구획으로 만들어 각국의 조계지로 만들려고 했다.

이에 대해 미국공사 실은 1895년 윤5월 17일(7월 9일)의 시행안에서 발생되는 4가지 측면을 질의하였다.[82] 첫째, 한성내에 조계를 획정할 경우, 그 경계 10리 내에서도 각국인들이 토지 가옥을 매입할 수 있는가, 아니면 폐지하려고 하는가. 둘째, 조계를 설정한 후 그 조계 밖의 성내에 있는 각국인이 이미 경영하고 있는 산업은 어떻게 처리할 생각인가. 셋째, 조계를 선정하고 별도로 각국인의 주거지로 한다면 조선인은 거류지내에 거주하는 것을 허용하지 않는가. 넷째, 조계를 정하는데, 각기 1구를 정하여 한 나라 사람은 한 곳의 조계에서만 한정할 것인가 하는 것이었다.

반면 일본측의 입장을 대변한 주한일본공사 이노우에 가오루(井上馨)는 한성과 개항장의 성격을 분명히 구분한 뒤 한성 내에 잡거구역을 확대 설정하려고 하였다. 그래서 각국 조약 제4관 제4항의 '조계 밖 10리 이내'에 관한 규정을 한성에 적용하고자 하였다. 조선이 어느 곳에서라도 잡거하는 상황만 존재한다면 '조계 밖 10리 이내'의 잡거공간으로 규정할 수 있는 가능성을 열어둘 수 있었다.[83] 이렇게 한성부의 외국인 잡거지 설정은 한성개잔권뿐만 아니라 각국과의 개항통상조약의 개정과도 관련되는 문제였다.

이날 갑오개혁 정부의 내각회의에서는 이 문제를 정식으로 검토하게

---

81) 『일본외교문서』 23권, 「사항 7, 一 京城撤棧 ノ件(附記 1)」 1895년(명치 28) 7월 3일자(杉村濬 임시대리공사가 본국 외무대신에게 보낸 기밀 제64호, 「漢城撤棧問題 ノ再起 幷之 關スル 處分法二付意見上申」) ; 『구한국외교문서 11 : 미안 2』, No.1391, 「漢陽楊花津各國租界劃定會議의 件」(외무대신 김윤식⇒ 미공사 시일(施逸), 1895년 윤5월 11일, 양력 7월 3일), 110~111쪽 ; 『외아문일기』 1895년(고종 32 을미) 윤5월 11일, 8쪽.

82) 『구한국외교문서(미안 2)』, 11권, No.1393, 「漢城租界劃界條件問議의 件」(미공사 施逸 ⇒ 외무대신 金允植, 1895년 윤5월 17일, 양력 7월 9일), 111~113쪽.

83) 『한국각지개항관계잡건일(京城開市並撤棧)』 1895년(명치 28) 7월 25일자 기밀송 (機密送) 제52호, 『일본외교문서』 제23권 ; 박준형, 2011, 앞의 논문, 75~80쪽 참조.

되었다. 이날 회의에서는 한성내 각국인 거류지정계에 관해서 두 가지 방안이 제기되었다. 하나는 한성개잔 자체를 완전히 없애는 방안이었으며, 다른 하나는 거류지의 경계를 정하고 연세(年稅)를 거두는 방안이었다. 전자가 근본적인 방안이라면 후자는 소극적인 대처방안이라고 할 수 있다. 그런데 전자의 방안은 단지 한성의 개잔을 철회하고 한성의 시장권을 안정적으로 확보하려는 지역상권의 보호차원에 그치는 것이 아니었다. 나아가 기존의 불평등조약체계의 전반에 대해 문제를 제기하는 것이었다. 이는 근대국가의 토지주권, 개항통상의 주권을 회복하는 의미에서 현안이 었던 조약개정의 교섭이 아닐 수 없었다.

이때 검토한 조약의 내용에서는 1883년 영국과의 조약 제4관에서 영국 상민 및 타국의 상민들이 한성에 들어와 어느 곳이라도 토지 가옥을 가질 수 있다는 규정이 문제시되었다. 실제로 영국과의 선후 속약 제2조에 서는 "만약 훗날에 중국정부가 한성에서 중국 상민이 개설행잔하는 권익을 철소(撤銷)한다면, 조선 정부가 동일한 권익을 다른 어떤 나라 상민에게도 허여하지 않는다는 조건하에 영국 상민도 이를 요구하지 않을 것이다"라는 단서 조항이 있었다.[84] 이러한 단서조항이 독일, 이태리, 러시아, 프랑스, 오스트리아 등 서구 열강과의 통상조약에도 같은 취지로 삽입되었다.[85] 그런데 일본은 청일전쟁의 발발시 청과의 조약을 일체 폐기시켰기 때문에

---

84) 통감부 편찬, 1908, 『한국조약류찬』, 「Protocol, Signed November 26, 1883」, 183~184 쪽.

85) 이후 독일과의 통상조약에서도 중국 상민이 한성 개설행잔(開設行棧)의 이익을 철소하게 되면 독일[德國]상민도 포기할 것을 규정하였으며, 이후 이태리와의 조약부터는 각국과의 조약시 혹은 타국이 한성개잔권을 포기할 경우 이에 따르기로 하는 단서조항을 넣었다(『한국조약류찬』, 「조·덕(德) 수호조약 선후속약」(1883. 11. 26. 조인) 제2조, 242쪽 ; 「조·이(伊) 수호조약」(1884. 6. 26.) 제4관 1항 단서, 249쪽 ; 「조·로(露) 수호조약 선후속약」(1884. 7. 7.) 제2조 ; 「조·불(佛) 수호조약 선후속약」(1886. 6. 4.) 제3조, 360쪽 ; 「조·오(墺) 수호조약」(1892. 6. 23.) 제4관 제1항 단서, 370쪽 ; 「조·백(白) 수호조약」(1901. 3. 23.) 제4관 1항 단서, 428쪽 참조).

한성개잔권 자체가 원인 무효가 될 수 있는 상황이었다.

그렇지만 당시 조선 정부는 한성개잔권을 처음부터 원점에서 다시 논의하지는 않았다. 갑오개혁 정부는 서양과 맺은 한성개잔권은 철회하기는 불가하다고 판단했다. 영국 및 독일과의 선후속조에서는 청국과의 무역장정에 의해 단서조항을 삽입함으로써 한성개잔권의 철회를 주장할 수도 있겠으나 다른 나라의 경우에는 일반적으로 상민들의 개잔권을 인정하였으므로 러시아, 미국, 불란서가 의연히 행잔(行棧)의 권익을 향유한다면 다른 나라의 상민에게도 최혜국조관(最惠國條款)에 의해 향유하도록 할 수밖에 없다는 것이었다. 갑오개혁정부는 결국 한성개잔권의 철폐는 일단 유보하고 거류지의 계한을 정하는 방안으로 선회하였다. 마침내 내각회의에서는 후자의 방안을 윤5월 17일(7월 9일)에 「한성내 외국인 잡거지를 한정하는 건」으로 결정하였다.86)

주요 내용은 한성의 조계 내에서 각국의 상민들이 토지를 영조(永租)하고 방옥(房屋)을 임구(賃購)하여 설잔(設棧), 즉 상점을 개설하여 무역에 종사하는 것을 허용한다는 것이다. 현재 조계이외의 지역에 거주하는 외국상인은 당분간 거주를 허용하되 훗날 그 방옥을 수용하게 될 때 공고(公估), 즉 공매(公賣)를 통해서 구매할 수 있도록 하였다. 각국의 조계를 따로 나누지는 않고 잡거(雜居)하는 것으로 정하였다.87)

갑오개혁 정권은 6월 중순 각국공사관과 더불어 한성내 조계획정에

---

86) 「爲漢城襍居地로 請議」, "漢城開棧이 弊가 多혼 事情으로 各國 使臣과 往復商論ᄒ온즉 各公使가 會同ᄒ야 議論ᄒ기로 貞洞으로부터 泥峴가지 이믜 外國人이 錯雜ᄒ야 居住ᄒ는 터이니 水道를 限ᄒ야 西南村은 各國人 雜居地로 稱號ᄒ고 本國人民도 依前ᄒ야 同居ᄒ딕 租税도 갓치 納ᄒ고 雜居地 以外의는 다시 外國人이 賃購房屋못ᄒ게 ᄒ미 合宜ᄒ다. (하략) 開國五百四年 七月 十日 外部大臣 金允植, 內閣總理大臣 金弘集 閣下 査照"(『의주(議奏)』 16, 제282호, 136~137쪽).

87) 『구한국외교문서』 11권 1396호, 「한성조계획정 조건 문의에 관한 건」(1895년 6월 19일) 118쪽 ; 1401호 「한성조계획정에 대한 외부조회승인의 건」(미공사 시일(施逸)⇒ 외부대신 김윤식, 1895년 7월 10일) 122~124쪽 ; 1402호 「동상회답(同上回答)」(1895년 7월 15일, 외부대신 김윤식⇒ 미공사 시일(施逸)) 124~125쪽.

대한 본격적인 논의에 착수하기 시작했다.[88] 당시 외무대신 김윤식은 조계장정(租界章程)을 만들기 위한 회의를 개최할 것을 거듭 요구하였다. 이에 따라 7월 10일(양력 8월 29일) 일본공사관에서 각국사신을 소집하여 이 문제를 논의했다. 이 회의 결과 미국, 영국, 러시아 등 구미 각국사신들은 모두 김윤식의 안에 호의적인 찬성의 뜻을 표하고 예정구역을 제시해 줄 것을 요구하였다.[89] 이러한 과정을 거쳐서 한성부내의 개설행잔권의 축소와 각국상민 조계안이 확정되었다.

이러한 정책은 1893년부터 기존의 토지소유관계를 추인하는 형식으로 진행된 가계발급제도를 근간으로 하여 이루어졌다. 조선 정부는 종래 한성개잔권을 둘러싼 조선 정부와 외국과의 갈등을 조정하여 한성 내의 조계에 한정하여 개잔권을 인정하되 그 이외의 지역에서의 토지 구입, 방옥 임대 등은 일체 허용하지 않는다는 방침을 정했다. 한성내 각국상민 거류지역 조계안은 적어도 무분별하게 허용되어온 외국인에 의한 토지 가옥의 침탈을 법제적으로 규제할 수 있는 원칙을 마련한 것이다. 외국인 잡거지 설정방침은 바로 시행되어 당시 한성내 청국 상인의 점포 처리과정 에서도 기본적으로 작용하고 있었으며, 서양인이 한성부 내에 가옥을 매입할 때에도 이를 적용하고 있었다.[90]

---

88) 1895년 6월 19일 내각회의에서는 내무대신 유길준이 개혁의 기로에 놓여있다고 하면서 전지개량(田地改量)의 폐단을 시정하기 위한 방안을 토론하자고 하였으나 실제로는 관철되지는 못하였다(『주본(奏本)』 22, 「秘密會議求ᄒᆞᄂᆞᆫ 請議書」 1895년 6월 19일).

89) 『구한국외교문서(미안(美案) 2)』, 11권, No. 1401, 「한성내 조계획정에 대한 외부조 회승인의 건」(미공사 시일(施逸)⇒ 외무대신 김윤식, 1895년 7월 10일, 양력 8월 29일) ; 『구한국외교문서 13 : 영안(英案) 1』, No. 1117, 「한성내 각국조계의 정판법 의 본국전품통고와 동도면시명요청」(영총영사 힐리어(Hillier, 禧在明)⇒ 외무대신 김윤식, 1895년 7월 10일, 양력 8월 29일) ; 『구한국외교문서 17 : 아관(俄案) 1』, No. 663, 「한성조계획정사에 관한 조복」(러시아 공사 베베르(Karl I. Veber, 韋貝)⇒ 외무대신 김윤식, 1895년 7월 12일, 양력 8월 31일) ; 『구한국외교문서 3 : 일안 3』, No. 3789, 「한성 조계 잡거지 계도(界圖)의 부정(附呈)과 찬부시답요청」 1895년 7월 15일, 양력 9월 3일.

그렇지만 조선 정부가 이후 외국인의 토지침탈에 대한 보다 강력한 규제조치를 마련하지 못한다면,[91] 현실적으로 외국인의 토지침탈 현상을 시정할 수 없었다. 한성부의 외국인 잡거지설정 정책은 향후 있게 될 조약개정의 토대로서 작용할 수 있었으나 당시 갑오개혁정부는 더 이상 조약개정에 나서지 못했다. 그것은 당시 갑오정권이 일본과의 종속적 관계로 인해 일본 상인의 토지침탈을 억제하는 조약개정을 이끌어내기 곤란했기 때문이었다.

4. 대한제국 초기 한성부의 신호구조사와 가옥매매 대책

대한제국기에 들어와서 수도인 한성부 지역에서는 토지문제를 둘러싸고 여러 사회세력이 첨예하게 대립하고 있었다. 한성부에서는 호구에 대한 새로운 조사 규칙을 발포하고 이에 근거하여 가옥 매매에 대한 관의 통제를 강화하려고 하였다.

1896년 9월 1일에 반포된 칙령 61호 '호구조사규칙(戶口調査規則)'에 따라 구체적인 호구조사방식이 결정되었다. 호적(戶籍)과 통표(統表)는 한성 5서(署)에서 매년 1월내로 수취 수정하여 2월내로 한성부에 보고하고 3월내로 다시 내부에 보고하여 내부에서는 5월까지 이를 편집하여 올리도록 하였다.[92] 한성부에서 추진한 호구조사의 행정 체계는 구역에 따라 통수(統首), 순검교번소(巡檢交番所), 5서(署), 한성부, 내부(內部)로 이어지는 계통을 갖추게 되었다.[93]

---

90) 『외아문일기』 1895년(고종 32 을미) 8월 12일, 13일, 37~38쪽.

91) 1895년 윤5월 10일에는 3항구조계외 10리내에 각국 영조 잠조를 지정한다고 하면서도 명확하게 표시되지 못한 십리의 한립표(限立標)를 구체적으로 정계표로 세워서 표시하는 방안을 결의하기도 하였다(『의안(議奏)』 14, 81~82쪽).

92) 「칙령 61호, 호구조사규칙」 1896년 9월 4일, 『관보』 4책, 420호, 571쪽.

새로운 호구조사의 시행과정은 호구의 자진신고를 기초로 하여 이루어지는 '호적' 작성이 있었고, 다음으로 일정한 조사원칙에 따라 일률적으로 조사되는 '작통'과정이 이어졌다.

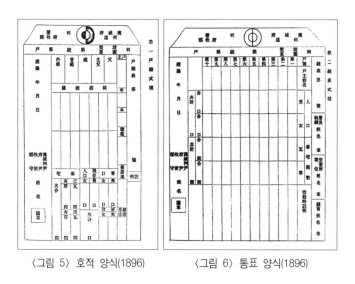

〈그림 5〉 호적 양식(1896)   〈그림 6〉 통표 양식(1896)

이전과 마찬가지로 자진 신고에 기초하여 호적이 작성되었지만, 호주가 호적지 좌우편에 기재할 내용을 작성한 후 관청에 신고하면 이를 검사하여 오른쪽은 해당 관청에서 보관하고 왼쪽은 호주에게 반급하여 주는 방식으로 바뀌었다. 이는 호적신고서와 호적원장을 동일하게 작성하여 양문서의 연계와 증명을 자연스럽게 일치시켜가기 위해 고안된 방식이었다.

또한 한성부는 호구조사규칙에서는 한성부 5서내 가옥의 소유와 임차 관계 등을 자세히 조사하도록 하고 있었다. 호구조사의 내용 가운데 통호수와 가주 성명과 인구 수효를 조사하고 가옥의 초가 와가 간수 등을 구분하여 기재했다. 특히 호적양식에서 가택의 소유와 차가 여부를 반드시

93) 「내부령 8호, 호구조사세칙」 1896년 9월 8일, 『관보』 4책, 423호 578~582쪽.

표시하게 하였다. 따라서 호적 양식에서 가택의 기유(己有) 차유(借有)와 칸수[間數]가 작성되고 이후 통표에서도 10가 1통내의 가택간수와 와·초가가 조사됨으로써 일목요연하게 1통의 가택상황을 알아볼 수 있게 하였다.[94] 이처럼 호구와 가옥을 동시에 파악할 수 있는 호적과 통표를 대조하여 일치시키게 되었으나 이것이 토지 가옥의 소유권 여부를 판별하는 기본장부가 되기 위해서는 토지소유권의 조사와 등록이 연계되어야 했다.

1898년 1월 7일에 공포된 한성부 고시문에서는 "통호 수효와 가구 성명과 인구 수효와 가옥에 초가와 와가 간수가 오루(誤漏)하미 유(有)하면 가옥매매시 관계(官契)를 불급(不給)하리니"라고 하였다.[95] 이는 호적신고과정에서 작성된 호적과 통표를 가옥의 매매시 대조할 원본장부로서 간주하고 여기에 기록된 가옥 상황과 대조함으로써 가옥매매를 증명하려는 정책을 제시하고 있는 것이었다.

그렇지만 현실의 토지 가옥 매매는 매우 빈번하게 이루어지고 있었고 이에 따라 여러 가지 폐단이 속출하고 있었다. 예를 들면 다른 사람에게 가옥을 빌렸다가 본주(本主)라고 칭하여 도매(盜賣)하는 경우도 있었으며 본문기(本文記)를 전당잡히고 잃어버렸다고 하면서 입지(立旨)를 발급받아 사사로이 방매하려고 하는 등 폐단이 발생되었다. 그래서 1898년 6월에는 그동안 한성부의 가옥매매에서 발생한 여러 가지 폐단을 시정하기 위해 고시문을 반포하였다.[96]

---

94) 「칙령 61호, 호구조사규칙」중 호적식양(式樣) 및 통표식양 참조.

95) 박경룡, 1992, 「대한제국시대 한성부 연구-한성부 [거문(去文)] 내용을 중심으로-」『수촌박영석 교수화갑기념 한국사학논총(下)』, 202쪽, 주)14 ; 서울특별시사편찬위원회 편, 『국역 한성부래거문(상)』「각부거문(各部去文)」, 334~336쪽.

96) "一 지금부터는 가옥을 관계(官契)나 입지(立旨)가 없으면 매매(賣買)를 허락받지 못할 것. 一 금년 호적이 거의 편성이 마무리되었으니 새로 관계(官契)를 신청하는 사람은 새 호적의 통호수에 따라 신·구 가주(家主)가 가쾌(家僧)와 같이 와서 청원할 것" 등 12개 조항을 담고 있다『국역 한성부래거문(상)』「고시 7호 : 각부거문」, 1898년 6월, 166~168쪽, 원문, 430~434쪽).

이 고시에는 가옥매매시 부정의 소지를 미연에 방지하고 매매의 공정성을 확보하기 위해 첫째, 가옥을 매매할 때 관계나 입지가 없으면 매매를 할 수 없다는 원칙을 재확인하였다. 관계(官契)는 앞으로 완성될 호적 편성에 의거하여 발급한다는 원칙을 세웠다. 관계발급원칙은 매매시 반드시 적용되는 법적인 강제성을 띠게 되었으며 이는 전당할 경우에도 마찬가지로 적용되었다. 이는 1894년 이전에 이미 시행된 가계발급제도를 계승하면서도 토지와 가옥의 소유권을 확인해 주는 제도로서 관계발급제도의 시행을 예고하는 것이었다.

둘째, 관계를 발급할 때 가옥의 소유, 전당여부를 판별할 수 있는 별도의 장부로서 「해가성책(該家成冊)」, 즉 가옥 관련 장부를 새로 만든다는 것이다. 이를 작성하는 것은 호적 조사시의 통수가 아니라 부동산 공인중개사인 가쾌였다. 이들은 관장하고 있는 몇 호를 대상으로 원거주자, 차거주자, 세거주자 등을 조사하고 관계와 입지 유무와 전당 여부를 자세히 조사하여 장부를 작성한다는 것이다. 이는 종래의 호적이나 통표와는 다른 별도의 장부였을 것이다.

그런데 이 「해가성책」이 곧바로 가옥대장으로 되는 것은 아니었다. 이 장부에는 가옥을 매매하거나 전당할 때 관계나 입지 발급여부가 기재되기는 하지만 소유자나 매매여부를 그 자체로 등재하는 장부는 아니었다. 다만 현거주자의 가옥 이용 상태를 구체적으로 기재하는 장부였다. 또한 매매거래의 기록자가 관공서의 관리가 아닌 민간 부동산 중개업자인 '가쾌'였다는 점에서 공신력을 가질 수는 없었다. 그래서 「해가성책」은 소유권을 증명하거나 등기할 수 있는 기본대장은 아니었다. 다만 호적과는 별도로 작성되는 「해가성책」이 가계발급의 원장부의 하나로서 기능할 수 있다는 점에서 부동산의 증명제도를 위한 한 단계의 진전을 가져온 것이었다.

이와 같이 1898년 6월부터 한성부는 이제 가옥의 변동상황을 기록하는

「해가성책」을 작성하고 이에 근거하여 일체의 가옥 매매와 전당을 통제해 나간다는 새로운 정책을 시행하고 있었다.

　개항장 조계지와 조계지 이외 10리 내에 외국인의 토지소유를 허용하고 있었지만, 한성부의 경우에는 보다 복잡한 양상이 전개되고 있었다. 어쨌거나 외국인의 토지소유권 허용도 어디까지는 영대차지권의 성격을 갖는 것이고 완전한 소유권을 허용하는 것은 아니었다. 이는 조계지내에서 조약상의 외국인의 권리를 보장하고 있는 반면, 그 밖 지역의 토지 가옥의 매입을 금지한다는 의미로, 대한제국의 입장에서는 외국인의 국내 토지침탈을 방지하려는 조치가 뒤따라야했다.

맺음말

19세기 중반 서구 열강은 동아시아에 진출하면서 무력을 내세워 통상조약을 체결하고 일정한 토지를 개항장으로 설정하여 내지 침략의 기지로 삼았다. 조선에서는 1876년 부산에 일본인을 위한 전관조계를 설정하였으며, 1880년 원산, 그리고 1883년 인천 제물포에 일본을 비롯한 서구 열강과 협정을 맺어 조계를 설치하였다. 부산을 비롯하여 인천 등지의 개항장에서는 '조계지', '통상구안' 등으로 불렀으나 개항장내에서 외국인이 취득한 토지소유권은 '영대차지권'이었고, 독자적인 행정권과 재판권을 설정하지 않는 거류지에 불과하였다.

개항장의 조계지에는 각국 상인 및 정부기관에 불하하였으며, 매년 일정한 지조를 납부하는 것으로 하였다. 이는 독자적인 영역과 행정, 사법, 경찰권이 별도로 주어지는 '조계지(concession)'에 해당되는 것은 아니었다. 다만 부산과 원산, 인천 등지 일본 전관조계지의 경우에는 해당될 수 있으나, 대부분은 각국공동조계지가 설정되어 있었고, 조선 정부에서도 감리서의 설치 등 일정한 조처를 통해 제어되고 있었다.

1882년 청국과의 불평등조약에 의하여 외국상인들의 한성개잔권이 허용된 이래 도성내에 거주 통상이 허용됨으로써 청국과 일본 상인들을 비롯하여 구미인들도 도성내 가옥, 대지를 임차하거나 매매하면서 가옥 토지거래가 종전보다 크게 확대되고 있었다. 실제 1890년에 작성된 『각국

가계 한성부 소래책』에 의하면 당시 외국인의 토지침탈 실태를 보여주고 있는데, 1889년 현재 253건에 이르렀고 1890년대에는 더욱 확대되어 매매가 이루어짐을 확인할 수 있었다.

당시 개화파 지식인 유길준이나 관료인 박영효, 김윤식 등은 한성개잔권의 규제와 지권 발행제도의 시행을 구상하고 있었다. 조선 정부도 비로소 이 문제의 심각성을 인식하고 1885년 이래 한성개잔을 철회하고 용산을 외국인 거류지로 지정하여 이설할 것을 추진하였다. 종로 상인을 중심으로 한 서울 상인들은 1887년과 1890년에 여러 차례 한성 철잔을 요구하는 철시 동맹파업을 시도하였다.

개항장 거류지의 분쟁은 상품교역에서 주로 발생하였지만, 그에 못지않게 거류지 토지의 확장과정에서 주변에 거주하는 민인들과의 분쟁도 많았다. 1898년 6월 인천개항장에서 한국인이 새로 건축한 건물의 훼철 분쟁 사례가 발생하였다. 청일전쟁이 발발하자 청국의 확장 조계지에 거주하던 청국인이 본국으로 돌아가 장기간 토지를 비우게 되자 대신에 조선 상인과 주민 등 150여 호가 이 지역을 차지하게 되었다. 조선인들은 이미 집을 짓고 상당기간 살고 있었던 땅이고, 특별히 인천 개항장 조계지내의 토지도 아니었으므로 이에 저항하였다. 이에 따라 원래 퇴거 기간으로 설정된 1897년과 1898년을 넘기고 1899년 3월까지 연기시킬 정도로 장기간 분쟁이 종식되지 못했다.

결국 조선 정부는 1899년 4월 청국확충조계를 그대로 추인하면서도 '조계 밖 10리 이내'의 규정에 따라 청국 상인들에게 조선의 지방세 과정에 따르도록 포고하였다. 이렇게 인천 조계지에서의 청국확장 조계지의 문제는 당시 대한제국의 토지 주권 확보와 민인들의 거주 권리 보장과 밀접하게 관련된 것이었다. 이에 따라 1898년부터 시작된 대한제국의 토지조사사업은 개항장 조계지를 규제할 필요성에 따라서 취해진 조처였으며, 외국인의 토지침탈을 강력하게 규제하려고 한 사업이었다.

다음으로 당시 현안이었던 한성부에서의 외국인 토지소유 확대에 어떻게 대응하였는가 하는 문제를 검토하였다.

조선 정부는 1893년 외국인의 가옥 토지거래에 대해서 한성부 차원에서 거래를 신고하고 확인해 주는 가계발급제도를 시행하였다. 또한 갑오개혁기에 들어와서는 외부대신 김윤식을 중심으로 1895년에는 한성내 외국인 잡거 구역을 설정하는 정책을 추진하기도 하였다. 원래 청일전쟁기 청과의 통상조약을 파기하였으므로 각국과의 조약 개정을 통해 한성개잔권을 철회시키려는 노력이 필요했지만, 외국인에게 한성부의 잡거지를 구획하여 일부 규제를 달성하려고 하였다. 이마저도 일본을 비롯한 각국 공사와의 교섭에서는 뚜렷한 성과를 거두지 못하였다.

대한제국기에 들어와서도 수도인 한성부 지역에서도 토지문제를 둘러싸고 첨예한 대립이 전개되고 있었으므로 한성부에서는 호적제도를 새로 정비하고 가옥 매매에 대한 통제정책을 취하기 시작하였다. 또 한성부의 토지 가옥 매매에서는 일종의 매매 중개인인 가쾌의 책임을 높였고, 토지 가옥의 매매시 가옥의 소유상태, 관인 여부 및 전당 여부 등을 상세하게 기록한 가옥장부인 『해가성책(該家成冊)』을 새로 작성하도록 하였다.

이렇게 1890년대 한성부의 외국인 토지 규제 정책은 이후 1898년 7월 양전을 전담할 독립관청으로서 양지아문이 설립되고 전국적인 토지측량 사업을 추진하면서 새로운 규제 조치를 취하게 되었다.

제2부

19세기 후반 토지소유권과 토지제도 개혁론의 전개

머리말

　1876년 개항이후 제국주의 열강은 개항장 및 그 주변 토지에 대한 침탈을 더욱 확대시켜 나가고 있었다. 당시에는 농촌사회의 변혁과 자본주의 발전 방향을 둘러싸고 토지문제가 핵심적인 해결과제로 등장하였다.[1]

　개항이후 농촌사회의 분화가 촉진되는 상황에서 농촌내 토지소유, 농업경영을 둘러싸고 지주와 소작농민간의 대립이 격화되고 있었다. 당시 경제적 변화에 대비하여 농업의 근본적인 개혁을 위해 전정(田政)의 폐단을 시정하려는 조세제도 개혁뿐만이 아니라 토지제도 자체의 개혁을 요구하는 여러 종류의 토지개혁론이 제기되었다.[2]

　여기에서는 먼저 19세기 후반 삼정 조세제도의 문제를 검토해 보려고 한다. 당시 조세금납화와 도결화의 추세를 살펴보고 정부의 대책이 무엇인지 보겠다.[3] 다음으로 전정의 폐단을 시정하기 위한 당시 정부의 논의,

---

　1) 정창렬, 1982,「한말 변혁운동의 정치·경제적 성격」『한국민족주의론』, 창작과 비평사 ; 김용섭, 1988,「근대화과정에서의 농업개혁의 두 방향」『한국자본주의성 격론쟁』, 대왕사.
　2) 김용섭, 1984,「조선후기의 부세제도 이정책－18세기 중엽~19세기 중엽」『한국근 대농업사연구』(상) 증보판, 서울 : 일조각 ; 김용섭, 1974,「철종 임술개혁에서의 응지삼정소와 그 농업론」『한국사연구』10(같은 책, 재수록, 1984), 202~302쪽 ; 김 용섭,「갑신·갑오개혁기 개화파의 농업론」『동방학지』5, 1974(같은 책(하), 재수 록), 61~62쪽.
　3) 배영순, 1988,『한말 일제초기의 토지조사와 지세개정에 관한 연구』, 서울대 국사학

특히 1878년 암행어사 별단에 나타난 전정 폐단과 양전 논의를 살펴보려고 한다. 또한 1870년대에서 1880년대에는 삼정의 폐단을 시정하기 위한 여러 방안이 제기되는 가운데 주로 전통적인 양전론에서부터 토지개혁론까지 다양하게 제기되고 있었다.

제3장에서는 1870~80년대 지식인들의 양전론의 특성과 개혁 방향을 전망해 보려고 한다.[4] 1880년대 중후반 이후 정부지배층 가운데 지세제도와 토지제도의 개혁을 추구하였던 개화파의 개혁론을 중심으로 살펴보려고 한다.[5]

이에 따라 제4장에서는 1880년대에서 1890년대 당시 이들이 추구하는 지세제도와 지권제도의 법제 인식이 당시 서구 혹은 일본의 영향을 얼마나 받았으며, 향후 근대적 토지소유권의 인식과 토지 법제 수립에 어떠한 영향을 끼쳤는가를 살펴보려고 한다.

한편, 1890년대 농촌사회에서는 지주제가 더욱 발전하고 자영농민들이 영세농민, 빈농으로 몰락화가 이루어지고 있었다. 지주제와 농민경제의 갈등 양상은 마침내 1894년 농민전쟁으로 폭발하고 말았다.[6] 농민군은

과 박사학위논문(『한말 일제초기의 토지조사와 지세개정』, 영남대 출판부, 2002) ; 이영호, 1992, 『1894-1910년 지세제도 연구』, 서울대 국사학과 박사학위논문(『한국 근대 지세제도와 농민운동』, 서울대 출판부, 2001) ; 왕현종, 1992, 「한말(1894-1904) 지세제도의 개혁과 성격」 『한국사연구』 77, 한국사연구회 참조.

4) 김용섭, 1984, 「한말 고종조의 토지개혁론」 『동방학지』 41(위의 책(하) 재수록), 11~21쪽.

5) 김영숙, 1964, 「개화파 정강에 대하여」 『김옥균』, 평양 : 사회과학원출판사, 251쪽 ; 김용섭, 1974, 앞의 논문, 61~62쪽 ; 신용하, 1984, 「갑신정변의 개혁사상」 『한국학보』 36, 103쪽 ; 김옥균, 「갑신일록」 『김옥균전집』, 1979, 서울 : 아세아문화사, 95~96쪽.

6) 박찬승, 1985, 「동학농민전쟁의 사회 경제적 지향」 『한국민족주의론 3』, 창작과 비평사 ; 정창렬, 1991, 『갑오농민전쟁연구』, 연세대 대학원 박사학위논문 ; 신용하, 1993, 「갑오농민전쟁과 두레와 집강소의 폐정개혁」 『동학과 갑오농민전쟁연구』, 일조각 ; 유영익, 1994, 「전봉준 의거론」 『이기백선생고희기념 한국사학논총』 ; 김용섭, 2000, 「조선왕조 최말기의 농민운동과 그 지향」 『한국근현대농업사연구』, 지식산업사 참조.

조선국가의 조세 문란을 시정할 것을 요구할 뿐만 아니라 관료 지주들의 농민수탈을 고발하며 지주제의 개혁까지도 요구하였다. 이러한 주장은 당시 농민군이 제시한 폐정개혁안에 담겨있으며, 궁극적으로 '토지를 평균으로 분작할 사'라는 주장까지도 제기되고 있었다.

　제5장에서는 갑오개혁기에 조세제도의 변화와 개혁요구에 대해 농민적 개혁요구와 이에 대응하여 갑오개혁 정부는 어떻게 법적 제도적으로 반영시켜 나갔는가를 살펴보려고 한다. 따라서 갑오개혁은 당시 토지제도의 제도적 개혁을 어느 정도 성취하였는지를 검토해 보기로 한다.

3장 전통적 토지소유론과 토지개혁론의 추이

1. 1870~80년대 삼정 조세개혁과 도별 양전시행론

19세기 후반 조선국가의 조세제도는 삼정(三政)의 폐단으로 말미암아 혼란이 가중되고 있었다. 삼정이란 조선왕조국가의 물적 토대로서 역할을 하는 부세제도인 바, 그것은 지방자치에 기초한 군현 단위의 총액제(摠額制)로 운영되고, 이를 민에 부과할 때는 직접 간접으로 신분제(身分制)를 매개로 하여 분담시키는 것을 특징으로 하였다.

조선왕조에서 법적으로 규정된 수세법(收稅法)에 의하면, 1결(結)에 불과 20여두(餘斗)인데 반하여, 19세기 후반 각 고을의 수세와 관련된 계판(計板)에는 이보다 높은 30여두였다. 이외에도 결역(結役)이나 환결(還結) 등이 10여량 이상이며, 민고전(民庫錢), 신구관(新舊官) 쇄마비(刷馬費), 표선접응(漂船接應), 서원(書員) 고급조(考給租), 면주인(面主人) 역가(役價) 등을 통계하면, 1결에 부과되는 세미가 무려 100여두에 이르렀다. 이렇게 각읍이 전세, 대동, 삼수미, 포량미 등 토지에 부과되는 정규세액 이외에 읍재정 마련이나 결포(結逋), 환포(還逋), 방납(防納) 등을 모두 포함하는 도결가(都結價)라는 명목으로 세금을 증액하여 책정하였다.

이러한 부세의 도결화는 이미 1862년 농민항쟁에서 크게 거론되었던 문제였다. 이 시기 삼정의 폐단은 1862년 6월 회덕현감의 증언에 생생하게 나타나 있다. "삼정은 세 가지의 일이나 실제로는 한 가지 일이다. 일정(一政)에서 폐가 있으면 삼정(三政)에서 모두 폐가 발생한다. 일정에서 폐가 없으면 삼정에 모두 폐가 없다. 본현을 예로 들어 말하자면, 군정에 폐가 생겨 결렴하였고, 이에 전정에 폐단이 생겨서 이황(吏況)을 줄여 전정의 부족을 보충하였다. 때문에 서리들이 생계를 이을 방도가 없어서 다시 나라 곡식인 환곡을 훔쳐 먹게 되어 환정에 폐가 발생한다. 그러므로 모든 폐단의 근원은 군정에서 말미암은 것이다"라고 하였다.[7] 여기에 신분제의 동요로 말미암아 군역 수취의 폐단이 발생되었고 이에 따른 전정 문란과 환곡의 폐단이 서로 겹쳐지면서 도결(都結)로서 해결하려고 하였고 이에 다시 삼정의 문란이 가중되었다는 것이다.

그렇지만 도결가의 확대는 어쩔 수 없이 기존의 결폐를 시정할 수 있는 좋은 방법으로 간주되고 있었다.[8] 1878년 경기도 암행어사 이헌영은, "도결은 비록 경법(經法)은 아니지만 만약 처분을 받으면 백성에게 커다란 혜택을 준다"고 인정하는 태도를 취하고 있었다.[9] 전라좌도 암행어사 심동신(沈東臣)도 지역적으로 광범위하게 시행되고 있었던 도결 그 자체를 거부하지 못하고 있었다.[10] 또한 1878년 전라좌도 암행어사 심동신이 보고한 별단에서도 자못 가렴(加斂)과 방납(防納) 등 허다한 폐단이 나타났다고 보았다.[11]

그런데 각 지방 도결가는 각기 차이가 크게 났다는데 문제가 있었다.

---

7) 『회덕현삼정설구폐조목성책』(망원한국사연구실 19세기 농민항쟁분과, 1988, 『1862년 농민항쟁』, 동녘, 346~347쪽 참조).

8) 1875년 당시 경상좌도 암행어사 박정양은 도결의 폐단을 지적하며 폐지할 것을 주장하기도 하였다(『비변사등록』 26, 「경상좌도 암행어사 박정양 별단」, 1875년 2월 27일, 732~733쪽).

9) 『일성록』(고종편) 15, 「경기암행어사 이헌영 별단」, 1878년 3월 9일, 66~74쪽, 312~313쪽.

10) 『일성록』 15, 「전라좌도 암행어사 심동신 별단」, 1878년 4월 4일, 316~317쪽.

11) 『일성록』 15, 「전라좌도 암행어사 심동신 별단」, 316~317쪽.

그 이유는 기본적으로 도결가의 세목(稅目) 범위가 달랐던 데서 발생하기도 했지만, 중앙에 납부하는 조세분에 대한 현물조세의 법정액과 시가액이 지역적으로 달랐던 데서도 발생하였다.

이는 1876년 충청도 지방의 결가책정과정에서 알 수 있다. 1876년 12월에 작성된 『충청도 각읍 병자조 결가성책』에서 전목참반읍(錢木參半邑) 결가는 평균적으로 24량, 미전목참반읍(米錢木參半邑)은 42~45량, 미납읍(米納邑)은 38량 정도였다.12) 결국 전목참반읍에 비하여 미납읍이 더 부담이 크고, 미전목참반읍이었던 반산반연(半山半沿) 6읍의 부담이 가장 큰 것으로 나타났다. 현물조세의 법정액과 시가액의 괴리는 군포가(軍布價)에서도 발생하였다. 해당 지역의 면작(綿作) 상황에 따라서 1필가가 4량에서 7량 이상에 이를 정도로 다양하게 적용되었다.13) 또한 동일한 지역에 적용되는 미가의 기준도 해당년도에 따라 다를 수 있었다. 그래서 공통적으로 미·전·목(木) 3자간의 교환비율과 시가의 적용기준이 각각 달랐다.14) 그런데 당시 지세제도 폐단이 발생한 근본원인을 따져보면, 다름 아니라 조세부과의 기본 장부로 쓰였던 수조안(收租案)과 양안(量案)의 폐단으로 말미암은 것이었다.

1862년 임술민란에서 제기된 삼정개혁에 대해서는 이후 1864년 고종의 즉위 이후 흥선대원군 정권은 1862년 삼정이정책의 방안을 일부 반영하는 삼정이정책을 실시하려고 하였다.15) 전정에 대해서는 일부 결폐가 심한

---

12) 전목참반읍(錢木參半邑)은 진잠, 회덕, 옥천, 영동, 황간, 청산, 보은, 회인, 문의 등 9읍이며, 미전목참반(米錢木參半)은 연기, 청주, 진천, 청안, 전의, 목천 등 6읍, 미납읍은 괴산, 충주 음성 등 3읍이었다(『충청도 각읍병자조결가성책』(규 16620) 1책(3장) 1876년 12월).

13) 『일성록』 20, 「부호군 허직 상소」, 1883년 8월 23일, 209쪽.

14) 『대전회통(大典會通)』의 규정에 의하면, 미 1석=5량, 대두 1석=2량 5전, 전미 1석=4량, 전세미의 대전 매필 3량임에도 불구하고 미 1석은 22.5량(1두 1.7량)에서 30량(1두 2량)으로 한다든지, 목(木)은 1필 10량으로 환산함으로써 미와 목가(木價)가 5배의 가격차가 발생하였다.

지역에 대해서 부분적인 사진(査陳) 양전이나 일부 읍을 단위로 하는 '추생 양전(抽栍量田)'을 시행하였다.[16] 이후 1869년 전라도 영광군을 대상으로 하는 양전이 실시되었다. 1870년에는 경상도 동래부 양전, 1871년(고종 8) 경상도 언양현(彦陽縣)에 양전을 실시하기도 하였다. 1872년에는 황해도 평산현 양전, 1878년 경상도 영일현 양전이 이어졌다.[17]

이렇게 개별 군현을 대상으로 하는 양전은 여러 차례 시도되고 있었다. 그렇지만 1870년대 양전의 목표는 전정의 기본 장부로 양안의 전면 수정과 폐단 시정이 이루어져야 함에도 불구하고 부분 수정, 부분 이정의 방침을 시행하는 수준에 그쳤다.

1870년대말 이후 전정의 폐단을 시정하는 방안으로 군현단위로 실시하는 개량(改量)보다는 넓은 지역에서 양전을 시행하자는 논의가 나타났다.[18] 1878년 전국의 암행어사 별단에서는 다음과 같이 주장하고 있다 (〈표 1〉).

경기도와 충청, 전라, 경상 좌우도 등 7개 지역 암행어사의 보고에 따르면, 폐정에 대한 대책은 크게 두 가지 방향으로 제시되고 있었다. 한편에서는 양전을 하지 않고도 실효를 거둘 수 있는 방법으로 진결과 은결의 사진(査陳)을 주장하고 있었다. 다른 한편에서는 근본적인 개혁을

---

15) 김용섭, 1974, 앞의 논문(『한국근대농업사연구』, 202~302쪽 재수록).

16) 김용섭, 1984, 「조선후기의 부세제도 이정책」『한국근대농업사연구』(증보판, 상), 일조각, 273~297쪽, 350~373쪽.

17) 『비변사등록』 1870년 1월 22일, 26책, 309쪽 ; 11월 25일, 26책, 397~398쪽 ; 1871년 2월 7일, 26책, 426쪽 ; 10월 25일, 26책, 505쪽 ; 1875년 10월 26일, 27책, 35쪽 ; 1878년 2월 3일, 27책, 165~166쪽 ; 11월 20일, 27책, 249쪽.

18) 『일성록』 15, 「경기도 암행어사 이헌영 별단」, 1878년 3월 9일, 70~74쪽 ; 「전라좌도 심동신 별단」, 4월 4일, 122~134쪽 ; 「충청우도 이건창 별단」, 4월 14일, 142~154쪽 ; 「경상우도 이정래 별단」, 5월 10일, 185~199쪽 ; 「경상좌도 이만식 별단」, 5월 26일, 222~234쪽 ; 「전라우도 어윤중 별단」, 6월 16일, 255~259쪽 ; 「의정부 별단 복계」, 7월 9일, 312~322쪽 ; 「충청좌도 암행어사 이승고 별단」, 7월 19일, 313쪽 ; 『비변사등록』 27, 1878년 7월 19일, 200쪽.

<表 1> 각 도 암행어사 별단에 나타난 양전 논의(1878)

날짜	보고자	주요 폐단	시정 방침	양전 견해	시행 여부
1878. 3.9	경기도 암행어사 이헌영	연천의 결폐, 강화부 진강산 목장 옛터 원정외결세 가세미 첩징 등 폐단 시정	도내 원장부전답결총 중 시기집세 불과 4만 6459여결, 포락니생간토 기간 등이 이루어졌으나 간리들이 은익하여 잔민들이 세를 냄	각읍에서 개량을 행함. 사진도 있으므로 수령이 시행할 필요	○
1878. 7.19	충청좌도 암행어사 이승고 (李承皐)	청주 을해 병자 미납세 10만4천량 전말 조사 법조치	호좌 27읍 시기전답 5만6천결 구탈(舊頉)과 은루, 왕세 날로 줄어들고 민부도 날로 중해짐. 경계가 부정하기 때문	온양에서 시험하여 양전 필요. 먼저 한 두 읍에서 시험하여 점차 도로 확대시켜감	○
1878. 4.4	충청우도 암행어사 이건창 (李建昌)	수령의 관수 작부 초기에 요결로써 양호(養戶) 방결(防結)하여 부담 증가 시정	허결 원칭 폐막이 많으니 종실 사탈하여 읍납세출하고 은결을 조사하여 충당함	전정은 개량, 사진인가 은결을 사출하여 보충하면 됨	×
1878. 4.4	전라좌도 암행어사 심동신 (沈東臣)	사사로이 세율을 높이고 계판(計版)을 만들어 법전에서 정해진 이외의 세목을 덧붙임	각읍의 진결 은결 폐단, 진결을 양전하면 만결(萬結)에 이를 것, 진전에 대해 한년정세, 민을 모아 경작하게 함	양전의 명목이 아니더라도 토지개간의 실이 있음	×
1878. 6.16	전라우도 암행어사 어윤중 (魚允中)	각종 명목으로 명목으로 매석 5량식 작가(作價) 시행할 필요	부안 일읍, 나주 영광제도 재결(災結) 2658결 86부 2속 견감, 전라도 표재 중 198결 49부 8속 면세결, 궁결 등으로 충당	나주 지도 등제도 사복시 절수지 신미년(1871) 누결사득, 첩징 세남, 일토양세	×
1878. 5.26	경상좌도 암행어사 이만식(李萬植)	본도 환곡 폐단을 결로 옮겨 결폐가 됨. 가작(加作) 등을 엄금	본도 원장부전답실결 19만 8천5백여결 환기사득, 각읍 도리배(都吏輩) 별도로 사집 등 폐단	전정의 폐단 개량과 사진(査陳) 편한 대로 시행 주장	○
1878. 5.10	경상우도 암행어사 이정래 (李正來)	환곡 임술 정총(定總)이후 유명무실 관서의 예에 따라 결총에 귀속, 새로운 폐단이 일어남	고성 마암면 소재 선희궁 유토결 11결, 이미 환출이 불부세의 전안에 있어 첩세가 되므로 폐지 요청	양전에 대한 언급 없음	×

위해서는 양전이 반드시 필요하다는 주장을 내세웠다. 물론 대다수가 양전의 필요성을 인정하고 있으면서도 양전시행의 어려움을 알기 때문에 선뜻 양전주장을 내세우지는 못하고 있었던 현실이었다. 일부에서는 '양전'

이야말로 현재의 결폐를 시정할 수 있다고 주장하였다. 예컨대, 충청좌도 암행어사 이승고는 호좌지역에 시기전답이 5만 6천결에 불과하며 구탈과 은누전들은 실제로는 이미 개간되어 있는 토지라고 하면서 개량의 필요성을 주장하였다.

그런데 충청도 지역에서 시험양전의 대상지로 부각된 온양의 경우, 이전부터 여러 차례 양전 필요성이 제기되었다. 이미 1874년 10월 암행어사 김명진(金明鎭)은 고종과의 대화에서도 강조되었다.[19] 1878년 충청좌도 암행어사 이승고는 보다 적극적으로 온양군 시험양전을 주장하였다. 이에 자극받아 1879년 11월 당시 영의정이었던 이최응(李最應)은 다음과 같이 양전 시행을 촉구하였다.

> 온양의 결정(結政)은 가장 어려운 지출의 폐단으로 되었습니다. 이곳 읍의 양전은 이미 수백년 정도로 오래되었습니다. 장부를 살펴보면 번잡함을 끊어도 근거가 없으며, 경계도 문란하여 판별할 수 없습니다. 진전으로 위장하고 함부로 탈루되었으며, 속전과 기전 신간의 땅도 많아서 전결의 총수 외에 가집하여 첨부한 것이 많으나 (중략) 신은 개량(改量)이 국가의 올바른 법전이라고 말합니다. 따로 도신(道臣)과 읍수(邑守)에게 명령을 내려 신속하게 기강을 잡고 호강(豪强)이 은루하거나 투농한 것을 철저하게 조사하여 굶주린 무리들[窮藘]이 백지징세하는 것은 실제에 따라 견제하여 정상적인 부세에 결함이 없게 하고 민간에서 은익한 것[民隱]을 찾아내서 느슨한 것을 잡아내게 할 것입니다.(하략)[20]

위의 상소에서 주요한 내용을 요약하면, 온양의 결정(結政)이 지탱할 수 없을 정도로 폐막이 큰데, 그것은 양전이 수백 년 전에 시행되어 장부에

---

19) 『승정원일기』「암행어사 김명진 보고」, 1874년(고종 11) 10월 30일 참조.
20) 『비변사등록』제260책, 1879년 11월, 27권, 361~362쪽.

전혀 근거가 없기 때문이었다. 이전에 진전이라 속이고 탈루를 도모하고 속시 신기 등으로 총외에 가집한 것이 많다고 하였으며, 또 군내 9개 면 중에서 5개 면에 결총이 부족하므로 온양 지역에 다시 양전을 시행해야 한다고 주장하였다.[21]

그 때 양전의 기록으로는 현재 국민대학교 박물관에 「양안(量案)」이라는 명칭의 자료가 소장되어 있다. 이 온양군 양안은 보존 상태가 아주 불량할 뿐만 아니라 기록 내용에서도 모호한 부분이 많다.[22] 온양군 동상면 양안은 전체 필지의 수는 831필지에 지나지 않았고, 전체 결수도 74결 38부 7속만 기록되어 있다. 더구나 자호당 필지는 평균 21.9개이며 자호당 결수는 1결 95부 7속에 불과했다. 또한 자호별로 필지수도 대개 20~30필지로 되어 있으나 어떤 경우에는 불과 서너개의 필지를 포함하는 것도 있었다. 이 양안은 면내의 전체 전답을 전수로 직접 측량했기 보다는 기존의 자호내에서 시기전답을 재조사하는 차원에서 양전을 실시했던 것으로 보인다.[23] 이렇게 본다면 당시 온양군 지역의 전답의 실체는 실제 개량전이 아닌 진전을 확인해 내는 사진양전(査陳量田) 방식으로 일부 진전의 실태를 파악했을 뿐이라고 생각된다.

이처럼 고종 초기에 시행된 양전으로 처음에 의욕적으로 제기하여 추진한 온양군 양전임에도 불구하고 이에 따라 다른 지역과 마찬가지로

---

21) 실제 온양지역에서는 1879년, 기묘(己卯)년에 양전을 시행했을 것으로 추정된다. "(續) 今 上十六年 改量溫陽郡田 從領議政李最應啓也"(『증보문헌비고』 권142, 전부고 2, 648쪽).

22) 이 양안은 국민대 박물관 소장 『설촌고문서(雪村古文書)』 중에서 「양안(量案)」 자료이다. 이 면양안은 전체 79장에 불과하고 표지도 없고 앞 뒷장에 낙장이 많으나 양안 작성시 전답이 소재한 24개 지역명이 기록되어 있다.

23) 1895년 온양군 읍지사례에서는 원장부 총결이 이전의 것과 다름없으며, 계축(癸丑)년의 시기전답을 기준으로 하여 결세를 부과하고 있었다. 여기서 계축년은 아마도 1853년이나 그 이전의 1793년이라고 추정된다(『호서읍지』 5책, 「온양군읍지(부사례)」 『읍지』 9, 충청도 3, 아세아문화사 간행, 1984, 374쪽).

거의 실효를 보지 못했던 것으로 보인다. 한 군에서 의욕적으로 개량전을 하였어도 당초 조사한 기경전을 파악할 때 남징의 우려가 있었고, 양전 이후에도 결국 상당수 토지가 묵은 토지로 돌아감으로써 허결이 많이 생기고 결세 부담의 별다른 변동을 기대할 수 없었다.[24]

이렇게 각 군현에서는 기존의 원결 이외에 기경전이 일부 발생하더라도 또다시 사진이 되는 등 여러 가지 문제가 여러 해에 걸쳐 일어나 어찌할 수 없는 상태로 내몰리고 있었다.[25] 더구나 1870년대 중반 이후 민씨정권기에도 봉건부세의 도결화(都結化) 추세가 보다 진전되고 각읍 단위의 전정, 군정, 환정 모순은 그대로 확대되어 부세 불균과 부세 편중이 보다 확대되고 있었던 현실은 더욱 강퍅해졌다.

1880년대에 들어와서 또다시 여러 지방에서 양전에 대한 요청이 있었다. 이때에도 각 도에 파견된 암행어사들은 별단을 통해서 공통적으로 각 도 단위의 양전을 강력하게 요청하고 있었다.[26]

1881년 3월 전장령(前掌令) 박기종(朴淇鍾)은 전라도 연읍(沿邑)에 진폐가 더욱 심하여 해당 읍의 진탈이라고 하고 다른 읍에서는 옛날처럼 백징하는 것이 계속되고 있다고 지적하였다. 이러한 폐단을 시정하기 위해서 감영에서 재량으로 시행해야 한다고 하였다.[27]

그해 8월에는 전 경상감사 이근필(李根弼)도 경상도 전체의 양전을 주장하였다.[28] 그는 경상감사의 경험을 바탕으로 하여 경상도 원장부전답 결총이 33만 7,370여결인데 잡탈 등을 제하고 실결은 19만 8,510여결에 불과하다고 하였다. 실제로 그가 경상감사 시절 1879년도 재실분등(災實分

---

24) 『비변사등록』 27, 「동래부사 김선근(金善根) 소보」, 1882년 6월 4일, 601쪽.

25) 『비변사등록』 27, 「전라감사 이병문(李秉文) 소보」, 1882년 6월 4일, 601쪽.

26) 『비변사등록』 27, 1883년(고종 20) 9월 23일, 753~781쪽 ; 『비변사등록』 27, 1883년 (고종 20) 11월 23일, 781쪽.

27) 『비변사등록』 27, 「전장령 박기종(朴淇鍾) 상소」, 1881년 3월 16일, 483쪽.

28) 『비변사등록』 27, 「전경상감사 이근필(李根弼) 상소」, 1881년 8월 5일, 519쪽.

等)을 보고하면서 안동 등 19읍의 재실이 제일 크고, 경주등 25읍은 그 다음, 영해 등 27개읍은 초실하다고 하였다. 사목재로 150결, 부족재로 1만 3,141결 71부 8속 등이 발생하였다는 것이다.[29] 이는 각읍의 폐단을 시정하기 위해서는 전면적인 개량(改量)이 불가피성을 주장한 것이다.

1883년 9월 경상우도 암행어사 이헌영도 경상도의 개량을 재차 주장하였 다.[30] 그는 "도내(道內)의 결정(結政)으로는 양안(量案)이 이미 오래되어서 비옥함과 척박함이 변하였고 경계가 바르지 않아 부역(賦役)이 고르지 않으니 우선 토지의 폐단이 더욱 심한 곳에서 차례로 개량(改量)하는 일이다"라고 하였다. 그는 경상도 개량을 주장하면서도 한꺼번에 거행할 수 없고 점차로 시행하는 것이 좋다고 하였다.

반면 충청좌도 암행어사 유석(柳瓗)도 삼정의 폐단에 대해서 구체적으로 지적하고 있다. 그는 각 군의 결폐를 시정하기 위해서는 현재 장부에 대해 엄밀한 조사를 수행해야 한다는 주장에 그쳤고, 전면적인 양전의 필요성에 대해서는 별다른 언급이 없었다.[31] 충청우도 암행어사 이용호(李 容鎬)의 경우에도 마찬가지였다. 그는 조사된 기경전(起耕田)과 누락된 결(結)에 대해 하나하나 집세(執稅)하도록 하는 방식으로 결세 장부에 대한 정리를 주장하였다.[32]

반면에 가장 적극적으로 개량전을 주장한 관료는 경상좌도 암행어사 이도재(李道宰)였다.[33] 그는 전결의 폐단이 생긴 원인은 경자양전 이후 백수십년 동안 양전을 하지 않아서였고, 각 군별로 은결과 탈결이 많이

29) 『비변사등록』 27, 1879년(고종 16) 10월 21일 참조.

30) 『비변사등록』 27, 「경상우도 암행어사 이헌영 별단」, 1883년 9월 23일, 758~760쪽.

31) 『비변사등록』 27, 「충청좌도 암행어사 유석 별단」, 1883년 9월 23일, 749~750쪽 ; 『비 변사등록』 28, 「경상좌도 암행어사 유석 별단」, 1887년 1월 28일, 171~173쪽.

32) 『비변사등록』 27, 「충청우도 암행어사 이용호(李容鎬) 별단」, 1883년 9월 23일, 750~753쪽.

33) 『비변사등록』 27, 「충청우도 암행어사 이도재 별단」, 1883년 9월 23일, 756~758쪽.

생겼기 때문이라고 보았다. 그래서 그의 대안은 전도를 일시에 개량하는 것이 어렵다면 금년과 내년으로 나누어 각 도별로 차례로 양전을 시행하게 하고, 도신에게 은결을 추쇄하여 경비와 양전 비용을 보태게 한 후 추후 정채를 받지 못하도록 하자는 것이었다.

이러한 이도재의 개량전 주장은 곧바로 시행되지 못했지만, 1880년대 후반에 넘어와서도 각 도의 암행어사들은 대부분 개량전의 필요성을 제기하고 있었다.

1887년 충청좌도 암행어사 정인흥(鄭寅興)은 먼저 가장 심한 곳부터 점차 바로잡아 나간다면 반드시 오늘날처럼 문란한 지경까지는 되지 않을 것이라며 개량전의 필요성을 주장하였다.[34]

또한 충정우도 암행어사 이범조(李範祖)도 충청도 일도의 개량을 주장하였다.[35] 그는 "결총(結摠)을 개량(改量)하는 것이 오늘날의 급선무이니, 만약 새로 양전한 것을 집계하여 예전 양안(量案)에 비교한다면 허실(虛實)이 균등해질 뿐만 아니라, 장적(帳籍)에 들어있지 않은 것도 얻을 수 있으므로 실로 나라를 부유하게 하는 방안이 될 것이라는 일이다."라고 주장하였다.

그런데 양전 시행에 대해 정부 일각에서 양전을 주장하는 관료들이 점차 다수 등장하고 있는 현실에 반하여, 각 도나 전국적으로 시행하지 못하는 이유로서 결부제를 준용하여 양전을 시행하는 양전법의 복잡함과 아울러 그것을 맡을 수 있는 양전관리와 비용 마련이 어렵다는 요인이 작용하고 있었다.

---

34) 『비변사등록』 28, 「충청좌도 암행어사 정인흥(鄭寅興) 별단」, 1887년 1월 28일, 169~170쪽.

35) 『비변사등록』 28, 「충청우도 암행어사 이범조(李範祖) 별단」, 1887년 1월 28일, 170~171쪽.

2. 1870년대 이후 토지 매매가격의 변동과 지주제의 확산

1876년 개항통상으로 인한 국내시장의 확대는 당시 조선이 주로 수출하던 쌀과 콩 등 농산물의 생산과 유통과정에도 커다란 영향을 주었다. 특히 미곡(米穀)의 유출이 점차 증가함에 따라 대소비시장과 세미(稅米)의 수송에 그치고 있던 각 지역의 미곡상품화는 이제 개항지를 매개로 하여 확대되었다.[36] 따라서 미곡무역에 참여하고 있는 양반관료, 미곡상인이나 농산물을 판매하고 있는 지주, 부농층은 그러한 미곡무역을 통하여 이익을 보고 또한 성장해 나갈 수 있었다. 이러한 미곡무역의 확대는 농민층의 잉여미곡의 상품화뿐만 아니라 농산물 생산을 확대하기 위해 경작지를 증대시키는 데에도 영향을 주고 있었다.[37]

이 시기 지주제는 개항 이후 확대된 상품유통경제를 배경으로 하여 더 많은 토지를 집적하면서 지주경영을 강화하고 있었다. 이는 개항장 부근뿐만 아니라 그외 다른 지역에서도 나타났는데, 지주들은 적극적으로 지주경영을 활용하여 미곡무역을 통해 소작미를 판매함으로써 수입을 증대시켰다. 여기에서 지주제의 확대방식은 어떤 방법으로든 몰락농민층의 토지를 계속해서 추가 매입하고, 지주경영내에 소작농민에 대한 통제를 어느 정도 강화하느냐에 달린 것이었다.[38] 이 시기 지주층의 토지집적은 봉건권력을 배경으로 한 특권지주를 위시하여 토호, 서민지주들에게서도 일어나고 있었다. 이들은 토지를 정상적으로 매득하기도 했지만 헐값에

---

36) 하원호, 1995, 「개항기 서울의 곡물유통구조」, 『향토서울』 55, 서울특별시사편찬위원회 참조.

37) 『통상휘찬』 8호, 「1893년중 인천항 상황년보」, 25~26쪽.

38) 1887년에 만들어진 「권농절목(勸農節目)」(규 3261)에서는 당시 부재지주의 농업경영방식을 잘 보여주고 있다. 특히 작인선택과 이작 문제를 가장 중시하였다. 종자 지급이나 농토 관리를 위해서도 작인배정을 잘할 필요가 있다고 하였다. 또한 부재지주의 농장경영에는 마름[舍音]의 작인관리가 필수적이었다. 이렇게 15개조에 거쳐서 농업경영에 대해 세밀히 기록하고 있다.

의한 늑매와 늑탈을 통하여 토지를 겸병하고 있었다. 즉 빈농의 토지를 담보로 하여 높은 이자로 곡식이나 자금을 빌려주고 만일 이자나 원금을 갚지 못했을 때는 그 토지를 지주가 수탈하는 것이 빈번했다.[39] 19세기 중반을 경계로 하여 각 지역에서는 이전 보다 빈번하게 거래가 확대되면서 토지가격도 지속적으로 상승하고 있었다.

〈표 2〉 전라도 무장지역 토지매매가의 변동(1840~1875)

번호	소재처	두락	결부	매입일시	매입가격	판매일시	판매가격
1	원송면 상갈후평 궁(宮)자	10		1840.3.	90	1865.4.3	72
2	원송면 상고현촌후월산동평 절(節)字	4	15.7	1853.2.16	30	1864.10.16	26
3	원송면 ○평 절자	7		1857.11.2	82	1869.1.14	92
4	원송면 적지평 지(志)자	11		1860			
	원송면 와등평 전(殿)자	4			155	1863.7.24	140
5	원송면 오동평 절자	9		1862.3.	70		
6	원송면 적지평 읍(邑)자	5	21	1862.3.26	46	1863.1.7	30
7-1	원송면 동막평 지(持)자	4		1862.10.20			
	원송면 하평 견(堅)字 지자	8					
	원송면 덕대평 만(滿)字	1.3			142	1864.11.7	135
8	무장 원송면	3		1864.2.15	17	1865.11.30	23
9	현지(顯地) 대체면 여사동 택(宅)자	5		1864.3.5	30	1866.2.10	25
7-2	현지 원송면 동막평 지자	4	15.1	1864.11.7			
	현지 원송면 하평 견자 지자	8	29.6				
	현지 원송면 덕대평 만자	1.3	4.9		135	1865.3.25	165
10	시장평 진(眞)자	5		1865.2.20	27		
11	원송면 무송촌전평 불(弗)자	3	11	1865.4.17			
	원송면 무송촌전평 반(盤)자	1	4.5		50		
12	현내면 원송전평	5		1875.11.16	68		

---

39) 강화 홍씨가의 사례에서는 당시 고리대 경영 보다는 지주경영의 수입이 낮은데도 불구하고 미가상승, 환물심리, 이자회수의 어려움 등으로 인하여 이 시기에 집중적으로 토지매입에 나서고 있음을 알 수 있다(홍성찬, 1981, 「한말·일제하의 지주제연구―강화 홍씨가의 추수기와 장책분석을 중심으로」, 『한국사연구』 33, 74~82쪽).

위의 표에는 전라도 무장현 원송면(元松面)과 현내(縣內), 현지면(縣地面) 등에서 거래된 토지 중에서 매매가 추이를 알 수 있는 12개의 사례이며 모두 16필지의 토지를 대상으로 한 것이다.[40] 전체 토지매매가의 상황을 일별하기 어려우나 전라도 무장지역의 토지문기를 대상으로 하여 1840년 대부터 1870년대까지 토지가의 변동을 살펴보면, 이는 비교적 인접한 토지를 대상으로 하여 선정한 것이지만 실제로는 같은 지역내에서도 차이가 많을 것이며 또한 시기적으로도 편차가 많을 것으로 생각된다. 자료에 나타난 두락당 토지매매가격 변동을 구체적으로 살펴보면, 우선 1)의 경우 1840년에서 25년 만에 토지가 거래되었으나 10두락의 가격이 90량에서 72량으로 도리어 낮추어졌다. 그렇지만 두락당 가격변동의 추이 를 보면 두락당 7량 이하의 토지는 대체로 가격이 1850년대에 비해 60년대에 도리어 낮아지는 경우도 있었으나 두락당 10량 이상의 토지는 도리어 2량 이상 높아가고 있다는 것을 알 수 있다. 위의 매매문기 사례는 각 필지의 등급이나 농지의 비척을 표시하지 않았으므로 더 이상 구체적인 상황을 파악할 수는 없다.

본 표에서 나타난 대체적인 변화 추이에서는 1860년대 전후로 상급의 토질을 가지고 있었던 토지는 점차 가격이 상승하고 있었으며, 하급의 토지는 경우에 따라 매입가격 보다 낮게도 혹은 조금 높게도 거래되고 있던 추세를 보여준다. 전반적으로는 1860년대 이전에는 커다란 변동이 초래되는 상황은 아니었던 것으로 파악된다.

전국적으로 토지거래의 활성화는 1870년대와 1880년대에 들어서서 확 대되고 있다고 추정된다. 그런데 1876년 병자년의 대흉년과 더불어 1888년 의 무자년 대흉년을 거치면서 더욱 확대되었을 것으로 추측된다. 진전 발생의 원인은 물론 자연적 요인뿐만 아니라 농업경영 내부에서의 요인도

---

40) 『전라도장토문적(全羅道庄土文績)』(규 19301) 제26책, 「남원군·무장군 소재 장토 명례궁 제출」.

컸다고 생각된다.[41)

〈표 3〉 전국 재결 상황(1876~1892) (단위 : 결, %)

년도	가청재	청재비율	재결	급재비율	전체결비
1876	214,936.9	67.8	128,373.8	40.5	16.9
1877	65,093.74	20.5	13,632.94	4.3	1.7
1878	36,226.27	11.4	18,117.86	5.7	2.3
1879	56,009.14	17.6	11,567.68	3.6	1.5
1880	29,311.86	9.2	2,220	0.7	0.2
1881	68,505.79	21.6	8,090.19	2.5	1.0
1882	85,710.33	27.0	26,124.36	8.2	3.4
1883	174,142.3	55.0	48,816.18	15.4	6.4
1884	58,172.12	18.3	10,579	3.3	1.3
1885	115,312.7	36.4	29,891.27	9.4	3.9
1886	59,069.99	18.6	10,959.24	3.4	1.4
1887	105,814.5	33.4	19,735.6	6.2	2.6
1888	217,571.3	68.7	115,734.6	36.5	15.2
1889	60,631.05	19.1	18,286.18	5.7	2.4
1890	45,529.01	14.3	13,665.1	4.3	1.8
1891	74,981.9	23.6	27,058.35	8.5	3.5
1892	120,991.4	38.2	38,208.02	12.0	5.0

진재가 전체 답결수에 비해 1/3이상 발생한 시기는 1876년, 1883년,
1885년, 1887년, 1888년, 1892년 등이었다. 특히 1876년과 1888년은 전체
답결에 2/3가 피해를 입었다. 특히 영남의 경우 1876년 81.5%, 7만 3천여결이
피해를 입었고, 호서의 경우는 1876년과 1888년 두해에 걸쳐 각기 3만
6천여결, 그리고 호남의 경우 1888년 11만 3천여결의 피해를 입었다. 그렇지
만 이러한 피해에도 불구하고 정작 급재를 한 것은 대개 청재의 1/3이하로
지급되었다. 사실상 흉년의 피해를 입었던 토지의 세금을 대부분을 그대로
납부하는 백지징세를 강요하는 부세체계의 모순을 가지고 있었다. 이는

---

41) 위의 표는 『연분재실요람(年分災實要覽)』(규 12207)에 의거한 것이다. 전체 결수는
1893년의 전국 시기총결 758,087결, 답결 316,592결을 기준으로 한 것이다. 단위는
결, 부, 속, %이다.

토지생산성의 격심한 변화와 아울러 농민들의 토지소유와 경영분화에 크게 영향을 끼치는 것이었으며, 또한 개항을 계기로 이루어진 미곡무역의 확대로 인해 토지가격의 변동이 크게 이루어졌다.

그런데 당시 토지소유의 확대는 민간사이에서 정상적인 매득에 의해서 이루어졌다고 볼 수 있으나, 경우에 따라서는 정치적 지위와 권력을 매개로 하여 이루어지기도 하였다. 특히 왕실에 의해 자행되었던 '균전'의 예에서 잘 알 수 있다.

개항 이후 활발하게 토지를 집적하고 있었던 지주층 중에서 특히 왕실소속 부재지주인 궁방전의 확대가 주목된다. 특히 명례궁은 대표적인 영구존속궁으로 '왕실의 사고(私庫)'로서 역할하고 있었다. 즉 '왕후가 사용하는 내탕(內帑)'을 조달하는 궁이었다. 이러한 명례궁방전은 전국적인 범위로 퍼져있어서 91처나 달했고, 명례궁은 이를 원고 30처, 내별치 61처로 나누어 별도로 관리하고 있었다. 먼저 원고 30처는 모두 17~18세기의 것들로서 대부분의 경우 절수(折受)·사여(賜與)의 방식에 의해 성립하였다. 이는 곧 2종 유토 성격을 가져 일반 사적 지주제와는 다른 것이었다. 한편 내별치 61처는 모두 19세기 중엽 이후에 명례궁에 속한 것으로 이 시기 지주제의 확대과정과 관련하여 특히 주목되는 부분이다.[42]

〈표 4〉 명례궁 신규 매입 전답상황(1886~1890)

번호	소재지	면적	년도	매입가
충청도				
1	평택 서정리	16석락	1886	1,550량
2	평택	17두락	1887	550량
3	평택 남면	21석 13두락	1888	1,600량
4	평택 동면 신기답	13석 12두락		
5	로성 상도면	41석 7두5승락	1886	

---

42) 『명례궁원결급전답수세정간책』(규 19577), 『명례궁신매신속전답수세총안』(규 19580) 참조.

6	진잠 하남면	15석 3두락	1887	
7	홍주,청양,보령	58석 7두 8승락	1888	
8	태안 괴목리	18석 11두7승락	1889	
9	천안 풍서	20석 6두8승락	1889	
전라도				
1	낙안 금오도	250석 7두 2승락	1887	
2	해남 비금도	252결 28부	1888	원고도장가(元庫導掌價) 10,000량
3	해남 도초도	228결 32부 6속	1888	18,000량
4	장성 월평등	38석 4누 5승락	1888	24,160량
5	낙안 절이도 수세염	200석	1888	
6	고창	31석 18두 6승락	1888	15,000량
7	무장	28석 10두 6승락	1888	
8	부안	9석 4두락	1888	
9	흥덕	201석 5두락	1888	
10	영광 육창면	74석 7두락	1890	
경상도				
1	창원 염창평	18석 14두 7승락	1887	
2	창원 오례평 신간전	1000두락	1888	간비(墾費) 2,000량(두락당 2량)
3	흥해 남북천 신간답	1401두락 4승락	1888	간비 9,187량(6.6량)
4	밀양 국농소 신간전답	6412두락 4승락	1888	간비 6,823량(1.1량)
5	밀양 수세전답	963두 4승락	1888	
6	청도 호고평 신간전답	338두락	1888	간비 3,200량(9.5량)
7	칠원 대기평 신간전	947두 3승락	1888	간비 3,737량(3.9량)
8	영천 주남평 수세답	6515두 5승락	1888	간비 14,189량(2.2량)
9	영천 환귀평 신간전	759두락	1888	
10	연일 형산읍전평 수세답	15203두락	1888	간비 47,430량(3.1량)
11	연일 신간전답	1140두락	1888	
12	경주 오리평 신간전답	645두 9승락	1888	간비 본읍담당
13	경주 장대평 신간전답	1024두락	1888	
14	경주 구경제전	214두락	1889	
15	양산 초산평 신간답	720두락	1888	간비 6,914량(9.6량)
16	양산 대저도 전답	382결 92부 6속	1890	

이상과 같이 내별치 61처 중에서 충청도의 경우는 9곳이 대개 1887년부터 1889년에 이르는 3년동안 급속하게 확대되었으며, 모두 205석락 18두락 8승락에 이르렀다. 특히 1886년 병술년에 평택 서정리(西亭里)의 전답 16석락, 즉 320두락을 1,550량에 매입하여 두락당 4.8량을 지불했으나

1887년 정해년에 평택 서정리의 전답 17두락을 550량에 매입하여 두락당 32.4량을 지불했다. 이듬해인 1888년에는 21석 13두락, 즉 433두락을 1,600 량에 매입하여 두락당 3.7량이라는 헐값에 매입하고 있었다.

전라도 지역의 경우에도 마찬가지였는데, 낙안으로부터 영광에 이르기까지 9곳에 전답과 낙안 절이도의 수세염, 그리고 세전(稅錢)을 받는 곳으로 10곳이 있었다. 전답의 경우에만 한정하면 두락으로는 533석락 9두 9승락이며 이외에 결부로 480결 60부 6속이었다.

이곳의 매입가의 동향을 보면, 1888년에 장성 월평등(月坪等)의 전답이 764두 5승락에 비해 매입가는 2만 4,160량이므로 두락당 31.6량인데 비하여, 흥덕군 일대의 전답 5,418두 2승락에 대하여 매입가는 15,000량에 불과하므로 불과 2.8량에 그치고 있었다. 이는 양 지역의 매입과 개발방식의 차이에서 연유한 것이었다.

반면에 경상도의 경우에는 앞의 경우와 달리 개간을 통해 토지를 집적한 경우가 많았다. 물론 토지매입의 시기는 1888년부터 1890년에 이르는 시기에 집중되어 있다. 모두 1,882석락 18두 6승락이며, 그 외에 결부로 382결여가 있고 또한 5곳의 수세지(收稅地)가 있다. 경상도 지역의 명례궁 방전의 확대는 다른 곳과는 달리 물력을 명례궁에서 대는 개간에 의한 것이었다. 두락당 개간비의 상황은 각 지역마다 편차가 많아서 밀양 국농소(國農沼) 신간(新墾) 전답의 경우 1.1량에 그친 반면, 양산 초산평(草山坪) 신간답(新墾畓)의 경우에는 9.6량에 이를 정도였다. 대개의 경우에는 2.2량에서 3.9량 사이의 개간비가 들어간 것으로 볼 수 있다.

이와 같이 삼남지방에 진출한 명례궁이 장토를 집적해 나가는 과정을 살펴보면, 우선 토지의 매입가 혹은 개간비를 기준으로 하여 확대 양상을 분류하여 볼 수 있다. 첫째는 정상적인 토지매입을 통해서 토지소유를 확대한 경우가 있다. 둘째는 이전에 비해 소작료를 인하하는 조건으로 헐값으로 토지를 매입하는 경우가 있다. 셋째 흉년 등의 농작상황을 이용하여 직접 개간비로 투자하되 매우 적은 비용을 들여 토지소유를 확대하는 경우가 있음을 알 수 있다.

우선 첫째의 경우는 충청도와 전라도 일부지역에서 두락당 31~32량 정도로 매입하는 경우에 해당된다. 그렇지만 첫째 경우는 매우 드물고 대신에 둘째와 셋째의 경우가 많았다. 그 중에서도 둘째 경우로서 흥덕군 일대 5개 지역의 명례궁 토지침탈이 대표적인 경우이었다.[43] 셋째 경우는 대개 경상도 지역에서 행해졌던 1888년 무자년의 흉년 이후 각 지방의 개간을 통해 확장하는 경우였다. 그런데 이 경우에도 직접 물력을 내기는 하지만 두락당 2~3량에 그쳤으며 그나마 해당 읍이 대신 물력을 내어 충당하기도 하였다. 이는 명례궁이 1880년대 말에 삼남지방에 집중적으로 토지를 매집하고 지주제를 확장하였던 주된 것은 주로 헐값으로 강제매입 하거나 저렴한 개간비를 사용하여 강제로 매입하는 경우가 많았음을 예시하여 준다고 하겠다.

그런데 이 시기 대지주의 존재는 지역적으로 일정한 편차를 가지고 발전하고 있었다. 전국 각 지역사회 내부에서 점차 토지를 집적하고 대지주로 성장하는 재지지주층(在地地主層)이 형성되고 있었다. 반면에 이미 해당 지역사회를 떠나 서울의 중앙관료로 진출한 사람이거나 아니면 역으로 서울의 부재지주(不在地主)로서 주변 지역의 토지를 매집하는 관료 지주층이 나타나고 있었다. 특히 유통의 중심지에서 이러한 현상이 두드러졌다. 예를 들어 충청도 석성군(石城郡) 병촌면(瓶村面)의 경우, 이곳은 금강 유역의 평야지대이며 조선후기 지역적 물화 중심지의 하나인 강경장 시가 개설되던 곳으로 유명했다. 따라서 이 지역에서는 지주제가 여타 지방에 비해 상대적으로 크게 발전하고 있었다고 한다.[44]

43) 왕현종, 1991, 「19세기말 호남지역 지주제의 확대와 토지문제」 『1894년 농민전쟁연구』 1, 역사비평사 참조.
44) 최윤오, 이세영, 1995, 「대한제국기 토지소유구조와 농민층 분화」 『대한제국의

3. 1880년대 토지개혁론과 농민경제 안정론의 제기

19세기 중반 토지문제에 관심을 기울인 유자(儒者) 중에서 새로운 측량을 위해 양전법의 개량을 제기하고 있었다. 정부는 이미 1862년 임술민란 대책으로 삼정이정책을 마련하여 상소하라는 방침을 내렸다. 이에 따라 향촌지식인인 유자들은 삼정개혁상소를 차례로 올린 바 있었다.[45]

구봉섭(丘鳳燮)은 그의 시문집『취묵헌유고(醉默軒遺稿)』에서「삼정책 (三政策)」을 국왕에게 올렸다.[46] 토지와 조세의 경우 기축(己丑)양전 이후 2백여년간 양전이 없었다는 점을 지적하였는데, 삼정의 폐단을 고치기 위해 양전을 실시해야 하며, 토지를 가진 사람에게 결부에 따라 납부하게 하고, 군적도 정비하여 금후 50년 전 군적안까지도 소급하여 바르게 해야 하며, 환곡도 원래대로 반을 남기고 남은 것을 분급하는 제도를 준수해야 한다고 주장하였다. 당시 각종 부세 수탈로 인해 농민생활의 안정화를 위해 삼정제도의 원래 원칙 준수와 엄정한 집행을 강조한 것이었다. 그는 특히 토지를 많이 가진 사람에게 결부에 따라 부세를 부담할 수 있도록 양전을 통해 부과의 기준을 합리적으로 마련해야 한다고 주장하였다.

김윤식(金允植)도 1862년「삼정책(三政策)」에서 어린도책(魚鱗圖冊)과 같은 철저한 토지파악 방식으로 양전할 것을 주장하면서 종래 숙종대 유집일의 방전법을 모방하여 만든 방전(方田) 경위지선(經緯之線)으로 측량하는 방법을 제안하였다.[47] 비슷한 시기에 강위(姜瑋)도 방전법을 시행할

토지조사사업』, 419~421쪽. 특히 〈표 6〉「일북면의 5정보 이상의 토지소유 지주」; 이영훈, 1988,『조선후기사회경제사』, 민음사, 344~345쪽, 359쪽, 「표 8 양안과 족보의 대조」참조.

45) 김용섭, 1974, 앞의 논문(『한국근대농업사연구』, 재수록), 202~302쪽.

46) 『취묵헌유고(醉默軒遺稿)』, 신연활자본, 6권 3책, 구봉섭(丘鳳燮, 1847~1909)의 문집으로 6권에 실린「세서연설(洗鋤宴說)」,「만천명월주인옹설(萬川明月主人翁說)」, 「개연설(開硯說)」등이 있다.

47) 『삼정책(三政策)(1)』, 김윤식, 「삼정책」, 314쪽.

것을 주장하였다.[48] 이렇게 삼정대책의 일환으로 양전을 통해 삼정의 문제를 해결하자는 주장이 있었던 반면, 보다 근본적으로 토지개혁을 요구하는 주장도 제기되었다.

전라도 무장에 사는 유학자 김기형(金基衡)은 「사의농정(私議農政)」에서 당시 농업에서 토지소유자의 겸병과 조세의 폐단을 해결하기 위해 토지소유에 제한을 두자고 주장하였다.[49] 하은주 삼대로부터 이상으로 삼아온 정전제는 실현할 수 없으나,[50] 정전(井田)이외에도 천하를 고르게 하는 방법은 균전(均田)밖에는 없다고 강조하였다. 선왕의 정치가 국토를 민으로 하여금 매매를 맡겨두고 있어서 결국 국토가 사사로이 매매되어 부자가 전을 연하여 천백(千百)을 이루었고 사세자가 누거만석(累巨萬石)으로 되었으나 가난한 빈자는 날로 박탈되었다고 비판하였다.

그는 토지의 점유자를 제한하여 겸병을 하지 못하도록 하는 방안을 제기하고 있다. 공경(公卿)이하 사서(司書)이하에까지 한도를 넘은 자는 왕법(王法)에 따라 토지규모를 제한한다는 한전론(限田論)을 주장하였다. 그는 지주의 사세(私稅)가 국가에 내는 왕세(王稅)보다 많다는 현실을 비판하며 사세가 왕세를 넘지 못하도록 규제해야 한다고 하였다. 결국 한전제도와 징세법의 개혁을 통하여 균전의 제도를 실현할 수 있다고 한 것이다. 당시 김기형의 주장은 지주의 토지집적과 도조 징수에 대한 비판이며 지주제를 극복하고 자영농 중심의 균전제도를 정착시키자는 논의였다.

---

48) 『삼정책(1)』, 강위(姜瑋), 「삼정책」, 75쪽.

49) 『사남유고(沙南遺稿)』 목활자본(고창 : 回亭書숲, 소화 13[1928]), 5권 2책 ; 김기형(金基衡, 1841~1917)의 『사남유고』는 5권 2책으로 1권의 시와 「갑오동비(28쪽)」를 비롯하여 「협의회서」, 「사의군제」 등 저술을 남겼다.

50) 1890년대 말 향촌지식인인 나헌용(羅獻容 : 1851~1925)은 시문집 『혜전집(蕙田集)』 6권 잡설에는 '정전론(井田論)'을 간단히 소개하고 있다. "정전이 아니면 백성을 다스릴 수 없고, 그렇지 않아서 난이 일어난 것"이라는 인식에서 정전론의 도입을 주장하였다(『혜전집』 석판본(대전 : 이문사, 1937), 7권 7책).

또한 1884년 3월 경상도 진사 송은성(宋殷成)은 그의 문집『백하문집(白下文集)』 중「갑신삼월봉사(甲申三月封事)」라는 글에서 균전론을 주장하였다.[51]

그는 대경장이 있어야 한다고 주장하면서 구미(歐美)와 같이 부국강병의 국가로 발전하기 위해서는 무엇보다도 먼저 균전(均田)의 법을 시행해야 한다고 주장하였다.[52] 또한 개량전을 주장하는 등 각종 폐단의 개혁안을 제기하였다. 공전(公田)의 균분(均分)과 더불어 사전(私田)은 소유를 인정하되 매매시 지권(契券)을 발급함으로써 다전자(多田者)의 증매(增買)를 금하고 무전자(無田者)의 매유(買有)를 기다려 균전을 도모하자고 하였다. 그는「정의(政議)」에서도 비슷한 내용으로 주창하였다. 그는 당시 토지소유와 조세제도의 폐단으로 인한 농민들의 몰락 상태를 개혁하기 위한 방식으로 균전제를 주장하고 있었다.

1885년 1월 광주유생(廣州儒生) 조문(趙汶)은 개량과정에서 망척법(網尺法)을 이용하여 해당 지역의 토지를 철저히 파악하는 방법을 제기하였다.[53] 이듬해 그는 양전을 주장하는 상소문을 고종에게 직접 올렸다.

(전략) 삼가 생각건대, 우리 선왕조께서 나라를 세우신 초기에 토지의 등급을 상세히 나누고 전결을 측량하여 전안(田案)을 호조에 맡긴 것이 모두 200여만결(結)이었는데 지금은 세입이 90여만결에 불과하다고 하니, 그 까닭이 어디에 있겠습니까? 포락(浦落)과 사태(沙汰)의 재변으로 인하여 줄어드는 결수가 해마다 진황(陳荒)보다 증가하고 매년 새로 개간하는

---

51) 『백하문집(白下文集)』 석판본(김해 : 龍岡丙舍, 1936), 4권 2책 ; 백하집은 송은성(宋殷成 : 1839~1898)의 시문집으로「청물개의제소(請勿改衣制疏)」는 1884년 복식제도의 개혁에 대해 반대하는 상소이다.

52) 송은성, 『백하문집』 권2, 「갑신삼월봉사(甲申三月封事)」 ; 『일성록』 21, 1884년 3월 20일, 77~78쪽.

53) 조문(趙汶), 「개량삼관첩법(改量三款捷法)」 『삼정도설(三政圖設)』 참조.

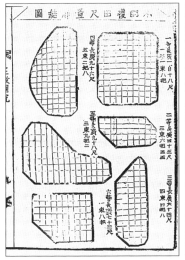
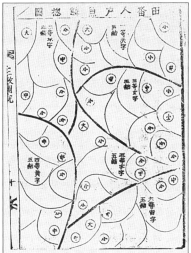

〈그림 1〉 조문의 척량 해결도 　　　〈그림 2〉 조문의 어린총도

땅마다 은결(隱結)이 되어 세에서 누락되는 탓에 국가에는 엄청난 손실이 발생하고, 백성에게는 털끝만큼도 보탬이 없이 도리어 족징(族徵), 이징(里徵)에다 농사도 못 짓는 땅에 억울하게 세금만 물고 있으며, 옛날 전안은 이에 따라 문란해졌습니다. (중략) 이에 삼가 삼관첩법(三款捷法)을 살펴보니, 결망법(結網法)으로 측량하여 계산이 분명하고 어린법(魚鱗法)으로 그림 그려 촌리(村里)의 상황이 소상하였습니다. 이에 한 편으로 엮어서 『삼정도설(三政圖說)』이라고 명명하여 후대의 참고에 대비하였습니다. 다행히 미천한 신에게까지 물어보시는 기회를 만나 감히 개량하는 의논을 진달하는 것입니다.[54)]

그가 제안한 양전 방식은 특이했다. 그는 1880년에 삼정도설을 짓고 이어 1884년 7월에 완성하였다.[55)] 그는 개량삼관첩법(改量三款捷法)을 구

54) 『승정원일기』 「양전(量田)을 개량할 것을 건의하는 유학 조문의 상소」, 1885년(고종 22) 1월 16일.

상하였는데, '양척대망강법(量尺大綱圖)'과 '양척소강도(量尺小綱圖)' 등을 통하여 소위 망척법에 의해 다양하게 생긴 각종 농지를 매우 세밀하게 측량하는 방법을 제안하였다. 이렇게 작성된 양안은 이미 도와 읍, 면과 촌에 각기 어린경위도(魚鱗經緯圖)가 이미 있으므로 각기 성책을 만들어서 각기 1건씩 갖추면 된다고 하였다.

또한 양전은 곧 전등(田等)과 관련되어 있으며, 또한 해결(解結)과 관련되어 있다고 하였다. 그는 종래 전품을 정한 것은 의거할 바가 없다고 비판하면서 토지등급의 기준을 취할 것은 그 땅의 시가(時價)로 정해야 한다고 주장하였다. 물론 시가는 각읍마다 다르므로 관에서 먼저 전등을 나누어 정하되, 읍에서 만약 1등전의 땅이 없으면 최고가에서 최저가로 5층을 분배하여 2등부터 6등전까지 정하고, 2등전이 없다면, 다시 3등부터 6등까지 등으로 정하면 서로 준거가 될 수 있다고 하였다. 그리고 상경전은 정전이라 하고 혹은 경작하고 혹은 진전으로 되는 것을 속전(續田)으로 하고, 진기에 따라 세를 받는 화전은 25일경(日耕)을 1결로 하도록 하였다. 또한 등급별로 부수를 낮추어서 공평과세가 되도록 하였다.

또한 그는 공평과세를 위해서는 농가경제의 상태를 살펴야 하며, 이를 위해서는 가좌(家座)의 상황과 토지소유를 연동하여 파악할 필요성을 제기하였다. 그는 대호, 중호, 소호로 나누어 대호 4호, 중호 11호, 소호 23호 등 38호를 대상으로 하여 노(奴)명으로 작명하여 읍으로부터 감영에 보고하게 하라고 하였다. 대중소호의 구별과 남녀 인구의 수를 상세히 적어 호포와 조적에 대비하도록 하였다.[56]

---

55) 『삼정도설』은 2개의 판본이 있는데, 하나는 국립중앙도서관본(古 6021-10) 이고, 또다른 하나는 역시 국립중앙도서관본(한고조 31-77)인데 양자는 거의 같은 내용을 가지면서도 전자에는 양전 설명이 1880년에 작성한 것이고, 후자는 1884년 7월에 보완하여 완성하였고, 권말에는 1885년 1월에 임금에게 올린 「청개량소(請改量疏)」가 붙어있다.

56) 『삼정도설』(고 6021-10), 20~21쪽.

또한 양전경비에 관해서는 마땅히 용비가 있으므로 양전관이 서기와 복장군역 등이 10수의 식비 및 지필비를 용례에 따라 '전주(田主)'에게 부담시키는 것을 제안하였다. 그래서 매결두 1량식 먼저 거둬들여 반을 척량의 비용으로 충당하고 나머지 반은 면세결을 보충하여 쓰고, 은결을 사득했을 때는 년세를 보충하도록 하자고 하였다. 양전은 큰 평야의 전은 하루에 50결의 규모로 진행할 수 있고 산곡(山谷) 및 대전(垈田)은 하루에 25결을 측량할 수 있다고 하였다. 또 은닉한 땅은 속공하여 둔토양안에 들어가게 하고 사람을 보내어 100무에 1무씩을 가려 뽑아 착오의 유무를 판별해야 한다고 하였다.

그는 이렇게 어린도를 이용하여 세밀하게 토지를 파악하고, 지역별로 지가에 따라서 전품을 세분하며, 가좌를 통해 농가의 경제형편을 파악하여 조세와 호포, 환곡 등을 매길 것을 주장하였다. 이렇게 적극적인 양전 시행론에 입각하여 그는 전국적인 양전에 이를 것을 주장하였다.[57]

당시 조문이 제안한 양전법의 특징은 우선 해당 지역의 모든 토지를 상세하게 측량하여 수록하는 망척법을 이용했다는 점, 이는 종래 어린도책의 작성을 십분 활용하고 있다는 점, 종래 결부의 폐단으로 말미암아 전품의 등급을 6등급으로 매기면서 등급이 원래 점품과 맞지않아 문란하게 된 것을 고쳐 해당지역의 토지 지가로 통일시켰다는 점, 그리고 양전측량을 통해 또 복잡하게 계산해야 하는 번거로움을 간단한 6등전 해부표(解負標)로 제시하여 해결하였다는 점 등에서 진일보한 양전방안이었다. 그는 새로운 양전법을 통하여 이제 호남을 비롯하여 도단위로 전국적인 측량을 요청하고 있다. 이러한 조문의 논의는 이전 양전 논의를 한 단계 높인 것으로 평가할 수 있다.

또한 1880년대 중반 김준영(金駿榮)은 1885년 8월 15일에 '방정전론(倣井

---

57) 『승정원일기』 1885년(고종 22) 1월 16일, 「양전(量田)을 개량할 것을 건의하는 유학 조문의 상소」 참조.

田論)'을 제기했다.[58] 그는 먼저 중국 송대 장횡거(張橫渠)의 정전 논의를 빌어 정전제를 논하였는데, 정전(井田)이란 천하의 대법을 공(公)하게 하는 것이고 인정(仁政)의 본(本)을 행하는 것이라고 하면서 가장 바람직한 제도라고 하였다. 삼대 이후 겸병이 진행되어 어쩔 수 없다고 하였지만, 평양부에 기자전(箕子田)이 있고, 반계 유형원의 도설(圖說)이 있어 이를 참작하여 전자(田字)의 전을 분배할 수 있다고 주장하였다.

그는 그 제도를 모방하여 평야에 전자로 4구를 그리고 매구에 70무를 나누고, 혹 땅이 좁으면 60무로, 또 50무, 40무, 30무에서 21무, 10무 등으로 10씩 감하여 분배한다고 하였다. 매부에 70무를 받는 것을 기준으로 하여 60무 이하는 다른 구에서 취하여 그 수를 보충한다고 하였다.

또 농가에 대한 대책으로 지세에 따라 상하, 좌우를 나누어 9구(區)로 하고, 중에는 공전(公田) 이외에 사전 8가를 각기 1구를 받아서 공전을 함께 다스리는 것으로 할 수 있다고 하였다. 그렇지만 우리나라의 토품이 비록 수척의 땅이 있더라도 비척이 다르다고 하면서 일정하게 토지제도로 각기 1구를 받으면 수확한 해가 풍년이 들면 낮은 비척을 받은 자는 항상 부족하게 된다는 문제점에 대해서는 정전제도는 고르게 하는 것이므로 농민들이 받는 전(田)을 순환하여 돌려지으면 해결된다고 주장하였다. 4구는 4년을 1주기로 9구는 8년을 1주기로 하여 돌려가면서 농사를 지으면 고르게 될 수 있다고 하였다.

또한 옛날에 6척을 1보로 하고 100보를 무라고 하였는데, 기자의 전은

---

58) 『병암집(炳菴集)』, 석판본(논산 : 이문사, 1958), 3권 3책 ; 김준영(金駿榮, 1842~ 1907)의 시문집 1권에는 1894년 농민전쟁 당시의 상황을 적은 편지글들이 많이 있다. 「여김판서(與金判書)」(43~44쪽)는 전라감사 김학진에게 올린 것으로 추정되는데, 혼란한 세상에 자리를 지키지 말고 물러날 것을 종용하는 편지이다. 권2 잡저에는 주로 의제에 관한 저술이 많았다. 이기설과 예학에 특히 주력하였으며 이항로(李恒老)를 중심한 벽문학자(檗門學者)들의 주리설과 인물성이설을 주장하는 한원진(韓元震)계의 학설을 비판, 논변하는 내용으로 이루어져 있다. 그는 정부의 개화정책과 천주교를 적극 반대하는 시국관을 가지고 있었다.

70무이므로 30무가 적지만 오히려 1부의 전으로 족하다고 하였다. 오늘날 무제는 크게 감해져서 1구가 옛날의 반구로 비교되지만 오히려 미치지 않는다고 하였다. 또한 우리나라의 전지는 수전이 있고, 일부가 가히 겸병하여서 고르게 받을 수 없다는 반론에 대해서도 수전은 무로서 계산할 수 없으나 두락으로 계산하므로 분구할 때 표(標)로 이름을 표시하고 사사로이 받고 공이 보조하고, 매년 돌려짓기를 하면 된다고 하였다. 1부는 이미 밭으로 받고, 또한 논 1구를 받아 합하면 가히 옛날의 70무와 같아진다고 하였다.

이러한 정전 논의를 제기하면서도 그는 당면한 3가지 어려운 점을 고려하고 있었다. 첫째, 오늘날 전토가 위로부터 세가(勢家), 거족(巨族)으로부터 아래로 여항(閭巷), 부민들이 모두 사사로운 주인[私主]인데, 일조에 모두 빼앗으면 본래 민을 평안하게 한다고 하면서 도리어 다시 소동이 일어날 수 있다는 점이다. 둘째, 관에 있으면서 녹을 먹는 자가 아니면 비록 공경자의 자제라도 반드시 친히 경작하여 곡식을 얻고, 복사신(腹絲身)이라는 점이다. 셋째, 경성에 거하는 민이 가옥이 번성하고 주밀하여 농사를 지을 수 있는 틈나는 땅이 없는데, 장차 어떻게 처리하여 개개인에게 하나의 토지를 나누어줄 수 없다는 것이냐 등의 반론을 들었다. 그는 부자의 땅을 모두 빼앗지 않을 수 없다고 하는 말인데, 그렇지만 이 법이 행하면 기뻐할 자가 많을 것이라고 하였다. 이른바 분전제산(分田制産)은 천하의 크게 공하며 인에 이르는 것인데, 땅을 빼앗는 것을 차마 하지 않으면 일개인의 사(私)를 고려하는 것인데, 왕자(王者)는 공(公)으로써 인(仁)을 명하는 것이니 어찌 한 사람의 사(私)를 고려하겠는가 하면서 토지개혁의 당위론을 내세웠다. 다만 그는 공경자제들 중에서 녹을 받는 자리에 없는 자라도 각기 하나의 땅을 받으면 노비로 하여금 경작하는 것을 허락한다고 하였다. 또한 고용을 고용할 수도 있다고 하였다.[59] 그의 계산에 의하면, 균전 분급은 올해 각기 9구(區) 전 5무(畝)이면, 다음

해에는 배를 주고, 그 다음해에는 다시 5배를 주고, 다음해 10배를 주면 10년이 되지 않아서 여러 지역에 다수 시행할 수 있다고 주장하였다.

또한 김준영은 이미 2년 전인 1883년 봄 정부에서 균전(均田)을 논의했다고 하면서, 자기 주장의 근거로 들기도 하였다.[60]

이와 같이 김준형은 19세기 후반 심각한 농민층 몰락을 방지하기 위해 반계 유형원(柳馨遠)의 소론을 근거로 하여 전자형(田字形)으로 토지를 구획하는 것이 필요하다고 하면서 구체적으로 4구(區)로 나누고 매구에 70무(畝)씩 농가 4호에 분배하는 방안을 제기하였다. 그의 논의는 현실 사적 토지소유자의 거대 토지소유를 비판하면서 자영농민의 경리를 보장하면서 경제적 평등을 보장하려는 것이었다. 이는 당시 농촌사회에서 농민층 몰락을 방지하고자 하는 토지개혁 방안으로써 1880년대 후반 심각한 농업 현실을 타개하려는 방안 중의 하나였다.

---

59) 또한 인가의 노비도 또한 각기 하나의 땅을 받으니 각기 경작하므로 청노(聽奴)할 수 없다는 지적에 대해서는 노비가 많으므로 매번 한 두 사람을 윤회하여 공역을 하면 된다고 하였다(김준영, 위의 문집, 116쪽 각주).

60) "癸未春 伏聞 廟堂方議均田 蓋均田余未詳其制 然意者亦倣三代之制 而損益之矣乎 今旣數年此議亦寢不行"이라 하였다(김준영, 『병암집』 「방정전론(倣井田論)」, 을유 1885년 8월 15일).

4장 지주제의 확산과 지조(地租)·지권(地券) 법제 논의

1. 1880년대 후반 개화파의 양전론과 일본 지조제도 논의

19세기 후반 지세 토지제도를 둘러싼 여러 논의는 1880년대 중반까지도 조선의 국가적인 제도로 실현되지 못하였다. 당시 조선사회의 개혁을 새롭게 추구하고 있었던 개화파 인사들 중에 김윤식(金允植), 어윤중(魚允中), 유길준(兪吉濬) 등은 일련의 지세와 토지제도에 대한 개혁을 구상하고 있었다. 이들 개화파 개혁관료들은 당시 봉건부세의 도결화(都結化) 추세를 일단 긍정적으로 수용하고 이를 바탕으로 하여 자본주의적인 세제의 성립과 새로운 토지소유제도를 지향하고 있었다.

먼저 19세기 후반기 확산되어 나갔던 조세의 도결화 추세에 대응하여 김윤식은 결포론(結布論)과 파환론(罷還論), 어윤중(魚允中)은 파환귀결론(罷還歸結論) 등을 제안하여 삼정을 개혁하려고 하였다.[61] 김윤식은 일찍이 1862년 '삼정책'을 제기하면서 삼정의 최대 폐단이 부세부균, 특히 전부(田賦) 불균에 있는 것으로 보았다.[62] 그렇지만 김윤식은 1890년에 이르러

---

61) 이 논의는 1860년대에 제기된 파환귀결론과는 상당한 차이가 있대남병철(南秉哲), 「삼정구폐의」『삼정책』, 369쪽]. 즉 몰락농민에 대한 대책으로 사창제의 설립을 적극적으로 주장하지 않았고 국가의 비상식량대책으로서 항유곡(恒留穀)을 마련한다는 구상도 없었다. 결국 이들의 논의는 환곡이 지방재정의 보용에 충당된다는 점에서 지세항목으로 전환시킨다는 세제개선론에 불과했다.

양전에 대한 입장을 후퇴시켰다. 그는 양전의 필요성을 인정하고는 있지만 단지 각읍의 은결을 조사하여 원장부(元帳簿)로 환원하고 이서에게 급료를 주는 방식을 제안했는데, 이는 지세수취제도의 부분적인 개선을 주장한 것이었다.[63] 여기서 주장된 양전은 단순히 문부조사를 위주로 하는 것으로 대단히 제한적인 양전방식이었다.

그런데 1880년대 초반 정부의 근대화 정책이 추진되고 1881년 조사시찰단으로 파견되는 상황에서 일군의 개화 관료들은 종래의 양전논의에서 벗어나 일본의 지조개정 상황에 주목하기 시작하였다. 당시 조사시찰단원의 한 사람인 어윤중은 지조개정을 높이 평가하고 있었다.[64]

"1874년(메이지 6) 지조개정에 착수하였다. 지조개정은 지가(地價)를 정하고 그 3%를 내는 것으로, 구 세법 하에서 가혹한 세율에 비교하면 3, 4할 감소되었다. 지가를 정밀히 조사했음에도 불구하고 종종 사정(査定)에 있어 지가가 동등하게 적용되지 않는다는 원성이 생겨났다. 따라서 1878년(메이지 10)에 다시 지조의 1/6을 감해주었다. 세목을 줄였어도 세입이 줄어들지 않고 늘어난 것은 제조업, 상업이 점점 커짐에 따라 여기에 세금을 부과했기 때문이다."

그는 지조개정을 통해서 지가에 근거하는 지세를 부과하였는데, 종래 가혹한 세율에 비교하면 3, 4할이나 감소된 것이라고 파악하고 있다. 이는 지조개정을 국가재정의 확충과 동시에 농민부담의 경감이라는 측면을 강조한 것이었다.

---

(62) 김윤식, 「삼정책」『삼정책』 1, 314쪽.

(63) 김윤식, 「십육사의 – 제사 결폐」『운양집』 권7, 486~488쪽.

(64) 어윤중, 『재정견문(財政見聞)』, 369~376쪽(김지영, 1996, 「어윤중의 경제사상」『사학연구』 51, 92~93쪽 재인용).

이러한 평가는 『한성순보(漢城旬報)』에 일본의 지조법을 소개하면서 크게 달라지고 있었다.[65] 1884년 4월 25일에 「일본지조조례」가 소개되었음에도 불구하고 같은 내용은 그해 9월 29일에 보도하고 있다. 그러한 가운데서 지권제도와 지조법의 관련을 강조하는 대목이 중요하다.

「일본지조조례」 : 일본이 유신 이후로 조세제도를 제정한 것이 오래되었는데 요즈음 와서 또다시 조례를 개정해서 전국에 반포하였다. 이것을 간추려 신문에 등재(登載)하여 중인의 열람에 이바지하려 한다. 지조를 조사해보면, 제1조 : 지가의 1백분의 2.5를 1년의 지세로 삼는 지권(地券)에 기록된 지가(地價)를 준용한다. 일본의 토지를 살펴보면 3종으로 분류되는데 그 중 관유지(官有地)라고 하는 것은 곧 정부의 소유이고 공유지라고 하는 것은 곧 관민이 함께 소유하고 있는 것이고 사유지(私有地)라고 하는 것은 곧 개인 소유인 것이다. 그러므로 반드시 그 땅에 대한 세가 있는데 이것을 지조(地租)라 한다. 정부에서는 그 땅의 소재와 면적과 가치와 소유자의 성명을 기록해 두는데 이것을 지권이라 한다. 지조를 정하는 날 정부에서 그 땅의 소재지와 인구 및 가치와 주인이름을 조사하여 한 페이지의 명부를 작성하여 그 지주에게 주어 뒤에 보기 쉽도록 하는데 이를 이른바 지권이라 한다. 지주(地主)된 사람이 만약 이런 문서가 없으면 그 권리를 잃게 된다.[66]

『한성순보』에서는 지조제도의 개정에 대해, "정부에서는 그 땅의 소재와 면적과 가치와 소유자의 성명을 기록해 두는데 이것을 지권이라 한다"고

---

65) 「일본지조조례」, 『한성순보』 19호, 1884년 4월 25일(음 : 4월 21일), 10~11면(418
~419쪽, 번역 : 363~364쪽) ; 「일본지조조례」, 『한성순보』 35호, 1884년 9월 29일
(음 : 8월 11일), 813~815쪽 참조.
66) 『한성순보』 35호, 1884년 9월 29일(음 8월 11일), 813쪽.

하여 지권제도가 가장 중요한 것으로 파악하고 있다. 또한 "지주된 사람이 만약 이런 문서가 없으면 그 권리를 잃게 된다"고 하여 지주의 토지소유권을 인정해주는 제도로서 간주하였다. 그리고 지세의 부과기준을 객관적인 토지면적을 파악한 후, 1년간의 수확을 지가로 계산하고 거기에서 비료대금, 인건비 및 세금을 제외하고 산출하였으며 택지나 차지의 경우 임대가를 산정하여 본전을 산출하는 방식을 소개하고 있다.

이후 『한성순보』에서는 「구미조제(歐米租制)」로 미국의 지세제도를 소개하였다. 토지의 수확과 제경비 등을 수년간 평균 시가로 산정하여 매년 실리(實利)의 몇 분의 1을 부과하고 있으며 가옥에 대한 가옥세도 언급하고 있다.[67] 여기서는 엄밀하게 지가라기보다는 1년간 수확의 실리를 과세표준으로 삼고 있다. 그리고 주로 관심있게 언급되고 있는 것은 지주가 토지를 타인에게 임대해 준다든지 가옥을 건조하여 임대해 주었을 때 받는 것을 실리로 취급하면서, 가급적이면 영국의 사례와 같이 25분의 1정도로 매우 낮게 지세를 부과할 것을 제시하고 있었다.

이 시기에 지세를 부과하는 방법이 종래 토지의 생산성의 차이에 근거를 두기보다는 지가에 의해 부과하는 방식을 도입하고 있었다. 이는 이미 통상조약 이후 각 개항장의 조계에서 적용되고 있었다. 1876년 이른바 강화도조약인, 조일수호조규 제4관에 부산을 비롯한 3곳의 통상항에서 토지와 가옥의 임차 조영이라는 일본인의 거주권을 명시하였다. 이후 1882년 11월 「조일수호조규 속약(續約)」과 1883년 9월 「인천항 일본조계조약」에서는 공박법(公拍法)에 의한 토지 가옥의 영대차지(永代借地)의 형태로 외국인의 토지지배권이 강화되었다. 또한 1883년 11월 26일 영국과 맺은 「한영수호통상조약」에서는 제물포 원산 부산 한양 양화진 등의 지정 장소 내에서 토지 가옥의 임차는 물론 소유권의 획득 및 이전까지 명시하고

---

67) 『한성순보』 16호, 1884년 3월 27일, 21~22쪽.

있었다.[68)]

이러한 외국인의 부동산 소유에 대해서 조선 정부는 지계를 발급하고 지조납부를 통해서 일정한 규제를 가하게 되었다. 그런데 이때 지조는 상·중·하 등 3종류의 주거지를 설정하고 각각 매 2미터당 40문, 30문, 20문 등을 수납하는 것으로 되어있었다. 따라서 지조는 일정한 면적을 단위로 미리 정해진 조세액에 따라 내는 것으로 지가와 연동하여 부과되는 지세는 아니었다.

당시 지조법 제정은 우선 객관적 토지면적을 측량하는 것과 아울러 개별토지의 생산성을 헤아리고 토지소유자의 수익을 평가하여 지가를 산출하는 방식으로 구상되고 있었다. 지조법은 국가에서 토지소유자에게 지권을 발급함으로써 토지소유권을 공인해주는 제도로서 이해되고 있었다. 이 시기 개화파들은 농민적 토지소유의 안정화라는 관점이 아니라 기존의 지주제를 유지하고 보호하는 방안으로서 채택하고 있다는 점을 주목하고 있었다.

한편 1884년 갑신정변을 시도하여 정치경제제도 개혁을 지향한 급진개화파들은 지조법을 개혁하여 이서층의 수탈을 막음으로써 민곤(民困)을 구제하고 국가재정을 확보할 것을 추구하였다.[69)]

1884년 갑신정변시 조세 재정에 관한 개혁 조항은 일반적으로 "전국적으로 지조법을 개혁하여 관리의 부정을 막고 백성의 곤란을 구제하며 더불어 국가재정을 넉넉하게 한다. 각 도의 환자미는 영구히 받지 않는다. 국내의 재정에 속한 것은 모두 호조(戸曹)에서 총괄하고 나머지 재정관아는 일체 혁파한다"는 것으로 해석된다.[70)]

---

68) 최원규, 1994, 「한말 일제초기 토지조사와 토지법 연구」, 연세대 박사학위논문, 22~34쪽 참조.
69) 김영숙, 1964, 「개화파 정강에 대하여」『김옥균』, 평양 : 사회과학원출판사, 251쪽 ; 김용섭, 1974, 앞의 논문, 61~62쪽 ; 신용하, 1984, 앞의 논문, 103쪽 ; 김옥균, 「갑신일록」『김옥균전집』(1979, 서울 : 아세아문화사), 95~96쪽.

갑신정변시 조세재정 개혁에 관한 개혁강령은 이들의 경제제도 개혁 구상에 중요한 의미를 담고 있었다. 조선사회가 전통적인 농업중심 봉건적 경제제도에서 새로운 상업이나 산업 중심의 자본주의 경제제도로 전환되어 나가는데, 농업에서 지주제의 해체와 자본주의 경제의 수립이 핵심적인 과제일 것이다.

그런데 갑신정변시에 제시된 조세재정 개혁강령에는 한편에서는 종래 봉건적 수탈로부터 인민의 부담을 경감시키고 근대적인 경제제도와 재정 토대를 수립하려는 의미로 해석하고 있다.[71] 이는 1862년 철종대 임술개혁에서 제기된 집권층의 삼정이정책(三政釐整策) 수준의 농업론에서 일보 전전하여 일본을 매개로 한 서양사상의 영향을 크게 받은 것으로 보고 있다. 또한 강령의 성격은 보수좌파의 농업론을 실천에 옮기려는 것으로 지주자본의 상인자본화라는 개혁방향과 관련하여 평가하고 있다.[72]

그런데 갑신정변 실패 후 일본에 망명한 박영효(朴泳孝)는 1888년 개혁 상소에서 '지조(地租)를 개량(改量)하여 지권제(地券制)를 시행할 것'을 주장함으로써 토지소유제도의 개혁과 조세법의 개혁을 촉구하고 있었다.[73] 이들은 일본의 지조개정을 본받아서 조선의 토지지세제도의 개혁안으로 구체화하려는 것으로 보인다. 이들의 논의에서는 양전을 통한 지세 개혁을 논의하면서도 새롭게 토지소유자의 소유권을 보장하는 차원에서 지권제도의 수립과 종래 매매문기의 공인을 서로 연결시켜 이해하고 있다는 점이 주목된다.[74]

---

70) "一. 革改通國地租之法 杜吏奸而紓民困 兼裕國用事 ; 一. 各道還上永永臥還事 ; 一. 凡屬國內財政 摠由戶曹官轄 其餘一切財簿衙門革罷事" ; 김옥균, 「갑신일록」, 『김옥균전집』, 아세아문화사, 95~96쪽 ; 『갑신일록』(조일문 역주, 1977, 1984, 건국대 출판부), 98~99쪽, 148~149쪽.

71) 김영숙, 1964, 위의 논문, 251쪽 ; 신용하, 1984, 위의 논문, 103쪽.

72) 김용섭, 1984, 앞의 논문(『한국근대농업사연구(하)』 재수록), 61~62쪽.

73) 하라(原敬)문서연구회 편, 「박영효 상소문」, 『하라(原敬)관계문서』 6, 160~174쪽 ; 『일본외교문서』 21, 294~309쪽.

그렇지만 1880년대 민씨척족정권은 전정 폐단을 시정하기 위한 구체적인 양전론이나 토지제도의 개혁요구를 받아들이지 않았다. 당시 집권관료층은 원칙적으로는 개량에 찬성하더라도 실제적으로는 반대론을 제기하는 논자들이 많았다.[75] 예를 들어 1892년 6월 고종이 "결정(結政)에서 만약 개량전을 한다면 과연 실효가 있는가"라고 물었을 때 전라어사 이면상(李冕相)은 "타량하여 은결(隱結), 위결(僞結), 모결(冒結) 3등의 결을 사출할 수 있어" 도움이 되지만, "그것도 적당한 사람을 얻은 연후에야 가능하다. 실제에 따라 개량해야 하는데, 만약 적당한 사람을 얻지 못한다면 진실로 공연히 은결도 조사하지 못하고 민정(民情)이 먼저 소요를 일으키니 오히려 조사하지 못한 것보다 못하다"라고 하였다. 이는 집권관료의 입장을 대변한 것으로 적당한 인물을 선택하지 않으면 개량하지 않느니만 못하다는 지론을 펴고 있었다.

그럼에도 불구하고 당시 집권층은 양전이나 토지제도에 대해 획기적인 대책을 세우지 않았다. 당시 민씨정권은 1888년 대흉년에 대응하여 전라도에 명례궁(明禮宮) 장토(庄土)를 설치하거나 이 일대에서 균전사업(均田事業)을 실시하는데 불과했다.[76] 이 사업은 명목적으로 흉년으로 인한 빈농층들을 배려한다고 하면서 개간이 이루어질 동안 3년간 면세를 허용한다고 하였으나 실제로는 왕실의 토지지배나 지주의 토지소유를 확장시키는 수단으로 활용되었다. 또한 정권측은 경상도의 환곡문제를 시정하기 위한 파환귀결(罷還歸結)을 검토하는 수준이었고, 그것도 실제 시행하지 않았

---

74) 일본의 지조개정 1조에 대해서 설명하면서 '其定地租之日 自政府査確其地之所在幅員 及 價値與地主人名 錄成一頁而授其地主以便後考 所謂地券是也 爲地主者 若無此等文記 則 失其權利'라 하여 地券制度의 중요성을 강조하고 있다(『한성순보』 35호, 「일본지조조례」, 1884년 9월 29일, 813쪽).

75) 『일성록』 29, 1892년 6월 6일, 201~202쪽.

76) 김용섭, 1968, 「고종조왕실의 균전수도문제」 『동아문화』 8(『한국근대농업사연구 (하)』, 일조각, 재수록, 454~460쪽) ; 왕현종, 1991, 「19세기말 호남지역 지주제의 확대와 토지문제」 『1894년 농민전쟁연구 1』, 역사비평사, 38~44쪽.

다.77)

따라서 1890년대 초 정부의 조세개혁은 주로 왕실을 위주로 하는 면세(免税)와 개간(開墾)사업을 시행하고 있을 뿐이었다. 이는 삼정의 폐단으로 인한 조세수탈과 농민에 대한 지주의 토지침탈이 자행되는 상황이었으므로 삼정의 폐단이 더욱 조장되는 측면을 지니고 있었다. 결국 토지대책은 봉건국가와 왕실지주, 일반지주 및 농민 일반의 대립관계를 첨예하게 대립시키고 있었다.

2. 유길준의 지권제도와 토지제도 개혁 구상

이 시기 개화파의 지세제도 개혁 구상은 1891년 유길준이 작성한 「지제의(地制議)」와 「세제의(稅制議)」에 핵심적으로 잘 나타나 있었다. 그는 조세의 금납화정책이 조세수취과정에서 발생하는 잡다한 명목의 잡세 부과 등 폐단을 일거에 제거할 수 있는 정책임을 강조하였다.78)

우선 그의 입론은 이미 1858년 무렵 조세금납화를 주장한 최성환(崔星煥)의 주장에 근거하고 있었다. 최성환은 매결 부과되는 조세가 명목에 따라 현물로 거두어들이는 것이 아니라 실제로는 각종 현물조세 명목을 통합하여 징수된다는 현실을 인정하였다. 다만 지역사정에 따라 소미(小米), 황두(黃豆), 면포(綿布), 마포(麻布) 등이 작미(作米) 작전(作錢)되는 과정에서 복잡한 계산과 부정이 개재되어 있다는 점을 문제시했다. 따라서 그는 허다한 명목을 모두 대전(代錢)으로 상납한다면 일거에 폐단이 없어질 것이라고 주장하였다.79)

---

77) 『일성록』 29, 1892년 3월 8일, 81~83쪽 ; 6월 29일, 243~245쪽.

78) 유길준, 「세제의」 『유길준전서』 IV, 신묘(1891), 179~196쪽.

79) 1결의 결가는 현물조세항목에 비추어 15량으로 정하고 10량은 중앙의 각사 재용으

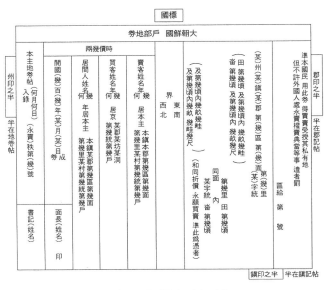

〈그림 3〉 유길준의 지권 서식

반면에 유길준은 최성환의 금납화 주장을 받아들이면서도 부세명목을 통합시켜 지세부과의 기준으로 삼는 것과는 다른 기준을 제시하였다. 그는 "무릇 모든 지세는 토지의 가격을 헤아려 백분의 1세를 취할" 것을 주장하였다. 그리고 세의 부과대상인 토지의 소유권을 정확하게 파악하고 이를 기초로 하여 지세부과를 구상하였다. 그는 전국토를 '획방성리(劃方成里)'하여 이 리를 단위로 하는 '전통제(田統制)'를 수립하려고 하였다. 그리하여 경무법(頃畝法)을 사용하여 양전을 한 후에는 전통도(田統圖)를 작성하되 전답, 산천, 도로, 촌락, 택(澤), 제언 고회(溝澮) 등을 명시하여야 하며, 이를 종합하여 전국의 지적도(地籍圖)가 된다고 하였다.[80]

그는 양전이 끝난 후에 농지뿐만 아니라 산림, 과수원, 목장, 어지(漁池),

로, 나머지 5량은 읍용(邑用)으로 사용할 것을 주장하였다(최성환(崔星煥), 『고문비략(顧問備略)』 권2, 공부(貢賦), 48~50쪽).

80) 유길준, 「지제의」 『유길준전서』 IV, 147~148쪽.

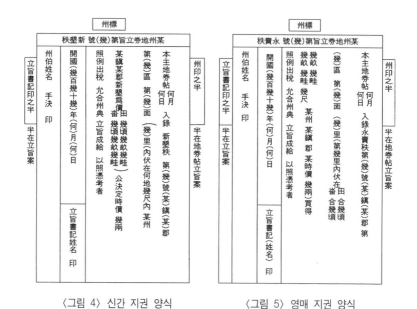

〈그림 4〉 신간 지권 양식　　　　　〈그림 5〉 영매 지권 양식

광소(鑛所) 등 일체의 부동산에 대해 지권을 발행하고 이를 근거로 하여 지세를 수취함으로써 국가적인 토지소유제도의 관리와 지세의 합리적인 징수를 도모하려고 하였다.[81] 요컨대 유길준은 토지 생산성에 비추어 결정된 개별 토지가격에 따라 지세를 부과하려는 지세제도의 근본적인 개혁을 추구하고 있었다.[82]

그런데 이러한 개혁안이 기존의 양전제도나 수세방식에 비추어 오히려 혼란이 가중되므로 시행할 수 없다는 반론도 제기되었다. 유길준은 우선 민간에서 전토를 매매하는 문권은 모두 관에서 지급한 용지를 쓰게 하고 새로 매입하거나 개간한 전토도 역시 관에서 지급한 것을 발급하도록

---

81) 유길준, 위의 글, 145~172쪽 ; 김용섭, 1984, 위의 책, 213~217쪽.

82) 지권발급제도를 시행함으로써 종래의 전분 6등, 년분 9등이라는 토지평가의 복잡성을 극복하고 각 필지마다 비옥도에 따라 수백 수천의 등급이 발생하고 이를 기준으로 합리적인 지세부과가 이루어질 수 있다는 것이다(유길준, 「세제의」 『유길준전서』, 193~196쪽).

하였다. 그의 「지제의」에서는 호부(戶部)에서 발행하는 지권양식을 구체적으로 도표화하였다. 그는 지권의 판형은 반드시 정교한 문양으로 만들어 위조의 폐단을 방지하고자 하였다. 문서용지는 여러 주(州)에 나주어 주며, 각주에서는 구정사무소를 두어 해당 구(區)와 통(統)내에서 전토 매매가 발생하면 세전을 받고 문서용지를 발급한다고 하였다.

전지문권도식(田地文券圖式)의 형식을 살펴보면, 윗 부분에 국표(國標)라는 용어는 국가를 상징하는 문양을 의미한다. 다음 부분은 '대조선국호부지권'이라는 발행기관을 표시하고 있다. 지권의 내용 앞부분에는 본국인의 경우 사유지의 매매 수수는 해당 문권을 사용하도록 명백히 밝히고 있으며, 아울러 외국인에게는 전토의 영매(永買), 권매(權賣), 전당(典當) 등을 일체 불허하고, 어길 경우 벌칙을 내릴 것을 명시하였다.

또 문서의 좌우 및 하단에서는 인장을 각 해당 관청이 관리하는 지권첩(地券帖), 군기첩(郡記帖), 진기첩(鎭記帖) 등 3가지 종류에 반씩 겹쳐 찍어서 날인하도록 하였다. 그리고 주에서 기록하는 첩을 두어 유별로 모아 상고하는데 편리하게 하였다. 전토를 매매할 때는 언제나 지권을 새로 발행하며, 지권을 발행할 때는 일정한 세를 부담시킬 것을 규정하였다. 또한 매매 거래의 확인을 위해 거간인(居間人)을 두어 제3자가 확인하게 하였고, 각 지권의 말미에 면장이 매매사실을 인증하고 본주(本州)의 서기가 문서작성에 관여하여 관의 공증 사실을 명확하게 적시하도록 하였다.[83]

이렇게 각 면에서 토지 장부를 마련하고 지주가 지권을 발급받는 과정에서 빠짐없이 토지를 조사 기록하는 과정을 거칠 것이고, 이에 따라 지권에 시가(時價)가 그대로 기록되도록 하였다.[84]

그런데 지권의 발급 과정에서 몇 가지 문제점도 고려되었다. 첫째 문제는 "민간에서 날마다 여러 곳에서 행해지고 있는 전토 매매에 대해 어떻게

---

83) 김건우, 2008, 『근대 공문서의 탄생』, 소와당, 173~178쪽.
84) 유길준, 「재정개혁」『유길준전서』IV, 197쪽.

번거롭게 관에서 용지를 공급하여 입지를 발급할 수 있는가" 하는 문제였다. 그는 매매상 관지(官紙)를 사용하는 않는 매매 문권에 대해 설사 분쟁이 일어난다고 해도 소송을 접수하지 않는다는 원칙을 제시하였다. 둘째, "수세법이 있다고 하더라도 실거래 가격을 속여 혹 1만량을 5천량으로 낮추어 신고하거나 은밀히 전해주고도 관에 보고하지 않음으로써 세금을 면하려 하는 자가 있는 경우에는 어떤 방법으로 방지할 수 있는가"라는 것이었다. 이에 대해 전토 거래 사실을 숨기거나 기만한 행위에 대해서는 10배의 세금을 부과한다면 여러 폐단이 자연 제거될 것이라고 전망하였다. 이렇게 관에서 인허하는 규격화된 용지를 사용하고 일정한 토지매매거래 법령을 제정함으로써 토지매매거래의 공인이 이루어질 수 있도록 하였다. 따라서 따로 전국적인 양전을 시행하지 않아도 지권을 발급하면서 면내 토지상황을 국가가 전국적으로 상세하게 파악해 낼 수 있다는 것이다. 결론적으로 유길준은 양전을 무리하게 시행하기 보다는 지권제도의 시행을 통해 점진적으로 접근하는 방식을 취하려는 태도를 갖고 있었다.

그렇다면, 개화파 개혁관료들은 실제 당시 농업문제에서 가장 핵심적인 지주제의 개혁에 대해서는 어떻게 대응하고 있었는가 라는 문제가 중요하다. 그런데 이들은 현실적으로 지세부담자의 설정방법에 대해서는 당분간 지주와 소작농민간의 공동부담을 주장하고 있었다.

김윤식은 "토지를 가진 사람이 자경하기 어려울 경우 대개 가난한 사람에게 빌려주어 경작시키게 하여 그 반수를 거두들이게 한다. 그렇지만 이 반결에서 1결의 세를 내는데, 이것 역시 크게 무겁다"라고 하여 지주의 지세 부담이 높다는 것을 불만으로 여기고 있었다.[85] 마찬가지로 유길준도 당시 도조법(賭租法) 변화와 관련하여 지주로 하여금 '십분지삼'을 지대로 취하게 하는 대신 지세를 지주와 소작농민이 각각 반씩 부담할 것을

---

85) "然有田者不能自耕 皆借貧人耕作 而分其所收 然則是半結而出一結之稅也 亦已太重矣" (김윤식, 앞의 글, 486쪽).

원칙으로 내세웠다.[86) 이는 당시 일부에서 주장하였던 균경작론(均耕作論)에서 나타난 지대감하와 십일세론의 주장과는 달랐다. 개화파들은 지대의 유지와 지주층의 이해를 저해하지 않는 범위내에서 '균부균세(均賦均稅)'의 부세 합리화와 농민경제의 안정화를 기하려는 것에 불과하였다.

그런데 정부에서는 1893년부터 한성부내 가계발행을 시행하고 있었다. 한성부에서 모든 가호(家戶)를 대상으로 가계(家契)를 발급하여 거래의 혼란을 방지하고 간접적으로 외국인의 소유확대를 규제하려는 정책을 실시하였다. 이 법령을 제안한 이중하는 종래의 매매문기만으로는 폐단을 시정할 수 없으므로 경상가(卿相家)로부터 모든 가호에 이르기까지 한성부에서 제작한 문권(文券)을 발급하도록 하였다.[87) 이에 따라 가옥을 매매할 때는 구계(舊契)를 반납한 후 신계(新契)를 발급받도록 하고 이 과정에서 백분의 일 세를 내게 했다. 또한 전당(典當)할 경우에는 당사자가 소관 관청에 신청하여 가계에 그 지(旨)를 현록(懸錄)받도록 하였다.

결국 이렇게 한성부의 가계발급, 혹은 지계발급정책이 확대된다면, 굳이 전국적인 양전을 통하지 않고서도 기존의 토지소유자인 지주에게 토지소유권을 확정해 줄 수 있는 것이었다. 이렇듯 개화파의 입장과 당시 집권관료층에서도 번거롭게 양전을 하지 않아도 성취되는 지계발행을 통한 지세제도의 개혁도 성취할 수 있다고 생각하였다.

---

86) "使富人之田 無分秋穫而用賭租法 許收什三 官用中正之稅取什一 而令主客各充其半(主客謂田主與作人 其半謂稅錢之半)"(유길준, 「지제의」『유길준전서』, 178쪽).

87) 『승정원일기』12권, 1893년 2월 13일, 465쪽.

5장 1894년 갑오개혁의 토지개혁 논쟁과 귀결

1. 갑오개혁기 지세제도와 토지제도의 개혁 추이

1894년 6월말 갑오개혁은 당시 조선국가의 삼정 폐단 등 사회적 모순을 시정하고 농민층의 개혁요구에 대응하여 일련의 개혁의안을 공포하였다.

초기 개혁을 담당하였던 군국기무처(軍國機務處)는 우선 종래 여러 가지 부세의 현물납과 봉건재정 원칙을 개혁하여 각종 부세 명목의 간소화와 조세 금납화를 추진하였다.[88] 1894년 7월 10일 조세 금납화를 결정하였고 그해 10월부터 전격적으로 실시하고자 하였다.[89]

이후 갑오개혁 정권은 8월 4일에 "급히 결가를 책정 행회하여 민의(民疑)를 풀도록 할 것"이라는 의안(議案)을 제출하였다.[90] 결가(結價)책정 방안을 포함하는 지세제도의 개혁방식을 구체적으로 준비하였다. 이어 8월 22일에는 "우선 기전(畿甸)으로부터 결가(結價)를 정하여 마련토록 하되, 평안함경을 제외하고는 5도(五道)의 미태목포(米太木布)를 모두 석(石) 필수(匹)

---

88) 오두환, 1984, 「갑오개혁기의 부세〈금납화〉에 관한 연구」 『경제사학』 79, 22쪽.

89) 『의정존안(議定存案)』「의안 초기(草記)」(개국 503년 7월 10일) ; 후속조치로는 재정운영의 금납화와 미상회사의 설립(『의정존안』 1894년 8월 22일 ; 『공문편안』 5, 「경기거관(京圻去關)」; 『의정존안』 1894년 7월 10일, 24일) 및 신식화폐발행장정을 제정하였다(『의정존안』 1894년 7월 11일).

90) 『일성록』 31, 1894년 8월 4일 ; 『의정존안』 1894년(개국 503) 8월 6일.

數)에 준(準)하여 대전(代錢)으로 수봉(收捧)하고, 공상(供上)과 반방(頒放)도 석·필수에 준하여 시행토록 하라"는 조치가 내려졌다.[91]

조세 금납화 정책에서 주목되는 점은 조세의 금납화와 미곡의 상품유통화라는 취지에 맞게 "은행을 설립하여 공전(公錢)을 획급하고 미곡(米穀)을 무천(貿遷)하게하여 근본을 넉넉하게 하고 원전(原錢)을 탁지아문(度支衙門)에 상납(償納)하되"라고 표현하고 있듯이, 조세의 금납화 정책과 미곡의 상품유통화를 연결시켰다. 조세의 측면에서는 금납을 통해 일시적으로 부족할지도 모를 자금순환의 필요성이 있었으며, 미곡 유통의 측면에서는 자본금의 부족으로 인해 미곡의 매집이 이루어지지 못하는 문제가 있었기 때문이었다.

한편 8월 28일 탁지아문(度支衙門)은 경기감영(京畿監營)으로 하여금 경납(京納)과 각읍(各邑)의 일체 수용(需用)을 정례 마련하기 위하여 5도(都) 외의 각읍 진역(鎭驛)의 결부(結簿), 군부(軍簿) 및 1년 응봉응하(應捧應下)하는 조항을 조사하도록 하였다. 이에 따라 경기도는 기존의 지방재정 지출과 관련하여 필요한 결가를 산출해내는 작업에 착수했다.[92] 한편에서는 궁장토, 역둔토 등 국유지에서 시행될 지세수납 방식을 새로 결정하는 '갑오면세지승총(甲午免稅地陞摠)'의 시행과 지세수취 담당자로서 향원(鄕員)을 신설하는 것으로 하였다.[93]

1894년 9월 초순 반일·반봉건을 기치로 농민군이 재봉기함에 따라 갑오정권은 결가의 구체적인 내역과 책정방식을 시급하게 마련하지 않으면

---

91) 『일성록』31, 1894년 8월 22일 ; 『의정존안』1894년 8월 24일.

92) 『공문편안』5책, 1894년 8월 28일, 「경기거관(京畿去關)」.

93) 『일성록』1894년 8월 26일 ; 『의정존안』1894년 8월 26일 ; 『공문편안』4책, 8월 25일, 「경상, 충청, 전라, 황해, 강원 관문」 ; '결호전봉납장정'을 제정하여 향원(鄕員)의 역할을 명문화하려고 하였으나 1894년 9월초의 시점에서는 아직 전국적인 결가(結價)가 책정되지 않았고 지세개혁의 방침이 구체화되지 않았던 상황이므로 바로 실현될 수 없는 것이었다(『공문편안』4, 「경기 영남주사 충청 영남총무관」, 1894년 9월 1일).

안되었다.94) 9월 15일 의정부는 '영남구폐별단(嶺南捄弊別單)'을 마련함으로써 전격적으로 해결하려고 하였다. 사실 경기도에서 아직 최종적인 방안이 마련되지 못한 상황에서 경상도에서 먼저 구체적인 결가책정방안을 제시한 것이었다. 이 방안은 경상감사 조병호(趙秉鎬)의 '구폐제조(捄弊諸條)'와 영남선무사(嶺南宣撫使) 이중하(李重夏)의 '장계(狀啓)'를 기초로 하였다.95)

1894년 9월 15일 경상감사 조병호는 폐정개혁 10조목을 보고하면서 제3조에서 결가를 돈으로 납부하되, 태가는 될수록 적게 책정하고 정비와 잡비를 시행하지 말며, 제7조 전운소에서 징수하는 것을 대전으로 거두면 운반비 및 제반 폐단이 변통될 수 있을 것이라고 주장하였다.96) 또한 이중하는 9월 15일 장계를 올려 경상감사 조병호의 장계를 받아들여 조세개혁을 시행하도록 촉구하였다. 그는 "첫째, 홍수로 인해 개천으로 변했거나 흙이 패어 나간 진황결(陳荒結)에 대해 억울하게 징수하는 문제이고, 둘째, 장부에 허위로 올라 있는 환곡(還穀)에 대해 터무니없이 모곡(耗穀)을 징수하는 문제이고, 셋째, 결역전(結役錢)과 호포전(戶布錢)이 해마다 증가하는 문제이고, 넷째, 전운소에서 허다히 징렴(徵斂)하는 문제이고, 다섯째, 경상감영에서 병료전(兵料錢)을 배분하여 거두어들이는 문제"라고 하면서 해당 항목의 조세 개혁을 적극적으로 추진할 것을 건의하였다.

이렇게 하여 금납조세(金納租稅)의 명목은 기본적으로 토지에 부과되고 있었던 세목(稅目), 즉 전세(田稅) 대동(大同) 삼수(三手) 포량(砲粮) 등으로 통합한다는 원칙을 세웠으며 전국을 연읍(沿邑)과 산군(山郡), 즉 조운미납 지역(漕運米納地域)과 산군작목지역(山郡作木地域)으로 구분하여 미가(米

---

94) 왕현종, 1995, 「갑오정권의 개혁정책과 농민군대책」『1894년 농민전쟁연구 4』, 서울 : 역사비평사, 502~511쪽.

95) 『승정원일기』 31, 1894년 9월 15일, 16일, 314~316쪽.

96) 『승정원일기』 31, 1894년 9월 15일, 16일, 314~316쪽.

價)를 기준으로 차등 부과하도록 하였다.[97] 이러한 책정방식은 그대로 의정부에서 추진되어, 다음날인 9월 16일 충청, 전라, 황해, 강원도 지역에도 확대 시행하였다.[98]

그렇지만 새로운 제도의 과세규정과 근거를 어떻게 산출할 것인가, 특히 삼남지방에서는 기존의 결가에 환모결배조(還耗結排條)를 포함시킬지 여부, 영진읍(營鎭邑)의 수미(需米)를 경납미가(京納米價)로 한다면 시가(時價)로 할 것인지 법정으로 정해진 상정가(詳定價)로 할 것인지 시행과정상의 여러 문제가 노출되었다.[99] 그러던 중 9월 24일경 경기도에서 먼저 육운(陸運)으로 운반하는 곳과 미(出)로 내는 읍의 경우 매결(每結) 30량으로 정하고, 산군(山郡)은 25량으로 시행할 것을 요청하였다.[100]

이후 조세 금납화 정책은 각 도별로 사안에 따라서 복잡한 시행과정을 거쳐서 1894년 11월 15일에서야 결가책정의 구체적인 원칙을 확립하게 되었다.[101] 즉 유토면세지(有土免稅地)의 승총(陞摠)과 출세(出稅)를 비롯하여 결가를 책정하면서, 미가(米價)를 연읍(沿邑)의 경우 매두 1량으로, 산군(山郡)은 8전으로 산정하고 결가를 산출하되, 매결에 환모작조를 반영하여,[102] 조수읍(漕水邑)은 30량으로 정하고 산군읍(山郡邑)은 25량으로 시행하였다. 이러한 결가의 세부원칙은 19세기 후반 각 지역의 도결가의

---

97) 『일성록』 31, 1894년 9월 15일, 314~315쪽.

98) 『일성록』 31, 1894년 9월 16일, 316쪽.

99) 『공문편안』 5책, 「관문－경기도」, 1894년 9월 23일 ; 『공문편안』 5책, 「관문－전라도」, 1894년 10월 3일 ; 「관문－경상도」, 1894년 9월 19일.

100) 경기도 53개읍 중 양근 등 8개 산군읍(山郡邑)은 25량인 반면, 나머지 여주, 이천, 인천 23읍은 30량이었다. 양주, 고양은 능침(陵寢) 소재읍(所在邑)으로서 20량으로 감면되었다(『공문편안』 5책, 1894년 9월 24일).

101) 『공문편안』 5책, 「관문－경상도」, 1894년 11월 15일.

102) 1894년 9월 말경 탁지부의 방침은 영남의 미가가 흉년으로 인해 크게 올랐기 때문에 시가(時價)로 정할 수 없으며, 지세의 항목으로 전세 대동 삼수미 등 3종의 세목을 통합하여 운영하되 잡비 상정미가, 환모작결 등도 결가 정수 내에서 처리하도록 하였다(『공문편안』 5, 「훈령－경상도」, 1894년 9월 일).

추세를 그대로 수용하면서, 기존의 경기도에서 결정한 결가차등 적용을 전체 액수로서 규정하는 한편, 구체적인 내역에는 경상도의 결가산정방식에 따라 결정되었음을 알 수 있다.

이에 따라 1894년 말에는 이러한 전국적인 결가 산정의 사례를 취합하여 하나의 체계로 정리하게 되었다. 이는 「결호화법세칙(結戶貨法細則)」에 잘 나타나 있는데, 경기 전라 충청 경상 황해 등 5도 지역에 따라 약간의 차이가 있지만 법전에 규정된 지세항목과 내역을 근거로 결가가 책정되었다. 또한 1결당 20두를 기준으로 금납으로 환산하는데, 서울의 정백미(精白米)를 1두에 1량 5전으로 적용하여 30량으로 책정하였다.103) 이 결가는 다시 연해읍의 경우 30량, 이외의 산군은 25량, 혹은 20량으로 차등을 두어 정해졌다.104)

이와 같이 갑오개혁시 조세제도 개혁의 특징은 다음과 같다. 첫째, 지세의 규정이 기본적으로 토지에 대한 세로서 전세를 기본으로 하지만, 그것에 국한하지 않고 이외에도 법전규정상 토지세에 해당하는 조세 명목을 통합한 것이다. 이러한 지세의 규정은 전세를 비롯하여 대동미, 삼수미, 포량미, 결작미 등 5종의 부세로 한정하여 '단일한 지세명목'이 되었다는 특징을 가지고 있었다.

둘째, 지세의 부담자를 토지소유자인 지주로 명문화하여 확정하지 않았으며 국유지에서는 소작인의 부담으로 결정하고 있다는 특징이 있었다.105) 1894년 8월 26일 군국기무처에서는 "각궁(各宮)의 소유인 전토의 수확

---

103) 『결호화법세칙렬(結戶貨法稅則烈)』 중 「답결전산출표(지세신구비교표)」, 「각도지세일람표(전제비교)」 ; 『한국세제고』 ; 『훈령각부』 18, 「훈령」, 乙未 9월 27일 참조.
104) 19세기 후반에 결세가 50두내지 60~70두 심지어 100두에 달했고 화폐로 환산하여 70, 80량에 이르고 있었으므로 결가 30량의 법정화는 농민의 부담을 상당히 경감시킨 것이었다(『매천야록』 권2, 고종 31년 12월 13일 ; 『통상휘찬』, 「부산영사관보고」, 1895년 5월 15일).
105) 『일성록』 고종 31년 8월 26일 ; 『의정존안』 개국 503년 8월 26일.

등은 전과 같이 각궁이 맡으나 다만 지세는 신식(新式)에 의해 내며, 각역(各驛)으로 종래 박세(薄稅)한 것이나 각둔토(各屯土)로 도조(賭租)는 내되 세(稅)를 내지 않은 것은 모두 신식에 의하여 작인(作人) 및 마호(馬戶)가 내게 할 것"이라는 의안을 의결하였다. 이는 궁방전, 역둔토에서는 소유지의 권리는 이들에게 인정하되, 국가에 내는 세금은 작인이나 마호에게 전가함으로써 지세를 소작인의 부담으로 만들어버렸다. 이는 현실의 지주제 관행에서 지세의 소작인의 전가라는 지주적 입장을 그대로 반영한 것이었다.106)

결국 이 시기 지세제도는 내부에 여러 명목이 존재하는 부분적인 통합에 불과했다. 그것은 결가라는 이름에 내포되어 있는 아직 잠정적인 성격을 벗어날 수 없었다. 앞으로 전면적인 지세개혁을 위해서는 지세수취와 부과의 기준이 객관적으로 명문화되고 새로 토지조사에 바탕을 두고 토지관련 장부를 새로 만들어야 했다. 이렇게 토지소유제도와 지세제도를 체계화시켜야만 근대적 토지 지세제도로 완비할 수 있기 때문이었다.

1894년 당시 전국의 수세결총의 상황을 보면 〈표 5〉와 같다.107)

표의 '전국 결총 일람표'에 의하면, 1893년의 상황은 종전 양전대장에 근거를 둔 원장부총결(元帳付總結)이 143만 5,916결인 반면에 면세결(免稅結)은 18만 9,135결이고 유래진잡탈결(流來陳雜頉結)은 42만 8,866결이 되어서 시기결총(時起結摠)이 81만 7,915결로 되었다. 시기결총은 각 도별로 편차가 심했는데, 원장부결총의 1/2이하로 나타난 지역은 경기, 경상,

---

106) 왕현종, 1992, 위의 글, 95~96쪽.

107) 위의 표는 ①「팔도오도전결총고(八道五都田結總攷)」『결호화법세칙열(結戶貨法稅則烈)』 ②「개국 502年 결수 세액급면적」(水田直昌, 1936, 『李朝時代の財政』, 경성 : 조선총독부, 240~245쪽 ; 와다 이치로(和田一郞), 1920, 『조선토지지세제도조사보고서』, 경성 : 조선총독부, 741~751쪽 : ③『팔도갑오조결호도안(八道甲午條結戶都案)』에 근거한다. ②의 통계상 오류를 시정하면서 ①의 자료에 준하여 작성했으며, ③의 자료상 총결수의 오차(6結)가 있다(단위 : 결).

〈표 5〉 전국 결총 일람표

도명	원장부총결	면세결					유래진잡탈	1893년시기총	1894년시기총	비중(%)
		릉원위	궁방	아문	잡위	소계				
경기	115,686	1,156	2,001	5,785	12,578	21,520	36,518	57,648	53,203	46.0
충청	233,277	26	2,541	3,077	9,707	25,351	100,827	107,099	119,433	51.2
전라	341,335	341	5,879	13,613	12,311	32,144	82,443	226,748	193,293	56.6
경상	337,377	275	1,953	9,383	16,466	28,077	112,082	197,218	161,757	47.9
황해	129,592	284	1,998	5,493	5,170	12,945	38,218	78,429	86,048	66.4
평안	120,302	0	311	7,338	8,320	15,969	18,218	86,041	98,597	82.0
강원	40,937	0	74	54	10,333	10,461	18,098	12,378	18,722	45.7
함경	117,410	0	0	0	42,668	42,668	22,388	52,354	96,126	81.9
합계	1,435,916	2,082	4,757	44,743	117,553	189,135	428,866	817,915	827,184	57.6

강원 등지였으며, 당시 시기결총은 원장부결총에 비해 대략 57.6%에 불과했다. 그만큼 많은 토지가 여러 사유로 인하여 조세부과대상에서 배제되어 있는 상태였다. 다만 갑오면세지승총이 단행된 후, 궁방의 무토(無土)·유토(有土) 면세결, 아문면세결, 역결 등을 합하여 대략 18만여결의 수세결을 확보할 수 있었다. 그렇지만 이것도 1894년 수세실결을 산출할 당시에는 아직 승총의 결과가 반영되지 못했음을 알 수 있다.

따라서 이후 지세수취정책의 방향은 국가재정의 절대적 비중을 차지하는 지세수입의 확보를 위해서 수세상 시기결총과 실결을 어느 정도 확보하는가와 아울러, 종래 전정의 폐단으로 지적된 진전, 허결, 그리고 관은(官隱), 이은(吏隱) 등 부세불균, 부세착난의 문제를 해결하고 세정운영상의 합리화를 기할 수 있는가라는 문제를 해결하지 않으면 안 되었다.

이를 타개하기 위해서 정부의 일각에서는 1894년말 전국적인 양전시행론을 주장하였다. 12월 경상도 위무사 이중하는 "양전이 시행된 지 이미 백년이 지나 전정 문란이 극도에 이르렀고 이는 영남지방에 그치는 것이 아니니, 봄이 되기를 기다려 내무아문으로 하여금 전국에 사람을 파송하여 전제를 하나하나 검사하고 개량을 준비"하자고 하였다.[108] 이를 반영하여 12월 27일 총리대신 김홍집, 내무대신 박영효, 탁지부대신 어윤중 등이 연명으로 양전시행을 정식으로 요청하였다.

이와 함께 1895년 3월말에 집중적으로 중앙행정기구상 조세체계와 지방제도의 개혁이 동시에 이루어졌다. 1894년 말에 마련된 「경기각읍신정사례(京畿各邑新定事例)」는 지방재정의 지표로서 역할을 하였다.[109] 또한 각 지방의 재정관아나 향리 서원 등 징세업무 담당층를 배제하고 중앙집권적 통제를 강화하려는 방향으로 조세징수체계의 개혁이 진행되었는데 이듬해 3월과 4월 '관세사급징세서관제'와 '각읍부세소장정'가 제정되어 탁지부의 중앙집권적 통제하에 조세 부과와 징수가 이루어지게 되었다.[110] 이러한 일련의 징세제도 개혁을 통하여 중앙집권적 재정운영체계를 확보하였으며 갑오정권은 1895년 4월 11일에는 8도 5도(八道五都)에 보내는 훈령을 통해 조세수취제도의 개혁에 관한 최종적인 방침을 시달하였다.[111]

이러한 상황에서 조세수취에 대한 규정이 법률 2호 회계법에서 비로소 명문화되었다. 제1조의 조세법정주의 규정에 이어, "제2조 현행 조세로 법률 칙령 급 기타 규정있는 자의 부과 징수는 다시 법률로써 개(改)치 아닌 즉 일체 기구(其舊)에 의(依)함"이라고 규정하였다.[112] 1894년 지세개혁 이후의 법령, 칙령들을 그대로 준용한다는 원칙을 천명하였다. 다시 말하자면 지세제도의 근본적인 개혁을 이룰 수 있는 양전이나 지가에 의한 세률 및 지세부담자의 결정방식 등 개혁방안을 아직 법률에 따라 개정하지 못한 상태였음을 알 수 있다.

그런데 갑오개혁 정부의 양전방침은 전국적인 토지를 객관적으로 측량

---

108) "請令內務衙門 待明春 派員八道 履勘田制 妥籌改量爲宜"(『주본(奏本)』 1, 개국 503년 12월 27일 ; 『승정원일기』 고종 31, 1894년 12월 27일, 138~139쪽).

109) 『공문편안』 13, 「훈령각부」, 을미 2월 29일.

110) 「칙령 제56호, 관세사급징세서관제」『한말근대법령자료집』(I), 248~250쪽 ; 「칙령 제7호, 각읍부세소장정」, 같은 책, 330~331쪽.

111) 『공문편안』 12책, 「팔도오도」, 을미 4월 11일.

112) 『한말근대법령자료집 I』, 「법률 2호 회계법」, 1895.3.30, 291~296쪽.

하고 개별 토지의 지세를 부과하는 의미는 아니었던 것으로 보인다. 예컨대, 전국적인 역토조사를 담당한 사판위원의 조사활동에서 알 수 있다.[113] 이들은 역과 관련된 일체의 토지를 조사하였고 탁지부 출세결로 승총된 결수와 은결을 조사하고, 도전(賭錢)의 책정과 관련된 실면적으로 두락과 일경수를 조사하고, 전품을 상·중·하 3등급으로 나누어 사록(査錄)하게 되었다. 이러한 조사과정에서 역토 양안을 조제하였으나 이는 문부조사에 그치는 것이었다.[114] 이로 보아 갑오개혁 정권은 기존 지주적 토지소유제 도는 그대로 유지하되 토지 문부 조사를 통해서 전정의 폐단을 부분적으로 시정하고 점진적으로 지세제도의 완성을 기한다는 입장을 보여주었다.

2. 농민군의 토지개혁 주장과 갑오개혁의 대책

1) 농민군의 조세·토지제도 개혁 주장

1894년 동학농민전쟁에서는 농민층의 몰락 유리현상을 시정하고 농민 층의 농업경영을 보장하기 위한 토지개혁이 주장되었다. 당시 동학농민전 쟁시기 농민군들은 다음과 같은 토지개혁 요구를 제기하였다. 동학농민전 쟁 2차 봉기의 목적을 전봉준은 다음과 같이 밝히고 있다.

원래 우리들이 병을 일으킨 것은 민족(閔族)을 타도하고 폐정을 개혁할 목적이었지만, 민족(閔族)은 우리들의 입경에 앞서 타도되었기 때문에

---

113) 『구한국관보』, 「농상공부령 제8호 역전답 조사에 관한 건」, 1905년(개국 504) 9월 26일.

114) 박진태, 『한말 역둔토조사의 역사적 성격 연구』, 성균관대 사학과 박사학위논문, 1996, 10~24쪽.

일단 병을 해산했다. 그런데 그 후 7월 일본군이 경성에 들어가 왕궁을 포위했다는 것을 듣고 크게 놀라 동지를 모아서 이를 쳐 없애려고 다시 병을 일으켰다. 단 나의 종국의 목적은 첫째, 민족(閔族)을 무너뜨리고 한패인 간신을 물리쳐서 폐정을 개혁하는 데 있고, 또한 전운사(轉運使)를 폐지하고 전제(田制) 산림제(山林制)를 개정하고 사리(私利)를 취하는 소리(小吏)를 엄중히 처단하는 것을 원할 뿐이다.[115]

전봉준은 정치적인 개혁과 함께 전제 산림제라는 토지제도의 개혁을 요구하고 있었다. 그런데 1차 농민봉기로부터 제기된 지세 토지제도의 개혁은 보다 구체적인 조항으로 요구되고 있었다.[116]

〈표 6〉 농민전쟁시기 농민군의 지세·토지 개혁 요구

분야	개혁조목
(가) 부세	(1) 국결은 더 이상 부가하지 않을 일(國結不爲加事) (2) 전세를 예전처럼 할 일(田稅依前事) (3) 모처에 보를 쌓고 수세하는 것을 금지하고 혁파할 일(勿論某處 築洑收稅 革罷事) (4) 군포·환곡·지세 삼정은 대전통편의 예를 준용할 일(軍還稅三政 依通編 例遵行事) (5) 결작미는 옛 대동의 예에 따라 복고할 일(結米 依舊大同例復古事)
(나) 진전	(6) 백지징세를 폐지하고 송전의 기진을 가려 세금을 메길 일(白地徵稅松田 起陳也) (7) 흉년에 백지징세를 시행하지 말 일(歉年白地徵稅勿施事) (8) 각읍의 진부결은 영원히 빼어버릴 일(各邑陳浮結 永爲頉下事) (9) 진황지를 백성에게 경작을 허락하고 관가에서 문권으로 징세하지 않는다더니 추수시에는 함부로 거두어들이는 일을 금지할 일(陳荒地 을 百姓의게 許其耕食ᄒ야 官家로 文券ᄒ야 徵稅아아흔다더니 及其秋收時 의 勒收흔 事요) (10) 진답과 기간처의 도조를 하지 말 일(陳畓起墾處賭租也) (11) 이미 개간한 진답의 도조를 남징하지 말 일(已墾陳畓賭濫捧)

115) 「동학당대두목과 그 자백」, 『동경조일신문』 1895년 3월 5일(강창일, 「전봉준 회견기 및 취조록」, 『사회와 사상』 창간호, 1988년 9월, 261쪽 재인용).
116) 정창렬, 『갑오농민전쟁연구』, 연세대학교 대학원 박사학위논문, 1991, 218~219쪽, 238~240쪽 ; 배항섭, 「1894년 동학농민전쟁에 나타난 토지개혁 구상」 『사총』 43, 1994, 125~138쪽 참조.

(다) 균전	(12) 균전관의 폐단과 생폐를 금지할 일(均田官之去弊生弊也) (13) 균전어사관을 혁파할 일(均田御史官革罷事之) (14) 균전관의 환농진결을 백성에게 큰 해를 끼치므로 혁파할 일(均田官之 幻弄陳結 害民甚大 革罷事) (15) 균전관의 농결로 징세하는 일을 하지 말 일(均田官之弄結徵稅)
(라) 궁방전	(16) 각 궁방의 윤회결은 일체 혁파할 일(各宮房輪回結 一并革罷事) (17) 보세 및 궁답을 시행하지 말 일(洑稅及宮畓勿施事)
(마) 토지침탈	(18) 관장이 되어 경내에 묘소를 들이지 말고 또한 논으로 매입하지 말 일(爲官長者 不得入葬於該境內 且不爲買畓事) (19) 해읍의 지방관은 논을 사서 본읍에 묘소를 쓰지 말고 법률에 따라 조처할 일(該邑地方官 買畓用山於本邑 依律勘處事) (20) 각읍의 수령이 민인의 산지에 함부로 표를 쓰고 투장을 하지 말 일(各邑倅下來 民人山地 勒標偸葬 勿施事) (21) 각읍 수령이 해당 지방에 산을 써서 장토를 매입하는 것을 엄금할 일(各邑守令 該地方用山買庄嚴禁事) (22) 세력을 가지고 다른 사람의 땅을 빼앗고 사람을 죽이는 것을 다스려 처벌할 일(持勢力奪人先壟者 殺其身懲勵事)
(바) 평균분작	(23) 토지는 평균 분작으로 할 일(土地는 平均分作으로 할 事) (24) 토지는 평균으로 나누어 경작케 할 일(土地는 平均으로 나누어 耕作케 할 것)

(가)는 토지와 관련된 각종 부세의 폐단에 대해 문제를 제기한 것이다.[117] 대개 삼정의 폐단으로 각종 세금이 결에 집중되는 것을 시정할 것을 요구한 조항(1)과 전세와 삼정의 세를 대전통편의 예로서 그대로 준행할 것을 요구한 조항(2, 4), 결미를 대동예에 의해 복고할 것(5) 등을 요구하였다. 또한 진전의 폐단에 관한 것도 많이 제기되었는데, 우선 백지징세를 송전 기간처에 부과하는 것(6), 흉년이 든 해에 백지징세를 하는 것(7), 각읍 진부결을 모두 없앨 것(8)을 주장하였다.

117) 이하 표에서 인용된 개혁 요구 사항의 출전은 다음과 같다. (1) 「판결선고서원본」
『동학관련판결문집』, 정부기록보존소, 290쪽 ; (2, 17, 18, 20) 「판결선고서원본」
『동학관련판결문집』, 정부기록보존소, 30쪽 ; (3, 7, 14, 22) 김윤식, 『속음청사』(상),
324쪽 · 이복영, 『일기』, 갑오 5월 28일조 ; (4) 김윤식, 『속음청사』(상), 322쪽 ; (5,
19) 김윤식, 『속음청사』(상), 324쪽 ; (6) 『동비토록』, 321쪽 ; (8, 16) 김윤식, 『속음청
사』(상), 323쪽 ; (9) 「전봉준공초」 초초문목 『동학란기록』(하), 522쪽 ; (10) 『일성
록』 고종 31년 4월 24일 ; (11) 『동학사』(간행본), 458~459쪽 ; (12) 「동비토록」
『한국민중운동사자료대계』, 여강출판사, 321쪽 ; (13, 21) 정교, 『대한계년사』, 86
쪽 ; (15) 황현, 「오하기문」 수필, 71쪽 · 이복영, 『일기』 갑오 5월초 1일조 ; (23)
오지영, 『동학사』(초고본), 477쪽 ; (24) 오지영, 『동학사』(간행본), 483쪽.

진전 개간한 것에 대해 도조를 받은 것에 대한 것은 주로 (다)와 (라)의 항목과 관련된 것이며, 대개 이 지역의 토지문제로 가장 크게 제기되었던 균전(均田)에 관련된 것이기도 하였다. 전라도 일대 균전의 수도 문제는 1891년부터 시작되었다. 전주토호(全州土豪) 김창석(金昌錫)이 전주, 김제, 금구, 태인, 부안, 옥구, 임피 등 7개읍에 균전사(均田使)로 파견되었다. 이 지역 1888년에 발생한 무자진전(戊子陳田)을 개간한다는 명목으로 하여 균전양안(均田量案)을 작성한 데부터 시작된다. 그런데 이 균전에는 개간된 진전뿐만 아니라 다수의 기경전(己耕田)도 혼·탈입(混·奪入)되었다. 그 이유는 균전이 되면 국가에 납부하는 결세를 낮추어주고 3년 이후부터 균도(均賭)는 가볍게 해준다는 선전으로 인하여 많은 농민들이 자진하여 자기 토지를 납입(納入)하게 되었던 때문이었다.[118] 이러한 균전사업의 시행과정을 보면, 조가(朝家)로부터 특별히 균전사(均田使)를 파견하여 각 군을 두루 돌아다니면서 세를 부과하지 않고 개간을 권장하였다. 또한 명례궁으로부터 민인을 모집하여 경작을 돕고, 또 지방관의 공첩에 의거하여 일일이 답험하여 따로 양안을 만들었다고 한다.[119] 즉 이 사업은 1891년부터 1894년까지 진행되었는데, 바로 명례궁이 자금을 대는 것이며 균전사를 파견하고 지방행정기관을 이용하여 별도로 양안을 작성하였다. 그것은 다름 아니라 3년 전에 흥덕현 일대 장토의 설치과정을 그대로 재현한 데 불과한 것이었다.

1888년에 흥덕일대(興德一帶)에 설치된 명례궁장토(明禮宮庄土)는 흥덕, 고부, 무장, 고창, 부안 등 5개 군현에 걸쳐서 설치되었다.[120] 이 토지는 원래 이 지방의 토호인 진기섭(陳基燮)이 소유하던 토지였는데, 그가 농업 경영에 실패했기 때문에 기존의 자기 소유토지를 매매의 형식으로 명례궁

118) 『내장원각부부래첩』 7, 「조회 제 86호」, 1904년(광무8) 7월 15일 참조.
119) 『일성록』, 1899년 3월 5일조 참조.
120) 왕현종, 1991, 앞의 글, 『1894년 농민전쟁연구(1)』, 역사비평사 참조.

에 원납했던 것이었다. 그렇지만 이미 그 토지의 대부분은 다른 지주나 농민에게 방매된 상태였으며 그 이외의 토지도 명례궁에서 일반민전을 침탈하면서 장토에 포함시킨 토지였다. 따라서 장토설치과정에서 토지규모는 더욱 확대되어 무려 5,300여 두락으로 결부로는 226결여나 되었다. 결국 많은 민전이 대거 명례궁장토로 편입된 것인데, 이 지역의 소유권문제는 당시에 '균전수도'의 문제와 같이 커다란 토지문제로 부각되지는 않았다. 그 주된 이유는 장토의 상당 부분이 대지주의 토지였고 따라서 그들은 봉건권력과 일정한 연계하에 있었던 때문이라고 생각한다.

이 흥덕일대 장토는 비록 진기섭이라는 대지주의 토지를 매매하는 형식을 취하기는 했지만, 사실상 처음부터 민유지에 대해 소유권을 빼앗아 설치한 것이었다. 이어 그 해에 도조를 징수하였고 대신에 결세가 면제된 것도 아니어서 이곳 농민들에게는 가혹한 침탈을 당한 것이었다. 이에 대해 이 지역 농민들은 한편으로는 명례궁의 도조수취를 거부하고 있었다. 이는 1888년 당시 흥덕현이나 고창현의 명례궁장토 추수기에 잘 나타나있다. 다른 한편으로 소유권을 되찾기 위해 정소운동도 전개하였다. 즉 "명례궁(明禮宮)에서 궁속(宮屬)을 파송하여 토지를 측량한 후에 일체 점유하였으나 해궁세력을 저항치 못하고 영군(營郡)에 누도정소(屢度呈所)하여도 소유권을 추환(推環)지 못하였다"는 지적과 같이,[121] 몇 차례 집단적인 소장을 제출하는 방법으로 저항하였다. 그렇지만 이 탈입된 토지 중에는 장토의 반가량을 소유하던 부재지주, 이 지역의 양반토호들의 토지가 포함되어 있어서 이들이 이 문제를 부각시키고 반환운동을 전개하기에는 애초부터 많은 한계를 가졌다.[122] 또한 이 지역의 민전이 다수 이 장토에

---

121) 『각도군각곡시가표(各道郡各穀時價表)』(규 21043) 제2책, 「認定을 經하고 姑未下給件」(14, 흥덕군 답12석락 柳章奎 외 17명에 대한 전답하급건) 및 『전라도장토문적』(규 19301) 제7책, 「전라북도 흥덕군 소재 최봉권 제출도서 문적류」 「최봉권(崔鳳權) 상소문」(무자 4월) 참조.

122) 장토의 원소유자들은 대부분 대지주였고 또한 봉건권력과 일정한 관련이 있었다.

탈입된 것은 아직 지역적인 차원으로 국한되어 있어서 당시 봉건권력의 최고자리에 있는 왕실에 대항해서 환급을 적극적으로 요구하는 것에 이르지는 못했다. 이러한 흥덕 등지에 형성된 명례궁장토는 양반토호, 대지주, 이서층뿐만 아니라 소토지소유자에 이르기까지 수많은 농민의 토지를 탈취하면서 만든 것이었다. 왕실이 개항후 미곡무역 등 상품화폐경제의 확대를 이용하여 적극적으로 재원을 확장하기 위하여 새로 장토를 설치하거나 확대하였다. 이 시기 어느 지역에서나 지주층들이 토지를 집적하고 지주경영을 확대시키고 있는 것이 일반적인 현상이었지만 그 중에서도 왕실은 봉건권력을 이용하여 폭력적으로 민전을 탈취하면서 거대한 장토의 부재지주로 등장하고 있는 특징을 가지고 있었다.

이렇게 명례궁장토의 개간방식에 따라 결국 1891년 균전사업이 확대 실시되었고, 결국 전라북도 일대의 대규모 토지문제로 부각되었던 것이다. 이 균전은 이후 내장사(內藏司)의 장토(庄土)로 관리되고 있었으며 진전개간자(陳田開墾者)에게 3년간 균도(均賭)와 결세(結稅)도 면제해 준다고 했으나 1893년부터 균전(均田)에서 도조(賭租)를 수취하기 시작했다.

따라서 전북일대에서는 적어도 1891년 이후에는 전주 등 7개 군의 균전수도(均田收賭) 문제와 더불어 이 지역 5개 군의 명례궁장토 문제가 결합되어 이 지역의 중대한 토지문제로 대두되었던 것으로 보인다. 이러한 토지문제는 1893년 전주민란에서 나타났고 그 연장으로서 동학농민전쟁으로 표출되었던 것이다. 이는 고부민란에서 '진답의 기간처에 도조를 받지 말게 할 일(陳畓己墾處賭租也)'[123)]이라는 읍폐의 시정과 바로 직결되었으며, 농민전쟁과정에서 제기된 '보세 및 궁답을 시행하지 말 일(願稅洑稅及宮畓勿施)'

그 중에는 익산군에 사는 부재지주 이석현(李石峴), 양반지주로서 김기중(金祺中, 진사), 박종만(朴鍾萬, 중추원의관), 백남선(白南璿, 유학), 유장규(柳章奎, 유학) 등이 있었으며 향리로서 진홍섭(陳洪燮, 흥덕 下吏)등이 확인된다(『흥성지(興城誌)』(건, 곤), 흥덕향교 간행, 1962 참조).

123) 『일성록』 1894년(고종 31) 4월 24일조(안핵사 장계의 읍폐 7조) 참조.

이라는 주장에서도 계속해서 나타났다.[124]

이렇게 소작농인 영세소농, 빈농층의 입장으로서는 당시 궁방전과 해당 지역 지주와의 이중적 소유관계 하에서 소작료는 더욱 수탈당했을 뿐만 아니라 결세의 작인에의 전가로 인해 농업경영상 큰 타격을 입게 되었다. 특히 각종 봉건부세도 점차 증대되어 거듭된 흉작에도 불구하고 그 부담이 증대되고 있었던 현실이었다. 따라서 오지영의 『동학사』 초고본에 나온 "토지를 평균으로 분작할 사"라는 조항은 이러한 소유와 경영의 이중구조에서 나타난 것이었다. 당시 농민들은 지주제를 반대하면서 지주들의 토지문서를 탈취하거나 도조를 거납하고 빼앗은 행위를 여러 지역에서 감행하고 있었다.[125] 집강소시기에 이르면 농민군이 부농을 침탈하면서 빈농중심의 개혁을 기도하는 것으로 보아 빈농과 부농의 대립관계는 보다 현재화되었다.[126]

따라서 농민전쟁과정에서 전라도 일대는 명례궁을 포함한 봉권권력과 양반·토호지주, 그리고 소작인들간에 적대적인 대항관계가 형성되어 치열한 투쟁을 벌인 것이다. 그렇지만 결국 농민군의 패배로 말미암아 이들 농민들이 제기한 토지문제를 포함한 농업개혁의 요구는 받아들여지지 않았다. 이 흥덕, 고창지역에서 보수적인 유생층(儒生層), 지주층(地主層)들은 전쟁의 전세가 기울자 적극적으로 농민군을 탄압하는 민보군(民堡軍)에 가담하여 주요한 역할을 했던 것이었다.[127]

---

124) 한우근, 1971, 『동학란 기인에 관한 연구』, 88~121쪽 참조.

125) 『김약제 일기』 3, 갑오 7월 30일조, 8월 21일조 ; 『민장치부책』 2, 을미 3월 2일, 30쪽 ; 『동학란기록』 상, 순무선봉진등록, 650~651쪽, 628쪽 ; 「동비토록」 『한국학보』 제3집, 265쪽 참조.

126) 1894년 당시 농민층의 '평균분작'안에 대한 논란(배항섭, 1994, 「1894년 동학농민전쟁에 나타난 토지개혁 구상 – '평균분작(평균분작)' 문제를 중심으로」, 『사총』 43 참조)이 있지만, 당시 농민층의 요구와 함께 재야지식인층의 토지개혁 요구가 함께 검토되어야 하고 이들의 논의를 현실의 지주제를 철폐, 혹은 개선하기 위한 개혁안으로 주목해 보아야 한다.

1894년 동학농민전쟁에 참여한 농민들의 개혁요구는 자신들의 토지소유권 확보와 농업경영의 안정성을 위협하는 제침탈을 방지하고 농업생산력의 발전을 도모하고 농민의 소상품생산자로서의 발전을 지향하려는 것으로 파악할 수 있다.[128] 농민적 농업개혁의 요구는 이 시기 영세소농·빈농들의 요구인 동시에 상층농·부농의 요구와 차이가 있는 것으로 볼 수 있다.

2) 갑오개혁의 제도 개혁 무산과 대책 논의

그러나 갑오정권은 당시 토지지세제도의 개혁논의를 둘러싸고 1895년 6월 중순 내각회의(內閣會議)에서 구체적으로 거론한 것으로 보인다. 당시 내무대신이었던 유길준(兪吉濬)은 이 시점이 개혁의 성과를 가름할 수 있는 기로에 놓여있다고 파악하면서 중대한 사안으로서 전지개량(田地改量)의 폐단(弊端)을 시정하기 위한 방안을 토론하자고 하였다.[129] 실제 이 회의에서 주로 거론된 것은 외부대신 김윤식(金允植)이 제기한 「한성내 외국인 거류지 설정안」이었다.[130] 이는 외국인의 토지소유 금지정책과 연결되는 것으로 실제로 서울지역에서 외국인의 토지소유를 규제하는

---

127) 이 민보군은 고창 유학 강영중(姜泳重)의 주창으로 이 지역의 양반지주층을 대거 포함하여 甲午 11월부터 적극적으로 활동하기 시작하는데, 이 장토문제와 관련된 지주들이 다수 참여하고 있었다(『취의록(聚義錄)』(규고 2452.4-27), 『거의록(擧義錄)』(규고 4252.4-28) 참조).

128) 정창렬, 1984, 「한말 변혁운동의 정치 경제적 성격」 『한국민족주의론』 1, 창작과비평사, 50쪽.

129) 『주본(奏本)』 22, 「秘密會議求ㅎ는 請議書」, 1895. 6. 19. 이때 토의된 개량의 방법은 아마 이 시기에 탁지부대신 어윤중(魚允中)을 경유하여 전달된 이기(李沂)의 상소문이 참조되었을 것이다. 당시 이기의 양전론(量田論)은 두락제와 방전법을 이용한 객관적 토지파악 방법이었다(金容燮, 1968, 앞의 글, 231~258쪽).

130) 『구한국외교문서(미안 2)』 11권, 문서번호 1396호 ; 13권(영안 1), 문서번호 1113호. 漢城內 租界 構想(1895년 6월 19일, 양 8월 9일자) ; 『구한국외교문서(일안 3)』 3권, 3789호 「漢城租界雜居地界圖의 附呈과 贊否示答要請」, 1895년 7월 15일.

정책을 실시하려고 하였다. 이미 1894년 8월 26일 군국기무처의 의안으로 "국내 토지 산림 광산은 본국인으로 입적한 인민이 아니면 점유하거나 매매하는 것을 허락하지 않는다"고 강력하게 결의한 바 있었다.[131] 이러한 기조에서 한성부내 외국인의 토지 매매와 점유를 전면 거부하지 못하고, 결국 1895년 7월 10일에는 각의에서 의결되어 한성내 외국인의 거류지를 제한하는 방향으로 전개되었다.[132]

이러한 방침은 1893년부터 기존의 토지소유관계를 추인하는 형식으로 진행된 가계발급제도를 근간으로 이루어진다는 점에서 토지소유제도의 근본적인 개혁을 수반하는 것은 아니었다.[133] 그리고 일본 차관 도입에 따른 지세제도의 향후 개혁 계획을 설명하면서, 이들은 전국적인 양전을 더 이상 주장하지 않고 다만 세무시찰관이나 징세기구의 재정비를 통해서 은결을 추세하는 차원에 머무르고 있었다.[134]

한편 당시 정부의 안과 밖에서는 토지제도 개혁과 농민경제 안정화를 위한 방안이 제기되고 있었다. 우선 1895년 2월 전집의(前執義) 김우용(金禹用)은 서북 변경에 둔전을 설치하여 적을 방비함과 아울러 농민들에 대한 안정화 대책을 제안하였다.[135] 먼저 변경에서 청의 침략에 대비하기 위해 백두산을 경계로 두만강과 압록강 주변에 위치한 갑산부(甲山府)에서 삼수(三水), 후창(厚昌), 자성(慈城) 등 10개읍(邑)을 거쳐 의주(義州)에 이르기까

---

131) 「國內土地山林鑛山 非本國入籍人民 不許占有及賣買事」 『의정존안』, 개국 503년 8월 26일 의안(議案).

132) 『한말근대법령자료집(I)』, 「奏本 漢城內의 外國人 襟居地를 限定하는 件」, 1895. 7. 12, 503~504쪽.

133) 1895년말 갑오정권은 기존의 국유지인 역토·둔토를 일정한 조건으로 일반농민이나 지주에게 유상으로 불하함으로써 차관상환자금을 마련한다는 구상을 피력함으로써 국유지의 불하를 통한 재정문제의 해결을 도모하기도 하였다(「朝鮮國政府公債 申込ニ關シ報告ノ件」 부속서 4 기국채의(起國債議), 『일본외교문서』 29, 603~621쪽).

134) 『일본외교문서』 29, 603~621쪽.

135) 『상소존안』 1, 「전집의 김우용(金禹用) 상소」, 1895년 3월 22일.

지 강줄기를 따라 상하가 1,500여리가 되고, 두만강 초입의 마을인 무산(茂山)에서 회령(會寧), 종성(鍾城) 등 5개읍을 거쳐 경흥(慶興)에 이르기까지 강줄기를 따라 상하가 700여리가 되니, 만약 많은 군사로 서북을 엄히 지키게 한다면 천연의 해자를 두른 요충지가 될 것이라고 하였다.

그는 둔전병제를 제안하면서, 지금 갑산(甲山)에서 의주까지 압록강변 1,500여리와 무산에서 경흥까지 두만강변 700여리 중에 기름진 요충지를 최대 30곳까지 선택하여 전토(田土)를 사들여 둔전으로 삼아 적을 방어하도록 하여 서북 지방 강변 수천리의 변방 백성들을 안정하게 하는 구상이었다.

문제는 당해 지역민들을 둔전민으로 재편성할 때 그만한 둔전을 마련할 수 있는가였다. 그는 "재정을 마련한 뒤에 둔전을 설치할 전토를 구매하여 이 또한 농사짓는 데 필요한 양식, 기계, 농우(農牛) 등의 물건을 위해 쓴다. 그리고 강가 마을들의 군전(軍田)과 둔토(屯土)는 읍마다 4, 5백결은 되고 많은 경우에는 7, 8백결이 되는데, 이 전토가 각 면(面)과 리(里)에 흩어져 있다면 전부를 팔고 둔전을 설치할 곳의 전토를 다시 사"는 방식으로 일정한 영역을 가진 둔전을 형성하려고 하였다.136) 이러한 방안은 국가가 서북 변경을 방어하기 위해 각지에 대규모의 둔전을 설치한 후, 해당 지역민을 초집하여 안정화하는 것으로 농민의 이산에 대비하는 국가정책적인 대안이라고 할 수 있다. 이 방안은 비록 1895년 3월 당시 내각에서 의논하여 품처하도록 했으나 구체적으로 실현되지는 못한 것으로 보인다.

또한 1895년 3월 전부정자(前副正字) 정석오(鄭錫五)가 토지겸병 등의 폐단을 바로 잡은 방책을 제기하였다.137) 그는 최근에 백성들이 일정한

---

136) 이를 위해 평안도의 탐관과 교활한 향리와 장교가 감추어둔 세금 미납액을 추징하여 100여만량이 될 것이며, 민영준이 안주, 삼화, 상원 등 4,5개 읍에 두었던 수천만 전토, 또 강계, 후장, 자성 등 호삼(戶蔘)의 폐단 시정, 북도의 유진과 삼수, 갑산 등지에서 진상하는 물건 등을 감하고, 북어에 대한 세금 감면 등을 통해 마련할 수 있다고 하였다.

137) 정석오는 무전실농지민(無田失農之民)과 유전자경지민(有田自耕之民)의 호구를

생업이 없으면 방탕하고 사악한 행동을 하게 된다고 하면서 동도(東徒)라 이름하고, 혹은 남학(南學)이라 일컬으며 비류들이 일어나게 되었다고 개탄하였다. 이를 해결하기 위해서 취한 정부의 정책은 백성들의 생업을 마련해 주는 것이라고 하였다. 지주가 아닌 경작농민들을 대상으로 하여 토지가 없는 무전농민이나 자경농민들을 호수별로 인구를 계산하여 많은 토지를 겸병하고 있는 지주들로 하여금 농토를 균등하게 나누어준다는 것이다. 농토를 차경하는 농민들은 농토의 값에 따라 추수후 1량당 7리 정도로 계산하여 주고, 토지에 대한 세금을 지주에게 물리지 않고 차경한 농민에게 물리도록 하는 방안이었다. 현실의 지주제를 온존한 채 영세빈농, 무전농에게 경작지를 분배하여 농민경제를 안정화하겠다는 것이다. 또한 빈농에 대한 대책으로 황해, 평안 부민들에게 매호마다 잉여곡을 분배·획급하게 하여 가을에 곡주(穀主)에게 환급하게 하고 경상도 대구 등 17읍과 전라도가 농민전쟁의 피해를 입었으니 내탕전 100만량을 내어 구제해 줄 것을 요청하였다.[138] 더구나 정부에 소속된 방백와 수령들의 한 달치 월급을 의연금으로 하여 모금하여 주면 일시에 농민들을 보존할 수 있는 방안이 될 수 있다고 주장하였다.

이러한 농민경제의 안정화 주장은 1894년 농민전쟁시기에 '평균분작'론과 맞닿아 있으며, 1895년 2월 김우용(金禹用)의 둔전경영론(屯田經營論), 3월 정석오(鄭錫五)의 균경작론(均耕作論), 이기(李沂)의 구일세(九一稅) 공

헤아려 광치겸병자(廣置兼幷者)의 토지를 나누어 균배(均排)하여 농사에 힘쓰도록 하고, 다른 사람의 토지를 받아 경작하는 농민이 지가의 1000분의 7을 소작료로서 전주에 지급하는 대신, 지세는 전주가 아닌 소작농민이 부담케 하는 방안을 제기하고 있다(『상소존안』 1, 「전부정자 정석오 상소」 1895년 3월 22일).

138) 그는 "각기 방(坊)과 면(面)으로 하여금 식량이 없는 가난한 백성들을 계산하여 호별로 장부를 만들도록 하고, 부유한 백성의 여유 곡식을 가져다가 해당 고을로 하여금 나누어 주도록 하여 새로 보리가 날 때까지 잇댈 수 있도록 하고, 가을걷이를 한 뒤에 원래의 곡식으로 곡식 주인에게 갚도록 하되 이자의 폐단에 대해서는 엄금해야 한다."고 하였다(『상소존안』 1, 「전정자 정석오 상소」, 1895년 3월 22일).

전론(公田論) 등으로 이어졌다.[139] 이러한 논의에서는 지주의 고율 지대수
탈을 방지하기 위해 지세와 지대를 모두 수확량에 대비하여 크게 낮추고
농민들의 안정적인 농업경영을 보장하려는 방안이었다.

이밖에도 전정의 폐단을 시정하고 재정수입의 확대를 도모하기 위한
개량론도 제기되고 있었다. 이는 1895년 3월 함우복(咸遇復)의 개량론(改量
論)과 가옥세론(家屋稅論)에 이어,[140] 9월경 일본인 고문관에 의해 제기된
토지개량을 통한 지세 증수론 등이 제기되었다.[141]

그렇지만 갑오개혁정부는 1894년 농민전쟁에서 제기한 여러 토지개혁
주장은 받아들이지 않고 일정하게 조세제도의 개혁에만 착수한 채 기존의
지주제를 유지하면서 부분적인 개선을 추구하였다.

---

139) 이기(李沂), 「전제망언(田制妄言)」, 『해악유서(海鶴遺書)』 권1, 1~14쪽.

140) 『상소존안』 1, 「전장령 함우복 상소」, 1895년 3월 25일.

141) 여기서는 유래진잡이전 35만 1325결과 개간지 화속 신기 은전 등 23만 2620결
    등 58만 3945결을 새로 파악해서 세금을 291만 9725원이나 증가시킬 수 있다고
    예측되었다(『결호화법세칙연』 18, 전제비교).

맺음말

　19세기 후반 조선국가의 조세제도는 삼정의 폐단으로 말미암아 혼란이 가중되고 있었다. 삼정 중에서도 전정의 폐단이 가장 심각했는데, 국가에서 정한 정액조세 이외에도 수취과정과 해당 관리들의 역가 등으로 원래보다 훨씬 많은 100여 두에 이르렀다. 삼정의 폐단은 이미 1862년 임술농민항쟁에서 크게 제기된 문제였으나 고종시기에도 이를 해결하지 못했다.

　고종초기, 흥선대원군 집권시기에는 전라도 영광군을 비롯하여 경상도 언양현 등의 양전이 이루어지기는 했으나 전정 개혁에 도움을 주지 못했다. 이에 1870년 말에는 전정 폐단을 시정하기 위한 방안으로 일부 암행어사들의 별단을 통해서 개량의 필요성이 제기되었다.

　이어 1880년대에도 전정의 폐단을 시정하기 위한 양전론이 제기되었다. 이때에는 도단위로 양전을 시행하자는 주장이 나왔다.

　한편 1880년대 중후반 민간에서도 토지측량과 조세부과의 개혁을 구상하는 향촌지식인의 논의가 크게 제기되었다. 이 시기에 대표적인 주장으로는 구봉섭의 '삼정책', 김기형의 '사의농정', 송은성의 '갑신삼월봉사' 등에서 각기 양전론, 한전론, 균전론 등을 주장하였다. 또한 새로운 양전 방법으로 망척법 등이 주창되었는데, 광주 유생 조문은 '삼정도설'을 통하여 망척법과 지가에 의한 전등, 가좌책과 어린도책의 활용 등을 통하여 새로운 토지파악 방식을 제언하였다. 김준영은 '방정전론'을 통하여 평양에 있는 기자전을 본 받아 4구의 전자 형태로 토지를 나누어 농민들에게 분배할 것을 주장하였다. 이들의 논의는 단지 삼정 문제의 원인인 결폐의 시정을 위한 양전사업에 머무르는 것이 아니었다. 이들은 농민층의 이해를 반영하는 토지재분배론을 구현하는 방식으로서 양전사업을 주장하고 있었다.

19세기 후반 지세 토지제도의 개혁을 둘러싼 논의는 1880년대 중반까지는 국가의 제도로서 실현되지 못했다. 당시 조선국가의 개혁을 추구하였던 개화파 인사들 사이에서는 보다 구체적이고도 시행가능한 대안을 구상하기 시작하였다.

1881년 조사시찰단의 일본 파견 이후 일본의 지조개정에 대한 관심이 높아졌는데, 당시 어윤중도 지조개정을 높이 평가하였다. 또『한성순보』에서는 일본 지조조례를 구체적으로 소개하면서 객관적인 토지면적 파악과 지가로 인한 지세제도의 수립 등을 강조하였다.

1884년 갑신정변에서는 14개 혁신 강령 중의 하나로 지조법의 개혁을 천명하였다. 지조법을 개혁하여 관리의 부정을 막고 백성의 곤란을 구제하고, 국가재정을 넉넉하게 한다는 것이었다. 그렇지만 갑신정변이 3일만에 실패로 돌아가자 당분간 시행할 수 없게 되었다.

이어 지조개정에 대한 인식은 이후 박영효의 상소문이나 유길준의 「지제의」, 「세제의」에서도 반영되었다. 유길준은 경무법에 입각한 토지의 측량사업 및 지권의 발행과 등기를 주장하고 있었다. 이들 개화파의 지세제도 개혁론은 조세의 지세화 및 금납화를 전제로 하면서 양전사업과 지계제도의 시행을 동시에 주장하고 있었다. 그렇지만 당시 이들 개화파의 지조법 개혁은 1891년 유길준의 「지제의」에서 나타난 바와 같이, 지계발급을 통한 지세제도와 국가재정의 확충을 강조하고 있었다고 하겠다. 이들은 현재 토지를 소유한 지주를 중심으로 토지제도와 지권제도의 개혁을 도모하고 있었다는 점이 주목된다.

1894년 갑오개혁에서 지세제도의 개혁 목표는 종전 조선왕조국가의 부세제도를 개혁하여 근대적인 지세제도로 확립하는 것이었다. 갑오개혁에서는 우선 조세금납화와 지세 명목을 확정을 통해 새로운 지세제도를 마련하였다. 또한 구래의 전정에 관한 문부를 재조사하거나 국유지인 역둔토에 관한 문부를 조사하여 전국적인 양전사업을 준비하기도 하였다. 새로운 지세제도에 따라 지세는 기존의 지주층의 이해를 고려하는 가운데 지세를 소작인과 공동으로 부담하는 것으로 하였다.

반면에 1894년 농민전쟁에서는 정치권력의 개혁과 함께 전제 산림제의 개혁을 추구하였다. 농민군은 여러 차례 폐정개혁안을 제기하면서, 부세제도의 개혁, 진전과 균전의 폐단 시정, 궁방전 및 관료 지주들의 토지침탈 등을 시정하고 농민경제의 안정화를 추구하였다. 당시 토지문제 중에서 현안이었던 것은 1888년과 1891년에 전라도 일대에서 시행된 명례궁장토와 균전수도 문제였다. 농민들은 이를 가장 먼저 해결해야할 토지문제로 제기하고 왕실의 토지침탈과 지주제 경영에 대항하여 농민들의 소농민 경영 안정과 경작지의 재분배를 요구하고 있었다. 또한 재야의 유학자들과 정부 관료들 중에는 농민경제의 안정화를 위한 방안으로 둔전의 설치, 균경작론 등을 주장하였다.

그렇지만 갑오개혁 정부는 먼저 종래 부세의 폐단을 시정하기 위한 방법으로 조세금납화와 부세제도의 변화를 꾀했다. 그러나 면세지승총과 작인에게 지세 부담을 전가하는 정책을 추진한 데서 알 수 있듯이 현실의 지주제를 유지하면서 근대적인 지세제도의 수립을 추진하고 있었다. 이러한 입장에서 갑오개혁 정부는 농민군이나 관료나 유학자들이 주장하는 농민적 토지개혁 요구를 수용하지 않았다.

1894년에는 농촌사회 토지문제를 해결하기 위하여 새로이 양전의 시행과 지주제와 농민경제의 안정을 위한 새로운 대책이 마련되어야 했다. 이는 1898년부터 전개되는 대한제국기 토지 지세제도의 개혁 정책이 추진되는 배경이 되었다.

제3부

대한제국의 양전사업 추진과 토지조사의 방침

머리말

19세기 말 조선사회에는 개항 이후 상품화폐경제가 보다 활성화되는 가운데, 농업에서 토지소유를 둘러싼 갈등이 심화되고, 농업 경영에서도 지주소작제가 더욱 발전하고 있었다. 이러한 지주 부농층과 농민계층의 격차는 1880년대 말을 거치면서 더욱 심화되었고, 이러한 배경에서 1894년 농민전쟁으로 갈등이 전면적으로 촉발되었다.

갑오개혁 정부는 조세금납화를 추진하면서 봉건적인 부세제도인 삼정 (三政)을 개혁하여 합리적인 조세체계를 갖추려고 하였다.[1] 당시 갑오개혁 정부는 농민군의 개혁 요구나 토지제도 개혁 논의는 수용하지 않았기 때문에 토지제도의 개혁 논의는 당분간 중단되었다. 아관파천으로 갑오개혁 정권이 붕괴하자 이후 토지제도 개혁의 필요성이 제기되는 가운데 향촌지식인들 중에는 농민전쟁의 참화를 극복하고 농민경제의 안정화를 위해 새로운 양전 방법과 토지개혁론을 제기하였다.

여기서는 갑오개혁 이후 양전과 토지개혁론자 중에서 대표적인 인물인 해학 이기(李沂)의 전제개혁론과 양근 재지 유학자인 유진억(兪鎭億)의 방전조례를 통해 보다 구체화된 양전방식을 검토해 보려고 한다.[2] 이들은

---

1) 왕현종, 1993, 「한말(1894-1904) 지세제도의 개혁과 성격」 『한국사연구』 77, 91~110 쪽.
2) 김용섭, 1968, 「광무년간의 양전사업에 관한 일연구」 『아세아연구』 11-3 ; 김용섭,

당시 객관적인 토지를 파악하는 양전 방식을 논하고 결부제 폐단을 극복하기 위한 두락제 도입과 토지가격에 의한 등급제를 모색하고 있다는 점에서 이전과 달리 새로운 양전과 토지제도를 지향하고 있었다.

또한 대한제국에서 외국인의 토지소유 확대 경향이 어떻게 진행되었는지를 살펴보기 위해 한성부에서의 토지소유 상황을 검토해 보려고 한다. 당시 개항장의 확대로 인해 외국인 거류민의 증가와 토지소유 확대가 진행되는 가운데, 토지와 가옥의 자유로운 매매를 주장하는 외국 공관 및 외국인의 요구에 대해 대한제국 정부가 어떻게 대응하고 있었는지를 살펴보려고 한다. 이러한 외국인의 토지소유 확대에 대한 대책으로서도 토지조사의 계획이 수립되고 시행되어야 한다는 점에서도 당시의 상황을 살펴볼 필요가 있다.

1898년부터 1903년까지 약 6년 동안 대한제국 정부에서 실시하였던 양전·지계사업은 이 시기 근대적인 토지제도 개혁의 대표적인 사업으로서 연구되어 왔다. 초기 연구를 통해서 양전과 지계사업의 추진과정에 대한 대체적인 추이를 밝혔다.[3] 최근에는 양안의 사례분석을 통하여 당시 농촌사회에서 계급관계의 실상을 추적하기도 하였다. 그런데 이 사업의 목적인 소유권의 근대적 법인이라기보다는 국가의 수조지 파악에 불과하다는 문제제기가 있었다.[4] 또한 양안상에 기록된 '시주(時主)'가 현실의

1972, 「광무양전의 사상기반-양무감리 김성규의 사회경제론」, 『아세아연구』 15-4 (김용섭, 『한국근대농업사연구』 수록) ; 최윤오, 1992, 「숙종조 방전법 시행의 역사적 성격」, 『국사관논총』 38집.

3) 대한제국의 양전·지계사업에 대한 연구는 양전과정과 양안의 기능 및 지계(관계) 발급, 토지소유자로서 '시주(時主)'의 성격문제를 중심으로 연구되었다. 김용섭, 1968, 위의 논문 ; 배영순, 2002, 『韓末日帝初期의 土地調査와 地稅改正』, 영남대학교 출판부 ; 김홍식 외, 1990, 『대한제국기의 토지제도』, 민음사 ; 宮嶋博史, 1991, 『朝鮮 土地調査事業史の研究』, 東京大學 東洋文化研究所 ; 한국역사연구회 근대사분과 토지대장연구반, 1995, 『대한제국의 토지조사사업』, 민음사 ; 김홍식 외, 1997, 『조선 토지조사사업의 연구』, 민음사 등의 연구가 주목된다.

4) 이영훈, 1989, 「광무양전의 역사적 성격-충청남도 연기군 광무양전에 관한 사례분

토지소유자로 보기 어렵다는 논의가 제기되었으며, 더욱이 시주의 토지소유권이 대한제국의 왕토사상에 의해 제약을 받았다는 과도한 추정까지 나왔다.[5]

그런데 대한제국 시기 양전·지계사업은 애초부터 토지제도의 개혁을 목표로 두고 있었다는 점이 강조될 필요가 있다. 물론 대한제국 시기의 양전과 지계발급을 담당하는 기관으로 양지아문과 지계아문이 순차적으로 설립되기는 했지만 처음부터 토지제도의 개혁을 구상하면서 단계적으로 설립된 기관으로 보는 것이 타당하다.[6]

따라서 이제까지 대한제국의 양전·지계사업 당시 사업의 추진 주체들의 의도가 충분히 검토되지 못했다는 문제의식아래 광무양전사업의 설립과정을 주요한 자료를 통하여 검토하고, 양전 원칙인 '양지아문 시행조례'와 아산군 시험양전의 사례를 구체적으로 분석함으로써 토지조사의 원칙과 시행내용을 검토해 보려고 한다. 또한 전국적인 토지측량과 양안의 작성과정을 살펴보면서 양지아문 시기 토지소유자 조사와 특징을 구체적으로 살펴보려고 한다. 그리하여 대한제국 양전사업 당시 토지소유자들의 대응방식과 토지소유권의 실체를 살펴보기 위한 전제로 삼고자 한다.

석」『근대조선의 경제구조』, 비봉출판사 ; 김홍식 외, 1990, 위의 책 참조.

5) 이영훈, 1997, 「양안상의 주 규정과 주명 기재방식의 추이」『조선토지조사사업의 연구』, 민음사.

6) 왕현종, 1995, 「대한제국기 양전·지계사업의 추진과정과 성격」 ; 최원규, 「대한제국기 양전과 관계발급사업」『대한제국의 토지조사사업』, 민음사 참조.

6장 대한제국기 양전·토지제도 개혁론과 외국인 토지 대책

1. 유교지식인의 양전론 제기와 토지조사 대책

1894년 갑오개혁에서는 양전의 필요성이 일부 제기되기는 하였으나 구체적인 방침이나 추진 능력을 갖지 못한 채 붕괴하고 말았다.[7] 이후에도 토지에 관한 세금제도와 수취제도는 금납화를 통해 부담 완화가 이루어지기는 했지만 각종 조세부과와 수취과정의 폐단은 시정되지 않은 채 누적되어 갔다.

이 시기 일부 유교적 지식인들은 농민경제의 안정을 위해서 양전사업이 불가피하다고 판단하였다.

우선 해학 이기는 갑오개혁 시기부터 새로운 전제개혁론과 양전론을 제기하였다.[8] 그는 「전제망언(田制妄言)」을 저술하였는데, 종래 조선후기

---

7) 1894년 12월 영남선무사 이중하는 "請令內務衙門 待明春 派員八道 履勘田制 妥籌改量 爲宜"라고 하여 전국적인 양전의 시행을 주장하였다(『일성록』 1894년 12월 27일).
8) 이기는 전북 김제에서 1848년에 태어나 1894년부터 적극적인 경세구국 운동을 펼쳤다. 동학농민전쟁이 일어났을 때 전봉준을 찾아가 동참할 것을 제안하였으나 김개남에 의해 거절되자 별도로 군민을 규합하여 동학군을 제어하기도 하였다. 농민생활의 안정을 위해 토지개혁을 급선무라고 생각하여 1895년에 「전제망언」을 지어 탁지부대신 어윤중에게 건의하기도 하였다. 그는 1898년 양지아문이 설치되자 충청도 양무위원으로 아산군 시험양전에 참여하여 양전의 세부 방침을 세우기도

실학파의 정전론이나 한전론이 실제 개혁에 이르지 못한 점을 비판하였다.[9] 그는 기왕의 논의에서 정전법(井田法)을 복구하거나 경무법(頃畝法)을 도입하여 토지를 전체적으로 재분배하자는 주장에는 반대하였다. 종래 정전제도는 중국 은나라 때 시행하였던 농지제도의 하나로 농지를 정자형으로 구역을 그어 1구당 면적을 100무(畝)로 하고, 주변의 8구역을 사전으로 하여 중앙 1구역을 공전으로 정하였다고 보았다. 이로부터 요순시대부터 천여년 동안 지속되어 오면서 주나라 주공(周公) 때 발전하다가 전국시기 상앙(商鞅)에 와서 크게 무너졌다. 결국 정전제도를 복원하려면 주공의 정치나 상앙의 법으로나 가능할 것이라고 회의적으로 보았다.[10]

따라서 그는 당대 정전제나 토지개혁을 주장하려는 것은 아니었고, 대신 토지측량 방법을 통한 혁신책을 구상했다. 우선 조세제도의 폐단을 야기하고 있는 결부제의 폐단을 시정하고자 하였다. 그는 토지를 재는 단위로서 민간에서 쉽게 전답의 대소를 알 수 있는 방법을 채택할 것을 제안하였다. 예컨대 종자를 파종할 두승수(斗升數)를 보는 제도를 채택한다는 것이다. 이를 두승(斗升)제도로 도입하여 결부법과 병용함으로써 결부법에서 오는 결함을 방지할 수 있을 것으로 보았다.[11]

그는 또한 토지를 빠짐없이 엄밀하게 파악하는 방법으로 곧 망척제(網尺制)와 방전법(方田法)을 채용하였다. 각 지방의 주와 현의 관리로 하여금 잘 익은 마피로 줄을 만들어 척목(尺目)과 지보(地步)를 기준으로 길이와

하였다. 1904년 이후에는 일본의 침략에 대항하는 계몽운동과 항의에 적극적으로 참여하였다가 1909년에 죽었다(『해학유서(海鶴遺書)』 서문 참조).

9) 김용섭, 1968, 위의 논문, 24~41쪽 참조.

10) 『해학유서』 권1, 「전제망언(田制妄言)」, 1쪽. 이 책은 해학 이기의 시문집으로 필사본 12권 3책으로 되어 있다. 이기의 맏아들 낙조(樂祖)가 편집하고 강동희(姜東曦)와 정인보(鄭寅普)가 교열하였다. 1955년 국사편찬위원회에서 김상기(金庠基)의 소장본을 가지고 『한국사료총서』 제3권 활자본으로 출간하였다. 이 중 「전제망언」은 완성된 개혁안이라기 보다는 하나의 제안에 가깝다.

11) 『해학유서』 권1, 「전제망언」, 2~3쪽.

넓이를 재되 100목마다 끈으로 맺고 이를 견고하고 치밀하게 하여 1면에 1개씩 비치하여 사용할 것을 제안하였다. 또한 토지의 장부인 전안(田案)에는 도본(圖本)과 장부(帳簿)가 자세히 구비되어야 한다며, 전답의 형태를 보다 다양하게 파악하기 위해 '어린도(魚鱗圖)'를 작성하고 양안에 전답의 도형을 기입할 것을 주장하였다.

그는 당대 지주제나 지주의 토지소유에 대해서는 비판하고 있었지만, 그렇다고 해서 이전의 정전제도의 이념에 입각하여 현실의 토지소유자의 토지를 빼앗을 수는 없다고 생각하였다. 그가 찾은 대안은 지주가 소작인을 과도하게 수취하는 것을 방지하는 것이었다. 그는 양전 이후 작성되는 양안(量案)에는 '전주(田主)의 성명(姓名)'을 원래 장부 종이에 적어 놓고 주인이 바뀌면 다시 고쳐 놓고 소작인인 '시작(時作)'의 성명도 기입하고 이전될 때는 계속해서 고쳐 쓸 것을 주장하였다.

이렇게 전주와 시작의 성명을 교체될 때마다 고쳐 써 넣는 것은 토지소유주에게 지세를 부담시키고 소작인에의 도세(賭稅) 경감을 유도하려는 것이었다. 우선 소유권 이전에 대해서는 토지소유자가 모두 관의 '입안(立案)'을 발급받도록 함으로써 국가가 전국의 토지를 엄격하게 관리할 것을 주장했다.[12] 조세부담 방식으로는 지주제 내에서 소작료의 감하와 조세수취를 연관시켜 현재의 6등전 제도하에서 세를 내는 것은 과중하므로 '민간에서는 소출의 9분의 1을 내고, 관에서는 소출의 18분의 1을 내는 방법'을 제안하였다. 결국 민간의 소유토지 중에서 소출의 1/9을 내고, 관으로 지정된 토지 중에서는 1/18 세를 내는 방식으로 지주와 소작인의 분담하는 방식을 제기하였다.[13] 또한 지주가 과도하게 소작인에게 도조를 강요하는

---

12) 그는 양전을 할 때 10결 이상 은폐한 자는 사형에 처하고 그 이하는 변지로 유배할 것을 주장할 정도로 엄격한 법 집행을 도입하려고 했다(『해학유서』 권1, 「전제망언」, 7쪽).

13) 장기적으로는 사전(私田)을 사들여서 모든 토지를 공전화(公田化)하는 방식으로 토지개혁을 구상하고 있었다(『해학유서』 권1, 「전제망언」, 6, 11~12쪽 참조).

것에 대해서는 국가가 나서서 이를 금지하고자 하였다. 예컨대 과도하게 수세하는 전주에 대해서는 장 100대와 3천리 유배형을 보낸다든지 하여 지주의 농간을 방지한다는 것이다.[14]

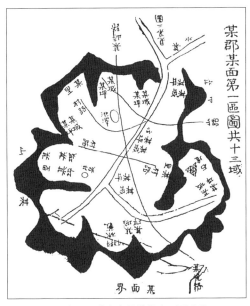

〈그림 1〉 이기의 구획획정 양전방법

이러한 토지측량과 전제개혁에 대한 이기의 구상은 그가 이후 1899년 6월 아산군 양무위원으로 위촉되면서 실현될 수 있었다. 그는 이때 새로운 양전 방법으로 두 가지를 시도하였다.

하나는 구획 획정의 방안이었다. "측량(測量)을 할 때 반드시 그 산천과 도로를 살펴보고 길이 서로 교차되는 곳을 기점(起點)으로 면(面)을 나누어 구(區)를 정하고 그 구역을 나누어 지역을 정한다. 그 다음에는 결부의 다소를 막론하고 매 1지역마다 일자(一字)를 만들어 그 평명(坪名)을 병기하고 제1구(區)를 마친 후에는 제2구(區)를 계속 해 가면서 도본(圖本)을 작성하면 1면(面)의 종이는 7~8장에 불과할 것"이라고 하였다. 그는 실제 아산군 시험양전에서 시행한 방식을 정헌(貞軒) 유집일(兪集一)의 돈대

---

14) 실제 1894년 겨울 전라도 순찰사 이도재는 주현의 지주들에게 본년의 토지 예산 중에서 3분의 1을 감하여 경작민들에게 혜택을 주라고 하였으나 구례에서는 그 말을 이행한 사람이 없었다는 사례를 인용했다. 당시 전주만 좋아하지 않을 뿐만 아니라 경작인도 감히 제의하지 못했다는 것인데, 이는 경작자가 전주의 뜻을 거스르면 경작지를 잃을 것을 두려워하기 때문이라고 보았다(『해학유서(海鶴遺書)』 권1, 「전제망언」, 6, 11~12쪽 참조).

축조와 다산 정약용의 경선법(經線法)보다 나은 것으로 보았다.

두 번째 시도는 두락제를 도입한 것이었다. 즉 "지금 농민이 알 수 있는 것은 오직 두락(斗落)뿐이므로 풍속에 따라 법령을 만든 것만 못할 것이니 600척(尺)을 1두락(斗落)으로 정해야 할 것이다. 이것은 즉 유반계(柳磻溪)가 말한 "중국의 백묘(百畝)는 우리 수전(水畓)으로 40두(斗)를 파종할 만한 면적에 해당된다"는 것과 같다고 보았다. 이와 같이 하면 전주(田主)와 경작인(耕作人)이 그 두락수(斗落數)를 잘 알고 있기 때문에 비록 그 결부의 착오가 있다 하더라도 쉽게 바꿀 수 있을 것으로 간주하였다.[15] 일반 농민들도 잘 알 수 있는 풍속에 따라 600척을 1두락으로 삼아서 적용한다고 하였다. 그는 민간에서 사용하는 두락을 그대로 도입하자는 것이 아니라 경무법에서 사용하는 보수(步數)를 근거로 해서 일정한 면적의 두락을 산정하자는 본래의 주장과 같은 것이었다. 결국 두락제의 도입은 종래 결부제가 가지고 있던 폐단을 고려하면서 민간에서도 쉽게 알 수 있게 하자는 의도였다.[16] 이렇게 객관적인 토지면적을 측량하기 위해서 두락제와 어린도의 시행을 제기하고 있었던 것이다.

그런데 그의 사적 토지소유권에 대한 이해는 당시 논자들과는 크게 달랐다. 그는 "천하의 민은 사세(私稅)를 용인할 수 있지만, 사토(私土)를 용인할 수는 없다"는 점을 강조하고 있다. 토지를 매매하는 것은 사세를 받는 사람이 바뀐 것이지 토지의 주인이 바뀐다는 의미는 아니라는 것이다. 만일 관의 허락이 없다면, 또한 본국인이 아니라면 토지를 매매할 수 없다는 의미를 강조하였다. 이러한 언급은 토지의 사적 소유권을 부정하고 국가의 공적 소유로 규정하려는 것으로 이해될 수도 있다.[17] 물론 이기

---

15) 이기, 『해학유서』 권2, 「급무팔제의(急務八制議)」, 53쪽.

16) 그가 「급무팔제의」에서 지계아문의 설립과 관계 발급을 언급한 것으로 보아 전라남도 양무위원에서 해임된 이후에 쓴 글로 추정된다.

17) 김도형은 이기의 방안이 먼저 정제제의 원리에 따라 토지개혁을 제기하면서 토지 전체를 국유화하고 이를 위해 공매를 통해 토지를 확보하든지, 아니면 사전(賜

자신이 국가의 공적 토지제도는 당대에 이루어지지 못할 것으로 인정하고 있었듯이 토지의 주인, 사적 소유자의 소유권을 끝내 부정하지는 못한 것으로 보인다. 그는 아무리 전토의 주인이 자신의 토지를 마음대로 사고팔고 또 소작인에게 도세(賭稅)를 마음대로 매긴다하여도 어쩔 수 없는 현실에 분노하고 있었지만, 그래서 그는 위로부터 국가, 혹은 공적인 통제를 통해서 소작인의 도세 감량과 합리적인 지세 부과를 이루어야 한다는 목표를 제시하고 있을 뿐이었다.

그의 주장을 요약하면, 새로운 양전의 방식으로 구획을 획정하여 상세하게 토지를 측량하며, 결부제의 폐단을 시정하고 경무법에 근거한 두락제를 시행하고, 토지의 사사로운 매매를 규제하기 위해 국가에 의해 토지 관리 제도가 반드시 필요하다고 한 것이다. 이를 통해 당시 토지제도의 문제와 농민문제가 일부 해결될 수 있다고 생각하였다.

다음으로 양근에 살고 있던 유학자인 유진억(兪鎭億)의 방전법(方田法)을 살펴보자.[18] 그는 1897년 12월 「방전조례(方田條例)」를 중추원에 제출하였다.[19] 그는 지주들의 토지겸병과 과도한 수탈로 인해 발생된 농민들의

田)을 금하는 것을 주장하였다고 보았다. 또한 시급하게 농민층 안정을 위해 소작농에게 8/9의 도조를 확보하고 나머지 중에서 지주 1/18, 정부 1/18이 가지는 것으로 해석하였다(김도형, 2014, 『근대 한국의 문명 전환과 개혁론-유교 비판과 변통-』, 지식산업사, 370~375쪽 참조). 이는 이기가 토지매득을 통한 토지재분배가 불가능하고, 또한 지주의 과도한 도조 수탈 자체를 규제하였다는 논리와는 배치된다.

18) 유진억은 경기도 양근(楊根)에 은거하고 있는 유학자로서 부친의 문집을 가다듬고 있었던 향촌지식인이었다. 그는 1902년 8월 1일 내부 주사로 임명받았으나 그날로 의원면관하였으며, 1905년 2월 19일에는 내부 광제원 주사 서임관 6등에 임명되었다. 3월 20일자로 한성사범학교부교관으로 임명되었으나 바로 다음날 면관되었다(『관보』 해당 임명 일자 참조).

19) 「방전조례(方田條例)」의 목차는 전안식(田案式)(앞장),1 황극(皇極), 2 설돈(設墩), 3 보수(步數), 4 척제(尺制), 5 표목(表木), 6 양법(量法), 7 분등정세(分等定稅), 8 년분(年分), 10 농호(農戶), 11 산택(山澤), 12 이간찬(易簡贊) 등으로 이루어져 있다. 이 글은 「전안식」(중B13G-89, 국편소장)의 앞부분에 해당되는 것으로 결국 표지의 이름으로 되어 있는데, 실제로는 1897년부터 중추원이 상소문을 모아

몰락현상에 주목하면서 양전의 필요성에 대하여 강조하였다. 그는 주대(周代)의 정전법(井田法)을 성인이 제작한 극치(極致)한 제도임을 인정하면서도 '만약 이 전제를 거론하려면 연구하여 명확히 하고 변통하게 하여 때에 맞추어 제도를 올바르게 시행할 수 있어야 한다고 하였다.[20] 즉 정전제를 옛 것 그대로 오늘날 현실에 바로 적용시킬 수 없는 것으로 파악하고 있었다. 따라서 "대개 정전법이 반드시 시행할 수 없다는 것은 오히려 사를 공으로 만드는 것과 다를 바 없고, 인구의 다소와 상관없이 빼앗아서 전토를 주는 것이고 서로 적을 만드는 것이니 토지를 나누어주고 받는 제도가 실제 대책이 없는 것과 같다."고 비판하고 있듯이 인구와 토지에 상관없이 무조건 사적 토지를 공전으로 분배하는 것은 현실적으로 실행할 수 없는 정책으로 간주하고 있다.[21]

그는 차선책으로 토지측량을 통한 균세(均稅)의 방법을 강구하게 되는데, 그 법의 요체는 종래 폐단이 많이 발생한 결부법을 파하고 방전경무제(方田頃畝之制)를 실시하는 것이라고 주장하였다.[22]

그는 우선 토지를 측량할 때 황극(皇極)인 서울을 중심으로 팔도로 확대시키고 사방의 표준으로 삼으며, 토지를 일정하게 구획하여 객관적인 면적을 측량하기 위해 돈대(墩臺)를 쌓는 방식을 주장하고 있다. 즉 매 300보마다 1방(方)을 설정하여 사방에 4개의 돈(墩)을 세우고 9방을 1정(井)으로 삼는 것으로 결국 1정의 한변 길이를 900보로 만들어 주위와 내부에 16개의 돈을 쌓는 방식이었다. 이러한 방식으로 일정한 크기의 측량면적을

기록한 것이다. 이 글은 실제 상소문의 원본은 아니고 중추원에서 유진억의 상소문을 초록하여 기록한 것임을 알 수 있다. 방전조례 전체 내용을 수록한 자료는 국사편찬위원회와 미국 UCLA 도서관에 소장되어 있다.

20) "若擧此井制 講而明之 變而通之 隨時制宜之爲也"(「방전조례」 2, 설돈).

21) "盖井田法必不可行者 反私爲公無異 抑奪人口多少 不與田土相敵 則分田收田 實無其策"(「방전조례」).

22) "其法要在改定田制 而罷結負諦改之法 行方田頃畝之制"(위의 글 참조).

확정한 연후에 어린도를
작성하면서 망척의 방식
을 이용하여 그 내부에
있는 모든 토지를 빠짐없
이 기록한다는 것이었
다.23)

이렇게 하면 돈을 쌓는
일은 일시적으로 분란을
일으킬 수 있으나 실로
만세의 좋은 대책이라고
하면서 팔도 지역에서 돈
을 세우는 일은 불과 이틀
이면 성취될 수 있다고

〈그림 2〉 어린도 작성사례(「방전조례」)

하였다.24) 이렇게 돈의 설치는 비교적 쉽게 토지를 측량하면서도 빨리
끝낼 수 있는 장점을 가지고 있었다.25) 그의 주장은 숙종조 유집일(兪集一)
의 방전법을 계승하고 이미 30년 전에 부친 유치범(兪致範)이 저술한 『일신
록(一晒錄)』에 근거하고 있었다.26) 그는 토지의 객관적 측량을 위해 돈대를

---

23) 유진억의 망제제(網尺制)는 광주(廣州) 유생인 조문(趙汶)의 구상을 적용하고 있었
다. 『삼정도설(三政圖說)』(1884, 연세대 소장본 참조)

24) "設墩之役 縱有一時之紛擾 實爲萬世之長策 況此役不用官人 不費國財 而使齊民各自爲
之 則八域之墩 不過一兩日之役矣"(「방전조례」 2, 설돈 참조).

25) 설돈의 축조방식과 시일에 대하여 그는 "三倍古制 而每三百步 設一墩則 一井之墩
合爲十六 而萬井之墩爲十六萬 每一人一日築二墩 則八萬人一日之役 而此三百里地方也
特以計之三千里之墩役 都不過一兩日"이라 하여, 1인이 하루 2돈을 쌓을 수 있고
결국 8만명을 동원하면 만정(萬井)의 토지에 돈대(墩臺) 16만개(萬個)를 쌓을 수
있다고 계산하였다(「방전조례」 2, 설돈(設墩)).

26) 유진억은 경무제를 기본으로 하는 양전방식과 토지소유권 제도를 제안하고 있다.
그의 소론은 '此我先親 所以準古酌今 罷結負作頃畝 定以方田之制者也'라고 하듯이,
부친인 유치범이 저술한 『일신록』에 근거를 두고 있었다. 또한 서양 측량법에도
정통하고 있었다고 하며 스스로 어린도식을 만들기도 했다(『전안식』「방전조례」

쌓아 기준점을 마련한 후 그 내부에 있는 토지를 경무법을 채용하여 엄밀하게 조사하려고 한 것이었다.[27]

그런데 결부법을 이용한 구래의 양전에서도 원칙적으로 토지를 객관적으로 측량하는 측면을 배제한 것은 아니었다. 그는 경무법의 채용에 그치지 않고 토지등급의 사정방식에 대해서도 새로운 주장을 제기하였다. 임의적일 수밖에 없는 토품을 기준으로 하는 것이 아니라 토지가격을 기준으로 설정하고 있었다. 양전을 하기 전에 미리 먼저 원래 일정한 토지가격을 결정해 놓고 양전을 실시해야 한다고 하면서 일반 농토와 달리 시장이나 항구 등의 토지는 별도로 결정해야 한다고 주장했다.

또한 그는 지역적인 토지가격의 차이를 먼저 고려해야한다는 점과 아울러 같은 지역에서도 종래 6등급으로 나누는 전품규정에도 문제가 있다고 하였다. 그것은 실제 동일지역 내에 토지가격이 커다란 차이를 보이고 있기 때문이었다. 토지의 등급에 대해서는 6등, 9등과 같은 옛 고제를 사용하는 불가하며 시세에 따라 농지에서 나오는 소출은 대개 최하에서 최고수준까지 대략 20배의 차이가 나는 만큼 토지가격도 20등급으로 나누고 토지등급을 결정하면 될 것이라고 했다.[28] 따라서 최하 1등에서 최상 20등까지 등급을 매겨 "대개 곡출 5두의 지가를 10량으로 하면, 백두의 지가를 2백량"으로 결정하자고 주장하였다.[29] 이렇게 방전법을 구사하여 토지의 객관적인 면적을 산출해내고 토지등급을 세분화하는

및 「건의구조 병구사목」 중 '양전사목' 참조).

27) 최윤오, 1992, 「숙종조 방전법 시행의 역사적 성격」 『국사관논총』 38, 26~30쪽 참조.

28) "惟田等今不可用六等九等之古制者 時勢使然 試擧上品而言之 一斗落地 最夏有午斗出者 最上有百餘斗出者 五以加之 實爲二十倍 土價亦從以懸殊則 惟當從其穀出之實數 定價收稅而已"(「방전조례」 7, 분등정세 참조).

29) 토지등급에 따른 지가 차이는 종래 6등 전품제에서 20개 등급으로 확장하는 것으로 토지의 소출 과다에 기초한 지가 차이를 매기는 방식으로 매우 획기적인 것이었다(「방전조례」 7, 분등정세 참조).

방식으로 종래 전정 폐단을 야기시켰던 결부제 한계를 근본적으로 극복하려고 했다.

또한 그는 양전을 시행하면서 지형(地形)과 전구(田區)를 표시하여 어린도를 작성하고 이를 합하여 구궁전도(九宮全圖)를 만든 후, 4부를 작성하여 본리, 본읍, 순영, 호조 등 네 곳에 보관하게 하였다. 그리고 매구를 단위로 한 편을 잘라 타인한 한 본을 전안에 붙이고 다른 하나를 전주에게 발급하여 입지(立旨)하게 하는 제도를 수립할 것을 주장했다. 이렇게 한다면, 전안에 빠져있는 전은 매매하지 못하게 하고 혹 평지에 새로 개간한 자들은 아마 빠질 것을 두려워하여 다투어서 전안에 넣으려고 할 것이라고 강조하였다.[30]

이러한 주장은 당시 『구정량법사례병도설(丘井量法事例竝圖說)』과 깊은 관련을 맺고 있었다. 여기에서도 역시 양전의 방법으로 방전법과 어린도를 채택하고 있으며, 지세는 토지생산량에 따라 6등으로 나누어 거둬들이고 전안을 발급하여 전정의 폐단을 시정하자는 주장을 담고 있었다.[31]

유진억이 구상한 전안(田案)에는 제1 갑호의 경우에는, 토지의 등급, 토지의 위치와 면적, 세는 2/10세, 왕세인 지세를 13두와 지주에게 세금 13두를 내는 토지이며, 토지의 가격은 260량으로 기록하였다. 이렇게 각 궁(宮) 별로 각 토지의 등급과 상세한 내역을 기록하게 될 것이며, 전체 9궁의 도합 사항과 세의 사항을 기록하게 될 것이었다.

이렇게 유진억은 전체 토지 중에서 산림천택은 원칙적으로 일체 국유화할 것을 주장하였지만, 일반 민간토지에 대해서는 소유권을 인정하되

---

30) "漏案之田 不得賣買 故或有掌平地起墾者 則將恐見漏 而爭先付案矣"(「방전조례」 9, 도안 참조).

31) 이 사례에서는 유집일의 방전법을 채택하면서 다산 정약용의 『경세유표』와 유치범의 『일신록』을 주요한 근거로 삼고 있었다. 실제 성밖에서 시험적으로 측량하여 그 방식의 간편하고 정밀함을 입증하고 있었다(『구정량법사례병도설(丘井量法事例竝圖說)』의 「양전설」 및 「양전사례」 참조).

소농민의 보호를 위하여 '반공반사(半公半私)의 법'에 따라 10분의 2를 세로 수취하게 하였다. 이에 따라 농민으로 하여금 토지 소출의 2/10를 거두어 반은 지세로, 나머지 반은 지대로 내게 하자는 것으로 획기적인 지대경감책을 제기하고 있었다. 그는 병작법으로 수취하는 지주제는 반드시 폐지되어야 한다고 주장하면서 민간에서 사사로이 매매하는 것을 국가가 모두 매입해야 한다고까지 주장하였다. 그러면서도 국가에 있어 3가지의 권리는 토지권(土地權)과 곡권(穀權), 전권(錢權)이며, 이러한 권한은 절대 타인에게 빌려줄 수 없는 국가의 권리라고 강조하였다. 따라서 그의 양전론은 구래의 양전법에서 사용되어 온 결부제의 제반 폐단을 '방전경무법'으로 해결하여 전국 토지를 정확히 파악하고 토지의 소유자에게 전안을 발급함으로써 국가가 전국의 토지 관리를 강화하고자 하는 것이었다. 그는 현실적으로 소농민의 농업경영을 보장하기 위한 제반 방안을 마련하는 것으로 당시 농민대책으로서는 보다 적극적인 대책을 포함하고 있었다.

1894년 이후 양전논의의 일각에서는 결부제의 폐지를 포함한 객관적인 토지측량 방식이 모색되고 있었으며 토지소유권을 국가에서 공인하고 관리하는 입안제도의 확대 필요성도 요청되고 있었다.

2. 한성부 지역 외국인의 토지소유 확대와 대책 제기

청일전쟁 이후 한반도를 둘러싼 서구제국주의 열강과 일본은 철도부설권, 광산채굴권 등 각종 이권을 한국 정부로부터 탈취해가고 있었다. 또한 목포와 군산 등 개항장이 추가로 개방됨에 따라 외국인의 내지 침탈이 더욱 확대되었다.[32]

이에 대한제국은 각 개항장과 더불어 한성부에서는 주기적으로 외국인

의 거주상황을 조사하고 있었다. 1897년과 1898년 조사내용은 다음과
같았다.

〈표 1〉 1897~98년도 한성부내 외국인 거주상황

국적		일본	청국	미국	영국	프랑스	독일	러시아	총계
1897	호수	622	110	40	41	7	7	22	849
	인구	1,758	1273	95	37	28	9	57	3,257
	인구비	54.0	39.1	2.9	1.1	0.9	0.3	1.7	100
1898	호수	480	181	32	15	6	4	2	720
	인구	1,734	981	62	42	17	9	9	2,854
	인구비	60.7	34.4	2.2	1.5	0.6	0.3	0.3	100

출전 :『독립신문』 2권 38호 1897년(건양 2) 4월 1일, 151쪽(호수총계 원문은 767호지만
실제는 849호임) ; 시노부 준페이(信夫淳平),『한반도』「제29표 재한일본인 호구
누년비교표」「제30표 명치31년 재인천급 경성 구미인급 청국인 호구 전년비교표」
중(686~689쪽) 일부 가공함.

위의 표와 같이 1897년도 외국인의 총계는 849호, 3,257명이었으며 1898
년에는 조금 줄어들어 720호, 2,854명으로 나타나고 있다. 외국인의 거주상
황이 내부적으로 크게 변하고 있는 모습을 파악할 수 있는데, 1897년보다
1898년에 청국인의 수가 300여명 줄어들었으며 러시아인도 50여명 줄어들
어 이들이 크게 감소하였다. 외국인의 가호숫자는 일본인, 청국인, 미국인,
영국인, 법국(프랑스)인, 독일인, 아국(러시아)인 순이었으며 그 중에서도
1898년에 일본인은 480호, 1,734명으로서 전체 외국인 중에 60.7%에 이르고
있었다.

다음해인 1899년의 외국인 거주상황은 각 서별로 통계가 잡혀 보다
구체적으로 분포상황을 파악할 수 있다.[33]

32)『일성록』 1897년(광무 1) 11월 28일, 「내부참서관 최훈주(崔勳柱) 상소」 참조.
33)『독립신문』에는 외국인 거주 총수가 남자 1901명, 여자 887명 도합 2788명, 호는
756호로 되어있는데,『황성신문』에는 총인구수는 같으나 호수가 736호로 되어
통계상의 오류가 있다. 본 표의 통계에도 남 여 도합, 2777명과 755호로 되어
약간 오차가 발생했다.

<표 2> 1899년도 한성부내 외국인 거주상황

구분		일본	청국	미국	영국	프랑스	독일	러시아	총계
서서	호	28	49	11	9	5	3	2	107
	구	72	172	22	27	6	6	6	311
남서	호	489	73	3	3	1			569
	구	1,673	462	12	11	8			2,166
북서	호	2	0	2	1	0	1	0	7
	구	8	1	4	2	3	1	3	22
중서	호	7	59	2	2				70
	구	17	255	1	1				274
총계	호	526	181	18	15	6	4	2	752
	구	1,770	890	39	41	17	7	9	2,773
인구비율(%)		63.8	32.1	1.4	1.5	0.6	0.3	0.3	100.0

출전 :『독립신문』1899년(광무 3) 2월 17일, 4권 32호, 127쪽 ;『황성신문』1899년 2월 17일 제2권 33호, 531쪽.

이 조사에서는 한성부 5서 관내에서 동서(東署)를 제외한 4서에서 조사된 결과인데, 1899년 현재 일본인이 526호, 1,770명이며 청국인이 181호, 890명이었다. 그리고 미국, 영국, 독일, 프랑스, 네덜란드, 러시아 순이었다. 외국인이 많이 사는 지역은 남서(南署) 구역인데, 일본인은 남서구역에서 1,673명이 거주하고 있으며 청국인은 남서와 중서 구역에 주로 거주하며, 미국, 영국인을 비롯한 구미인들은 주로 서서(西署) 구역에 많이 거주하는 것으로 나타났다. 이들 외국인은 수적으로는 전체 한성부인구의 1.4%에 지나지 않았지만 이들이 소유한 가옥이 방대한 규모를 차지하고 있었으므로 당시 매우 커다란 문제를 야기하고 있었다.

그런데 1880년대부터 1890년대에 이르러 한성부 거주 일본인은 이전에 비해 크게 증가하고 있었다.

<표 3>과 같이 1885년에 19호에 불과하던 일본인은 1894년에 266호, 1895년에 500호로 증가하더니 1904년 러일전쟁 이후에는 1,350호로 급증하였다. 인구의 추세도 1900년 이후에는 2,000여명을 넘어서고 있었다. 이렇게 이 시기 한성부에 거류하는 외국인이 증가하자 외국인의 가옥매매가

<표 3> 한성부 거류 일본인의 호수 및 인구 변화(1894~1910)

연도	호수	남	여	합계(명)	인구증가율(%)
1885	19	71	18	89	0
1886	34	118	45	163	83.1
1887	65	170	75	245	50.3
1888	86	230	118	348	42.0
1889	130	354	173	527	51.4
1890	137	347	175	522	-0.9
1891	157	435	263	698	33.7
1892	169	442	273	715	2.4
1893	234	454	325	779	9.0
1894	266	510	338	848	8.8
1895	500	1,114	725	1,939	128.7
1896	479	1,019	730	1,749	-9.8
1897	471	871	717	1,588	-9.2
1898	480	946	788	1,734	9.2
1899	525	1,117	868	1,985	14.5
1900	549	1,157	950	2,113	6.4
1901	639	1,395	1,095	2,490	17.8
1902	797	1,684	1,350	3,034	21.8
1903	902	2,074	1,599	3,673	21.1
1904	1,350	3,978	2,345	6,323	72.1
1905	1,986	4,160	3,517	7,677	21.4
1906	3,216	6,447	5,277	11,724	52.7
1907	4,300	8,125	6,754	14,879	26.9
1908	6,437	12,004	9,783	21,789	46.4
1909	7,745	15,964	12,824	28,788	32.1
1910	11,275	20,045	18,352	38,397	33.4

비고 : 『京城と内地人』(가와바타 겐타로(川端源太郎), 일한서방, 1910. 12), 20~22쪽 ; 『경성발
달사』(경성거류민단역소 편, 1912. 6), 422~423쪽 ; 『조선총독부통계연보(1910)』(조
선총독부, 1912. 12) 〈표 40〉「조선현주호구지방별」 60쪽. 앞의 두 자료 중 1895년
인구 합산 오류 100명, 1900년 6명 오류, 1904년 인구합산의 오류(5,323명)를 수정함.

빈번해졌다. 이에 따라 종래 토기 가옥문기가 위조되어 매매되는 불법적인
부동산 거래의 폐단이 많아졌다.

　　近日漢城內浮浪悖類가 知名人의 家契를 或見失ㅎ얏다고도 ㅎ며 或板刻文券
　　을 買家時不出이라고도ㅎ야 何部官人이던지 知面人을 緣ㅎ야 新板刻을

圖出한 후에는 泥峴日人典鋪에 得債ㅎ고 因以逃避ㅎ 後에 該日人이 當限ㅎ면 該家에 住ㅎ야 板門을 封鎖ㅎ고 家人을 逐出ㅎ기로 漢城府에 呼訴ㅎ는자ㅣ 還至ㅎ는듸 一率姓者는 該部板刻을 僞造ㅎ야 日人에게 典質債用ㅎ얏다가 現今漢城府에셔 捉囚嚴徵ㅎ더라.[34]

위의 인용기사에서도 나타나듯이, 다른 사람의 가계를 잃어버렸다든지 판각 문권을 매매시에 제출하지 않고 관인들을 동원하여 새로 판각문권을 만들어서 매매의 혼란을 초래하였다. 이들이 훈도방(薰陶坊) 니현(泥峴)의 일본인 전당포에 전당을 맡기고 자금을 차용하고 도망가는 수법을 쓰는 등 폐단이 일어났다. 이렇게 되면 원래 가옥의 소유주의 의사와 달리 타인에 의해 마음대로 매매되거나, 전당을 잡혀 이후 필연적으로 소유권 분쟁을 초래하게 되었다.

이러한 상황에서 한성부에 있는 외국인 및 외국사절들은 가옥의 자유로운 매매를 위해 지권(地券)과 가계(家契)를 발급해 줄 것을 강력하게 요구하게 되었다. 가계가 반드시 필요했던 이유는 가계가 없으면 법적으로 명실상부한 소유권을 주장할 수 없기 때문이다. 이들은 토지 가옥을 매매할 때 한성부에 종래의 방식대로 구문기(舊文記)와 가계를 교환하며 소유권을 확인해 주도록 요구하였다.[35] 외국인의 가계발급 요청은 당시 각국공사관과 외부 한성부 등 정부의 유관기관 및 내국인과 외국인 사이에 심각한 분쟁을 해결하기 위한 방안이었다.

1899년 3월 일본은 한성부 가권제도의 개정을 위해 보다 구체적인 조건을 제시하였다.[36] 일본은 우선 적당한 기사(技師)로 한성부내 토지 가옥의

34) 『황성신문』 1901년(광무 5) 9월 24일 잡보 「가권쟁단(家券弊端)」, 450쪽.
35) 『한성부래안(漢城府來案)』 「보고서」(한성부판윤 이채연⇒ 외부대신 박제순, 1900년 3월 31일).
36) 『구한국외교문서(일안 4)』 4권, 5040호, 「한성부가권제도개정실시요망」(일본공사 가토오(加藤增雄)⇒ 외부대신 박제순, 1899년 3월 23일) 252~254쪽.

위치와 면적을 측량하여 부동산의 원부를 조제하여 작성하라고 주장하였다. 부동산의 원 장부에 의거하여 지권(地券)과 가권(家券)을 발급해 달라고 하였다. 또한 지계발급사무를 원활히 수행하도록 별도의 관청을 세워 전담하는 관리를 두어야 한다고 요구하였다. 이는 외국인의 토지 가옥소유를 보다 정확히 파악하고 공인하기 위해 측량사업과 지권 가권 발급사업을 연계하여 진행시켜야 한다는 주장이었다. 이는 한성부의 토지 가옥의 소유 규모와 소유권을 엄격하게 조사하고 공인하는 제도로서 개혁하라는 요구이며, 동시에 외국인 토지소유의 합법화를 기도하는 것에 다름없었다.

그런데 대한제국의 입장으로서 이러한 외국인 토지소유의 공인과 합법화는 국가의 토지주권을 침해할 뿐만 아니라 한국인의 토지상실과 외국인의 대규모 토지집적을 초래할 것이라고 보았다. 이에 대해 한성부와 정부에서는 이제 일련의 양전·지계사업을 추진하면서 외국인 토지침탈에 대한 일정한 대책을 마련하지 않으면 안되었다.

또한 대한제국 정부는 개혁사업을 위해 필요한 부지를 마련하기 위해서 서울지역의 토지 가옥에 대한 효과적인 통제관리가 필요했다. 예를 들어 새로운 황궁으로서 경운궁 주변지역의 정비, 탑골공원의 설치 등 도시개량사업,[37] 철도 건설 및 정거장 설치 등이 단적인 예이다. 실제로 앞으로 설치될 서울의 철도정거장에 대한 부지를 마련해야 하는 현안이 나타났는데도 불구하고 해당 토지의 소유주가 외국인에게 매매했을 때 대처하기가 곤란하다고 지적되었다.[38] 이에 정부에서는 1899년 9월 비밀리에 경부철도정거장의 예정지에 대해 약도를 미리 작성하여 후일에 대비하기도 하였다.

이런 방침에 따라 1900년 11월에는 서울의 주요 도로와 4대문에 고시문을

---

37) 이태진, 1995, 「18-19세기 서울의 근대적 도시발달 양상」 『서울학연구』 4, 17~33쪽.
38) 『한성부래안』 「보고서」 8호(1899년 9월 9일, 한성부 판윤 김영준⇒ 외부대신 박제순).

게시하였다.[39] 이는 내국인의 가옥 매매시에는 반드시 문권을 확인하여 매매하여야 할 것이며 또한 외국인이 내국인의 소유가옥을 사들일 때는 거간을 담당하는 가쾌(家儈)가 미리 한성부에 보고하여 허가를 받은 후에 시행하라는 것이다. 이 고시문의 취지는 표면적으로는 가옥 거래상의 문란을 시정하고 정당한 거래관행을 정착시키려는 것이었지만, 실제적으로는 외국인의 거래행위에 대해 관에서 통제하고 간섭하겠다는 의지를 표명한 것이었다. 요컨대 '외국인에 대한 가옥거래 허가제'라고 할 수 있다.

이에 대해 외국공관과 외국상인들은 강력하게 반발하였으며 지권 및 가계발급의 권한도 외부에서 한성부로 이관해 줄 것을 강요하고 있었다.[40] 급기야 1902년 11월 한성주재 일본전권공사 하야시 곤스케(林權助), 미국전권공사 알렌(安連, Allen)을 비롯한 8개국 대사들이 한데 모여 외국인 소유지단에 대한 지계를 원활하게 발급해 줄 것을 공개적으로 항의하기도 하였다.[41] 이들의 입장은 조약상 10리 이내의 토지매입과 관계 발급은 정당한 것이므로 일체 방해를 받아서는 안된다는 입장을 가지고 있었다. 또한 이들은 지계발급을 위해 한성판윤이 전담하든지 아니면 한성부내에 한 부서에서 전담하도록 황제가 직접 윤허를 내리도록 촉구하고 있었다.

그렇지만 대한제국 정부는 외국인의 토지침탈을 무조건 개방할 수는 없었다. 한성부에서는 기존의 가옥의 거래를 추인하여 관에서 가계를 발급하기는 하였으나 새로운 가옥의 신축이나 공대인 토지를 외국인에게 매매하는 행위는 절대로 인정하지 않았다. 그리하여 한성부는 외국인의

---

39) 『구한국외교문서』(德案), 16권, 2328호 「漢城判尹의 告示에 대한 異議」(德國領事 瓦以璧⇒ 외부대신 박제순, 1900년 12월 26일), 223~225쪽.
40) 『구한국외교문서』(德案) 16권, 2332호 「한성판윤고시내용이 朝德約章에 위반된다는 지적」(德國領事 瓦以璧⇒ 외부대신 박제순, 1901년 1월 2일), 227쪽.
41) 『황성신문』 1903년 1월 8일 논설 「地券爭端」 228쪽, 2월 12일 잡보 「地券事未決」 300쪽.

지계요청을 번번이 거절하고 있었다.[42]

따라서 대한제국시기 한성부는 도성내 토지에 대해서는 매매 양여를 금지하는 원칙을 강조하면서 아직 토지조사가 완료되지도 관계가 시행되고 있지 않으므로 새로운 가사관계 발급을 유보한다는 방침을 내세웠다. 향후 양전·지계사업의 일환으로 실시될 가사관계의 발급을 통해 실질적으로 외국인의 토지소유를 금지시키려는 정책을 추진하고 있었다.

---

42) 『구한국외교문서』(미안 3) 12권, 3092호 「미여인매입지단계권발급요청」(미공사 安連⇒ 외무대신 李夏榮, 1905년 2월 28일), 702~706쪽.

7장 양지아문의 양전사업과 토지조사의 특징

1. 대한제국의 양전기구 설립과정

대한제국은 1898년 6월 '토지측량에 관한 청의서'를 제기하게 되었다. 1898년 6월 23일 내부대신 박정양(朴定陽)과 농상공부대신 이도재(李道宰)는 의정부에 '전국토지측량사'를 제출하였다. 원래 '토지측량에 관한 청의서'는 6월 22일 내부 토목국장 윤진석(尹瑨錫)과 농상공부 광산국장 김용원(金龍元)이 초안을 만든 것인데, 여기서 전국 토지측량의 필요성을 다음과 같이 강조하고 있다.[43]

전국에 지방을 나누어 구역을 정하고 구역에 지질을 측량하야 조리가 밝게 함은 나라에 있어 커다란 정사이라. 대저 우리나라에 구역이 크지 않음이 없고, 토지가 아름답지 않음이 없으나. 강계가 나누어져 있지만, 지질에 대한 측량이 자세하지 않고, 들판의 넓고 협착함과 천택의 길고 짧음과 산 고개의 고저와 수풀의 활협(濶狹)과 바닷가의 넘침과 너울, 밭이랑과 두락의 비척(肥瘠)과 가옥의 점거한 거리, 토지 성질의 마름과 습함, 도로의 거침과 험함이 가히 준거하기 어렵다 하니, 정치 유신한

---

43) 『거첩존안(去牒存案)』 3책, 「土地測量에 關한 事件」(光武 2년(1898) 6월 22일) ; 『주의(奏議)』 17책(光武 2년 6월 23일).

시기에 이르러 가히 일대 흠전(欠典)이 아니리오. 지금 금일의 급무가 토지측량보다 더한 것이 없기로 이때에 회의에 올릴 것.

광무 2년 6월 일
의정부찬정 내부대신 박정양
의정부찬정 농상공부대신 이도재
의정부참정 윤용선 각하 사조(査照)

위의 청의서에서는 전국 토지측량에 대하여 단지 농지의 비척이나 가옥의 규모를 조사하는 것에 그치지 않고 지질의 측량을 비롯하여 산림과 천택 및 임수와 해빈, 도로에 이르기까지 조사대상을 광범위하게 설정하고 있다. 이렇게 전국토지 일체에 대한 객관적인 조사와 측량을 목표로 하고 있었다.

그런데 이 안건을 심의한 의정부회의에서는 처음부터 측량에 반대하는 의견이 대다수를 이루고 있어 상호토론이 격렬하게 전개되고 말았다. 우선 토지측량에 반대하는 사람들은 전국적인 토지측량은 매우 큰 사업이며 관리의 임명 등 실제 어려움이 많다는 것이었다. 결국 의안에 찬성한 대신은 청의서를 낸 두 대신을 비롯하여 의정부회의를 주재했던 참정 윤용선(尹容善) 및 궁내부 대신서리 윤정구(尹定求) 등 4명에 불과했다. 나머지 대신 6명은 모두 반대하고 있었다.[44]

결국 이 날 회의에서는 찬성보다 반대가 많아 토지측량에 관한 안건을

---

44) 양전사업의 추진을 위해 고종은 의정부회의에서 자신의 측근이 주동적인 역할을 담당하도록 하고 있었다. 농상공부대신 이도재는 이미 4월 20일 비서원경으로 임명되어 고종의 측근으로서 활동하고 있었으며 양전사업에 대한 회의를 열기 직전인 6월 18일에 의정이 아직 미차되어 있을 때, 내부대신이 의정부의 참정을 겸임토록한 장정을 개정하여 찬정 윤용선을 참정으로 승격시키는 조치를 취하고 있다는 점이 주목된다.

부결하고 말았다. 그런데 고종황제는 이례적으로 '청의대로 시행할 것'이라는 비답을 내리면서 양전사업을 추진할 것을 명백히 선언하였다.[45]

〈표 4〉 1898년 의정부회의 양전 논쟁

직위	성명	주장의 요지	찬반
의정		임명되지 않음	-
참정	윤용선(尹容善)	이는 국가에 있어 최대의 정책이다. 대저 누가 불가(不可)라고 하겠는가?	O
찬정궁내부 대신서리	윤정구(尹定求)	양지는 급무이다. 큰 정책이다. 반드시 관리를 선택한 연후에 시행하는 것이 가(可)하다.	O
찬정 내부대신	박정양(朴定陽)	청의함.	O
찬정 외부대신	유기환(兪箕煥)	사업이 심히 크니 재삼 생각해야한다.	X
찬정 탁지부대신	심상훈(沈相薰)	병이 나서 불참함.	-
찬정 군부대신	민영기(閔泳綺)	사업이 실로 지극히 옳지만 현실은 적당한 사람이 없으니, 먼저 졸업한 우리나라 사람을 구한 이후에 시행하는 것이 가하다.	X
찬정 법부대신	조병직(趙秉稷)	병이 나서 불참함.	-
찬정 학부대신	조병호(趙秉鎬)	이 논의는 대단히 좋다. 항상 늦었다고 말해진다. 장차 어찌 적당한 사람을 얻어서 할 것인가. 충분히 어렵고도 신중하게 고려하여 힘써 헤아리는 것이 가하다.	X
찬정 농상공부대신	이도재(李道宰)	청의함.	O
찬정	서정순(徐正淳)	아직 칙(勅)을 받지 못함.	-
찬정	이종건(李鍾健)	사업이 진실로 가히 시행해야한다. 실제로 어렵고 신중해야 할 점이 많다.	X
찬정	이윤용(李允用)	병이 나서 불참함.	-
찬정	김명규(金明圭)	비록 말로는 용이하지만 행함에는 반드시 신중하게 살펴야한다.	X
찬정	이근명(李根命)	이 사업은 아직 시행할 수 없다. 허다한 어려움이 있기 때문이다.	X
찬정	민병석(閔丙奭)	병이 나서 불참함.	-

출전 :『주의(奏議)』(규 17703) 17책, 주본 123호 〈전국측량사〉 1898년 6월 23일.

이후 7월 2일에는 고종이 직접 조서를 내려 "토지측량사는 이미 정부가 상주하여 결정한 것이므로 별도로 양지아문 처무규정을 정하여 정부로

---

45) 『주본존안(奏本存案)』(규 17704) 3책, 〈주본 123호〉 참조.

하여금 논의하여 결정하여 들이라." 하였다. 국왕은 직접 양전을 재가하고 양전을 담당할 아문과 그 처무규정을 마련하라는 조칙을 내렸다.[46] 이에 따라 1898년 7월 6일 '양지아문직원급처무규정'을 마련하여 칙령 제25호로서 반포하였다.[47] 이로써 양전을 전담할 독립관청으로서 '양지아문'이 정식으로 출범하게 되었다. 그런데 양지아문의 기구는 완전히 독립된 하나의 관청으로서 타부와 동등한 위치에 있었지만, 실제 내부, 탁지부, 농상공부 등 3부와 밀접한 관계하에서 운영될 수밖에 없었다. 특히 내부의 토목국(土木局), 판적국(版籍局)과 탁지부의 사세국(司稅局), 농상공부의 농무국(農務局), 광산국(鑛山局) 등이 관련된 기구라고 하겠다. 동시에 양지아문 총재관으로서 박정양, 심상훈(沈相薰), 이도재 등 내부와 탁지부 및 농상공부의 3대신을 임명하고 부총재관으로서 이채연(李采淵)과 고영희(高永喜)를 임명하였다.[48] 이렇게 본다면, 양지아문의 기구구성은 내부, 탁지부, 농상공부 등 세 부서가 서로 협조하고 밀접한 관련성을 맺고 있었음을 알 수 있다. 그만큼 유기적으로 운영되어야 양전사업이 제대로 진행될 수 있었다.

이렇게 양지아문이 설립된 이후, 먼저 한성부 오서내(五署內)의 토지에 대해 조사하기로 되어 있었다.[49] 이미 양지아문의 처무규정에 '토지측량은 한성 오서에서 시작하여 멀리에까지 확대한다는 것'을 원칙으로 삼고 있었다.

6월 23일 탁지부 사세국에서는 '한성 오서(五署) 자내(字內)에 국내외 인민 가옥 기지를 정납년세(定納年稅)할 사'라는 청의안건을 마련하고 있었다. 주요한 내용은 한성부의 가옥에 대해 가옥세를 부과해야 한다는 것인데,

---

46) 『일성록』 광무 2년 5월 14일(양 7월 2일).
47) 『각부청의서존안』 6책, 『주의』 제18책, 『일성록』 광무 2년 5월 18일.
48) 『일성록』 광무 2년 5월 18일.
49) 양지아문의 위치는 중서 서린방 일영대계 혜정교 남측 전한성부재판소 자리였다 (『황성신문』 「관보, 양지아문령 제1호」, 1898년 9월 21일 참조).

한성 오서(五署) 자내(字內)의 땅은 원래 관유지에 속한다고 하면서, "기지는 매매에 준하지 않고 해당 토지는 항상 관유에 속하다"고 하여 관유지라는 원칙을 강조하고 있다. 그런데 이 방안에는 한성부내에 외국인이 가옥을 소유하고 있는 것을 인정하면서도 국내법과 마찬가지로 가옥세를 부담케하자는 것을 담고 있었다. 다만 토지에 대해서는 가옥과는 달리 이미 조약법규상 외국인의 토지소유를 금지하고 있었으므로 가옥이 없는 토지를 외국인에게 이미 잠매한 경우에는 매주(賣主)를 찾아내어 즉각 환퇴시킬 것이며 매주를 찾아보기 어려운 경우에는 정부에서 원가를 치루어 줄 것을 규정하였다.[50] 이러한 정책은 7월 6일에 내부대신 박정양, 외부대신서리 유기환(兪箕煥), 탁지부대신 심상훈에 의해서 의정부회의에 안건으로 올려졌다. 결국 양지아문의 설립을 결정함과 동시에 결정되었다.[51]

만일 이러한 한성부의 토지 정책이 전국으로 확대된다면, 토지와 가옥 매매에 대한 '공적 통제'가 이루어질 가능성이 있었다. 그러한 의미에서 비슷한 시기에 지권 제도의 도입논의도 제기된 것으로 보인다. 당시 황성신문의 보도에 의하면, 1898년 9월 토지를 매매할 때 민간에서 이루어져온 매매문권의 관행을 고쳐 일체 관권(官券)으로 바꾸어 발행한다는 계획을 수립했다고 하였다.[52] 따라서 대한제국 정부는 이미 1898년부터 국가가 지권제도, 혹은 토지등기제도를 수립하여 토지매매를 관리하려는 방안을 가지고 있다고 할 수 있다. 그러한 방향에서 양지아문의 설립을 통하여 국가적 입장에서 전국토지에 대해 양전을 실시함과 아울러 토지소유제도를 관리하고 토지매매를 통제해 가려고 하였음을 충분히 짐작할 수 있다.

그런데 한성부내의 토지를 엄밀하게 조사하기 위해 서양식 측량방식을

---

50) 『외부거래첩』(규 17889) 1책, 광무 2년 6월 23일.

51) 『조본존안(奏本存案)』(규 17704) 3책, 『주의(奏議)』(규 17715) 6책, 〈주본 142호〉.

52) "地券改量 : 量地衙門에서 十三道人民의 土地文券을 다 官契로 換給ㅎ야 中間僞造賣買 허난 弊를 永杜하량으로 議政府에 請議하였다더라."(『황성신문』 1898년(광무 2) 9월 13일(음 7월 28일) 참조.)

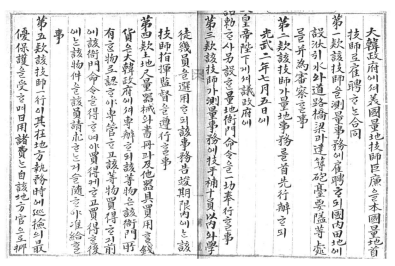

〈그림 3〉 미국 양지 기사 거렴 고빙 합동계약서(규 23189, 1898년 7월 14일)

도입하려고 하였다.53) 1898년 7월 14일 대한제국 정부와 미국인 양지기사 크롬(巨廉, Raymond Edward Leo Krumm) 사이에 체결된 고빙 계약서에 의하면,54) "제1관, 해기사를 측량사무에 고빙하되, 국내 전지(田地)에 설보 (設洑) 인수(引水)와 도로 교량과 건축 포대, 요애(要隘) 등 처를 아울러 상세히 살필 것"으로 규정되어 있다. 즉 국내의 토지를 비롯하여 보와 교량 포대 등 각종 건축물을 대상으로 하여 측량을 하도록 되어 있으며, 측량에 필요한 각종 기계와 서책, 기타 기구에 대해서는 일체 대한 정부에서 조달하도록 하였다.

---

53) 「칙령 제25호 양지아문직원급처무규정」 제17조 참조.

54) 양지아문 설립초기에 지방의 양전사무는 관찰사와 지방관이 근간인원(勤幹人員) 을 따로이 선발하여 양지사무를 책성(責成)하고 힘쓰게 한다는 조항(제15조)만을 마련하여 매우 막연한 상태에 있었다. 전국의 토지측량은 외국인기사(미국인, 巨廉 Raymond Edward Leo Krumm)의 주도하에 그가 인솔하는 측량견습생으로 하여금 달성케 하려고 생각한 것으로 보인다(김용섭, 1968, 「광무년간의 양전·지계 사업」『한국근대농업사연구』재수록, 1975, 일조각, 515~528쪽 참조).

2. 양전의 시행 논란과 토지조사의 방침 수립

1) 양전 시행과 토지측량 방법 논의

그런데 1898년 7월 양지아문이 일단 설립되자 앞으로 시행하게 될 양전의 구체적인 방식과 전제개혁의 방향에 대해 여러 각도에서 사회적 여론이 제기되었다.

우선 양전방식의 문제가 지적되었다. 특히 외국인 기사를 고용하여 서양의 측량방식에 따라 토지를 측량한다는 규정이었다. 1898년 8월 9일 안동군에 사는 최승호(崔承鎬)는 새로운 양전사업의 시행에 대해 이런 양전규정을 가지고 시행하게 될 때 기뻐할 자보다는 의심하는 자가 많을 것으로 생각하면서 1894년 농민전쟁을 거치고 난 뒤 민정이 수습되지 못하고 국법이 세워지지 못하기 때문에 시행과정에 어려움이 있을 것이라고 우려하고 있었다.[55] 그는 측량방식에 대해서도 수기사로 외국인을 고용함으로써 토의(土宜)도 알지 못하고 민속(民俗)도 모르면서 외국의 방식대로 측량하려는 것은 완전한 대책이 아니라고 신중론을 폈다.[56]

이어 양지아문의 양전방식과 외국인의 고용에 대한 구체적인 비판이 계속되었다. 당시 중추원에 올라온 상소들 중에는 여러 사람이 연명으로 상소하는 경우도 있었다. 광주유생 최영봉 등이 연명 상소한 내용에 의하면, "장차 양전 비용이 엄청나게 되어 측량이 지체되고 성적을 내기 어려울 것"이라는 등 우려가 많았다. 또한 바람직한 양전 방안으로는 종래 비용도 많이 들지 않고 효율적으로 양전을 수행할 수 있는 방법으로 주자(朱子)의 어린도(魚鱗圖)에 의거하여 측량하자는 의견을 피력하였다.[57]

---

55) 『승정원일기』 1898년 6월 23일(양력 8월 10일).
56) 『승정원일기』 1898년 6월 23일(양력 8월 10일).
57) 광주유생 최영봉(崔永鳳), 심영택(沈鍈澤), 한설현(韓卨鉉)의 「헌의15조」 중 제

물론 이러한 측량법을 도입하기 위한 전제로서 우선 결부법을 폐지하고 경무법을 실시해야 하며, 측량관리로서 관찰사와 수령의 관할하에 각 면에 전함유사(前銜儒士)나 품관(品官)을 논하지 않고 측량사무를 잘 알고 있는 지사자(識事者) 2인을 선발하여 각각 감관(監官)과 서기(書記)로 삼아 측량할 것을 주장하였다.[58] 이에 따라 방전법을 이용하여 측량할 것을 주장하면서 '방전 삼관법'이야말로 가장 정교한 측량계산법이라고 주장하였다. 그래서 외인을 고용하여 많은 세비를 쓸 필요가 없는 것이므로 우리나라 사람으로 측량법을 졸업한 사람을 고용하여 별도로 양전관(量田官)으로 삼아 시험해 볼 것을 주장하기도 했다.

1898년 9월 3일 궁내부 종목과 주사를 지낸 강희조(姜熙朝)도 양전시행과는 별도의 제안을 하였다. 그는 궁내부와 탁지부 소속 각 군의 둔토 등을 재조사하여 국가가 직접 도조(賭租)를 수취하여 국가재정을 보충할 것을 제기하였다. 그는 정부에서 청렴하고 공정하며 일을 밝게 하는 자 몇 명을 선발하여 13부에 파견하고 각둔, 각역, 각진, 각영 소속 전토를 상세히 조사하여 실상에 따라 도조를 부과하고 그런 다음 마름을 혁파하고 각 해당 군에 분속시켜 도세의 수납을 관할케 하여 부정을 개혁하도록 요청하고 있었다.[59]

또한 12월 9일에는 전헌납 황보연(黃輔淵)은 적임자를 각별히 선발하되 별도로 팔도에 어사(御使)를 파견하여 읍마다 직접 장부를 조사하도록

11조 양전정부사(量田定賦事)(『전안식』 참조). 이들은 "矧且我法固有良制 一依朱子 魚鱗圖法打行 則 一可無奸弊 而人人易知易行也"라 하여 사람들이 쉽게 알고 행할 수 있는 장점을 가지고 있다고 파악하고 있었다(「건의9조(建議九條)병구사목」 『전안식』 수록).

58) 「건의9조(병구사목)」에는 부국강병을 위해 사회 각분야에 걸친 근본적인 개혁안을 제기하고 있는데, 양전사업과 관련하자면, 측량방법으로서 경무법과 어린도를 채택하고 토지매매시 반드시 관의 입지(立旨)를 받도록 하며 외국인의 토지소유를 엄격히 금지할 것을 촉구하고 있다.

59) 『승정원일기』「전주사 강희조의 상소」, 1898년 7월 18일(양 9월 3일).

하는 것이 최선이라고 하였다. 이렇게 장부조사를 통해 포탈한 은결이 소상하게 드러날 것이니 이 방법이 유익한 방법이라고 강조하였다.[60] 이러한 주장은 많은 비용을 들여 새로 양전을 시행하는 것보다 기존의 문서조사를 치밀하게 하여 성과를 거둘 수 있다는 주장이었다.

이어 1899년 1월 1일 전도사(前都事) 전병훈(全秉薰)은 재용을 확충하는 방법으로 양전제를 시행하는 것이 당연하다고 하면서 구체적인 개선 방법을 제시하였다. 그는 유형원의 『반계수록(磻溪隨錄)』에 의거하여, "장 차 양전(量田)을 하고자 할 때는 반드시 기일보다 먼저 각 고을에 규정을 나누어 주어 고을 사람이 미리 익숙하게 익히도록 하고, 시기가 되어 거행하되 관리들이 간섭하지 못하도록 하였다"는 점을 강조하였다. 그는 도리어 각 지방에 미리 양전식인 '도식(圖式)'을 나누어 주고 관리의 간섭을 받지 않고 민간에서 스스로 양전을 실시하는 것이 좋다고 말하고, 그것이 안된다면 파원으로 하여금 일일이 양전을 한 후에 그 결과를 엄밀히 심사하면 될 것이라는 주장을 폈다.[61]

이러한 논의가 대개 토지 측량의 방식을 둘러싸고 벌어진 논란이라면, 이를 뛰어넘어 양전과 결부되는 토지개혁론 주장도 대두되었다. 1898년 8월 10일에 진잠(鎭岑)에 사는 진사 김우선(金宇善)은 유형원의 『반계수록』 에서 나타난 균전제 개혁에 입각하여 토지개혁을 주장하였다.[62] 그는 토지 없는 농민에게 균전(均田)을 실시하여 토지를 나누어 주고 토지소유 정도에 따라 녹봉을 주는 방식을 제안하고 있다.[63] 그는 농민층에 대한

---

60) 『승정원일기』「전헌납 황보연의 상소」, 1898년 10월 26일(양 12월 9일).

61) 『승정원일기』「전도사 전병훈 상소」, 1898년 11월 20일(양 1월 1일) ; 전병훈은 1901년 이후 실제 양지아문에서 파견된 양무감리로서 전라남도와 황해도의 양전을 담당하기도 하였다.

62) 김우선은 일찍이 유형원의 『반계수록』을 초록하여 『경제작의』 3권을 저술하였는 데, 이때 서울로 들어와 印刷하려고 하였다. 마침 관보에서 양지에 관한 조서를 읽고 양전과 전제에 대한 개혁안을 제기하면서 상소문을 올렸다(『승정원일기』 「진사 김우선 소」, 1898년 6월 23일(양 8월 10일)).

토지재분배를 통해서 농민생활을 안정시키고 이것에 기초하여 운영되는 부병제를 채택하는 등 부세제도를 개혁함으로써 '삼대지제(三代之制)'를 복구하고 부국강병을 추구하자는 것이었다. 김우선은 반계의 논의를 기본으로 하여 스스로 작성한『경제작의(經濟酌宜)』를 양지아문에서 채택하여 시행할 것을 주장하였다.[64]

한편 대한제국 정부 일각에서는 조선후기 실학자인 다산의 저작을 기반으로 하여 토지제도 개혁을 검토하기 시작하였다. 1898년 7월 전국토지조사를 결정한 고종황제는 그동안 사사로이 이루어졌던 토지소유와 매매에 대한 국가적 통제가 필요하다고 생각하였다. 그는 대한제국 출범 때 '구본신참'이라고 하여 과거의 전례를 기본으로 한다는 원칙하에 새로운 서구의 사례를 참작한다는 기조를 삼았다. 고종은 토지조사나 토지제도의 개혁은 과거의 전통에 입각해야 한다고 생각했다. 그래서 그는 다산 정약용의 저작, 특히『경세유표』에 주목하여 양지아문 관련 관리들에게 원본을 베껴서 쓰는 필사작업을 통해 향후 토지제도 개혁에 참고해 두도록 하였다.

『경세유표』의 새로운 필사작업에는 각 책 말미에 책임자가 기록되어 있다.[65] 내부주사로는 조재봉(1책), 최시명(2책), 김재연(3책), 김영운(5책), 김태응(6책), 김능연(10책), 호연창(13책)이었으며, 내부참서관으로는 김응수(4책), 한치유(8책), 신태유(9책), 오명환(15책), 내부시찰관 유진철(7책), 내부 토목국장 윤진석(14책), 내부 판적국장 현은(11~12책) 등으로 나누어 맡았다. 원본을 필사한 시기는 필사자 중 한명인 현은(玄楥)의 임면시기를 보면 추정이 가능하다. 현은은 1897년 12월에 내부 판적국장에

63) 『승정원일기』「진사 김우선(金宇善) 소」, 1898년 6월 23일(양 8월 10일).

64) "刊出經濟酌宜之書 定爲量地衙創始之規 必使繩步等弟以整其始 頃敵軍稅以均其役"(『승정원일기』「진사 김우선 소」, 1898년 6월 23일(양 8월 10일)).

65) 이 책은 현재 일본 도쿄에 있는 동양문고(東洋文庫)에 소장되어 있다. 『경세유표』(동양문고 Ⅶ-2-120, 20.2×31.8). 책의 표지에는 '여유당집'이라 하여 정다산의 저작임을 알 수 있고, 전체 44권, 15책으로 되어 있다.

〈그림 4〉 동양문고본 다산 정약용의 여유당집(경세유표)

임명되었다가 1899년 8월에 그만두었으며, 그 중간에 1898년 7월 양지아문 기사원으로 겸직 발령을 받았으므로 경세유표 필사본 작성은 1898년 7월 양지아문이 설립된 이후 다음해 8월 이전일 것으로 추정된다. 1899년 초까지『경세유표』필사작업을 마쳤을 것으로 추정된다.[66]

고종은 이미 1883년에 다산 정약용의 문집을 필사하여 내각에 수장할 것을 명령하였던 바가 있었는데, 이제 다시 양전사업에 대비하여 양전의 방법과 토지제도의 개혁을 담고 있는『경세유표』를 다시 베껴 참조하게 한 것이다.[67] 잘 알려진 것처럼,『경제유표』는 다산 정약용이 전라남도

---

66) 노경희,「일본 소재 정약용 필사본의 소장 현황과 서지적 특성」『다산학』9, 2006, 196~197쪽 ; 박철상,「『목민심서』와『경세유표』필사본 조사의 성과」『여유당전서』정본사업 2차 연도 제2차 워크숍 발표원고, 2006. 8)에서 재인용.

67) 노경희, 2006, 위의 논문, 197쪽 : 이 글에서는 이중하의『서목민심서후(書牧民心書後)』(『목민심서』, 광문사, 1902)에서 "1883년에 고종이 정약용의 문집을 필사해

강진에서 유배중인 1817년에 저술한 것으로 원래 제명이 '방례초본(邦禮草本)'이며, 관제와 토지제도, 부세제도 등 조선왕조의 모든 제도의 개혁 원리를 제시한 책이다. 더구나 제5책과 제6책은 자영농민에게 토지를 분배하는 내용을 담고 있는 정전제(井田制)의 토지개혁을 주장하고 있으며, 제9책에는 정전제 실시를 위한 양전의 방법으로 수확량을 기준으로 하는 결부법을 고쳐 토지의 실제 면적을 기준으로 하는 양전의 방법과 상세한 토지의 위치를 알 수 있는 어린도 작성의 필요성 등을 주장하였다.

그렇지만 고종황제가 다산의 토지개혁 구상 중에서 자영농민을 육성하자는 정전제나 촌락공동체의 소유와 공동 농장을 운영하는 사회주의적인 개혁을 담고 있는 여전제와 같은 토지재분배를 받아들인 것은 아니라고 추정된다. 왜냐하면 고종은 앞서 김우선의 토지제도 개혁 주장에 대해 "상소의 뜻은 살펴서 다 알았다. 그러나 너는 시세(時勢)를 헤아리지 않고 그런 말을 하고 있다"고 하여 한마디로 거절하였기 때문이다.[68]

이에 반발하여 1899년 3월 김우선은 재차 상소하면서, 종전 비답에 대해 자신의 책을 양전의 방식으로 채택하여 부강한 급무의 실을 취할 것을 거듭 주장하고 있었다.[69] 그렇지만 이마저도 고종황제는 받아들이지

올릴 것을 명하였다"고 하였고, 황현도 『매천야록』에서 "1885~86년 사이에 고종이 『여유당집』을 필사해 올리도록 명하였다"고 하여, 1880년대 중반에 경세유표를 필사한 것으로 설명하였다. 그런데 1898년 6월 이후 광무 양전사업의 추진에 앞서 고종이 양지아문 관련자들을 통해 새롭게 베낀 것이다. 다만 새로 필사한 『경세유표』(동양문고 소장본)에는 필사자의 이름과 부기된 채, 아무런 추가 내용은 없었다.

68) 이 상소는 이례적으로 관보에까지 고종의 비답이 실리기도 하였다(『관보』 1727호, 1898년 8월 13일, 27쪽).

69) 김우선은 1899년 3월 재차 상소하면서, 종전 비답(批答)에 대해 실제 "富貴多田者慮或有減而沮之"한 것이라고 비판하면서 "此法本非官奪民田"이고 세록(世祿)을 받는 다는 점을 강조하고 있다. 또한 이미 자신이 시험한 바 있는 정밀한 방보척을 도입하여 측량할 것과 노농(老農)에 의해 토품 두락을 평가하고, 민간세납의 장부인 깃기를 모두 수납할 것 등이 포함된 『경제작의』 3책을 양전방식으로 채택하여 부강급무의 실(實)을 취할 것을 주장하였다(『전안식』 「진잠진사 김우선 헌의서」

않았다. 고종황제가 말한 시세는 개개인의 토지소유권 자체를 무시하고 이를 일반농민에게 재분배할 수 없다는 당시의 현실을 고려한 것이었다. 토지 없는 농민들에게 고르게 토지를 나누어준다는 균전시행은 일반 토지소유자의 소유권을 침해한다는 이유로 하여 지주, 대지주, 관료지주 등 대다수 지배층의 반발을 가져올 것이기 때문이었다. 결국 고종황제를 중심으로 하는 대한제국 정부는 김우선이 제기하는 바와 같이 농민들에게 토지를 분배하려는 전제개혁을 지향하는 차원에서 양전사업을 실시하는 것이 아니라는 입장을 표명한 것이었다.

이와 같이 양전의 실시를 단순히 국가의 재정과 관련하여 파악한 논자가 있었던 반면에 농민적 토지소유의 실현과정으로 파악한 논자도 존재하였지만, 당시 대한제국의 입장으로서는 현실의 지주제를 그대로 인정하는 가운데 양전사업을 추진하려고 했다. 그럼에도 불구하고 양지아문의 양전사업은 1898년 하반기에 이르기까지 전혀 진척되지 못하고 있었다. 그 이유는 구체적인 양전 시행의 방침을 확정하는데 여러 가지 문제가 있었을 뿐만 아니라 같은 시기에 독립협회가 추진하는 개혁운동과 관련하여 중앙정계가 보수파와 개혁파로 나뉘어 양자 사이에 권력투쟁이 심화되고 있었던 상황과도 관련하여 국가적인 차원에서 양전사업을 시행할 수 있는 계제를 잡지 못했기 때문으로 보인다.

2) 양지아문의 양전사업 시행 방침

그런데 1899년에 들어와서도 양지아문은 실제 양전사업을 추진하지 못하고 있었다. 이처럼 사업이 지지부진하게 되자 당시 중추원에서는

1899년 3월 참조). 김우선은 이후 대동강 이북 어느 지방에서 관리를 하던 중에 일본의 침략 등을 개탄하며 고향인 경기도 고양군 한지면 이태원리에 돌아와 의학에 정진하게 되었다.

양전사업을 재검토하자는 주장이 제기되었다.

1899년 3월 10일 중추원은 의정부에 보내는 설명서를 통해, "양전사업이 시무(時務)의 급선(急先)이요 이재(理財)의 관건이 되는 중요한 사업인데도 불구하고 시작에는 급했으나 시행에는 늦어지게 된" 이유를 묻고 있다. 더구나 외국인을 고용하여 높은 급료를 주면서도 일을 진척시키지 못하는 문제를 지적하였다.[70] 결국 중추원에서 가장 바람직한 방법은 일단 양지아문을 폐지하고 그 경비를 국고로 환수하며 이후 법률을 바르게 한 연후에나 실시할 것까지 주장하였다.[71] 요컨대 이제까지 추진된 양지아문의 설치와 양전방식을 비판하면서 양전의 폐지까지 요구하는 주장을 담고 있었다.[72]

이렇게 양전시행을 둘러싸고 논란을 거치는 가운데, 그해 4월 5일 양지아문은 「각도에 양무감리(量務監理)를 해당 도내의 군수 중에서 계산이 밝고 성적이 우수한 자로 선택하여 우선 시험함이 가(可)하다는 청의서」를 제출하게 되었다.[73]

여기서는 양지아문은 종래 외국인 기사를 고용하여 전국적으로 양전을 시행하는데 수년이 걸리게 될 것인데 반하여, 그동안 지세수입의 확충을 위해서는 조속히 양전을 실시하는 것이 필요하다고 주장했다.[74] 또한

---

70) 외국인의 고용에 대해서는 "我國의 言語習俗을 未盡通曉하였으니, 中間에 幻弄하거나 胥動浮訛하는 弊端을 방지할 수 없으므로 이와 같으면 無益할 뿐만 아니라 오히려 또한 害가 될 것"이라고 비판하고 있다.

71) 『조회원본(來照原本) (2)』(국편, 中.B14.26-v2) 1899년 3월 10일 설명서 참조.

72) 이날 논의는 의관 이덕하(李德夏)가 제기한 것으로 추측되는데, 이날 폐지 주장에도 불구하고 그는 이후 1901년 4월 충청북도 양무감리로 활동하게 된다. 이로 보아 그는 원래 양전사업이 불필요하다는 입장을 가졌다기보다는 실현 가능성이 있는 양전방식을 채택해야 한다는 입장을 가지고 있었을 것으로 생각한다(『황성신문』 1899년(광무 3) 3월 10일조 「議革量衛」 참조).

73) 「各道量務監理를 該道內郡守중에 暗庸著績훈 者로 擇任호야 爲先試可에 關훈 請議書」 (『각부청의서존안』 10책 참조).

74) 1898년 3월 28일 전주사 이승원(李升遠)은 시무에 관한 10조목의 상소를 올리면서, 특히 전정의 문란이 亘古未有(긍고미유)라고 그 심각성을 지적하고, 경계를 분명히 한 연후에 법식을 마련하여 따로 세칙을 정하고 양전을 하면 매년 조세수입이

양전 방법으로서는 각 도에 양무감리를 파견하여 학원을 교성(敎成)하고 먼저 해당 지역에서 시험적으로 양전을 실시하여 성과를 본 후에 확대 시행한다는 것이다.[75]

이 청의서를 제출하게 된 배경에는 새로이 양전에 관한 조례가 마련된 데 있었다. 1899년 3월 10일 한성우체사 주사인 오병일(吳炳日)은 새로운 '양전조례(量田條例)'를 제기하고 있었다.[76] 그는 양전의 방식을 결부제를 준용(遵用)하는 방식으로 시행할 것을 주장하는 가운데, 14개 항목의 원칙을 제시하고 토지측량방식을 상세히 설명하고 있다.

量田條例

一. 量地衙門으로셔 十三道量地事務를 管轄홀 事

一. 各其道量地事務는 該觀察로 管理케ᄒ되 量地衙門 命令을 壹遵홀 事

一. 各其郡量地事務는 該郡守로 幹辦케ᄒ되 觀察府 指揮를 壹遵홀 事

一. 量地衙門으로셔 量地法式에 嫺熟ᄒ 人員을 擇選ᄒ야 各道에 一員式 派送ᄒ야 專省에 量地事務를 開導 糾察하여 各郡一同其規케 홀 事.

一. 各郡에셔 勿論儒士胥吏ᄒ고 公勤能書者와 悟解算法者로 五人(小邑 三人) 을 擇選ᄒ야 書記로 差定홀 事.

증대되어 국고가 유족하게 될 것이라고 주장하였다(『승정원일기』 「전주사 이승원 상소」, 1898년 3월 28일(양 4월 18일)).

75) 1899년 4월 6일 의정부는 이 청의서를 중추원에 보내 자문을 구했으며 4월 8일 「조회」에서는 중추원이 제기한 외국인 측량기사 문제를 인정하면서 이미 설치된 아문을 함부로 폐지를 논의할 수 없고 오직 양전의 방식을 구체적으로 마련하는 것이 중요하다고 강조했다. 이에 대해 중추원은 4월 15일 「조복(照覆)」을 통해 이전에 양지아문의 폐지를 주장한 설명서는 오직 양전을 실시하지 못하고 국재만 허비하게 될 것을 우려한 것이었다고 해명했다. 또한 「양무감리택임청의서」와 그 이유를 심사한 즉, 이내 실시의 조짐이 있고 또한 비용지출도 없어 '似合方便이오 將見確效'라고 하여 양전실시에 적극적으로 찬성하고 있었다(『중추원래문』(규 17788) 3책, 「조복 26호」 참조).

76) 『전안식』, 「양전조례」 참조.

一. 每面에 勿論品官儒士ㅎ고 公正勤幹ㅎ며 識事習算者로 一人을 擇選ㅎ야 監官을 差定ᄒ 事.

一. 書記監官이 郡廳에 先期齊會ㅎ야 量地事務를 商確講究ᄒ 後에 擧行케 ᄒ 事

一. 每里에 老農數人을 另擇ㅎ야 土品을 指審케 ᄒ 事.

一. 打量時 各該經費와 紙札所用은 自該郡으로 綜詳成冊ㅎ야 量地衙門에 報明 感下케ㅎ되 務從省費ᄒ 事.

一. 打量前에 訓令于各郡各里하여 使該田主로 具姓名立標하여 經界를 辦別하여 臨時 窘淆한 弊가 無케 ᄒ 事.

一. 打量時 執繩等事는 該洞任과 該田夫로 擧行케 ᄒ 事.

一. 步尺增減과 田地遺漏와 等第不公ᄒ 者 有ㅎ면 監色與田主가 皆有當律ᄒ 事

一. 打量已畢後에 字號卜數를 成爲量案五件ㅎ야 一報本衙門ㅎ야 度支部에 存留케 ㅎ고 該道該郡該面該里에 各寘一件ᄒ 事.

一. 量案末段에 該觀察使郡守書記監官이 署名捺章ᄒ 事.

그의 양전조례의 내용을 살펴보면, 첫째 양지아문에서 실시할 전국적인 양전의 추진기구를 구체적으로 제시하고 있다(제1~7조). 우선 양지아문이 기존의 도, 군 등 행정조직을 이용하면서 전국의 토지측량을 관할하게 되고, 각 도에 1명의 관리를 파견하여 양전을 실시하도록 하고 있다. 또한 각 군에서 유사(儒士)나 서리(胥吏)를 가리지 않고 5명씩 뽑아 서기로 임명하고 각 면에서도 또한 1명을 뽑아 감관(監官)으로 삼아 양전을 담당케 하도록 하고 있다. 결국 양전의 시행체계는 '양지아문⇒ 파원(각도 1명)⇒ 서기(각 군 5명)와 감관(각면 1명)'의 체계로 되어 있으며 실제 양전을 담당하는 것은 파원과 서기, 감관이었다. 이것은 종래 양지아문에서 구상하고 있었던 외국인 측량기사와 기수보를 중심으로 하는 양전방식과는 크게 다른 것이었다.

둘째, 각 면리 단위에서의 측량방식에 대해 구체적으로 명시하고 있다. 토지를 측량할 때 토품(土品)을 측정할 지심인(指審人)을 두도록 하고 있으며, 측량하기 전에 각 면리에서 전주(田主)로 하여금 성(姓)과 명(名)을 함께 써 입표(立標)하고 척수증감과 진전유무, 등급 판정을 엄격히 하고 최종적인 책임은 감색(監色)과 전주가 책임을 지도록 했다.[77]

그런데 문제는 전품의 사정을 어떻게 할 것인가 하는 것이었다. 그는 이미 제기된 주장처럼 소출을 근거로 산정하거나 토지가격을 놓고 산정하는 것이 어렵다고 하면서 '자호등분을 모두 구장(舊章)에 근거하여 짐작하여 손익'하면 크게 오차는 나지 않을 것이라고 하였다. 따라서 전답의 면적을 주척(周尺) 5척을 양전 1척으로 하여 객관적으로 측량하되 전품 6등급을 근거로 다시 결부를 산정한다는 것이었다.[78] 이렇게 그는 결부제의 폐단을 인식하고 경무법의 도입을 주장하는 여러 논자들과는 달리 종래 결부제를 그대로 준용할 것을 주장하고 있었다.

이러한 주장은 이후 양전사업에서 실시될 양전원칙에 그대로 수용된 것으로 생각된다. 광무양전사업의 '양전사목(量田事目)'에서는 가장 기본적인 양전의 원칙으로서 '전답분등(田畓分等) 정결규례(定結規例) 병의국조구전(竝依國朝舊典)'이라고 규정하고 있는 것과 같다.[79] 이는 종래 토지의 비척을 전품 6등급으로 나누어 파악하는 결부제를 그대로 준용한다는 원칙을 갖고 있었고, 다만 전답도형을 종래 5형이외에도 다양한 도형을

---

77) 이러한 측량방식은 중앙에서 파견된 양전실무자가 양전을 담당한다기보다는 실제적으로 해당 지방에서 자체 양전을 실시하는 측면이 농후하다고 할 수 있다. 실제 광무양전에서는 이와는 달리 중앙에서 파견되는 양무감리와 양무위원, 학원에 의해서 전적으로 양전이 실시되었다.

78) 그렇게 본다면 여전히 전품의 산정이 객관성을 가질 수 없을 터인데, 그는 다만 '기지방옥(基址房屋)'을 측량할 때는 토품이 낮더라도 '호례(好例)'로 등급을 매긴다는 언급이외에 특별한 것은 없었다.

79) 『증보문헌비고』, 전부고 2, 중권 645면 참조.

통해서 구체적인 토지면적을 객관적으로 측량한다는 방침을 추가하고 있을 뿐이었다. 서양의 측량기술을 도입하여 종래 양전법에서 오는 결함을 시정하려고 하였으나 종래 결부법을 채용하는 한에서는 여러 폐단을 근본적으로 제거할 수 없었을 것이라고 생각된다.

이러한 오병일의 양전조례는 이후 양지아문의 청의서 내용에 그대로 수용되었던 것으로 보인다.[80] 양지아문의 경우에는 각 도에 현직 군수 중에서 임명되는 양무감리가 각 지방에 양전사무를 주관하고 책임하에 양전을 시행하게 하였다. 양전의 실무자로서 학원은 양지아문에서 측량을 수련한 견습생으로서 졸업후 중앙에서 각지방에 파견하거나 감리가 일부 양성하도록 하였다.[81] 이에 따라 양전의 추진체계는 '양무감리⇒ 양무위원 ⇒ 양무학원'으로 이루어지게 되었다.[82]

한편 양지아문은 각 지방에서 실시할 양전사목은 구체적으로 마련하였다. 1899년 5월 11일 양지아문은 「양지아문 시행조례」를 미리 공포하였다.[83] 이 시행조례는 전국적인 양전을 앞두고 양전의 원칙과 시행방식을 각항목별로 상세하게 규정하고 있다.

「量地衙門 施行條例」

一 成冊式은 左開를 依홀 事

---

80) 『주의(奏議)』(규 17703) 29책, 「주본 72호」 1899년(광무 3) 4월 24일 참조.

81) 이에 따라 견습생의 훈련도 중요시되어 「양지아문견습생규칙(量地衙門見習生規則)」(1899. 4. 21)을 만들게 되었다. 여기서는 종전 측량의 담당자가 수기사와 기사보로만 되어있던 것을 고쳐그 아래 견습생을 둔 것이었다(『관보』 1243호, 광무 3년 4월 24일).

82) 양무위원은 본 '청의서'에는 언급되어 있지 않지만, 처음부터 양무위원을 임명하고 있으며 이후 1900년에 가서 학원 중에서 양무위원을 일정하게 선임하는 「양무위원 임명규칙」이 마련되기도 했다(『지계아문래문(地契衙門來文)』 광무 4년 10월 8일 참조).

83) 「양지아문 시행조례(施行條例)」(『시사총보(時事叢報)』 52호(1899년 4월 2일, 양력 5월 11일) ; 53호(1899년 4월 4일, 양력 5월 13일).

某道某郡時起田畓字號夜味斗數落成冊 △某面, 某坪, 或稱員, 或稱里, 依前日量案 △某字田 幾夜味(或稱座) 幾斗幾升落, (日耕息耕) 時主姓名, 時作姓名 △ 某字畓(上仝) △已上某字田, 合幾夜味, 幾斗落, 某字畓, 合幾夜味, 幾斗落, 共合田, 幾夜味, 幾斗幾升落, 畓, 幾夜味, 幾斗幾升落, 年月日, 郡守姓名, 鈐章, 踏勘有司姓名鈐章, 該掌書記姓名鈐章

二 田畓을 勿論原結還起加耕新起火粟ᄒ고 但從今日耕農ᄒ야 一體登載ᄒ야 毋或一夜味一座見漏ᄒ며 至若陳川等田畓은 雖昨年耕農이라도 今日陳川이어든 勿爲入載ᄒᆯ 事

三 成冊은 以該郡公用紙로 編造ᄒ며 每一面各成一冊ᄒ야 本衙門으로 都聚上送ᄒᆯ 事

四 自該郡으로 另擇該面內有地望公正解事者 一員或二員ᄒ야 差定踏勘有司ᄒ야 該掌書記와 該面任과 各田畓主와 作人을 指揮辦事케ᄒᆯ 事

五 田畓主或舍音作人輩가 疑阻或漫汗ᄒ야 夜味數와 斗落이 隱漏或錯誤ᄒᄂ 弊가 有ᄒ야 開量後綻露ᄒ면 該有司와 書記와 田畓主를 別般嚴懲ᄒᆯ 事

六 田畓時主가 朝暮變遷ᄒ며 一家異産ᄒ니 田畓主姓名相左ᄂ 勿爲究詰ᄒ야 民等의 便宜를 從케ᄒᆯ 事

七 各該郡이 訓到ᄒᆯ 時ᄂ 自該郡直報ᄒ며 成冊도 自該郡直爲賫上ᄒ되 抵納期限은 訓到後六十個日과 該郡의셔 居京都每日八十里로 計算ᄒ야 定ᄒᆯ 事

八 驛土屯土及各樣公土도 一例入錄하되 區別標題ᄒᆯ 事

九 田畓踏驗後에 成冊修正賫上等費ᄂ 該郡에서 精略定數ᄒ야 明細書를 另具ᄒ야 本衙門으로 直報ᄒ야 公錢을 計劃케할 事[84]

84) 『시사총보』 52호(1899년 4월 2일, 양력 5월 11일) ; 53호(1899년 4월 4일, 양력 5월 13일). 실제 고시문에는 조항의 차이가 있다. 특히 「전령 서초면 각동대소민인 (傳令 西初面 各洞大小民人)」에서는 '十 各該郡新舊陳川都摠數ᄅ 成冊末端에 另附할 事'이 추가되어 있다(『고문서 집서 94-영해 재령이씨편(Ⅲ)』, 한국학중앙연구원, 2008 참조).

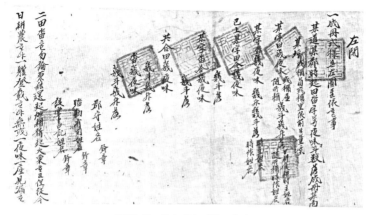

〈그림 5〉 양지아문 시행조례 1조

이러한 양지아문 시행조례의 특징은 다음과 같다. 첫째, 토지조사의
방식이 실제의 토지상태를 고려하고 배미[夜味]와 두락(斗落)을 파악하고자
하였다(제1조). 이는 조선후기 이래 전통적인 양전방식인 결부제를 폐기하
고 객관적인 토지면적 단위인 두락제를 채택한 것이다.

둘째, 양안에 수록될 농지의 범위를 일단 한정하고 있었다. 토지를
측량할 때 원래 양안에 수록된 환기전, 가경전, 신기전, 화속전 등의 명목을
가리지 말고 올해 경작하고 있는 농지를 일체 수록한다는 것이다(제2조).
예컨대 진전, 포락전 등은 작년에 경작을 했더라도 올해 진전이 되었다면
등재시키지 않는다는 원칙을 제시하였다. 실제 양전과정에서 이러한 원칙
을 그대로 적용하여 기경전 위주로 토지를 조사하고 있었다.

셋째, 토지의 소유와 경영에 관련되어 있는 당사자로서 전답주와 작인을
동시에 조사하려고 하였다(제6조). 기왕의 양전에서는 전답주만을 조사하
는 원칙을 가지고 있었지만, 이번 양지아문의 양전에서는 작인을 조사한다
는 원칙을 세웠다. 이는 규정 자체만으로도 중요한 의미를 갖고 있었다.
양안에 작인의 성명이 기록됨으로써 작인의 경작권과 관련된 모종의
후속조치를 기대할 수 있었다.

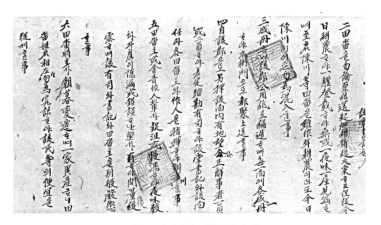

<그림 6> 양지아문 시행조례 2~6조

"육(六). 전답 시주가 아침 저녁으로 변동하며, 일가(一家)의 경우에도 이산異産, 즉 분호별산(分戶別産)]의 경우가 많은데, 이를 치밀하게 조사하는 것은 물의를 일으킬 수 있으므로 이를 가급적 민인들의 편의에 따르도록 한다."[85]

그러나 양지아문 시행조례의 제6조에서 지주조사의 원칙을 강조하기는 했지만, 개별적인 토지소유자를 파악하기 위한 구체적인 조사방식을 규정하지 않았다. 적어도 하나의 집의 경우에도 이산, 분호별산 등을 치밀하게 조사하는 원칙을 제시해야 했으며, 또한 각 동리의 호적 자료상의 성명을 참조하여 기록하도록 하는 등의 원칙을 제시하지 않았기 때문에 소유권 조사의 원칙상으로는 크게 미흡한 규정이었다고 할 수 있다.

넷째, 양지아문 시행조례에서 가장 주목되는 점은 양전사업에서 조사될 전주와 답주, 그리고 작인의 이름에 새로운 표기명을 부여하고 있다는 것이다. 즉 전답의 '시주(時主)'와 '시작(時作)'으로 표기하고 있다(제1조,

---

85) "六 田畓時主가 朝暮變遷ᄒ며 一家異産ᄒ니 田畓主姓名相左ᄂ 勿爲究詰ᄒ야 民等의 便宜를 從케홀 事"(「양지아문 시행조례」).

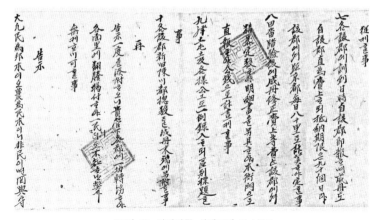

〈그림 7〉 양지아문 시행조례 7~10조

제6조).

이렇게 전주(田主)의 자진신고를 기초로 하여 소유자조사가 이루어지는 것을 원칙으로 하였지만, 예컨대 지주들이 일일이 참여하지는 않았던 것으로 보인다. 대부분의 지역에서는 경기도 수원과 용인군의 토지조사과정에서 나타났듯이, 지심인(指審人)이나 두민(頭民), 동장(洞長)들이 대신 보고하거나, 아니면 학원(學員)이 시작의 소명을 통해서 간접적으로 조사하였던 것으로 생각된다.[86]

이와 같이 양지아문은 전국적인 양전방침을 세우고 당시 국가재정의 중요한 원천인 결세(結稅)의 확대를 위하여 시기전답의 은·루결(隱·漏結)을 조사하고 결총(結摠)을 증대시킨다는 목표를 표방하고 있었다.[87] 그러기 위해서는 우선 각 도에서 한 지방을 선정하여 양전을 시험적으로 조속히 실시해야 했다. 이에 따라 임명된 양무감리를 각 도별로 살펴보면

---

86) 『사법품보(司法稟報)』 을(乙), 제42책, 「평이원검사 홍종억의 법부대신 이지용에 대한 제 64호 보고서」(光武 8년 6월 15일).

87) 각 지방에 結數를 多得한 양전관리에 대한 포상제도를 마련하기도 했다.(「各道量務監理를 該道內郡守중에 擇任ᄒ야 爲先試可ᄒᄂ 件」 제7조 규정 『주의』(규 17703), 29책, 「주본 72호」 광무 3년 4월 24일 참조).

다음과 같다.[88]

〈표 5〉 전국 양무감리 명단(1899~1901)

지역	전임자	전임관직	임명일자	후임자	전임관직	임명일자
경기	이종대(李鍾大)	양무위원	1899.11.11	이승우(李勝宇)	종2품	1900. 4.27
충남	정도영(鄭道永)	전의군수	1899. 5.29	민치순(閔致純)	정3품	1900. 5.21
충북	이계필(李啓弼)	옥천군수	1899.11.11	이덕하(李德夏)	6품	1900. 4.27
				이필영(李弼榮)	3품	1901. 4.9
전남	김성규(金星圭)	장성군수	1899. 3.18 ~ 1900.10.30	이우규(李祐珪)	4품	1900.11.6
				전병훈(全秉薰)	전의관	1901. 3.21
				한용원(韓龍源)	4품	1901. 4.9
전북	이태정(李台珽)	남원군수	1899. 5.29	이승연(李承淵)	익산군수	1900. 5.30
				오횡묵(吳宏默)	양무위원	1901. 3.21
경남	남만리(南萬里)	거창군수	1899. 3.18	최두문(崔斗文)	정3품	1900. 4.5
경북	박준성(朴準成)	신녕군수	1899.11.11	김자선(金滋善)		1900. 4.5
황해	전병훈(全秉薰)	전의관	1901. 4. 9			
평남	팽한주(彭翰周)	평양감리	1901.10.22			

위의 표와 같이 전라남도와 경상남도에 제일 먼저 양무감리가 임명되었
고 그 다음으로 충청남도와 전라북도의 양무감리가 임명되었다. 그러나
실제 양전사업을 담당할 양무위원과 학원이 처음으로 임명되는 곳은
충청남도 아산군(牙山郡)이었다.

3. 양지아문의 양전사업 전개와 양안의 작성

1) 충청남도 아산군의 시험양전

광무양전사업에서 지방의 양전지역으로서 시범적으로 실시되는 곳이

---

88) 『관보』, 『일성록』 해당 일자 인사기록 참조.

바로 충청남도 아산군이었다.[89] 1899년 5월 29일 충청남도 양무감리로서 전의군수 정도영(鄭道永)이 임명되었으며 이어 6월 5일 정3품 이종대(李鍾大), 9품 이기(李沂), 이교혁(李喬赫), 송원섭(宋遠燮) 등이 양무위원으로 되었다. 아산군의 양전은 정도영의 지휘하에 이종대 등 4명의 양무위원이 22명의 학원을 대동하여 이루어졌다. 아산군의 양전은 6월 20일에 시작되어 9월 13일까지 약 3개월에 걸쳐 시행되었다.[90]

아산군의 양전방식에 대해서는 상세한 기술자료가 없으므로 현재 남아 있는 아산군 광무양안의 기재내용을 분석하여 역으로 실제 시행방식을 추론할 수밖에 없다. 그런데 아산군 양안의 기재양식에는 각 면별로 많은 차이를 보이고 있다.[91] 아산군 양안 중초책(中草本) 모두 19책의 기재내용을 살펴보면, 면에 따라서 두락과 구결부를 기록했을 뿐만 아니라 실적수 및 등급 결부 등을 기록하는 위치가 다르며 소유주와 작인의 표시도 시주, 시작이나 전주, 작인 등으로 각기 다르게 기재하고 있음을 발견할 수 있다.

그러한 기재양식의 차이를 대략 4가지 특징을 갖는 유형으로 나누어 볼 수 있다. 첫째, 면적과 전답주를 표시하는 방식에서 적(積), 등(等), 부(負)가 같은 단(段)에 있고 다음 단에 두락과 배미가 있으며 하단에 답주, 작인이 있는 경우이다.[92] 둘째, 배미와 실적이 나란히 있고 다음

---

89) 이 지역이 선택된 이유를 정확히 알 수 없다. 다만 충청도에서 황간군(黃澗郡)과 더불어 은결이 가장 많은 군으로 지칭되고 있다.(『신양안조제연혁조사서(新量按調製沿革調査書)』참조).

90) 『충청남도 아산군 양안』 9책 중 1책 현내면, 뒷장 기록(광무 3년 6월 20일 시량(始量), 광무 3년 9월 13일 필량(畢量), 광무 4년 5월 일 정서) 참조.

91) 아산군양안의 장부양식에 대해서 이미 미야지마 히로시(宮嶋博史)가 양안에 기록된 중초본 19책을 분류하였는데, 특히 이북, 삼북, 남면(두락수의 기재 : 미야지마가 말하는 1유형), 그리고 이동(하책,구결부의 표시 : 3유형), 현내면(중,하책, 두락수의 기재)의 일부에서 민간의 두락이나 구결부가 기재되었다는 점을 지적했다. 이런 표기는 양지아문에서 실시한 다른 지역의 양안과는 다른 것이었다.

92) 『아산군이북면양안』(중초본) 사(仕)자의 첫 필지 참조.

〈표 6〉 아산군 중초본 양안 양식 분석

	자호지번	전답도형도	실적 및 결수	두락	전답주/시주 시작
1	第 一 梯畓	(省略)	積 五千四百 六尺 四等 結 二十九負七束	六斗落 五집	畓主 張汝洪 作人
2	第一 越嶺 東犯 梯帶直田	(省略)	一座 積 二千四百四十尺五寸	五等 九卜八	田主 ┐ 　　　｜ 金二鳳 作人 ┘
3	第 一 西犯 　　梯田	(省略)	伍等 積 三千九十尺 拾貳負肆束		田主 車致長 作人 同人
4	第 一 三角畓	(省略)	積 九百三十一尺五寸 五等 結 三負七束	四집	時主 朴敬守 時作

단에 등급과 결부가 있으며 두락은 생략되어 있는 경우이다.[93] 셋째, 배미가 위에 다음 단에 등급 그리고 다음에 실적과 결부가 있는 경우이다.[94] 넷째, 첫째 경우와 비슷하나 두락이 표기되어 있지 않고 소유주의 표시가 전주 작인이 아니라 시주 시작으로 표기되어 있는 경우이다. 특히 양안의 기재사항에 대해 각기 종횡으로 외곽선이 그어져 있는 것이 특징이다.[95]

이렇게 다양한 양안의 양식이 나타난 이유는 무엇보다도 최초의 양전지역이기 때문에 양안의 기재형식을 통일적으로 마련하지는 못했기 때문인 것 같다. 그렇다고 해서 이 차이가 아산군 양전시 양전이 전혀 통일적이지 못하고 자의적으로 이루어졌다는 것을 뜻하지는 않는다. 왜냐하면 양안의 기재방식 가운데 일정한 공통성을 발견할 수 있기 때문이다. 즉 토지의 모양과 면적을 정확히 파악하기 위해 전답모형을 그려두고 있으며 종래

---

93) 『아산군일동면양안』 수(垂)자의 첫 필지 참조.
94) 『아산군이서면양안』 면(面)자의 첫 필지 참조 ; 『전라도흥양현소재기로소둔전답양안』(규 17701) 내 「아산군 남면 양안」(원래 아산군 남면 중초본 양안인데 잘못된 표지가 붙여짐)에서도 같은 양식이 보이고 있다.
95) 『아산군 일북면 양안』 해(海)자의 첫 필지 참조.

장광척만 표기하는 방식에서 이제 실적수를 표기했으며 또한 1필지의 토지내에서도 배미[夜味]나 좌(座)를 표시하고 있는데, 이는 이전의 양전에서는 찾아볼 수 없는 것으로 그만큼 치밀한 토지조사가 이루어졌다고 할 수 있다.

〈그림 8〉 아산군 일북면 중초본 양안(1)

아산군 양안의 기재 사항 중에서 토지소유자의 표기는 종전의 양안에는 전답주만 표기되어 있는데 반하여 아산군 양안에서는 전답주뿐만 아니라 작인까지 표기하고 있는 점이 공통적이다. 특히 1필지의 전답이나 대지에서 작인이 여러 명인 경우에는 일일이 표기하고 있어서 어느 필지에는 5~6명의 작인명이 등장하거나 또는 십수 명의 작인명이 등장한다든지 하여 전답주뿐만

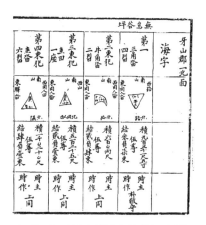

〈그림 9〉 아산군 일북면 정서본 양안(2)

아니라 작인의 조사가 비교적 철저하게 이루어졌다는 점을 알 수 있다. 요컨대 토지의 형상이나 면적과 더불어, 전답의 소유주와 작인을 파악하는데 이전의 양전과는 달리 엄밀한 파악이 이루어졌다고 볼 수 있다.

그렇다면 아산군의 양전을 시행할 때, 보다 면밀한 조사 기재원칙을 설정하여 두고 양전을 시행했다면, 처음부터 통일적인 양식으로 정리되어 갈 것이었는데, 왜 그렇게 하지 못했는가 하는 것이 의문이다. 이곳의 양전을 담당한 양무위원으로서 이종대, 이기, 이교혁, 송원섭 등 4명이 처음에 양전의 원칙과 방식에 대해서는 협의를 통해 공통적인 양전원칙을 정했겠으나 조사 후 양안의 기재형식에 대해서 상세한 항목에 이르기까지 세밀한 지침을 마련하지 못한 것으로 보인다. 양전의 처음 시작이 현내면(縣內面)의 관아로부터 양전이 시작되어 첫 번째 필지를 '제일기수(第一起手)'라고 표현하고 있다. 그런데 이 현내면의 양전에는 4명의 양무위원 전원이 참여하지 않고 이교혁 혼자 담당한 것으로 되어 있다. 이것은 4명의 양무위원이 각기 담당한 면으로 흩어져서 제각기 양전을 시행했다는 의미로 볼 수 있다.96) 이러한 추정에 근거해볼 때, 양안의 기재양식에서 나타난 차이점은 결국 각 면의 양전을 담당한 양무위원이 각기 달랐기 때문이며, 면별로 차이가 드러나고 있는 것이 아닌가 한다. 다음 표에서는 면별로 드러나는 기재양식의 차이와 함께 양전을 담당한 양무위원의 이름을 예시한 것이다.

〈표 7〉과 같이 양무위원 이교혁은 현내면과 이북면을, 송원섭은 일동, 이동면을, 이종대는 삼북, 근남면을 각각 담당하였다. 이서면만 학원 3명이 담당하였다. 이 지역의 양안은 앞의 〈표 6〉 예시 중에서 첫째, 둘째, 셋째의 형식으로 되어 있으며 공통적인 특징은 대개 두락을 병기하고 있으며 토지소유주의 표시에서도 전주, 답주, 작인 등으로 표시되어 있고 양안의 형태가 잘 정돈되어 있지 않다.

이에 비하여 이기(李沂)가 담당한 일북, 일서, 삼서면의 경우에는 여타

---

96) 아산군의 양안 가운데 근남면의 중초본 양안에는 양무위원 4명이 모두 참석하여 양전을 한 것으로 되어 있다. 한편 정서본 양안에는 양무위원 이종대, 학원 이기 이교혁 송남섭으로 되어 있는 반면에, 원남면의 경우는 모두 양무위원으로 표기되어 있다. 이 기록은 단순히 오기했다고 보기 보다는 분명히 구분이 필요했던 것으로 보이는데, 근남면의 경우는 이들 4명의 양무위원이 이종대의 지휘하에 한차례 시험양전을 한 지역으로 추측할 수도 있을 것이다. 아니면 자호의 순서대로 근남면과 원남면이 맨 마지막으로 측량한 지역이라고도 볼 수 있다. 두 가지 해석이 다 가능하다는 점에서 양전의 개시지역과 양안의 기본 형태에서의 결론을 내리기 지극히 곤란하다는 점만은 밝혀 두겠다(『아산군양안』의 근남, 원남면 양안의 해당부분 및 『전라도 흥양현소재 기로소 둔전답양안』(규 17701) 內 「아산군 남면 양안」 부분 참조).

<표 7> 아산군 양안 면별 양식분석 Ⅱ

면명	자호수	두락	시주표기방식	양무위원
현내(縣內)	天-薑(64)	O	전답주, 작인	이교혁(李喬赫)
이북(二北)	仕-疲(85)	O	전답주, 작인	이교혁(李喬赫)
일동(一東)	垂-知(61)	X	전답주, 작인	송원섭(宋遠燮)
이동(二東)	過-福(60)	X	전답주, 작인	송원섭(宋遠燮)
삼북(三北)	緣-登(78)	O	전답주, 작인	이종대(李鍾大)
근남(近南)	銘-遵(59)	O	전답주, 작인	이종대(李鍾大)
일북(一北)	海-道(44)	X	시주, 시작	이기(李沂)
일서(一西)	守-邙(26)	X	시주, 시작	이기(李沂)
삼서(三西)	槐-刻(33)	X	시주, 시작	이기(李沂)
이서(二西)	面-俠(76)	X	전답주, 작인	방한문(方漢文) 고경진(高敬鎭) 황희연(黃希淵)(學員)
원남(遠南)	約-靑(22)	O, X	혼용	이종대 이기 이교혁 송원섭

지역과 달리 시주, 시작으로 표기되어 있으며 양안의 기재사항이 종횡의 실선으로 구분하여 정리되어 일목요연하게 살펴볼 수 있다. 반면에 구래의 두락이나 결부는 전혀 표시되어 있지 않다. 반면 원남면의 양안은 앞서 예시한 양안의 기재형태가 골고루 보이고 있는데, 그 이유는 양무위원 4명이 서로 지역을 나누어 양전을 실시했기 때문이었다.[97]

이렇게 각 면별로 양무위원에 따라서 각기 조금씩 달리하는 양안의 표기방식이 중초본과 정서본을 만드는 과정에서 정리되었다. 결국 1900년 5월에는 양지아문에서 정서할 때는 이제 양무위원 이기의 기재방식에 따라 매우 정연된 형태로 정리되어 통일적인 형식을 갖추게 되었다. 실적수, 등급, 결부를 동열에 놓고 있으며 전답주의 표기가 시주, 시작으로 고쳐져서 기록되었다.[98] 아산군의 양전과정에서 민간에서 사용하는 두락이나 구래의 결부도 조사하였지만 두락이 객관적인 토지면적을 표시할 수 없으며

---

97) 양안의 표기형태로 보아, 원남면의 양전에서 이종대와 이교혁이 약(約)-번(煩), 기(起)-전(剪), 용(用)-군(軍) 등 모두 9자(字), 이기가 형(刑), 파(頗)-목(牧) 등 3자(字), 송원섭은 최(最)-청(靑) 10자(字)를 측량한 것으로 추측된다(『아산군 원남면 양안』 참조).

98) 『아산군 이서면 양안』(정서본) 사자(仕字)의 첫 필지 참조.

결부도 현실의 토지등급과 격차가 매우 심했으므로 모두 정서과정에서 생략되고 말았다. 이전의 양안과 비교해 보면, 농지의 형상을 그대로 본 떠 표기하면서 실적수를 정밀하게 표기하였다는 점으로 보아 비교적 객관적인 측량이 이루어졌다는 것을 알 수 있다.[99]

다음으로 주목할 점은 이 지역의 양안에는 시주와 시작의 인명이 상당수가 실명으로 나타나고 있는 특징이 있다. 특히 중앙관료의 경우에는 어김없이 실명을 쓰고 있다. 찬정 윤용선(尹容善), 판서 박정양(朴定陽)을 비롯하여 조동면(趙東冕), 윤웅열(尹雄烈), 오준영(吳俊泳), 이순익(李淳翼) 등과 아울러 김가진(金嘉鎭), 김석진(金奭鎭), 승지 심의순(沈宜純) 및 윤치호(尹致昊) 등을 들 수 있다. 이들 관료들의 토지에는 대개 성과 관직 명과 함께 이름을 부기해 놓아 다른 사람들의 표기와 구분하고 있다.[100]

이렇게 현실의 토지소유자를 분명히 파악하려는 노력은 이 지역에 토지를 가지고 있는 외국인에 대해서도 파악해내고 있었다. 예를 들어 불란서 선교사의 토지가 2,302척 5촌이었으며 일본인 우에노(上野)의 답은 10만 9,877척 5촌이나 되었다고 한다. 이렇게 아산군 양전사업은 외국인, 특히 일본인 대지주의 토지소유를 적발해 내고 있는 것이다.[101] 외국인의

---

99) 아산군 양전 당시 이기는 어린도책과 유사한 형태로 지도를 작성하였는데, 그 방식은 한 면을 구(區)와 그 아래 역(域)으로 나누어 지적도를 그려서 해당 지역의 토지를 일목요연하게 파악하는 것이었다. 그렇게 하여 실제 아산군의 양전에서 시행하면서, "愚嘗試諸牙山 其功用易就 似勝於兪貞軒築墩 丁茶山經線等法"이라 하여 자못 엄밀한 파악방식으로 생각되어 양지아문에도 실시할 것을 건의해 보았으나 적당한 인재를 찾지 못해 시행하지 못하고 말았다고 한다(『해학유서』 권2, 「급무팔제의(急務八制議)」 전제 제5, 52~53쪽).

100) 특히 박정양의 경우 일동, 이동면에 있는 토지만 해도 91필지에 걸쳐 10여결(약 25정보 가량)로 나타나고 있으며 모든 필지에 시작이 따로 기재되고 있다는 점에서 부재지주를 명백히 표시하고 있다. 그가 당시 양지아문 총재관이라는 점과 고려하여 보면 시험양전의 지역으로 아산군을 선택한 이유를 추측해 볼 수 있다.

101) "「外國人의 內地買土」 量地衙門에서 委員을 牙山郡에 派送ᄒ야 田畓을 踏量ᄒ고 時主의 姓名을 槪考ᄒ즉 法國 宣敎師의 田이 2302尺 5寸, 日人 上野의 畓이 10萬 9877尺 5寸이니 右는 平方計더라"(『황성신문』 1900년(광무 4) 2월 26일(음 광무4년

불법적인 토지소유에 대하여 당시 대한제국 정부에서는 여러 경로를 통해 환매처분을 종용하는 한편,[102] 외국인의 내지 주거 및 토지매매를 엄격히 금지하는 조치를 취하고 있었다.[103] 이러한 예에서도 나타나듯이, 아산군의 양전을 통해서 토지소유의 적법성을 가려낼 정도로 실지조사를 행하여 실소유자를 준별해 내고 있었다는 것을 알 수 있다.

다음으로 아산지역에서 행해진 양전의 결과에서 주목되는 것은 양전사업의 목적 중에 하나인 수세지의 확충이라는 성과였다.

〈표 8〉 아산군 양안과 구양안 및 시기결의 비교표(단위 : 결)

면명	구양안			신양안			시기결*	결총 차이**	
	결총	전	답	결총	전	답	결총	구양안	수세실결
현내	363.220	183.089	180.131	364.693	85.419	279.274	326.479	1.473	38.214
일서	177.534	81.831	95.703	170.688	43.275	127.413	147.567	-6.846	23.121
이서	289.476	93.601	195.875	409.068	27.630	381.438	116.015	119.592	293.053
삼서	240.183	119.412	120.771	215.707	48.346	167.361	116.763	-24.476	98.944
남면	446.745	217.671	229.074	444.837	97.216	347.621	370.922	-1.908	73.915
일동	349.551	152.059	197.492	303.303	83.312	219.991	296.742	-46.248	6.561
이동	296.769	116.423	180.346	302.742	72.069	230.673	253.170	5.973	49.572
일북	342.223	159.785	182.438	294.842	70.582	224.260	254.842	-47.381	40.000
이북	467.373	163.415	303.958	463.182	85.186	377.996	383.626	-4.191	79.556
삼북	436.585	138.694	297.891	429.951	82.041	347.910	374.688	-6.634	55.263
합계	3,409.659	1,425.980	1,983.679	3,399.013	695.076	2,703.937	2,640.814	-10.646	758.199

1월 27일)). 특히 일인 우에노(上野)의 답은 11.98정보(1정보 9,168척 기준)에 달하는 큰 토지였다.

102) "(外人所買의 還退)內部에서 牙山郡에 訓飭ᄒ기를 外國人이 買得한 田畓家垈의 面積實數를 錄訓ᄒ노니 潛賣者를 저저 捉囚ᄒ고 該田畓과 家垈를 不日還退케ᄒ라 하얏다러라"(『황성신문』 1900년(광무 4) 2월 22일 잡보기사), "日本人 柳聖云 呈以 一西二西三西 三面 所在庄土 賣次 立旨成給事 題 憑考次立旨成給向事"(奎 想佰 古 349.1035-sa 78, 『사송록』 3책 己亥 9월 1일).

103) 1900년 2월 안렴사 이도재가 전라남북도를 다니면서 10여건의 폐정개혁을 실시하였는데, 그 중에 '外國人의 內地住居及田土賣買者를 嚴禁事', '量地事務董飭事' 등이 포함되어 있었다. 실제 광주부에 거주하여 가옥을 매입한 본원사(本願寺) 일본인의 토지 매입 금지를 실시하고 있다(『황성신문』 1900년(광무 4) 2월 26일(음 1월 27일)).

당시 양전이후 파악된 총결수는 3,399결 1부 3속으로 종래 양전에 기초한 구결총에 비해서 10결정도 적게 파악해 내고 있었지만, 실전답은 3,392결로서 당시의 수세결에 비해 758결 정도를 더 많이 파악해 내고 있었다.[104] 또한 전체 결총 가운데 답결의 비중이 현저히 증가되어 구양안상의 59%에서 80%로 높아졌다. 이는 당시 전지(田地)가 답지(畓地)로 바뀌는 이른바 번답(反畓)현상을 반영한 것으로 보인다. 호구도 종래 3045호에서 1,175호가 더 많은 4,220호로 파악해 내고 있다.

이러한 아산군 양전의 결과는 토지소유자의 파악뿐만 아니라 국가의 수세원 확보나 호구파악에도 유용하다는 것이 판단되었을 것이다. 결국 전국적인 양전의 실효성을 입증한 것이었다. 아산군의 양전 이후 이종대는 경기도의 양무감리로서 승진되었고 이기는 곧 이어 전라남도 양무위원으로 되었으며 이교혁은 전라북도 양무위원으로 송원섭은 충청남도 양무위원으로 활동하게 되었다. 이렇게 아산군의 양전을 담당한 양무위원이 이제 양전의 확대와 아울러 경기, 충청, 전라도의 양전을 실질적으로 담당하게 된 것이었다.

2) 전국적인 토지측량의 전개와 양안의 작성

광무년간 양전사업에서 각 지역에서 측량하는 과정에서 토지의 지목과 형상, 면적과 결부평가 그리고 답주와 작인 등 양안상에 기록되는 토지에 관한 사항이 어떻게 조사되고 기록되는지 살펴보자.

우선 각 면에서 실제 측량과정에서 양전관리는 양전의 방식을 규정한

---

104) 구양안 결총은 읍지 기록을 근거로 하며 신양안은 『아산군양안』의 것이다.
　　* 시기결은 『호서읍지(湖西邑誌)』 아산군읍지 무인시기전(1878년, 고종 15) 실결총이다. ** 결총차이는 (1)은 (신양안결총)−(구양안결총), (2)는 (시기결총)−(신양안결총)으로 산출한 것이다.

'응행규례(應行規例)'를 작성하여 해당 면내 해사인(解事人) 및 답감유사(踏勘有司)로 하여금 일일이 대소민인 등에 알리고 방곡(坊曲)에 게재하고 모두 알게 하고 있었다.105) 또한 해당 토지를 측량할 때는 필지마다 토지의 경계와 소유자를 분명히 표기해 놓도록 지시하고 있었다. 특히 전국 측량시 양전 방침으로 채택되었을 것으로 추정되는 오병일의 '양전조례(量田條例)'에서 '一 打量前에 訓令于各郡各里하여 使該田主로 具姓名立標하여 經界를 辨別하여 臨時 窘清한 弊가 無케홀 事'라고 제시한 것처럼, 전주로 하여금 일정한 표식을 하도록 하고 있었다.106) 그러니까 토지소유자로 하여금 문서상의 신고서를 받는 것은 아니었고 대개 측량당시에 일정한 표식을 통하거나 구두로 양전관리에게 보고하는 형태를 취하고 있는 것으로 보인다.107) 그렇지만 실제로는 지주들이 참석하기 보다는 각동(各洞)의 지심인(指審人)이나 두민(頭民)과 동장(洞長)들로 하여금 토지의 소유자명을 양무학원에게 보고하도록 하였다.108) 따라서 각 면리에 일을 잘 아는 사람으로 면리의 유사(有司)를 차정(差定)하고 이들로 하여금 지심을 담당하게 하였으며,109) 또한 초기에는 전답주를 대신하여 시작(時作)을 초대하고 학원과 같이 참평하게 하여 양무(量務)의 공평을 보장하게 한 것으로 생각된다.110) 실제 측량을 위해서는 위원, 학원뿐만 아니라 여러 보조인력

---

105) 『초정집(草亭集)』 권9, 「전령 나주군각면」 1900년 6월 27일 참조.

106) 『전안식』 「양전조례」 참조.

107) 한성부내 양지사무에서 '僻巷人家에 門牌를 種種不懸ᄒ야 該事務에 防碍가 不無ᄒ니'라고 하였는데, 양전관리가 문패를 보고 가옥의 소유자를 판별한 것으로 보인다 (『황성신문』 1901년(광무 5) 1월 12일 「當懸門牌」 참조).

108) 『사법품보(司法稟報)』 을(규 17279의 제42책), 光武 8년 6월 15일 平理院檢事 洪鍾檍의 法部大臣 李址鎔에 대한 제64호 報告書 참조.

109) 「지계감리응행사목(地契監理應行事目)」에서는 '一 行量ᄒᄂ 地方에 各該洞大小民人 中에 宅田公正ᄒ고 農理에 鍊熟흔 一人을 公薦케ᄒ야 別定有司에 隨事指審ᄒ야 土品을 評論케 홀 事'라고 규정되어 있다(『완북수록(完北隨錄)』(상) 계묘(광무 7년) 2월 27일 訓令 참조).

110) 『한말외교비사(韓末外交秘史)』 수록 「경남지계감리 훈령」(1903년 10월경) 참조.

이 동원되었는데, 특히 '심척(審尺)'하는 일을 담당하는 척군배(尺軍輩)를 동원했으며 또한 순교(巡校)를 대동하기도 하였다.[111] 이렇게 현지측량의 과정을 거치면서 작성된 장부는 양안의 1차 장부인 '야초(野草)'였다.

양지아문의 양전 당시 작성된 '야초'는 경상북도 의성군(義城郡) 북부면(北部面)의 야초가 유일하게 남아있다.[112] 여기에는 각 필지별로 전답과 초가 와가의 구별, 배미, 양전방향, 토지형상, 사표(四標), 실적수, 등급, 결부수, 전답주 및 작인 등의 순서로 적혀있다. 특히 주목되는 것은 실적수와 등급, 결부수를 정확히 기록하면서 사표명과 전답주명이 양전방향과 반드시 일치하도록 표기하고 있다. 이러한 야초의 작성을 통하여 양안의 사전조사가 마무리되는데, 중초본이나 정서본의 양안과는 달리 자호와 지번이 아직 부여되지 않고 있다. 다만 각 필지의 사표가 연속되어 있는 것으로 보아 양전을 거쳐간 동리나 평의 순서를 그대로 표기한 것이고 이후 양안의 작성과정에서도 그대로 순서적으로 기록되었을 것으로 생각된다. 그런데 야초의 끝에는 1일에 측량한 총실적수와 결부수가 표기되고 있어서 하루 측량한 토지면적을 엄밀하게 마감하고 있다는 것을 알 수 있다. 대개 하루의 측량필지수는 120필지 내외로 파악되며 면적의 실척수는 10만여척이 되는 것으로 보인다.[113]

---

111) "村民이 或屯聚ᄒ야 舊結보다 增加執卜ᄒ얐다고 詬辱도 ᄒ며 或尺軍輩를 毆打도 ᄒ며 路逢行人에 論駁困境ᄒ니 許多見辱은 不可枚擧라"(『황성신문』 1900년(광무 4) 10월 25일 「量務難處」 잡보기사 참조).

112) 『의성군 북부면 제1기수(第一起手)』(규 20876, 경자 9월 14일), 『의성군 북부면 제이』(규 26311) 및 「미상지양안(未詳地量案)」(규 21913 제1책) 『명례궁추수책』(경자 9월 15일), 『의성군 북부면 중리』(규 20993)(내제 : 의성군북부면중리 제삼)(경자 9월 16일), 『의성군 북부면 야학』(내제 : 의성군 북부면 야학 제십오)(규 20994, 9월 28일), 『의성군 북부면 구습평 야초』(내제 : 의성군 북부면 구습평 야초 제십육)(규 21913 제1책) 『명례궁추수책』(경자 9월 29일).

113) 경기도 수원군 동북면(東北面)의 경우에는 대개 하루에 1자호, 80내지 100여필지를 측량하는 것으로 보인다. 이 지역에는 1900년 2월 15일부터 22일까지 8일 동안 위원 이규상 학원 박회구, 원긍석, 오영국, 백락홍 등이 3조로 나뉘어 政에서 睦까지 21字, 총 1,507필지의 토지를 측량하고 있었다(『수원군양안』 9책 동북면(상)

또한 실지 측량과정에서 토지면적을 정확하게 파악하기 위해서 토지형상을 기재하고 실제 토지모양을 그려내고 있었다. 그리하여 대개 방형, 직형, 제형, 규형, 구고형, 타원형, 원형, 고시형(弧矢形), 삼각형, 미형(眉形) 등 10가지 형태로 조사하였다.[114] 종래 구래 양전에서는 대개 실면적을 표시할 때 장광척만을 표시하는 수준에 그치고 있었지만, 광무양전에서는 토지형상과 관련하여 장광척뿐만 아니라 실적수를 표시하여 보다 엄밀하게 토지면적을 산출하지 않는 경우도 있었다. 예컨대 일부 지역에서는 지형조사가 엄밀하게 이루어졌다. 충청북도 진천군에서와 같이 "전야의 척을 측량할 때 두·규·제전(頭·圭·梯田) 등을 다수 직전으로 지정하여 1평내의 토지가 잘못 측량되었다"고 지적되기도 하였다.[115]

그런데 양지아문의 양전에서도 결부제를 준용하고 있었으므로 토지측량과정에서 무엇보다도 토지등급의 판정이 매우 중요한 문제였다. 각 군 단위로 측량에 들어가기 전에 각 평(坪)별로 상·중·하의 토지등급을 나누었던 것으로 보인다. 개별토지에 대해서는 주로 각 동리 지심인의 평론(評論)을 기본으로 하고 구양안이나 혹은 당시 수세결부 등의 등급과 비교하여 책정했을 것이다.[116] 따라서 실면적을 정확하게 파악했다 하더라도 문제는 정작 구래의 전품 6등제를 그대로 적용해서 결부를 재산정했으므로 각 지역마다 다른 토지생산성을 기초로 세분화하지 못하고 있었다. 뿐만 아니라 각 면별, 혹은 각 군별 지위등급의 차이를 규정하지 못함으로써 전국적인 규모에서 객관적인 기준을 마련하기 어려웠다.[117]

참조).

114)『초정집(草亭集)』권9,「하첩 장성군 각면 약정서」부 양전십형(광무 3년 8월 30일).

115)『진천군사송록』8책,「본군 십오면 대소민 등정」계묘(1903) 8월 초1일.

116)「지계감리응행사목」에는 "一 田畓定等은 土質과 水根과 坐地를 詳察ㅎ며 本價와 穀出을 採探ㅎ고 指審人의 評論을 參聽ㅎ여 舊量案의 本等을 傍照ㅎ야 高下를 定ㅎ사."라고 규정되어 있다(『완북수록(完北隨錄)』(상), 계묘(광무 7년) 2월 27일 훈령 참조).

또한 양지아문의 양전에서는 농지 외에도 대지와 더불어 가옥을 조사하여 초가(草家)인지 와가(瓦家)인지 구별했고 칸수를 조사했으며 대주(垈主)와 가주(家主)를 별도로 파악하고 있었다. 1900년 4월 이후 충청남도 남부지역의 양전에서는 특히 가주에다가 '협호(挾戶)'를 표시하는 등 농가의 경제형편에 따라 세분하여 파악하기도 하였다.[118] 이렇게 호구를 세밀하게 파악한 이유는 종래 호구세를 부과하는 조사의 일환으로 이루어졌으며 나아가 가옥세를 부과하기 위한 기초자료로 삼고자 한 것으로 보인다.[119] 이렇게 본다면 광무양전에서는 초기 면리단위의 측량과정에서 토지의 지목과 형상, 그리고 실적과 등급 및 결부 등 토지에 대한 모든 사항이 비교적 철저하게 조사되었다고 할 수 있다.

이렇게 실지조사를 통해서 작성된 '야초(野草)'는 각 면별로 수집되고 그것을 기초로 해서 각 군의 양무관리인 위원과 학원들이 양안의 '중초본(中草本)'을 작성하게 되었다.[120] 이 과정에서는 이제 정식으로 자호와 지번을

---

117) 실지측량과정에서도 촌민이 둔취하여 구결(舊結)보다 증가하여 집복(執卜)하였다고 항의하고 양무를 방해하기도 했으며 심지어 척군배(尺軍輩)를 구타하기도 하였다(『황성신문』 1900년 10월 25일 잡보기사 참조).

118) 충청남도 양안 가운데 문의, 연산, 석성, 정산, 부여, 한산, 진잠 등지의 중초본 양안에는 협호가 표기되어 있다(이영훈, 1985, 『조선후기 토지소유의 기본구조와 농민경영』, 서울대 경제학과 박사학위논문, 제3장 〈표 4〉 광무양안에 나타난 충청남도 7개 군 협호의 존재상황, 202쪽 참조). 이후 정서과정에서 협호는 생략되고 가주의 형태로 정리되었다.

119) 충북 진천군 양전은 1900년 5월 21일부터 7월 7일까지 이루어졌는데, 이때 호구를 철저하게 파악하고 있었다. 이후 1903년 이를 근거로 호세를 부과하려 하자 각 면리 민인은 크게 반발하고 있었다. '文上面 新戴洞報以 本洞以三十六戶應布而今以改量戶數四十五戶出秩則 庚子以後 顧伏者爲四戶也 特爲頉下事'라고 하는 바와 같이, 그 이유는 대개 양전 이후 호구의 변화를 반영해 달라는 것이고 양전 당시에 잘못 파악되었다고 지적되지 않고 있다는 점이 주목된다(『진천군사송록』 8책, 계묘(1903년) 7월 초5일, 『진천군양안』(11책 32~33쪽) 백곡면 석현 작(爵)자 참조).

120) 중초본 양안은 실제 해당지역의 양전을 담당한 양전관리들이 직접 작성하게 된다. 예를 들어, 전라북도 김제군의 양전은 1900년 겨울에 시작하여 1901년 1월 25일에 필량하였으며 연말에 송세(送歲)하기 위해 귀향한 이후 3월 15일부터 위원과 학원이 '수부(修簿)를 설역(設役)'하기로 하였다(『전북개량총록(全北改量總

부여하고 통일적인 양안의 체제를 갖추게 된다. 이때 정리되는 중초본 양안은 면적과 결부가 올바르게 기록되어 있는지, 혹은 사표와 시주와 일치하는지 여부 등을 중점적으로 확인하게 되었다.

표 9) 온양군 양안의 중초 정서과정

순서	면명	자호	수정자호	양전일시	초사 개시일	정서일시
1	읍내	天-餘 26	天-成 27	1899.11.14-12.24	1900.10.24-	1901.3.2
2	군내	成-出 20	歲-夜 28	11.14-12.24	10.26-	3. 2
3	동상	崑-弗 51	光-坐 50	11.14-12.24	10.22-	3. 2
4	동하	民-鳴 32	朝-被 33	11.14-12.24	10.10-	3. 2
5	일북	鳳-烈 35	草-長 46	11.14-12.24	10.11-	3. 2
6	이북	男-競 76	信-履 75	11.14-12.24	10.13-	3. 2
7	서	資-愼 53	薄-甘 56	11.14-12.24	*	3. 2
8	남상	終-訓 47	상-枝 45	11.14-12.24	*	3. 2
9	남하	入-意 59	交-意 39	11.14-12.24	10.23-	3. 2
	전체	天-意399	天-意 399	11.14-12.24	*	3. 2

표 9)에서 알 수 있는 바와 같이, 각 면별로 작성된 야초를 면의 순서에 따라 자호를 부여하면서 중초본 양안을 작성하게 된다. 중초본 양안의 작성시기는 양전 이후 곧 바로 작성되는 것으로 볼 수 있고, 양안의 표지에 첨부된 초사(初査), 재사(再査)는 조사위원이 정서본의 작성단계에서 중초본 양안을 다시 검토하면서 붙인 것으로, 조사위원은 각 군별로 작성된 양안을 양지아문에서 모아놓고 각 면별로 전답의 실적 통계 및 각 필지별 결부, 시주, 시작에 대한 검토를 마친 후 정서본을 만들게 되었다.[121]

錄)』(고 (6741-3) 「조복」(김제군수 오응선, 양무위원 백철수 좌하(광무 5년 4월 2일) 참조).

121) 온양군 중초본 양안의 표지에 초서는 대개 1900년 12월 27일 부터 1월 19일까지로 되어있는데, 이는 음력 날짜로서 정서본의 정서일시인 양력 3월 2일과 일치하고 있다. 또한 각 면별 전답통계의 수정첨지의 작성일시와 정서본의 정서일시는 대개 일치하고 있는 것으로 나타난다. * 표시는 초사개시일이 적혀 있지 않은 경우다.

양안의 정리과정을 조금 더 구체적으로 살펴보면, 광주부 3개 면의 경우 의곡, 왕륜, 월곡면 등지는 922번째 필(筆)자로부터 1,031번째 조(調)자까지 모두 110개 자호를 부여받았다. 이어 결부수 등을 재확인하는 과정인 재사(再査)과정을 거치는데, 이 지역에서는 대개 1900년 10월경에 모든 과정을 마쳤다고 기록되어 있다.

〈표 10〉 광주부 3개 면 양전실적수와 결총의 변화(단위 : 결, 척)

면명	지목	실적수 I	실적수 II	실적차이	정보	결총 I	결총 II	결총차이
의곡	전		1,571,551		171.4	51,576	51,639	-63
	답		1,639,326		178.8	70,752	70,859	-107
	합계	3,215,576	3,210,877	-4,699	350.2	122,328	122,498	-170
왕륜	전		2,088,470		227.8	73,136	73,132	4
	답		2,672,878		291.5	105,142	105,136	6
	합계	4,750,348	4,761,348	11,000	519.3	178,278	178,268	10
월곡	전		2,259,279		246.4	77,677	78,592	-915
	답		4,048,690		441.6	187,977	187,992	-15
	합계	6,309,215	6,307,969	-1,246	688	265,654	266,584	-930
총합계		14,275,139	14,280,194	5,055	1558	566,260	567,350	-1,090

〈표 10〉은 양전이 진행되고 또한 양안이 정비되는 동안 광주군 3개 면 현지조사에서 조사된 결과(실적수 I, 결총 I)와 이후 양안의 정리과정에서 변화된 부분(실적수 II, 결총 II)을 정리한 표이다. 의곡면의 경우는 4,699척 정도 축소된 반면, 왕륜면은 도리어 1만 1천척이 늘었으며, 월곡면은 1,246척 정도 줄었다. 결부 면적도 약간의 변동이 있어 의곡면은 17부 정도 감소한 반면, 왕륜면은 1부 증가, 월곡면은 도리어 93부나 축소되는 결과를 가져왔다. 이렇게 양전의 수정 정리과정에서 미세하기는 하지만 약간의 면적 변화가 보인다는 점을 확인할 수 있다.[122]

---

122) 이후 광주부 양안은 최종적으로 양안 내용을 명확하게 정리하였다. 이 지역의 양안은 대개 1901년 3월 10일에 일률적으로 정서를 시작하였으므로 양전을 시작하

이렇게 중초본을 수정하면서 정서본을 만드는데, 대개 2, 3개월이 소요되며 특히 1901년 12월 양지아문의 기능이 정지됨에 따라 그 이전에 작성된 중초본이 지계아문으로 인계되어 정서본을 만들었으니 만큼 1년 이상 걸리기도 했다.[123] 면리에서 양전을 시행한 이후 양안이 완성되기까지 대개 1년 이상의 시일이 소요되었다고 볼 수 있다. 이렇게 완성된 신양안은 비로소 토지의 위치와 면적, 지목, 자호지번을 갖추고 시주를 기재한 토지대장으로서 기능하게 되는 것이었다.

한편 양전과정에서 양전 비용의 조달과 양전방식을 둘러싸고 지방민과 이서배 및 양전관리들 간의 대립도 심화되었다. 특히 양전비용은 각 지방의 결세전에서 마련되게 되었으므로 각 군의 징세실적과 외획상납의 사정에 따라서 양전비용을 마련하기 어려운 경우도 발생하였으며 더욱이 양무감리가 소관각 군양비를 차제 독납(督納)하지만 각 군에서 도리어 납부하지 않고 상납전(上納錢) 가운데 소획전수(所劃錢數)와 연조명목(年條名目)을 구별하여 미리 탁지부에 마감시키는 경우도 발생하였다. 이에 양지아문에서는 다른 외획이나 관아경비를 지출하기 전에 먼저 양전비용을 마련해 줄 것을 요청하는 한편, 주변 군의 결세전을 외획함으로써 양전비용의 확보에 전력을 기울이고 있었다.[124] 그리고 양전을 둘러싼

고 나서 10개월 만이었다. 다른 지역에 비해서는 비교적 빠른 시일동안 양전과 최종적인 양안의 완성까지 수행한 것이다.

123) 경기도 양성군의 읍내면 중초본 양안에 의하면, 내용의 첫면에 1901년(광무 5년, 신축) 3월에 만든 양안으로 표기되고, 수정첨지에서는 1902년(광무 6년, 임인) 11월이라고 되어 있다. 정서본에서 시량일(始量日)이 1901년 5월 5일, 필량일(畢量日)이 1901년 5월 14일, 정서일이 1902년 10월 20일로 되어 있다. 양전담당자는 경기양무감리 이종대, 양무위원 원직상, 학원 임용구, 조사위원 김용희, 학원 홍유현으로 되어 있다(『양성군양안』 28책(규 17653) 및 『양성군양안』 1책(규 17652) 참조).

124) 면리 이하 각방의 방장과 동임배들은 양전관리의 환심을 사기 위해서 접대를 하면서 양비(量費)라 칭하고 민간에 배렴하여 물의를 일으키게 되거나, 반면에 광주지방에서는 양전을 담당한 학원들이 지방민을 침학하다가 압송되기도 하였다 (『조회』(규 17877.24-14(8), 16호 : 1901년 6월 22일), 경상북도 양무감리 박준성의

갈등은 지역내 민인간의 문제에 그치지 않고 지역과 지역간의 문제로 확대되고 있었다.[125]

4. 양지아문의 양전 조사와 성과

1) 토지 소유자 조사와 '시주'의 파악

전국 각 군에서는 양전의 시행방식과 그 결과에 대하여 주목하고 있었다. 그 이유는 양전에 따라서 각 군의 결세부과액을 재조정하게 되어 있으며 또한 양안에 기재된 토지소유자와 토지를 둘러싼 권리주체간에 이해관계의 갈등이 일어날 수 있기 때문이었다.

또한 양전과정에서 초미의 관심사가 되었던 것은 토지소유자의 조사였다. 부재지주인 관료지주, 궁방 측에서는 종래 은루한 자기 토지에 대한 엄밀한 조사와 대비를 하고 있었고 지방에 있는 재지지주들도 자기 토지에 대한 소유자로 자신을 등재시키려고 하였다. 문제는 각 군 이하 면리단위에서 토지의 소유권이나 사용권과 관련된 인물에 대한 조사, 특히 전답주(田畓主), 혹은 시주(時主)에 대한 실지조사가 어떻게 진행되었는가 였다.

그런데 초기 양전지역의 하나로 충청남도 온양군 중초본 양안의 일부에서는 전답주와 작인에 대한 기재와 아울러 '결호(結戶)', '결명(結名)'이 별도로 표기되어 있다. 온양군 일북면(一北面)의 일부, 남상면(南上面),

---

보고서를 근거로 하여 양지아문에서 탁지부에 보낸 조회 참조).

125) 『전북개량총록』(고 6741-3) 「보고서」(1901년 9월 6일부터 9월 25일까지 보고서) 및 「조회」(1901년 7월 14일, 15일 충남양무감리 민치순과 전북양무감리 오횡묵과의 조회) ; 「보고서」(남원군수서리 운봉군수 남준원, 전북 량무감리 이승연 각하)(1900년 12월 8일) 및 『조첩기안(照牒起案)』(규 17277의 15) 「조복」(1900년 8월 11일) 참조.

서면(西面) 등이 해당된다. 여기서 시주와 시작의 기재란에 더불어 표기된 결명과 결호는 특정한 성에다 노명(奴名)이나 호명류(戶名類)의 이름을 조합시킨 형태를 취하고 있었다.126)

이곳의 양안에서는 시주·시작란에 전답주와 작인 사이에 '결명(結名)'이라 써 두고 그 아래에 두 자의 이름을 기재하거나 앞의 전답주명과 같다는 '동인(仝人)'이라고 표시해 두고 있다. 사표상의 이름도 중초본 양안에서 수정된 성명을 표기하고 있는 것으로 보아, 야초의 작성과정에서는 원래 결명으로 표시된 것으로 보인다. 그렇다면 초기 양전과정에서 토지에 관련된 인명을 전답주와 작인으로 나누어 세밀히 파악하기 전에 이미 결명을 중심으로 파악한 것이라 할 수 있다.

그렇지만 1차 야초단계에서의 조사에서는 결명이 바로 성이 없는 2자 이름에 불과한 것이었기 때문에, 광무양전의 원칙상 성과 명을 모두 표기하는 것으로 전환시켜야 했다. 그래서 야초의 작성단계에서 결명의 기재와 더불어 실명(實名)을 추적하는 과정이 병행하여 이루어지지 않으면 안되었다. 우선 결명에다가 성을 붙이는 과정을 거칠 것이다. 이를테면,『온양군 일북면 양안』(하책) 유(惟) 자(字) 20번 답주 김의손(金義孫)의 경우와 같이 '의손(義孫)'이라는 결명에 '김(金)'이라는 성을 붙여 답주명을 기록하는 것이다. 다음 과정은 김의손의 실명을 찾아 기록하는 것이다. 유자(惟字) 30번 답주 '김윤정(金潤禎)'인데 그의 결명은 바로 '의손(義孫)'이라고 되어 있는 기재사항에서 알 수 있다. 이 지역 양안에서는 첫째 경우가 13%정도였지만, 둘째 경우가 대부분이었다.127) 이것으로 보아 온양군 일북면과

---

126) 『온양군양안』(중초본, 규 17667) 9책, 16, 17, 18책 참조.

127) 실제 답주라고 추정되는 인물인 '김윤정(金潤禎)'이 같은 동리인 여사동(如思洞)에서 '김윤정(金允正)' 혹은 '김의손(金義孫)'으로 각각 다르게 기재되어 있고 유(惟)자 4번 답주 박순성(朴順成)은 사표상의 인물로 박기양(朴箕陽)으로 되어 있는 경우와 같이, 사표상의 인물과 결명, 그리고 전답주명이 필지에 따라서 혹은 같은 필지내조차 다르게 표현되어 시주의 파악이 부정확한 측면이 있다.

<표 11> 온양군 양안에 나타난 결명별 시주 작인 기재 유형

구분	중초책 양안 전·답주명-결명-작인명	정서책 양안 시주명-시작명	관련 필지 필지수	비중(%)	전답면적 정보	비중(%)
I	A-a-A	A-A	190	27.5	29.10	21.3
II	A-a-B	A-B	243	35.2	54.52	39.8
III	a-a-a	a-a	1	0.1	0.13	0.1
IV	a-a-B	a-B	5	0.7	0.65	0.5
V	A-A-A	A-A	98	14.2	14.65	10.7
VI	A-A-B	A-B	141	20.4	36.85	26.9
VII	A-B-B	A-B	12	1.7	0.93	0.7
계			690	100	136.83	100

남상면의 경우에 실제 양안에 기재되는 전답주명은 가능한 한, 실명을 추적해서 기재되었다고 생각된다.[128]

〈표 11〉에 나타난 바와 같이, 결명은 전답주와 작인 사이에 위치하면서 다양한 관련형태를 나타내고 있다. 예컨대 (I)유형은 전답주 명과 작인명 사이에 결명을 적은 것인데, 정서본에서는 결명이 생략된 경우를 말한다. (V)과 (VI) 유형은 결명이 전답주와 관련된 경우를 말하고, (VII)유형은 작인과 관련된 경우를 말한다. 정서본에서는 결명자체가 생략되면서 시주와 시작으로 간단히 정리되었다. 결과적으로 결명은 대부분의 경우(I-VI)에서 전주·답주와 밀접한 관련성을 가지고 있었다. 실질적인 토지의 소유자가 결명을 차명하여 대록하고 있는 것이 아닌가 추측할 수 있다.[129] 이렇게 결명도 기록한 이유는 시주·시작을 파악하기 위한 하나의 과정이었다고 하겠다. 즉 종래 서로 분리되었던 수세장부와 양안을 일치시키는 동시에 조세납부자를 파악하고자 했기 때문이었다. 그러한 과정을 통하여 양안의

---

128) 최윤오·이세영, 1995, 「광무양안과 시주의 실상」『대한제국의 토지조사사업』, 민음사, 341쪽, 〈표 2〉 전재.
129) 최윤오·이세영, 1995, 「광무양안과 시주의 실상—충청남도 온양군 양안을 중심으로」『대한제국의 토지조사사업』, 민음사, 340~355쪽.

기재양식상으로는 실제 조세납부의 대상자가 곧 토지소유자인 '시주(時主)'로 정정하여 기록되었다는 점을 알 수 있다.

이렇게 파악된 전답주, 혹은 시주가 대부분의 필지에서 결명과 일치하는 것으로 나타남으로써 전답주와 작인을 구별하여 파악한 이상 결명의 조사나 기재는 더이상 필요하지 않게 되었다. 따라서 다른 지역의 중초본 양안에서 보이는 바와 같이, 결명을 따로 조사하여 기록하지 않고 면리이하 마을에서 양전을 통해 야초를 작성하는 단계에서 곧바로 시주와 작인을 파악하여 야초에 기재하는 것으로 생각된다.

그렇지만 충청남도 아산, 온양, 연기군의 일부 및 경기도 수원 및 용인군 전체, 그리고 광주군의 일부 지역의 중초본 양안에서도 토지 소유자의 표기는 전주나 답주로 되어 있으며 소작인은 작인으로 표기되었다. 그러나 이렇게 종전의 결부와 비교하는 것이나 협호의 파악 등은 양안의 정서과정에서 모두 생략되었으며 토지소유자와 작인은 모두 시주와 시작으로 통일되어 정리되었다.

그런데 당시 대규모의 토지를 소유하고 있었던 지주들은 양전사업을 통해서 자신의 토지소유권을 확보해 두려고 하였다.[130]

예컨대 명온공주방(明溫公主房)은 1900년 10월 3일 충청남도 양무서(量務署)에 탁지부를 통해서 대책을 요청하였다. 명온공주방은 충남 공주군에 소재한 장토(庄土)가 70~80년간 진전(陳田)으로 되어 허결화(虛結化)되었는데, 이제 양전시행을 맞이하여 양안을 해군(該郡)에 보내 새로 파악되는 '신집지결(新執之結)'을 소상하게 기록하고 궁장토가 누락되는 폐단을 없게 해달라고 요청하고 있었다. 이렇듯 궁방들은 자신의 궁장토를 보다 엄격하게 관리하고 소재지의 소유전답을 확인해 두려고 하였다.

경기도 음죽군에 소재한 용동궁의 둔전의 경우에도 양전시행에 앞서

---

130) 「조회(照會)」(규 17877.24-14,5) 1900년 10월 3일.

1900년 5월 용동궁에서 직접 173결여에 이르는 전답을 직접 타량하여 행심책을 만들었고 이후 10월 18일경부터 시작된 음죽군의 양전시에 대조할 수 있게 만들기도 하였다. 결국 궁장토의 토지소유권을 양안에 기재시키는 주요한 원인으로 작용하였다.[131]

그런데 관료지주이거나 지방의 부재지주들도 자신의 소유전답을 관리하면서 소유권을 양안에 등재시키려고 노력했던 것으로 보인다. 앞서 아산군의 각면 양안에서 확인할 수 있었듯이, 정부의 요직을 맡고 있던 관료들은 자신의 실명으로 소유토지를 확인하고 있었고 아무리 멀리 떨어져 있는 전답이라고 하더라도 중간관리자인 마름과 차인 등을 통해서 자기 토지를 등재시키고 있었고 보여진다.

그러한 실례로서 충남 온양군 서면(西面)의 사례를 들 수 있다. 온양군 서면 중초본 양안에서 시주와 시작란 사이에 '결호(結戶)'가 기록되어 있다.[132] 여기에서 시주도 아니고 시작도 아닌 제3자가 결호로 등장하고 있는데, 모두 231필지에 걸쳐 19명이 등장하고 있다. 이들은 대개 동일한 부재지주의 토지에서 결호로서 나타나는 것으로 보아 해당 지주의 노비호, 마름, 중답주일 가능성이 높다고 하겠다.[133]

이것은 야초작성시 이들 중간관리자가 부재지주를 대신하여 토지를

131) 음죽군 남면 양안에는 용동궁 전답이 집중적으로 나타나는데, 특이한 점은 소유주로서 용동궁뿐만 아니라 '시주'란 밑에 별도의 소유주가 나타나고 있다는 점이다. 이 시주는 야초작성시 전답주로 인식되었으나 중초본의 작성과정에서 용동궁의 전답임이 확인되었고 따라서 이들의 존재는 중답주로 격하되었을 것으로 추정된다[『음죽군 양안』(규 17659) 17책(1901년 작성), 『음죽군소재용동궁둔전답타양행심책』(규 18296) 1책(1900년 5월 작성 : 173결 15부 7속) 참조].

132) 『온양 군서면 양안』 10,11,12책 참조.

133) 서면 양안에 등장하는 결호명 중에서 최치덕은 자기소유토지와 더불어 면내 최대 지주인 정인홍과 최경유의 토지 등을 합해 모두 68필지 15결여를 관리하고 있으며 박영조는 이순거의 토지를 합해 73필지 9결여를 관리하고 있었다. 또한 역시 부재지주인 임덕윤의 토지는 순이와 곽희서가 각각 관리하고 있었고 이명립은 운현궁의 토지를 관리하고 있었다.

신고하면서 토지소유자와 작인과 함께 자신을 결호로서 명시해 놓은 것으로 볼 수 있다. 여기서 '결호'란 결세를 부담하는 자로서 토지의 소유자와 더불어 토지에 대한 일정한 권리를 지닌 자로서 생각할 수 있다. 그러나 이들이 비록 중초본 양안에서는 등장하고 있지만 정서본 양안에서는 삭제되어 있다. 결국 토지의 소유자로서 부재지주들은 자신의 소유토지를 양안에 등재함으로써 소유권의 확인을 엄격히 하려는 것이었다.

이와 같이 양안에 전답주, 혹은 시주로서 등재된다는 것이 소유권을 확보하는 데 중요한 근거가 되었다는 것은 당시 많은 사료에서 산견되고 있다. 예를 들어 진천군 만승면(萬升面) 대실(大實)에 사는 윤승채(尹昇采)는 1903년 8월 다음과 같은 소장을 제출하고 있다.[134]

> 만승면(萬升面) 대실(大實)에서 사는 윤승채(尹昇采)가 올립니다.
> 민의 가대를 척량할 때 양지학원이 잘못하여 시주(時主)를 심명섭(沈明燮)으로 하였는데, 심이 이순익(李淳翼)씨에게 이를 팔아 이태(李台)의 마름은 이우섭(李友燮)이었습니다. 민이 해마다 수도(收賭)한 것은 모든 동네에서 알고 있었던 것인데, 이태의 대지라고 칭하고 도조(賭租)를 내지 않고 있습니다.
> 제(題) 윤의 대지를 심으로 올렸고 필경 야초의 잘못이다. 동중에서 실사 후에 이우섭(李友燮)을 같이 와서 바르게 할 일. 동인(洞任)에게 보냄.

이 소장에서는 양전과정에서 시주와 시작명이 잘못 기재되어 도조(賭租)를 징수하는데 어려움이 있다는 것이었다. 즉 윤승채(尹昇采), 양안 상에는 윤치휘(尹致暉)가 대실대(大實垈)의 호자(號字) 45번 대지의 소유주인데, 여기에 세들어 사는 심명섭(沈明燮)이 자기이름으로 등록해 놓았을 뿐만

---

134) 『진천군사송록』 8책, 계묘(1903)조 8월 초6일.

아니라 이후 그 대지를 마음대로 이순익(李淳翼)에게 팔고 도조(賭租)를 내지 않고 있다는 내용이다.[135] 그는 동(洞)의 공지사항이라고 주장하고 있으며 또한 제사(題辭)에서도 다시 동내에서 사실을 확인할 것과 이순익의 마름인 이우섭(李友燮)에게 재확인할 것을 처분하고 있다. 결국 양안상의 소유주명이 잘못 기재되었을 가능성이 크므로 원래대로 소유자를 확인하고 변경시켰을 것이다.

그런데 이렇게 인명의 오류가 발생한 것이 '야초(野抄)'의 작성과정에서 일어난 것으로 보인다. 다시 말하자면 초기 양전과정에서 소유주의 인명 등재는 매우 중요한 사안일 수밖에 없었으며 향촌사회에서 지주와 소작인 간의 문제일 뿐만 아니라 지주와 다른 지주와도 심각한 갈등을 일으킬 수 있는 문제였다. 이 시기에 종전에 비하여 빈번하게 일어나고 있었던 토지매매분쟁은 주로 문기(文記)의 도거(盜去)나 위조(僞造)로 인한 것이었기 때문에 실제 광무양안의 등재기록이 근거자료로서 중요했을 것으로 생각된다.[136]

---

135) 진천군 만승면 대실대 호자 중에서 대지를 표시한 지목가운데 관련된 부분은 다음과 같다. 제45번 대주가 '심명섭'으로 잘못 기재되었다는 내용으로 추정된다 (『진천군양안』 만승면(萬升面) 대실대(大實垈) 호(號)자, 13책 158~163쪽 참조).

〈표 12〉 충북 진천군 만승면 대실대 호(號)자 가대(家垈) 기록

지번	양전 방향	전답모양	좌 등급	실적 결수	대주 가주	성명	초 칸수
제42	남범	직전	일좌	적 1백 68척	대주	윤치휘(尹致暉)	
			3등	결 1부 2속	가주	박덕현(朴德賢)	초 2간
제43	남범	방전	일좌	적 1백 69척	대주	윤치휘(尹致暉)	
			3등	결 1부 2속	가주	이성우(李性右)	초 2간
제44	동범	방답	일좌	적 6백 76척	대주	윤치휘(尹致暉)	
			3등	결 4부 7속	가주	윤치휘(尹致暉)	초 5간
제45	동범	방답	일좌	적 6백 40척	대주	심명섭(沈明燮)	
			3등	결 4부 5속	가주	심명섭(沈明燮)	초 8간

136) 당시 신문 광고에 의하면, "十五石落畓券을 盜去ᄒ고 新量案을 僞造허다가 行跡이 該道觀察府의 綻露홈이 逃走하다"라는 기사가 실려있다(『황성신문』 1901년 10월 17일자 참조).

218

그런데 양지아문의 입장에서는 야초의 단계이나 그 다음 중초의 작성과정, 나아가 정서과정에서도 여러 차례 대조과정을 통하기는 하지만, 한 필지의 토지에 대한 소유자가 반드시 하나의 실명으로 일원화하려고 하지 않았던 것이 아닌가 한다.[137] 왜냐하면 기왕의 사례연구에서도 지적되고 있듯이, 전답주, 혹은 시주란에 하나 혹은 둘 셋의 이름을 가진 인명표기가 나타나고 있기 때문이다.[138] 즉 시주(時主)가 호명(戶名)이든 노비명(奴婢名)이든 아니면 자명(字名)이든간에 다양한 인명표기를 통하여 이루어지는 분록, 대록, 합록 등을 허용하고 있었다고 하겠다. 다시 말하자면 대한제국은 어느 필지의 전답주가 구체적으로 누구인가에 대해 확정했다기보다는 그 필지의 소유자에 관한 기록만을 확보한다는 조사 태도를 가진 것이라고 할 수 있다.[139]

따라서 광무양안에서는 토지에 관한 모든 사항을 기록하되 소유자에 관한 한, 아직 배타적인 소유권자로 확정하려고 하지 않았던 것이 아닌가 한다. 광무양안상에 소유자의 표기가 초기에는 전주, 답주라는 형태에서 시주로 바뀐 것도 세심한 배려에서 나온 것이라 할 수 있다. 결국 국가가 양전을 통해 소유자를 일률적으로 파악한다는 점에서, 다시 말하자면, '조사 당시의 토지소유자인 시주(時主)'라는 표현이라고 할 수 있다. 여기서 '시주'란 단지 양지아문의 조사를 통하여 파악된 토지소유자일 뿐 그 이상도

---

137) 이것은 지주의 성명과 거주지를 알 수 있는 호적이 불비하고 현실의 토지소유를 입증하는 매매문기등을 통하여 매번 입증해놓지 않았기 때문에 착오가 발생할 경우가 많았던 데서 연유한 것이라 볼 수 있다.

138) 이영훈, 1990,「광무양전에 있어서〈시주〉파악의 실상」『대한제국기의 토지제도』, 민음사, 115~123쪽 ; 이영훈, 1992,「광무양전에 있어서〈시주〉파악의 실상 2」『성곡논총』23, 참조.

139) 그렇다고 해서 토지의 소유자로서 인정하는 요건 중에서 양안에 기재되어 있는 인물이 토지소유권과는 일체 무관하다는 것은 아닐 것이다. 왜냐하면 토지소유권자를 확정하는 데에는 몇 가지 요건이 필요한데, 첫째 매매문기를 소지하고 있는가, 둘째 양안에 기재되어 있는가, 셋째 동리에 관련인물들의 보증을 받을 수 있는가 하는 문제였다.

이하도 아닌 것이다. 그것은 실제 토지소유자 내지 그와 관련된 인물이겠지만, 토지소유자로 최종 확정된 것은 아니었다. 토지소유권의 확정에 관한 한, 당시 제도상으로는 매매문기의 여부를 법적 근거로 하여 판정할 수밖에 없는 성격이기 때문이었다. 이러한 토지소유권자의 확정은 이후 양지아문의 토지조사가 아니라 다음 단계인 지계아문의 토지조사와 지계 발급을 통해 확정될 것이었다.

한편 광무양전에서는 토지소유자와 더불어 작인을 상세히 파악하는데 주력하고 있다는 점이 주목된다. 그것은 양안의 내용 가운데 전답의 경우에는 작인(作人), 혹은 가옥의 경우 가주(家主), 그리고 정서된 양안양식에서 나타나는 '시작(時作)'으로 기재되고 있다. 여기서 시작은 결세의 부담자라는 의미도 가지고 있으며, 또한 도지(賭地) 임조(賃租) 등 토지의 사용에 일정한 권리를 갖는 자라는 의미도 있었다. 실제 당시 정부 일각에서는 '균전지론(均田之論)'도 제기된 바 있었다.[140] 그런데 여기서 균전이란 "반드시 부인의 땅을 빼앗아서 고르게 나누어 주"는 것이 아니라 "그 땅의 주인을 주인으로 하고 그 경작을 고르게 하"는 것으로 지주의 토지소유권을 보장하면서 소작농의 몰락을 방지하자는 의도에서 나온 논의였다.

이러한 주장은 앞서 김우선(金宇善)의 헌의서에서도 건의된 바 있었다. 또한 1899년 11월 전문안(前文案) 전달홍(全達弘)이 『병전양도(兵田量圖)』라는 장문의 상소에서도 주장하였다.[141] 전달홍은 이제 결폐를 없애버리고 개량하여 고르게 할 토지제도를 만들기 위해서는 반계의 소론에 근거하여 농민들에게 경작지를 분배하여 균산화(均産化)하고 이를 근거로 하여 병제를 개혁해야 한다고 주장하였다.[142] 결국 토지를 몰수하지 않으면서

140) "生在鄕時 聞政府有均田之論 未見其事 竟行此是三代以後所未有行則 未可遽然行之也"(『조회원본(照會原本)』(규 17234) 「헌의서(민평호)」 1900년 8월 27일 참조).

141) 『대한병전제(大韓兵田制)』(국립 고 7189호) 참조.

142) 전달홍은 양전방식으로 100보를 1무로 하고 100무를 1경으로 하는 경무제를 채택하고 4경을 1전(佃)으로 삼아 1부가 1경을 '점수(占受)'하고 매 4경에 1인을 출병하여,

농민에게 경작지를 분배함으로써 균산을 이루기 위해서는 무엇보다도 지주의 과도한 도조징수를 통제하고 경작농민에 대한 국가의 보호조치가 마련되어야 했다.[143]

그렇지만 실제 대한제국 정부는 지주의 이작(移作) 금지, 도조(賭租)의 감하(減下) 등 실질적인 보호조치를 취하지는 않은 것으로 보인다. 또한 지주적 토지소유제도의 확립을 추구하는 대한제국 정부의 입장과는 배치 되었으므로 더구나 균전(均田)을 정부의 정책으로 채택하지 않았다. 따라 서 양전시행에 앞서 여러 논자들을 통해서 제기된 경작농민의 보호정책은 양전과정에서 일부 반영되기는 하였지만 실제 후속 정책적 뒷받침이 없이 사장되고 말았다.

2) 양지아문의 양전사업의 국가정책상 특징

1898년 7월 양지아문이 설치되고 상세한 직원 및 근무규정이 공포되었 다. 이 규정은 모두 24개 조항의 규정이었는데, 직원으로는 총재관 3원, 부총재관 2원, 기사원 3원, 서기 6원 등 모두 14명으로 출발하였다. 양지아문 은 전국 토지 측량을 담당하는 기구로서 토지와 관련된 내부, 탁지부, 농상공부 3개 부서의 공동 협의를 통해 진행되었다. 이에 따라 총재관도 3개의 부서에서 선정되었으며, 결재방식도 공히 성명을 연서하여 공동책임 을 지도록 하였다. 다음은 양지아문의 직원 및 처무규정 중에서 주요

전체 288만경에서 공경대부의 토지를 제하고 248만경에서 62만명의 병을 추출하여 부국강병을 이루자고 주장하였다. 전적(田籍)을 3년에 한번씩 고치며 田分을 9등으 로 하여 수세하자는 주장을 제기하고 있다. 또한 양지아문이 '부신전토(富臣田土)'를 성책하여 추수시 수확량에 따라 품직과 녹전을 비교하여 일정량의 녹봉을 반급해 주자는 주장도 담고 있었다(『대한병전제』 참조).

143) 민평호(閔平鎬)는 관이 도조를 정하여 마땅히 신정복수(新定卜數)에 의하여 1복에 3두로 해야 한다고 했으며 전달홍(全達弘)은 20분의 1세를 주장하고 있었다. (「헌의 서(민평호)」 ; 『대한병전제』 참조)

조항만 추린 것이다.

量地衙門職員及處務規程

第一條 量地衙門은 內部·農商工部에서 請議홀 事項을 辦理ᄒᆞᄂᆞᆫ 處所로 定홀 事.

第二條 量地衙門職員은 總裁官三員 副總裁官二員 記事員三員 書記六員을 寘홀 事. 一 總裁官三員과 副總裁官二員은 詔勅으로 被命홀 事. 二 記事員三員은 內部度支部農商工部奏任中으로 總裁官이 各一員式 薦任홀 事. 三 書記六員은 內部度支部農商工部判任中으로 總裁官이 各二員式 選定홀 事. 四 記事員及書記中에 英語一員 日語一員 擇寘ᄒᆞᆷ을 必要홀 事.

第三條 總裁官三員은 量地衙門에 屬ᄒᆞᆫ 事務를 總管裁處ᄒᆞ며 特히 上奏裁可홀 事項에 對ᄒᆞᄂᆞᆫ 議政府議政을 經ᄒᆞ야 上奏裁可ᄒᆞ시믈 要ᄒᆞ고 一切公文에 姓名을 連署ᄒᆞ되 序次ᄂᆞᆫ 品階를 從홀 事. 但總裁官三員中에 一員或二員이 有故在外ᄒᆞᄂᆞᆫ 時에ᄂᆞᆫ 副總裁官으로 總裁職務를 代辦ᄒᆞ며 公文에 姓名을 代署홀 事. (중략)

第九條 首技師一員은 外國人으로 雇聘ᄒᆞ고 技手補十人以內를 雇用ᄒᆞ야 首技師의 指揮監督을 承케 ᄒᆞ고 本事務에 見習ᄒᆞᆷ爲ᄒᆞ야 本國英語日語學從中 二十人充補홀 事. 但 技手補ᄂᆞᆫ 本國人이나 或外國人中에 堪任홀 者로 首技師가 試取敎習홀 事. (중략)

第十四條 量也衙門總裁官은 各府部大臣과 對等이니 警務使漢城府判尹各觀察使以下官吏를 指揮監督ᄒᆞ야 量地事務에 從事케 ᄒᆞ되 違越ᄒᆞᄂᆞᆫ 弊가 有ᄒᆞ면 所管部에 移照ᄒᆞ야 譴責減俸免官ᄒᆞᆷ을 輕重을 隨ᄒᆞ야 施홀 事.

第十五條 觀察使及地方官을 另擇勤幹人員ᄒᆞ야 量地事務責成에 效力ᄒᆞᆷ을 期홀 事.

第十六條 量地事務就緖ᄒᆞᆷ을 要ᄒᆞ야 首技師雇聘年限을 五個年으로 特定ᄒᆞ되 各府部院廳에셔 外國人雇聘ᄒᆞᄂᆞᆫ 境遇에ᄂᆞᆫ 此例를勿準홀 事.

第十七條 土地測量을 漢城五署로 始ᄒ야 以爲自邇及遠홀 事. (중략)

第二十四條 本令은 頒布日로 始ᄒ야 施行홀 事.[144]

우선 양지아문의 측량 기사에 관한 조항은 제9조로 "第九條 首技師一員은 外國人으로 雇聘ᄒ고 技手補十人以內를 雇用ᄒ야 首技師의 指揮監督을 承케 ᄒ고 本事務에 見習ᄒ믈 爲ᄒ야 本國英語日語學從中 二十人充補홀 事."로 하여 외국인으로 고빙한 수기사 1원을 임명하고 기수보를 10인 이내에 고용하여 수기사의 지휘 감독을 받게 하였고, 또한 측량 사무에 견습을 위하여 영어 일어학도 중에서 20인을 보충할 것을 규정하였다. 또한 각 관리들은 각기 직급에 맞추어 봉급을 받도록 하였다.

〈표 13〉 양지아문 직원 봉급표(1898.9~12, 4개월분)

직명	조례 및 본직등급	원수	월봉	사삭봉(四朔俸)	합계
총재관	각부 대신봉	3원(員)	266원 66전 6리	1,066원 66전 4리	3,199원 99전 2리
부총재관	각부협판 2등봉	2	200원	800원	1,600원
기사원	2등국장 3급봉	1	85원	340원	340원
기사원	주임 2등봉	1	99원 16전 6리	396원 66전 4리	396원 66전 4리
기사원	주임 4등봉	1	70원 83전 3리	283원 33전 2리	283원 33전 2리
서기	판임 2등봉	1	35원	140원	140원
서기	판임 3등봉	1	30원	120원	120원
서기	판임 4등봉	2	25원	100원	200원
서기	판임 6등봉	2	15원	60원	120원
고원	각부 고원봉	3인(人)	8원	32원	66원
총계					6,465원 98전 8리

위의 표와 같이 양지아문의 제 관리들은 원래 맡은 직임과 겸직으로 발령받아 직무를 수행했으며, 이들이 받은 봉급은 일정한 월봉에다가 4개월간의 봉급으로 계산하였다. 1898년 9월부터 12월까지 총재관은 1원

---

144) 『각부청의서존안』 6권, 주본 139호, 「양지아문급처무규정」.

(員) 당 월 266원 66전 6리를 받아 4개월의 봉급으로 1,066원여를 받았다. 이렇게 총재관은 3부처의 대신으므로 3명에게 각기 지급하였으므로 4개월 간 전체 봉급은 3,199원 99전 2리가 되었던 것이다.[145]

이때 양지아문의 1898년 전체 예산 규모는 다음과 같았다.[146]

〈표 14〉 광무 2년도 세출경상부 양지아문 소관 4삭 예산(1898)

항목	명목	금액	소계
세출경상비			
제1관			17,297.988
제1항	봉급	6495.988	
제2항	잡급	240.000	
제3항	청비	400.000	
제4항	여비	4242.000	
제5항	기계 및 잡물 운반비	600.000	
제6항	수기사 및 기수보 봉급	5,200.000	
제7항	수기사 가옥비	1,200.000	
세출임시부			
제1관			4,017.610
제1항	아문수리비	520.000	
제2항	신비물품비	497.610	
제3항	측량기계구매비	3,000.000	
총계			21,315.598

위의 양지아문 예산 설명에서 특이한 점은 1898년 7월 6일에 칙령으로 양지아문을 설치하여 측량사무는 그해 9월 1일부터 시작할 예정이라는 점이다. 양지아문 총재관 이하 제관리 및 원역은 원래 각 해당 부서의

145) 『각부청의서존안』 7권, 주본 139호, 「量地衙門所管今年度經費를 預算外支出請議書 제157호」(의정부찬정 탁지부대신 민영기⇒ 의정부 참정 이호준, 1898년 8월 16일) 참조. * 봉급 합계는 6,465.988원이나 기록상의 합계는 6,495.988로 되어 있다.
146) 표에서 세출경상비는 합계가 18,377원 99전으로 소계 17,297.99원과 1,080원의 차이가 있으나 총합계의 합계는 세출경상비와 세출임시부의 합계로 숫자는 맞는 다. 오류의 발생 원인은 확인할 수 없다. 다만 수기사 가옥비 1200원 중 가옥세비로 매삭 30원이므로 4삭 120원을 제외하면 1,080원이므로 수기사의 가옥비를 별도로 처리하고 있었던 것이 아닌가 한다.

예산 중에서 지급하는 것으로 책정하였다. 그만큼 양지아문은 1년의 예산을 배정받기 보다 임시로 지출할 예정이었다. 또한 수기사 1원은 측량시 매일 1원으로 견습생 20원은 한성부 5서내 측량시 매일 50전식으로, 외각지방측량시 매일 1원 50전으로 계산하며, 보호순검 6인은 한성 5서내 측량시 매일 50전, 외각지방 측량시 매일 91전으로 사령 2명과 조역군 6명 등이 각기 규정이 달랐던 것이다.[147]

〈표 15〉 대한제국기 양지아문과 지계아문의 세출 예산(1898~1903)

구분		1898	1899	1900	1901	1902	1903	합계
양지아문	세출비	21,315,598	11,066	43,916	129,664	7,824		213,785,598
	비중(%)		0.2	0.7	0.4	0.1		
지계아문	세출비					22,108	71,018	93,126
	비중(%)					0.3	0.7	

양지아문의 예산 및 양전비용 등은 1899년부터 정상 배정되었다.[148] 1899년에는 1만 1,066원에 불과했으나 1900년에는 4만 3,916원, 1901년에는 12만 9,664원으로 늘어났다. 그렇지만 1900년 이후 전체 예산이 500만원 정도에서 8백만~9백만원 정도로 크게 늘어났음에도 불구하고 크게 증가된 것은 아니었다.[149] 따라서 전체 세출예산에 차지하는 비중도 0.7%에서 0.4%로 낮아졌다. 또한 지계아문의 경우에도 낮은 비용 부담이 문제였다. 이에 따라 양지아문의 양전과정에서 양전 비용의 일부를 전가하거나 추가로 부담하게 하는 폐단이 일어났다.

한편, 양지아문은 1898년 9월 이후에도 실제 전국적인 측량에 착수하지

---

147) 『황성신문』「관청사항」 1898년 9월 6일, 『미일신문』「잡보-탁지부 예비금중 지출한」 1898년 9월 6일 참조.

148) 『의주(議奏)』(규 17705), 『관보(官報)』, 『주본(奏本)』(규 17703), 『세입세출예산표(歲入歲出總豫算表)』(규 15295) ; 이윤상, 2002, 『대한제국』(신편 한국사 42), 5.대한제국기의 재정정책, 국사편찬위원회, 134~135쪽, 149~150쪽, 재인용.

149) 이윤상, 2002, 앞의 책, 148~154쪽 참조.

못하였다. 앞서 설명하였듯이 양전 방식의 논란과 더불어 양전을 통한 수세결의 증가를 우려하는 등 다기한 논쟁에 휩싸였기 때문이었다. 겨우 1899년 4월 1일부터 새로 양전을 시작하였는데, 처음으로 시험 양전에 착수한 것은 충청남도 아산군이었다. 이후 각 지역별 양전의 성과는 속속 보고되고 그 성과를 주목하게 되었다.

아산군의 양전사업은 1899년 6월 20일에서 9월 13일까지 진행되었는데, 최종 결과는 1900년 12월 29일에야 보고되었다. 11개 면의 전답을 개량한 결과는 원결 2,509결 84부 6속 이외에 873여결을 사득하여 아산군의 실전답 결총은 3,382결 68부 3속으로 보고되었다.[150] 또한 새로 조사한 호는 4,220 호여서 새로 파악된 가호(加戶)가 1,430호가 되었다고 보고되었다. 여기서 바로 원결(原結)이란 종래 양안상의 원장부(元帳簿) 전답결총이 아니라 갑오년 이후 아산군의 시기결총(時起結總)이었다. 결국 아산군의 양전사업 결과는 수세결수에 비해 34.8%라는 커다란 결총의 증가를 가져왔다. 그렇다고 하여도 이전 구양안상의 결총 3,409결 65부 9속과 비교하면 10여결 정도를 도리어 적게 파악하고 있었다.

이런 정도의 양전 성과는 각 지방의 실지조사를 통하여 확인될 수 있었고, 종래 각 군의 은결이 어느 정도 있었는지를 예증하는 것이었다. 따라서 양지아문과 정부는 사득결(査得結)이 수세(收稅)로 확보될 수 있다면 국가재정상의 상당한 지세 수입의 확대를 가져온다고 보았다.[151]

이 시기 각 도 각 군에서 실시된 양전 사업의 성과가 반드시 전답 결총의 대폭적인 증가를 가져오는 것은 아니었다. 일부 지역에서는 종래 양안의 원전답결총보다 적었을 뿐만 아니라 수세상 시기결총과 비교해 보다도 모자라는 경우도 있었다.

---

150) 『황성신문』 3권 139호, 1900년(광무 4) 6월 9일조, 잡보기사 ; 『공문편안』 제87책, 「훈령 충남관찰 박용대」 1900년(광무 4) 12월 29일조.
151) 『황성신문』 2권 231호, 1899년(광무 3) 10월 9일조, 잡보기사.

예컨대 경기도 광주부의 경우에는 수취할 지세대장을 이미 오래 전의 토지대장에 근거하고 있었다. 1836년 이전에 작성된 양안에는 광주부 전체의 전답 면적은 모두 5,858결 88부 1속이었다.[152] 광주부 전체에 부과되는 조세량을 나타내는 총 납세결인 원총(原摠)은 1869년 2,931결 45부였으며, 1889년 2,962결 90부 5속이었다. 거의 20년간 변화가 없었다. 이제 양전사업을 통해 새롭게 조사된 광주부 전답결총은 원결 3,907결 10부 6속이었고, 사기결은 5,677결 25부 2속이었다. 당시 시기결총을 의미하는 원결과 비교하면 무려 1,766결 14부 6속이 증가하였으므로 대체로 46.2%의 결수 증가를 가져온 것이다.[153]

그런데 원결(原結)은 물론 1900년 경자조 수세결총(收稅結摠)과 비교한 것이었고, 종전 구양안상의 결총은 아니었다. 종래 구양안상의 결총인 5,858결 88부 1속이었으므로 양안상의 전답결총은 양지아문의 양안결총에 비교하여 181결 62부 9속으로 도리어 많았다. 결국 180여결의 축결(縮結)이 나타나게 되었다. 그 이유는 당시 구양안이 실시되었던 수십 수백년 전보다 토지생산성이 일정하게 증가되었을 것으로 추정되기 때문에 조사과정에서의 문제이거나 아니면 별도의 원인이 있었을 것이다. 전답의 결수 비중이 크게 변화하였다. 구양안상의 전결은 4,109결여이고 답결은 1,748결이었으며, 전체 결총 중에서 답결이 차지하는 비중은 약 29.8%에 불과했다. 반면 양지아문의 양안에서는 전결이 2,680결여, 답결은 2,995결여로 되었으므로 답결의 비중은 52.7%로 증가하였다. 결과적으로 신구 양안상 전답은 약 1,429결여가 줄어든 대신, 답결이 도리어 약 1,246결 정도가 늘어났다.

광주부 각면의 양전사례에서도 또한 앞서 1836년 이래 양안에 기록된

---

152) 1899년 작성된 『광주부읍지』에 의하면, 광주부의 원장부전답은 5,634결 67부(밭 3,886결 13부 1속, 논 1,748결 53부 9속)로 1890년 원전답 5,858여 결보다 도리어 220여 결이 줄었다.
153) 『경기 광주군 양안』(규 17641), 70책 중 1책 참조.

전답 결부수와 비중이 크게 달라져 있었다. 광주군 지역에서 공히 전의 비중이 높았으나 특히 월곡면에서는 전의 결부수가 무려 71.8%였다. 그렇지만 1900년 광무양전에서는 전답의 비중이 역전되었다. 답의 비중이 크게 높아졌다. 실적수에서도 평균 58.5%에 이르렀으며, 결수로도 평균 64.2%로 높아졌다. 특히 월곡면의 경우에는 전과 답의 비중은 완전히 역전되어 답 결총의 비중이 도리어 70.5%에 이를 정도였다. 이와 같이 1836년 이후 60여년간 광주군 3개 지역의 농업은 종래 밭 작물 중심의 농업경영에서 크게 전환되어 논 작물 중심의 농업경영으로 크게 변화하였음을 알 수 있다.

그렇다면 전국에서 양지아문에서 추진한 측량사업의 성과는 어느 정도 있었는지를 살펴보자. 우선 경기도 지역의 경우를 살펴보면, 양지아문에서 실시한 15개 군 중에서 검토가 가능한 13개 군의 양안과 수조안을 대조하여 검토한 것이다.

〈표 16〉 경기도 각 군 양지아문의 양전 성과

분류	양전 상황			결수 차이		비중 차이	
군명	원장부(가)	신양안(나)	수세(다)	신양안 (나-가)	수세결 (나-다)	신양안 비교	수세결 비교
과천	1,565.061	1,387.39	1,090.706	-177.671	296.684	-11.4%	27.2%
광주	5,858.881	5,675.634	3,907.106	-183.247	1768.528	-3.1%	45.3%
수원	11,821.613	9,137.244	6,815.97	-2684.369	2321.274	-22.7%	34.1%
안산	1,153.499	1,337.376	1,100.467	183.877	236.909	15.9%	21.5%
안성	2,623.279	2,279.36	2,132.705	-343.919	146.655	-13.1%	6.9%
양성	3,056.879	2,228.363	1,840.126	-828.516	388.237	-27.1%	21.1%
양지	1,010.338	1,114.135	834.593	103.797	279.542	10.3%	33.5%
여주	4,793.908	4,029.649	3,018.173	-764.259	1011.476	-15.9%	33.5%
용인	4,719.319	3,542.974	2,549.155	-1176.345	993.819	-24.9%	39.0%
음죽	2,504.702	1,666.155	1,339.787	-838.547	326.368	-33.5%	24.4%
이천	3,051.38	3,132.006	2,495.622	80.626	636.384	2.6%	25.5%
죽산	2,273.974	2,323.463	1,864.725	49.489	458.738	2.2%	24.6%
진위	2,493.923	1,931.857	1,738.791	-562.066	193.066	-22.5%	11.1%
합계	46,926.756	39,785.606	30,727.93	-7141.15	9057.676	-15.2%	29.5%

이 지역의 양전 성과는 구양안 원장부 결총에 비교하여 신양안의 결수는 대개 7,141결여의 감소를 보이고 있는 반면, 1900년 경자 수세실결에 비해서는 9,057여결의 증가를 보이고 있다. 이에 따라 신양안의 결총은 종전 수세결총에 대해 29.5%의 증가를 보였다. 그 중에서도 광주, 용인, 수원, 양지, 여주 등의 순으로 큰 결수의 증가를 보였고, 안성과 진위는 10%로 전후로 큰 변화를 보이지는 않았다. 반면에 구양안의 결수보다도 더 많은 결수를 파악한 군이 돋보이는데, 안산, 양지, 이천, 죽산 등지였다. 또한 수조안의 전답결수의 비교에서는 전결의 결수는 약간 증가한 데 비해서 답결의 결수는 대체로 1.5배에서 2배까지 크게 변화되었던 점이 특이하다.

다음으로 충청남도와 북도 지역의 양전 성과에 대해 살펴보면, 양지아문에서 개량한 충남 38개중 22개 군과 충북 17개 군 전지역에서의 결과를 알 수 있다. 이 중에서도 자료로서 대조가 가능한 충남 13개 군과 충북 7개 군의 양전결과를 수치로서 비교해 보자.[154)

〈표 17〉 충청남도 각 군 양지아문의 양전 성과

분류	양전 상황			결수 차이		비중 차이	
군명	원장부(가)	신양안(나)	수세(다)	신양안 (나-가)	수세결 (나-다)	신양안 비교	수세결 비교
목천	3,958,162	2,003,893	1,660,138	-1,954,269	343,755	-49.4%	20.7%
문의	2,996,515	2,230,397	1,501,773	-766,118	728,624	-25.6%	48.5%
부여	4,118,759	2,366,313	2,163,429	-1,752,446	202,884	-42.5%	9.4%
석성	3,081,918	1,658,759	1,405,507	-1,423,159	253,252	-46.2%	18.0%
아산	3,409,659	3,399,013	2,524,737	-10,646	874,276	-0.3%	34.6%
연기	2,869,519	1,888,954	1,581,588	-980,565	307,366	-34.2%	19.4%
온양	3,390,707	2,168,344	1,736,415	-1,222,363	431,929	-36.1%	24.9%
연산	5,034,249	2,873,426	2,416,886	-2,160,823	456.54	-42.9%	18.9%

154) 충청남북도 지역 양전의 성과는 다음의 자료를 참고로 작성하였다. 『(충남 지역) 광무양안』, 『충남관하 각군 공전 조사책』 2책, 『충남각군결호전고』 6책, 『(충북지역) 광무양안』, 『충북관하각군경자조년분대개장』 1책, 『충북관하각군경자조년분수조안』 6책.

전의	2,300.776	1,107.554	854.095	-1,193.222	253.459	-51.9%	29.7%
정산	2,525.067	1,721.707	1,279.657	-803.36	442.05	-31.8%	34.5%
진잠	2,052.504	1,120.012	830.815	-932.492	289.197	-45.4%	34.8%
천안	5,260.581	2,769.959	2,233.499	-2,490.622	536.46	-47.3%	24.0%
한산	4,147.144	3,003.263	3,017.837	-1,143.881	-14.574	-27.6%	-0.5%
합계	45,145.56	28,311.594	23,206.376	-16,833.966	5,105.218	-37.3%	22.0%

충청남도 지역에서 수세결의 큰 증가를 보이는 군으로는 아산, 문의, 천안 등의 순이었다. 충남지역에서 한산군의 경우 경자조 수세결에 비해 14결여의 감소를 보이기도 하였다. 내부적으로는 양안상 답결 비율은 대개 70%정도로 크게 증가한 것으로 보이지만, 양안의 결총수에서 원전답 결수의 대폭 감소로 인하여, 특히 전결의 감소폭이 컸기 때문에 상대적으로 답의 비율이 증가하고 있음을 알 수 있다.

〈표 18〉 충청북도 각 군 양지아문의 양전 성과

분류	양전 상황			결수 차이		비중 차이	
군명	원장부(가)	신양안 (나)	수세(다)	신양안 (나-가)	수세결 (나-다)	신양안 비교	수세결 비교
연풍	1,295.753	1,026.113	635.069	-269.64	391.044	-20.8%	61.6%
영춘	969.204	722.469	531.85	-246.735	190.619	-25.5%	35.8%
음성	1,462.456	1,392.893	979.345	-69.563	413.548	-4.8%	42.2%
진천	6,734.976	3,682.164	3,236.836	-3,052.812	445.328	-45.3%	13.8%
청안	2,802.229	2,030.192	1,505.904	-772.037	524.288	-27.6%	34.8%
충주	21,368.432	15,830.284	11,770.336	-5,538.148	4,059.948	-25.9%	34.5%
회인	1,159.674	977.195	503.887	-182.479	473.308	-15.7%	93.9%
합계	35,792.724	25,661.31	19,163.227	-10,131.414	6,498.083	-28.3%	33.9%

충청북도 지역에서는 충주군의 결수가 원장부 결에 비해 5,538결이 축소되었지만, 경자년 수세결에 비해서는 4,059결이나 증가하는 성과를 가져왔다. 이러한 성과는 1900년 수세결보다 무려 34.5%나 증가한 것으로 상당한 수세 실결의 증가를 가져온 것이었다. 반면 회인현의 경우에는 수세결이 503결여에서 977결로 크게 증가하여 수세결의 증가가 거의 2배에

<표 19> 경상북도 각 군 양지아문의 양전 성과

분류\군명	양전 상황			결수 차이		비중 차이	
	원장부(가)	신양안(나)	수세(다)	신양안(나-가)	수세결(나-다)	신양안 비교	수세결 비교
경주	17,537	12,280	11,423	-5,257	857	-30.0%	7.5%
대구	12,783	9,103	7,529	-3,680	1,574	-28.8%	20.9%
의성	8,827	5,841	5,062	-2,986	779	-33.8%	15.4%
영천	8,294	6,689	5,598	-1,605	1,091	-19.4%	19.5%
안동	13,967	9,662	8,515	-4,305	1,147	-30.8%	13.5%
예천	7,227	6,277	3,419	-950	2,858	-13.1%	83.6%
청도	5,537	4,918	4,175	-619	743	-11.2%	17.8%
청송	2,327	1,728	1,539	-599	189	-25.7%	12.3%
영해	1,993	1,443	1,134	-550	309	-27.6%	27.2%
영덕	2,064	1,453	1,406	-611	47	-29.6%	3.3%
하양	2,557	1,977	1,349	-580	628	-22.7%	46.6%
영주	3,207	2,167	1,691	-1,040	476	-32.4%	28.1%
봉화	1,325	1,009	838	-316	171	-23.8%	20.4%
청하	1,179	983	924	-196	59	-16.6%	6.4%
진보	1,757	874	766	-883	108	-50.3%	14.1%
군위	2,744	1,606	1,152	-1,138	454	-41.5%	39.4%
의흥	2,737	2,401	2,062	-336	339	-12.3%	16.4%
신녕	2,326	2,453	2,009	127	444	5.5%	22.1%
연일	3,122	2,369	2,041	-753	328	-24.1%	16.1%
예안	1,398	1,056	727	-342	329	-24.5%	45.3%
영양	1,502	1,105	825	-397	280	-26.4%	33.9%
흥해	2,696	2,323	1,969	-373	354	-13.8%	18.0%
경산	3,976	2,616	2,080	-1,360	536	-34.2%	25.8%
자인	2,993	2,527	2,019	-466	508	-15.6%	25.2%
비안	3,244	2,079	1,669	-1,165	410	-35.9%	24.6%
현풍	4,329	2,345	2,082	-1,984	263	-45.8%	12.6%
장기	1,517	1,459	1,038	-58	421	-3.8%	40.6%
합계	123,165	90,743	75,041	-32,422	15,702	-26.3%	20.9%

이르는 93.9%를 기록했지만, 여전히 원장부 전답 결총이 1,159결여였으므로 182결이나 모자라는 결과를 보였다. 영춘군의 경우도 종래 양안상에는 답결이 59결여였는데, 광무양안상에는 495결여가 되었고, 그 결과 광무양안상에 722결로 수세결에 비해 190결이나 더 증가한 결과를 보였다.

경상북도 27개 군과 경남 10개 군의 양전 시행은 다른 지역과 마찬가지의 추이를 나타내고 있다.[155] 우선 경상북도 지방에서는 역시 구양안의 원장부 결총 123,165결에 비해 32,422결이 줄어든 90,743결이 파악되었다. 이는 원장부 결총에 비해 26.3%가 줄어든 결과였다. 군별로는 편차가 있어서 구래의 원결총보다 크게 줄어든 지역은 현풍, 군위, 비안, 의성, 안동, 경우 등의 순이었다. 이 중에서도 비교적 1만결 이상을 차지하는 대규모의 지역으로 경주, 안동에서 큰 결수 감축이 발생함으로써 전체 군 합계의 수치를 떨어트린 것으로 나타났다. 반면에 1901년 신축조 수세결과 비교해 보면, 예천, 현풍, 의흥, 연일 등이 큰 폭으로 수세실결을 상회하였으며, 이중에서도 예천의 경우 당시 신축조 수세실결에 비해 무려 83.6%가 증가하였으며 영주, 군위 등도 수세실결에 비해 광무 신양안의 결수 증가가 컸음을 알 수 있다. 전체적으로도 경상북도 27개 군의 통계에서는 15,702결의 증가를 가져와 광무 신양안 결수가 당시 수세결에 비해 20.9%가 늘었다.

경상남도 지역에서도 경북지방과 마찬가지로 구 양안의 결총에 비교하여 14,647결의 감소를 보인 반면, 경자조 수세결에 비해 7,705결의 증가를 보였다. 가장 큰 변화를 보인 군은 김해로 수세결에서는 2,325결의 증가로 말미암아 1900년 수세결의 37.9%가 증가한 것으로 나타난다. 경남 전체적으로는 광무양안의 신양안 결수가 당시 경자조 수세결에 비해 20.2% 증가를 보이고 있었다. 이러한 경상남북도 신양안의 성과는 이후 1905년 이후 한국통감부의 부세제도와 재정 개혁에서도 주목된 성과였다.[156]

---

155) 경상남북도 각 군의 양전 성과는 다음의 자료를 참조하여 작성하였다. 『경상도 갑오조년분조 이상도안』 1책, 『경북 각군 년분도안』 4책, 『경상남도 각군각년조년 분 조안』 6책, 『경남 각군갑진조 총계성책』 30책, 『경남각군징수부』, 『경북각군 징수부』 1책, 대한제국 대무재무감독국편, 『융희2년 대구재무감독국 재무일반』, 1908, 88~91쪽, 경상북도 27개 군의 경우에는 1900년 경자조의 자료가 없어 1901년 신축조의 통계와 비교할 수밖에 없었다.

156) 경상남북도의 경우 기존 다른 지역에서 보존된 양안의 성과와 재정장부의 비교와 달리, 신양안 자체가 분실되었기 때문에 광무 신양안의 결수 증대 현상을 확인할 수 없다. 도리어 한국통감부 시절에 작성한 대구재무감독국의 『재무일반』(대구재무감독국편, 1908)에서 신양안의 성과를 확인할 수 있다.

〈표 20〉 경상남도 각 군 양지아문의 양전 성과

분류 군명	양전 상황			결수 차이		비중 차이	
	원장부(가)	신양안(나)	수세(다)	신양안 (나-가)	수세결 (나-다)	신양안 비교	수세결 비교
사천	3,378	3,027	2,660	-351	367	-10.4%	13.8%
곤양	2,818	2,742	2,496	-76	246	-2.7%	9.9%
거창	4,951	4,242	3,561	-709	681	-14.3%	19.1%
의령	6,086	4,903	3,620	-1,183	1,283	-19.4%	35.4%
영산	4,243	2,575	2,240	-1,668	335	-39.3%	15.0%
창령	6,400	4,181	3,950	-2,219	231	-34.7%	5.8%
밀양	11,542	7,462	6,632	-4,080	830	-35.3%	12.5%
김해	10,254	8,453	6,128	-1,801	2,325	-17.6%	37.9%
언양	2,198	1,756	1,609	-442	147	-20.1%	9.1%
울산	8,626	6,418	5,158	-2,208	1,260	-25.6%	24.4%
합계	60,406	45,759	38,054	-14,647	7,705	-24.2%	20.2%

1899년 6월부터 1901년 7월까지 2개년간 양지아문에서 토지를 측량한 지역은 경기 14군, 충북 13군, 충남 18군, 전북 14군, 전남 13군, 경북 22군, 경남 8군, 황해 2군 등 모두 104군이었다. 양지비용이 199,146원 41전 4리가 들어갔으며 양전의 결과 새로 얻은 결수는 66,901결 52부이었고 당시 토지에 부과되는 세금인 결가(結價) 50량으로 환산하면 617,138원 47전 8리의 증가가 예상되었고, 새로 파악한 호수도 108,832호였다고 한다.[157]

그밖에 양지아문의 양전 지역은 1901년 6월 현재 전라도 지역에서도 전북 14개 군과 전남 17개 군에서 양전이 시행되었으며, 양지아문의 황해도 지역 양전 지역으로는 5개 지역에서 실시될 예정이었지만, 해주, 옹진, 강령 등 3개 지역에서만 완료되었다.[158]

---

157) 『황성신문』 271호, 잡보 「사득결호(查得結戶)」 1901년(광무 5) 11월 27일 기사.
158) 『증보문헌비고』 중권, 전부고 2, 645쪽 ; 『황성신문』 5권 135호, 1901년(광무 5) 6월 4일, 잡보기사 참조.

맺음말

갑오개혁 이후 정부와 재야에서는 조세제도의 개혁에 대해 토지소유권을 보호하고 지주에게 지세를 부과하는 근대적인 지세제도를 추진하였고, 향후 농민경제의 안정을 위해서 양전사업이 불가피하다고 인정하였다.

이러한 논의 가운데 해학 이기는 「전제망언」이라는 논저를 통해 새로운 전제개혁과 양전론을 주장하였다. 그는 결부제의 폐단을 극복하기 위해 민간에서 쉽게 알 수 있는 두락제를 채택하여 결부제와 병용하고자 하였다. 또한 토지를 빠짐없이 파악하기 위해 망척제를 이용하는 방전법을 채택하였으며, 양안에 전주의 성명을 기록하되 소유주가 바뀌면 고쳐 넣으며, 소작인인 시작도 기입할 것을 주장하였다. 또한 지주가 소작인을 과도하게 수취하는 것을 방지하고자 도조를 소출의 1/9로 낮추고 지세는 소출의 1/18로 지주와 소작인이 분담하는 방안을 제시하였다. 그의 주장은 이후 1899년 아산군 양무위원으로 위촉되면서 토지측량 방식과 두락제의 도입 등으로 일부 실현되었다. 그는 정전제와 같은 토지의 재분배를 주장하지는 않았지만, 토지소유자에게 입안을 발급하여 관의 허락이 없다면, 또 본국인이 아니라면 토지를 매매할 수 없도록 하는 방안을 제안하였다.

경기도 양근에 사는 유학자인 유진억도 1897년 12월 「방전조례」라는 상소문을 중추원에 건의하고 있었다. 그는 차선책으로 토지측량을 통한 균세법을 강구하였다. 그는 토지를 일정하게 구획하여 객관적인 면적을 측량하기 위해 돈대를 쌓아 어린도를 작성하면서 망척의 방식으로 돈대 내부의 모든 토지를 빠짐없이 조사하여 기록하는 방전법을 제안하였다. 그의 주장은 숙종대 유집일의 방전법과 고종초 관료로 그의 선친인 유치범의 방전 논의를 기반으로 한 것이었다. 문제는 종래 결부제의 폐단을 극복하는 방법인데, 이는 토지가격을 20등급으로 나누어 지세를 부과하여 토지등급을 세분화하여 해결할 수 있다고 하였다. 지가를 통한 지세제도의 개혁을 추구한 것이었다.

한편 대한제국 시기 한성부에서는 외국인의 이주가 많아지고 토지소유 확대가 이루어지고 있었다. 1898년 전체 외국인 수는 2,854명이었는데, 일본인은 그 중의 60.7%인 1,734명이나 되었으며, 이들의 거주 상황은 전제 한성부 인구 중에서 소수에 지나지 않았으나 소유 가옥이 많았으므로 토지 가옥의 매매와 임대를 둘러싸고 많은 문제를 일으키고 있었다.

종래 한성부 가옥의 거래를 관에서 통제해 왔던 가계제도가 제대로 시행되지 않아 가계를 잃어버렸다든지 새로운 판각문권의 유통 등 여러 문제가 있었다. 이에 외국인들은 가옥 매매를 위해 토지소유자의 권리와 가옥 소유자의 권리를 명시한 지권과 가계를 발급해 줄 것을 요구하였다. 특히 일본은 1899년 3월 한성부내 토지 가옥의 위치와 면적을 측량하여 부동산 원부를 조제할 것을 요청하였다. 이러한 요구는 현재 외국인 토지소유의 공인과 합법화를 요구하는 것이었다. 그렇지만 1895년 한성부 외국인 거류지 잡거안에 의해 일부 거류지의 위치와 범위를 통제하고자 했던 정부의 의도에 배치하는 것이었다. 더욱이 정부에서는 1898년이래 양전사업과 지계사업을 추진 중에 있었으므로 정부는 일본 등 외국인의 요구대로 토지 가옥 매매를 자유롭게 허용할 수는 없었다.

대한제국시기 토지제도의 개혁을 수행하기 위하여 1898년 7월 양전을 담당할 기구로서 양지아문을 설립하였다. 전국적인 양전사업을 둘러싸고 찬반의 여론이 엇갈렸으나 고종황제의 결단으로 양지아문과 제반 규정을 만들 수 있었다.

재야의 유교지식인들은 양전사업과 병행하여 농민층을 위한 토지재분배를 통해 농민생활을 안정시키기 위해 균전제 개혁을 주장하기도 하였다. 또한 고종황제는 다산의 『경세유표』를 새로 필사하여 양전과 토지개혁에 대비하기도 하였다. 그렇지만 고종은 현실의 사적 토지소유제를 인정할 수밖에 없으며 토지재분배 개혁은 불가능하다는 것을 인식하고 있었다.

이후 일련의 논의를 거쳐 양전의 방침을 세웠는데, 처음부터 미국인 양지기사로 크럼을 고빙하여 서양식 토지측량을 도입하려고 하였다. 또한 1899년 3월 한성우체사 주사인 오병일의 「양전조례」를 반영하여 5월에 「양지아문 시행조례」를 반포하기에 이르렀다.

여기에서는 양전의 관리로서 양무위원과 학원을 두었으며 결부제와 더불어 두락제를 채택하였으며, 기경전 위주로 토지조사를 하고, 전답주와 작인을 동시에 조사하려고 하였으며, 이를 토지소유자와 경작인을 지칭하는 '시주(時主)'와 '시작(時作)'으로 파악하는 방식 등을 구체적으로 규정하고 있었다.

양전원칙이 확정됨에 따라 전국에 양전사업이 전개되었다. 처음으로 양전이 시행된 것은 충청남도 아산군이었다. 아산군 중초본 양안에는 대개 4가지 형태의 양전기록 방식이 나타났는데, 이후 정서책에 반영된 것은 양무위원 이기의 기록 방식이었다. 아산군 양전을 통하여 해당 지역의 지주층 조사가 확실하게 이루어졌으며, 구양안에 비해 신양안의 결총이 크게 확충된다는 양전의 효과를 확인할 수 있었다.

이에 따라 1898년부터 대한제국은 전국적으로 토지를 조사하고 토지소유자에게 전답관계(田畓官契)를 발급하기 위한 사업을 추진하였다. 이는 일반적으로 '양전·지계사업'으로 부른다. 1898년 7월 양전을 담당할 기구로서 양지아문을 설립하였으며, 한성부로부터 전국적으로 토지측량사업을 확대시켰다. 1901년 10월에는 지계를 발급하기 위한 기구로서 지계아문을 설립했다. 이에 양지아문의 토지측량사업을 인수받아 지계아문은 1902년 3월부터 순차적으로 각 지방의 양전과 관계발급사업을 진행시키고 있었다.

1898년부터 1903년까지 약 6년 동안 대한제국 정부에서 실시하였던 양전·지계사업은 이 시기 근대적인 토지제도 개혁의 대표적인 사업으로서 연구되어 왔다. 초기 연구를 통해서 양전과 지계사업의 추진과정에 대한 대체적인 추이를 밝혔다. 최근에는 양안의 사례분석을 통하여 당시 농촌사회에서 계급관계의 실상을 추적하기도 하였다. 그런데 이 사업의 목적인 소유권의 근대적 법인이라기보다는 국가의 수조지 파악에 불과하다는 문제제기가 있었다. 또한 양안상에 기록된 '시주(時主)'가 현실의 토지소유자로 보기 어렵다는 논의가 제기되었으며, 더욱이 시주의 토지소유권이 대한제국의 왕토사상에 의해 제약을 받았다는 과도한 추정까지 나왔다.

그런데 대한제국 시기 양전·지계사업은 애초부터 토지제도의 개혁을 목표로 두고 있었다는 점이 강조될 필요가 있다. 물론 대한제국 시기의 양전과 지계발급을 담당하는 기관으로 양지아문과 지계아문이 순차적으로 설립되기는 했지만 처음부터 토지제도의 개혁을 구상하면서 단계적으로 설립된 기관으로 보는 것이 타당하다. 1898년 양지아문이 설립될 당시 황성신문에서도 광무양전사업을 처음으로 보도하면서 이를 토지조사와 지계 발행사업으로 이해하였던 점에서도 충분히 엿볼 수 있다.

양지아문이 주관하여 전국적으로 확대된 양전은 야초와 중초, 그리고 정서책 양안의 작성 순서로 진행되었다. 이렇게 작성된 양지아문 양안의 토지소유자 조사와 특징을 살펴보면, 우선 온양군 양안에는 시주 대신 결명, 결호명 등이 별도로 표시되어 있어 이후 수정과정에서 시주로 거의 통일되는 것으로 보아 조세납부의 대상자를 일차로 조사한 후 결국 토지소유자인 '시주'로 정정하여 기록하였다는 것을 알 수 있었다. 또한 각 궁방, 역둔토 등의 관유지와 사적 대토지소유자들은 자기의 토지를 양안에 등록시키기 위해 별도로 행심책을 만들어 조사에 대비하기도 하였다.

반면에 농민들의 안정화를 위해서는 이번 양전을 계기로 하여 균전을 실시해야 한다는 주장도 다시 제기되었지만, 대한제국 정부는 균전 등 소작농민을 보호하는 후속조치를 취하지 않았다.

이와 같이 양지아문의 양안은 종전 숙종조의 경자양전 이후 실시되지 않아 유명무실하게 된 양안을 새로운 형식으로 대체하면서 당시 토지의 소재와 농지상태, 그리고 토지소유자를 조사하여 등재시켜 명실공히 토지대장으로서 기능하게 되었다. 또한 양안을 통해 지세를 부과하는 장부인 한편, 호구세와 가옥세를 부과하는 기본 대장도 되고 있었다. 나아가 조선후기이래 발달된 토지소유권의 법적 확립을 위해서는 종래 토지매매 문기에 대신하여 새로운 형태의 기본장부가 필요하게 되었던 바, 광무양전 사업과 일정한 계승관계에 있었던 지계(地契)사업에서 지계의 발행과 더불어 국가의 토지 관리를 법제화하는 사업으로 나아가게 되었다.

제4부

대한제국의 토지제도와 토지법제의 개혁 방향

머리말

　1898년 대한제국의 광무양전사업은 새로운 근대 토지제도와 소유권 제도의 수립을 위해 시행되었다. 이 사업은 한편으로 일본인 등 외국인 토지소유의 확대를 방지하고 한국인의 개별 토지소유권을 보호하고 근대적인 제도로 관리해 나가려는 것이었다. 이는 근대적 토지조사사업과 지계제도의 수립을 목표로 하고 있었다.

　대한제국은 1898년부터 국가적인 차원에서 양전·지계사업을 실시하였다. 1898년 7월 양전을 전담할 독립관청으로 양지아문을 설립하였고, 1899년 4월 한성부로부터 시작하여 전국적으로 토지측량사업을 진행시켰다. 또한 1901년 지계아문을 설립하여 한성부와 13도 각 군의 전토 계권을 이정하고 전답관계를 점차 발행하였다. 대한제국시기 양전과 전답관계 발행사업에 관한 연구에서는 대체로 한국근대의 토지제도와 소유권제도의 수립에 중요한 전기를 이룰 수 있는 사업으로 간주하였다. 그러나 사업의 성격에 대해서는 논란이 있어 한편에서는 근대적 토지제도로서의 성격을 높이 평가하였다.[1] 다른 한편에서는 일제의 토지조사사업과 대비하여 토지소유자의 파악에 관한 한 불철저하다고 비판하면서 지계발급의

---

[1] 최원규, 1994,『한말 일제초기 토지조사와 토지법 연구』, 연세대 사학과 박사학위논문 ; 한국역사연구회 근대사분과 토지대장연구반, 1995,『대한제국의 토지조사사업』, 민음사 참조.

실효성을 거의 부정하고 있다.[2]

또한 대한제국의 지계사업은 전국적으로 시행될 예정이기는 했지만, 실제로 시행된 곳은 강원도 전지역과 충청남도 일부지역이었을 뿐이었다.[3] 지금까지의 연구에서는 지계아문의 지계사업 자체를 별도로 분석하거나 지계양안의 사례를 본격적으로 검토하지 못하였다.[4]

따라서 제8장에서는 대한제국기 지계아문의 설립과정 및 전국적으로 시행된 양전과 지계발급사업의 시행과정과 성과를 살펴보려고 한다. 또한 관계의 발급대상이자 토지소유자로서 '시주(時主)' 파악과 지계발급의 의도를 검토하려고 한다. 이 시기 지계아문의 양전·지계사업은 단지 대한제국의 정부 주도로만 이루어질 수 있는 것은 아니었다. 이는 당시 농업현실에서 일반 인민들의 자기 토지에 대한 소유권 확보 요구라는 일련의 움직임과 맞물려 있었다. 따라서 20세기 초반 당시 지역사회의 동향과 함께 다룸으로써 실제 토지소유자인 '시주(時主)'의 자발적 소유자 등록 추이와 함께 정부주도 지계사업의 강제적 시행이라는 양 측면을 검토하면서 대한제국의 근대적 토지제도의 실상을 살펴보려고 한다.

다음으로 9장에서는 지계아문 설립 당시 토지소유자의 조사와 관계발급 원칙을 구체적으로 검토하는 가운데 대한제국의 토지소유권자 파악의

2) 이영훈, 1990, 「광무양전에 있어서 〈시주〉 파악의 실상」 『대한제국기의 토지제도』, 민음사 ; 이영훈, 1992, 「광무양전에 있어서 〈시주〉 파악의 실상 2」 『성곡논총』 23 ; 미야지마 히로시(宮嶋博史), 1997, 「광무양안과 토지대장의 비교분석-충남 논산군의 사례」 『조선토지조사사업의 연구』, 민음사.

3) 탁지부, 1909, 『토지조사참고서』 1호, 28쪽 ; 왕현종, 1995, 「대한제국기 양전·지계 사업의 추진과정과 성격」, 한국역사연구회 근대사분과 토지대장반 편, 1995, 앞의 책, 112~114쪽 ; 조동걸, 1981, 「지계사업에 대한 정산의 농민항요」 『사학연구』 33, 38~48쪽.

4) 지계아문의 강원도 양전·지계사업에 관한 자료로서 지계아문의 공식문서를 모아 놓은 『지계아문래문』을 비롯하여 현지 자료로서 『강원도 평해군 양안』 11책, 『강원도 간성군 양안』 11책, 『평해군공토성책』 1책 등이 서울대학교 규장각에 보관되어 있다. 또한 춘천, 강릉, 양양, 평해, 원주 등지의 지계 등이 일부 남아있는 상태이다.

성격과 관계발급의 특징을 살펴보려고 한다. 앞서 양지아문과 지계아문의 추진과정에서 특히 법 규정, 양식상의 변화, 그리고 실제 각 지역의 지계발급 사례를 검토해 보려고 한다. 이를 통하여 토지소유권자에 대한 인식과 법규정의 실체에 접근하려고 한다. 이때 논란이 되었던 것은 종래 토지매매 문기를 소지한 사람들, 이른바 토지관련 문권의 영유자(領有者)의 근거자료를 통하여 당시 실제적인 토지소유권자를 명확히 해낼 수 있는가 하는 점이다. 또한 토지소유권자 조사 규정을 통하여 허위와 기만에 의한 불법적인 관계발급의 문제를 비롯하여 외국인 토지소유자에 대한 제한 규정에 대해서도 검토하려고 한다.

다음으로 10장에서는 1898년 이후 대한제국의 양전·지계사업의 일환으로 추진된 외국인 토지소유에 대한 규제 정책을 구체적으로 다루어보려고 한다. 이는 이 사업을 계기로 하여 대한제국의 전국토에 대한 파악과 토지관리를 체계적으로 마련하면서 종래의 토지 종목을 공토(公土)와 사토(私土)로 구분하고 특히 공토에 대한 국가관리를 강화하고 있다는 측면에 주목하려고 한다. 그리고 공토와 사토의 정의와 구분이 어떻게 이루어지며, 대한제국의 토지주권 강화 노력은 어떠한 것이었는지 살펴보려 한다.

마지막으로 대한제국은 1898년 이래 양전사업과 관계발급사업을 통하여 근대적 토지제도와 법제를 마련하려고 하였지만, 일본의 영향으로 1904년 3월 지계아문이 폐지되고 탁지부 양지국으로 축소됨으로써 양전사업과 관계발급사업이 중단되고 말았다. 11장에서는 이후 일본의 개입과 토지제도의 변화과정을 다루어 보려고 한다.

최근 한국근대사 연구분야에서는 토지법제의 제정과 관습법과의 관련성에 대해서는 일부 연구가 진행되기는 했지만, 대한제국의 양전 관계발급 사업의 추진과 관련하여 통감부시기 부동산법조사회과 법전조사국의 설립과 추진의미를 충분히 검토하지는 못했다.[5] 따라서 이 장에서는 1906년부터 1907년까지 활동한 부동산법조사회의 활동을 중심으로 일본의 토지 관습조사와 근대 법제정의 방향을 검토하고 이전 대한제국의 근대 토지법제의 수립 방향과 어떠한 차이를 보이는지를 살펴보려고 한다.

그 중에서도 1906년에 불거진 한국의 민법 제정 노력과 결부하여 근대 토지제도의 수립 논의가 어떻게 구체화되었는지 검토하려고 한다. 이를 통하여 대한제국 말기 근대 토지제도와 토지법제의 수립을 위한 주체적인 노력이 어떻게 좌절되고 식민지적 법제로 전환되었는가에 대하여 살펴보려고 한다.

1900년대 당시 근대적 토지제도의 수립은 단순히 일본의 보호국 상태에서 일방적으로 진행되기는 하였지만 이전 대한제국의 개혁사업의 연장선상에서, 그리고 한국주민의 근대법 제정의 요구에 의해서도 상호 영향을 받고 있었다. 이로써 한국의 독자적인 민법제정 노력과도 연결되어 새로운 근대 토지법제의 수립운동이 추진되고 있었다.

---

5) 최원규, 1997, 「한말·일제초기 일제의 토지권 인식과 그 정비방향」 『한국근현대의 민족문제와 신국가건설』, 지식산업사 ; 정연태, 1995, 「대한제국 후기 부동산 등기 제도의 근대화를 둘러싼 갈등과 그 귀결」 『법사학연구』 16 ; 배성준, 2009, 「통감부 시기 관습조사와 토지권 관습의 창출」 『사림』 33.

8장 지계아문의 토지조사와 토지소유권 제도

1. 관계제도 구상과 지계아문의 설립

대한제국의 양지아문에 의해 추진된 양전사업에서는 양안이 토지의 소재와 농지상태, 그리고 토지소유자를 조사하여 등재시켜 토지대장으로서 기능하고 있었다. 그런데 토지소유자에 관한 한 양안에 등재되어 있을 뿐 그들에게 토지의 소유권을 보장하는 실질적인 제도를 아직 수립하지 못하고 있었으며, 또한 토지매매를 통하여 빈번히 이동하는 소유권에 관해서까지 국가의 입장에서 세밀히 파악해 두는 원칙을 마련하지 못하고 있었다.

1900년 11월 중추원 의관 안종덕(安鍾悳)은 당시 토지매매문권이 규제가 없어 전매시 근거가 될 수 없고 위권(僞券)과 도매(盜賣)뿐만 아니라 누적(漏籍) 허호(虛戶)의 폐단이 있다고 지적하였다. 이를 시정하기 위해서 관에서 발급하는 계권[官給契券]의 필요성을 주장하였다.[6] 그는 이 제도는 이미 법전상『대전회통(大典會通)』호전(戶典) 매매한조(賣買限條)에 규정되어 있듯이 전지(田地)와 가사(家舍)가 매매되고 난 이후에 100일내에 관에 고하여 입안(立案)을 발급하는 제도가 있다는 점을 강조하였다. 그는 입안

---

6) 안종덕(安鍾悳),『석하집(石荷集)』9권, 잡저「중추원건의」참조.

제도의 실시를 위해서는 한편으로 조종구전(祖宗舊典)에 의거하며, 다른 한편으로 각국 신제를 방채(旁採)하여 제도를 정비하는 것으로 정의하였다. 이에 따라 이후 3개월 내에 종래 전택문권(田宅文券)을 각 군에 납부하고 관계(官契)로 교환하도록 하는 방식을 제안하였다. 또한 새로운 매매가 발생하는 경우에는 10일내에 구계(舊契)를 납부하여 신계(新契)로 환수한다는 것이었다. 또한 이 관계의 발행대상은 개간지나 새로 만든 가옥, 문기가 없는 장토뿐만 아니라 산림과 방앗간에 이르기까지 일체의 부동산에 모두 관계(官契)를 지급하도록 하였다.[7] 이에 따른 이익으로 세 가지를 들고 있는데, 토지에는 은결(隱結)이 없어지고 민호에는 누호(漏戶)가 발생되지 않으며 관계발행에 따른 수입으로 세입(歲入)이 증가된다고 하였다. 그는 관계발행을 통해서 양전과 호적의 정비를 기다리지 않아도 전토와 민호를 치밀하게 파악할 수 있다고 주장하였다. 그는 당시 토지매매의 관행으로 사적 토지소유권이 불안정한 상태를 시정하고 국가가 토지소유권의 확인과 더불어 토지매매에도 관여함으로써 국가가 사적 토지소유권을 공인하고 관리하는 제도로서 관계발급제도를 제안한 것이었다.

이 상소문은 당시 중추원의장 김가진(金嘉鎭)의 이름으로 중추원에서 원안 그대로 채택되었다.[8] 이 안건은 새로이 지세제도의 개혁과 인지세의 도입을 위한 안건과 더불어 중요한 토지정책의 하나였다.[9] 이에 따라 정부에서는 관계발행에 관한 논의를 본격적으로 시작하는 것으로 보인다.

그런데 구체적인 추진기구와 조례를 마련하는 데는 상당 기간이 소요되

---

7) 안종덕, 『석하집』 9권, 잡저 「중추원건의」 참조.
8) 『비서원일기』 「중추원의장 김가진 언사소」, 1900년(광무 4) 9월 11일(양력 11월 2일) 참조.
9) 당시 중추원의장인 김가진은 1900년 10월 두 차례의 상소를 통하여 재정지출의 확대에 대비하여 결가를 기존의 30량에서 일률적으로 2/3를 加排하여 결가 20량 인상하는 안건과 인지세를 도입하는 안건을 제기하고 있었다(왕현종, 1992, 「한말(1894~1904)지세제도의 개혁과 성격」『한국사연구』 77, 115~121쪽 참조).

었다. 왜냐하면 관계(官契)의 발행은 당시 각 지방에서 전개되고 있던 양전사업과 일정한 관계를 맺으면서 전개되어야 했다. 양전을 마쳐 여러 단계의 수정을 거친 정서본 양안에는 토지의 지목과 지모, 면적, 위치 등 토지에 대한 기본적인 기재사항이 기재되고 있어 토지대장으로서의 성격을 가지고 있었으며 토지의 소유자로서 시주(時主)가 등재되고 있었기 때문이다. 그러나 1900년 하반기 당시에는 아직 양전이 전국적으로 진행되고 있었고 모든 군에서 양전을 완료하지 못한 채 겨우 1/3에도 미치지 못했으므로 양안을 완성시키는 데에는 상당기간이 필요했다.

원래 양지아문이 처음 설립될 당시에도 지계발행논의가 진행되었을 뿐만 아니라 양지아문의 설립 이후에도 전국적인 양전을 마친 연후에나 가능하다고 여겨졌던 관계제도가 예상보다 빨리 도입된 이유는 무엇일까.

우선 1901년에 전국적으로 크게 피해를 입히고 있었던 대흉년의 여파로 여러 지방에서 양전사업이 실질적으로 진행되지 못하게 되었다.[10] 그리하여 종래 양전사업을 통해서 작성될 양안에 의거해서 관계의 발행을 예정하고 있었던 계획을 변경하여 그보다도 빠른 시일내에 양안을 만들면서 지계를 발행할 수 있는 방안을 검토하게 되었다.

또한 방향전환의 배경에는 개항장의 확대라는 변수도 작용했다. 개항 이후 개항장이 추가 증설되고 개항장 거류지 내외의 일본인 상인, 지주들은 1901년에 한국의 척식을 목적으로 하는 도한자(渡韓者)들의 법적 제한을 철폐하고 '자유도한(自由渡韓)'을 요구하고 있었다. 또한 일본자본은 경부 간 철도 건설을 통하여 일본의 이해를 관철시키고 있었다.[11] 1901년 말에는 일본제국의회에서 상인 지주의 자유도한과 부동산점유를 결정한 이민법

---

10) 1901년 12월 2일 국왕은 '各道量務姑爲停止 竢年豊更爲設量'할 것을 명하였다(『일성록』 광무 5년 10월 22일 참조).

11) 『황성신문』「卞自由渡韓」1901년(광무 5) 10월 7일,「再卞日本人自由渡韓」1901년 10월 14일자 사설 ; 김용섭, 『한국근대농업사연구』 하, 475~485쪽 참조.

을 개정하였다. 이를 계기로 해서 일본의 식민정책에 대한 비판과 우리 정부의 대책을 촉구하는 논의가 크게 일어났기 때문이다.[12]

1902년 1월 전의관 손정현(孫貞鉉)과 전주사 최상의(崔相宜)는 중추원에 일본인의 척식사업을 비판하는 헌의서를 제출하였다. 이들은 현재 일본인의 자유도항은 임의로 척식하는 것이고 우리를 노예로 만들어 궁핍하게 하고 우리 토지와 택지, 광산, 어업 등을 점탈하여 저들의 것으로 하고자 하는 것이라고 비판하였다. 이들은 외인(外人)이 우리나라 내지에 거류하는 인원이 이미 기만호에 이르렀고, 이들이 차지한 규모가 몇 억만평인지 알 수 없을 정도라 하면서 부상의 점포도 서로 연이어 있어 천백을 헤아리고 있지만 조세를 내지 않고 있다고 비판하였다. 그래서 이들은 각호를 조사하여 입적하고 따로이 가간세(家間稅) 및 상점세를 정하는 조약을 확립할 것을 요구하였다.[13]

한편, 1901년 10월 중추원의관 김중환(金重煥)은 당시 토지매매의 문제점을 적시하고 있다. 그는 이미 전국적인 토지의 대부분이 사유로 된 상황에서 관에서 계를 급부하지 않아서 소위 계권(券契)의 위조(僞造)나 도매(盜賣)로 인한 폐단이 많이 발생한다는 점을 지적하였다. 타개책으로 '전토관계지권(田土官契之法)'을 도입할 것을 주장하였다. 그는 일단 지계를 정하여 실시하면 '전토가 소상하고 결부가 분명'하다는 효과를 얻을 수 있게 되므로 조세수취의 문란을 시정할 뿐만 아니라 토지매매의 폐단도 시정할 수 있다고 하였다. 그는 별도로 관계조규를 만들어 조속히 실시하며 또한 관계사무가 크므로 전담할 관아를 세우고 인원을 선발하여 계속해서 실시하는 것이 중요하다고 하였다.[14] 대한제국 정부에서는 김중환의 상소

---

12) 『조회원본(照會原本)』(규 17234) 헌의서 참조.

13) 최상의(崔相宜)는 본래 경상북도 관찰부 주사를 역임했으며, 1900년 윤8월부터 양지아문의 양무위원으로 임명되었고, 1901년 2월에도 다시 임명받아 양무위원으로 활동하고 있었다(『승정원일기』 1899년 9월 28일, 1900년 윤8월 12일, 1901년 2월 21일 참조).

를 곧바로 받아들여 지계발급에 관한 아문을 설립하게 되었다.

정부는 1901년 10월 20일 칙령 21호「지계아문 직원급처무규정(地契衙門職員及處務規程)」을 공포하였다.[15) 이 처무규정은 모두 26개 조항으로 설치목적은 한성부와 13도 각 군의 전토계권(田土契券)의 이정(釐整)하여 실시하는 사무를 전관하는 처소로 임시로 설치된 관청이었다. 직원은 총재관 1인과 부총재관 2인, 위원 8인 및 기수 2인으로 구성되었다. 전토의 답사와 신계의 환급 및 구계의 격소 등 실무역할을 담당하는 것이 감리(監理)였으며 감리는 각 군수와 대등조회하는 위치였다.

또한 지계의 발급 규정도 명문화하여 전토의 시주가 반드시 관계를 발급받는 것을 강제규정으로 두었으며, 지방관청과 본인이 보관하게 하였다. 다음으로 토지매매가 이루어졌을 경우에는 매매증권(賣買證券)을 성급하는 것으로 하여 토지매매과정에 국가권력이 반드시 개입하도록 하고 있다. 이렇게 본다면 이 칙령은 지계사무에 관한 기구와 절차뿐만 아니라 지계의 양식에 이르기까지 포괄적인 규정을 담고 있었다.[16) 그런데 이 규정은 상소문 이후 불과 8일 만에 만든 것이었고, 그래서 지계발행의 목적 및 규정에 관한 구체적인 조항을 철저하게 마련하지 못하고 있었다. 결국 규정 반포 이후, 정부에서는 다시 축조심의를 거쳐 11월에 다시

---

14) 『비서원일기』「중추원 의관 김중환 소」, 1901년(광무 5) 9월 1일(양력 10월 12일) 참조.

15) 1901년 10월 20일 의정부회의에서 참정 김성근의 청의로「지계아문직원급처무규정」을 토의하여 참석자 8명 중 7명의 찬성으로 칙령안을 의결하게 되었다(규 17703『주의(奏議)』참조).

16) 처무규정상「대한전토지계(大韓田土地契)」의 양식을 검토해보면, 우선 실적이 표기될 뿐만 아니라 두락과 일경을 표시하고 있다. 이 점은 이후 지계아문의 양전에서도 특별히 관철되는 측면으로서 객관적인 토지면적을 쉽게 파악할 수 있다는 장점을 가지고 있다. 그러나 양안을 통해 토지의 사표와 열좌가 파악된 반면, 지계에서는 표시되어 있지 않았다. 반면에 이후 실제 시행된「대한제국전답관계」에서는「대한전토지계」와「대한전토매매증권」을 겸하는 동시에 지계양안의 기재사항을 충실히 반영하고 있다.

「개정처무규정」을 마련하게 되었다.

이 '처무규정'은 종전에 비해 지계발행의 대상이 전토(田土), 즉 농지에 한한 것이 아니라 '산림 토지 전답 가사 계권'으로 확대되었다. 지계의 대상이 전국의 모든 산림과 토지 전답 및 가사에까지 이른다는 것이다. 또한 지계를 발행하는 범위를 명시하여 종전에는 규정되지 않았던 외국인의 토지소유를 금지하는 조항을 삽입하고 있다.[17] 지계아문은 종래 전답, 산림, 천택, 가사 등이 관에서 발급하지 못하여 사사로이 문권을 만들어 내었기 때문에 여러 가지 폐단이 발생하여 매매시에 위조문권이나 도매(盜賣)의 폐단도 생겨났다고 판단하였다. 이러한 토지소유권의 이전에 따르는 폐단을 제거하기 위하여 설치된 것이었다. 따라서 관계(官契)를 실시하여 영유자(領有者), 즉 토지소유에 관한 문건을 소유한 자로 하여금 공사(公私)로 확인하고 발급함으로써 매매의 폐단을 없앨 뿐만 아니라 조세수납에도 횡령의 폐단을 시정하려는 목적을 가지고 있었다.[18] 즉 지계아문의 설치는 모든 토지의 소유권의 확정과 이전에 관한 국가적인 법인과 통제를 목표로 하고 있었음과 더불어 외국인의 토지침탈을 방지하기 위한 시급한 조치로서 취해진 것이었다.

그런데 당시 양전이 중단되어 기능을 발휘하지 못하던 양지아문과 굳이 병설하여 지계를 전담하는 관청으로서 지계아문을 설립하였던 데는 나름대로 상황 판단이 작용했다. 시급하게 지계의 발행을 통해 국가가 토지소유권의 확정과 관리를 하지 않으면 안되는 상황을 고려하였다. 따라서 종래와 같이 양지아문에 의한 전국적인 토지측량 이후로 지계발급을 마냥 미루어 둘 수만 없었다. 설립 초기에는 그러한 목적에 비추어 어떻게 하면 빠른 시일내에 지계의 발행을 완료할 방안을 검토하게 되었다.[19]

---

17) "第十條 山林土地田畓家舍는 大韓國人外에는 所有主되믈 得지 못홀 事 但開港口內에는 不在此限홀 事"(改正 「지계아문직원급처무규정」 제10조 참조).

18) 『훈령(완북수록)』(상), 「지계아문 제2호 훈령」 광무 7년 2월 27일 참조.

2. 지계아문의 지계발급과 토지소유자 규정

대한제국이 토지소유권자에게 지권을 발급한다는 구상은 이미 양지아문의 시행 초기에서 천명되고 있었다.

○ (地券改量)量地衙門에셔 十三道人民의 土地文券을다 官契로 換給ㅎ야 中間僞造賣買허난 獘를 永杜하량으로 議政府에 請議하엿다더라[20]

1898년 9월 13일 양지아문 설립 초기 황성신문 기사에 의하면, 양지아문이 13도 인민의 토지문권을 다 관계로 환급하여 중간에 위조 매매하는 폐단을 영구히 없애려는 목적으로 의정부에 청의하였다는 기사였다. 양지아문은 설립과 동시에 측량사업과 관계발급을 추구했다고 할 수 있다. 이후 앞서 살펴보았듯이 1900년 이후 지계발급에 대한 논의가 급진전되었고, 전답계권의 발급제도의 필요성이 2차례에 걸쳐 논의되었다.

이후 1901년 10월 20일 의정부에서는 종래 중추원의관 김중환의 상소에 따라 「지계아문(地契衙門) 직원 및 처무규정(處務規程)에 관한 칙령안(勅令案)」을 만들어 회의에 제출하였다.[21] 당일 의정부 회의에서는 참정대신

---

19) 1902년 2월 전의관 손정현은 중추원에 건의한 헌의서에서, '今之急務 一則量地 一則地契 量地所以正土品 地契所以防奸僞 現方地契實施則 量務尤不可停止也'라고 하여 이미 110군의 양전을 통하여 증결을 8만결이나 파악했으며 양전비용을 제하더라도 4배의 이익을 낼 수 있다고 하였다. 따라서 이미 양전한 군에서는 승총, 출부하고 지계는 개량에 따라 인행할 것을 주장하였다(『조회원본(照會原本)』 2책 참조).

20) 『황성신문』 「地券改量」, 1899년 9월 17일, 잡보 3면 1단 기사.

21) 의정부 주본에 의하면 주본 104호로 지계아문의 칙령안에 대한 검토 회의 날짜는 기록상 1901년 10월 20일로 되어 있는데, 칙령안의 청의서 제기일은 10월 21일로 되어 있다. 날짜의 착오는 주본 104호와 105호 등을 일괄 처리하는 과정에서 나온 것이라기보다는 이후 「칙령 21호 : 지계아문급처무규정」이 전면 개부표되는 것으로 보아 의정부회의 제의안이 폐기되고 원래 청의원안으로 교체되는 과정을 보여준다. 지계아문의 설립과 원칙이 크게 변경되었음을 알 수 있다(『주본(奏本)』

김성근이 발의한 칙령안건에 대해 검토하였는데, 각 부서의 대신들 중에서 내부대신 이건하(李乾夏)와 탁지부 대신 민병석(閔丙奭), 법부대신 신기선(申箕善), 농상공부대신 김규홍(金奎弘), 참정 권재형(權在衡), 참찬 이용태(李容泰) 등 7명은 찬성 의견을 냈고, 반대자는 참정 이용직(李容稙)뿐이었다.[22]

그런데 이때 검토한 칙령안 21호 지계아문 및 처무규정에 관한 내용 중에서 원래 청의한 조문 내용과 달리 주요 항목 등이 대폭 교체되었다. 그 중에서 지계발급 규정과 토지소유자에 대한 규정 변화를 살펴보자.

우선 지계아문의 설립 목적에 대해서는 "第一條 地契衙門은 漢城府와 十三道 各府郡의 山林土地田畓家舍契券整釐 實施ㅎㄴ 事務를 專行ㅎㄴ 處所로 權設훌 事. 但 家舍契券은 漢城府와 各開港口內에ㄴ 不在此限훌 事."라고 규정하였다. 지계아문은 한성부와 13도 각부군의 산림, 토지, 전답, 가사 계권을 실시하는 사무를 전담하는 곳으로 임시로 설치된 관청이었다. 여기서 계권의 발급 대상을 산림, 토지, 전답 등 모든 토지와 가사를 대상으로 하고 있다는 점이 특이하다. 그런데 의정부회의과정에서 이 규정은 단순히 전토계권의 수정으로 축소되었다. 물론 이 규정이 사문화된 것은 아니고 이후 전답관계의 종류와 발급 대상으로 구분되어 실시되었다. 따라서 최초의 의정부회의에서는 간단히 설치의 목적을 명시한 것으로 보인다.

다음으로 전토계권의 발급과 관련하여 토지소유자에 대한 규정을 살펴보자.

(규 17703) 제55책, 23~38쪽 ;『칙령 ②』의정부 편, 26책 중 10책, 42장 1~47장 2쪽 참조).

22) 이용직은 사안이 진실로 행할 수 있는 시기가 있으니 불가하다는 의견으로 반대하였고, 반면에 찬성한 대신들은 대부분 청의대로 시행하자고 하였지만 권재형은 사안이 가히 행할 때 반드시 일을 맡아 잘 처리하는 것이 중요하다는 것을 강조했고, 이용태는 규칙이 잘 되었다고 평가하기도 하였다(『주본』(규 17703),「지계아문과 처리규정에 관한 회의 결과 보고서」(1901년 10월 20일)).

第十條 山林土地田畓家舍는 大韓國人外에는 所有主되믈 得치 못할 事 但
　　各開港口內에는 不在此限홀 事
第十一條 山林土地田畓家舍所有主가 官契를 不願ᄒ다가 現發ᄒ 者는 原價十分
　　四罰金에 處하고 官契는 還給홀 事
第十二條 官契를 水沉火災或閪失ᄒᄂ 境遇에는 原主가 當該地方官에 報明ᄒ야
　　証據가 的確ᄒ 後更히 成給홀 事
第十三條 契劵形式과 還給과 舊劵繳銷와 賣買讓與와 諸經費措劃에 관한 規則
　　은 本衙門令으로 定할 事[23)]

　　먼저 위의 제10조 조항에서는 산림, 토지, 전답, 가사는 대한국의 사람이
외에는 소유주가 되지 못한다는 규정을 내세우고 있다. 다만 단서조항에서
각 개항장내 조계지에서는 이를 적용할 수 없다는 것으로 보아 개항장을
제외한 전국에서 대한제국 국민의 소유권을 보장하고 다른 외국인의
소유권을 배제한다는 명문 규정을 명시해 두었다. 그런데 의정부회의
과정에서 이 부분은 생략되었다.

　　다음으로 주목되는 것은 제11조로 산림, 토지, 전답, 사가 소유주가
관계를 원치 않다가 적발되면 원가의 10분의 4를 벌금으로 처벌하고 관계는
다시 돌려준다는 조항이었다. 이는 산림 토지 등의 소유자의 권리를 보장해
주는 대신 강제적으로 발급을 받도록 하는 강제조항을 두고 시행한다는
것이었다. 물론 토지가의 10분의 4는 매우 높게 벌금으로 처벌하는 것이었
지만, 그만큼 관계발급의 강제성을 강조한 것이라 할 수 있다. 반면 13조에
서는 계권 형식과 환급 절차, 구권의 결소, 매매 양도 등 제반 규정은
지계아문의 령으로 위임하여 시행한다는 것이었다.

---

23) 「中樞院議官 金重煥의 上疏에 따라 地契衙門 職員 및 處務規程에 관한 勅令案을
　　另具하여 會議에 提出한다는 請議書」『각부청의서존안』(규 17715), 1901년(광무
　　5) 10월 21일.

그런데 이 시기 지계아문의 초기 규정은 사실 좀 포괄적이어서 구체적인 세부 적용 규정은 미흡했다. 그래서 불과 2일만에 새로 공포된 지계아문 처무규정에서는 보다 구체적인 조항이 추가되거나 변경되었다. 1901년 10월 22일 공포된 칙령 21호 지계아문직원급 처무규정에서는 다음과 같이 토지소유자의 확인과 관계발급에 대한 규정이 개편되었다.

제17조 田土官契은 田若畓를 勿論ㅎ고 每一作의 契券各一紙를 頒給ㅎ야 後日 賣買에 便케홀 事

제18조 田土時主가 官契를 不肯印出ㅎ고 舊券으로 仍存타가 新官契의 無홈이 現發되는 境遇에는 該田土의 關흔訟事가 有홀지라도 受理치 아니ㅎ며 該田土는 一切屬公홀 事

제19조 官契를 印出割半ㅎ야 右片은 田土時主의게 付與ㅎ고 左片은 該地方官 廳에 保存케ㅎ되 式樣은 左와如홀 事

제20조 官契를 閪失ㅎ는 境遇에는 該地方官의게 告實ㅎ야 証訂이 的確흔 然後에 成給홈 事

제21조 地契實施흔 後에 田土賣買ㅎ는 境遇에는 各該地方官이 証券을 成給호 딕 該証券을 領有흔 者가 他人의게 轉賣홈 時에는 各該地方官이 舊証券을 繳銷ㅎ고 原地契는 還給ㅎ며 新証券을 成給홀 事 但 該地契을 典執ㅎ는 境遇라도 各該地方官에게 請願ㅎ야 認許를 得흔 後에 施行홀 事

제22조 田土賣買証券을 印出割半ㅎ야 右片은 田土買主의게 付與ㅎ고 左片은 該地方官廳에 保存호딕 式樣은 左와 如홀 事

우선 관계의 발급 규정에 대해서는 제17조에서 전토관계(田土官契)는 전답을 가리지 않고 매 1필지에 계권 1장을 발급하는 것을 원칙으로 하였다. 또한 발급의 방식에 대해서는 제18조에서 "전토 시주가 관계를 인출하기를 긍정하지 않고 구권으로 계속 가지고 있다가 신관계가 없음을 적발하게

254

되는 경우에는 해당 전토에 관한 송사가 있을 지라도 수리치 아니하며 해 전토는 일체 속공"한다는 것으로 규정하였다. 여기서 전토 시주(時主)란 양지아문 이래 측량조사 당시에 매필지마다 확인된 전답주, 즉 토지소유자인 '시주(時主)'를 가리킨다. 이 규정은 반드시 관계(官契)를 발급받아야 한다는 강제 규정이라는 점을 강조하였다.

또한 새로운 관계와 구래의 토지문서, 즉 구권과의 관계가 문제인데, 여기서는 구체적인 전제 조건에 대한 설명이 있지 않고, 단지 새로 조사된 전토의 소유자인 시주가 구권(舊券), 즉 구래의 토지매매문기를 소유하고 있더라도 새로이 관계를 발급받지 못한 것이 적발되었을 경우, 이후 소송이 발생하더라도 소청을 수리하지 않고, 도리어 해당 토지에 대해 공토(公土)로 편입시키는 조치를 취한다는 것이다. 이는 매우 강력한 후속조치를 담고 있다. 앞서 관계발급의 강제성을 강조하기 위한 조항인 것으로 보이지만, 기존의 토지소유자의 매매문기, 즉 구권의 영유자(領有者)로서의 권리를 무시하고 새로운 제도로의 전환을 이중적인 강제 규정이라고 볼 수 있다. 당시 토지매매 소송 분쟁에서 소유권의 근거가 기본적으로 매매문기의 소지 여부를 따진다는 관행에 비추어서 다소 파격적인 조치임에 분명했다.

또한 한번 발급된 관계에 대해 추가 발급에 대해서도 제20조에 의하면, "관계를 서실(閭失)한 경우에는 해 지방관에게 사실대로 고하여 증정(証訂)이 정확한 연후에 발급해 주는" 것으로 되었다. 관계가 훼손되어 잃어버린 경우에는 사실에 대한 증거로 정정한 이후에 새로 발급하는 것으로 되었는데, 구체적인 세부규정은 명시되지는 않았다.

그런데 1901년 10월 20일경에 개최된 의정부회의에서는 막상 위와 같은 칙령 21호 지계아문의 규정을 검토한 것이 아니라 각부청의서 원안을 다시 교체하여 주본으로 올렸다. 그런데 어찌된 일인지 관보에는 위의 칙령 21호의 내용으로 실렸다.[24] 그런데 이후 1901년 11월 11일에는 다시 원안대로 청의서를 기준으로 하는 방안으로 변경하여 공포하였던 것이다.[25] 어떤 사정인지 정확히 알 수 없으나 초기에 정책적인 혼선이 있었음에 틀림없다.

그러면 토지매매나 임대의 증거 서류로서 관계는 어떤 기능을 하는지 살펴보자. 우선 지계발급 후에 전토가 매매하는 경우에는 해 지방관이 증권(證券)을 발급하되, 해 증권을 영유한 자가 다른 사람에게 전매할 시에는 해당 지방관은 구 증권을 없애 버리고[繳銷] 원 지계를 다시 주고, 새로운 증권을 성급할 것을 규정하였다. 이러한 규정에 의하면 한번 발급한 지계는 원 토지소유의 증서로서 이른바 토지소유에 관한 증명부등본의 성격을 갖는 것이며, 매매를 위한 문서는 이에 근거하여 별도로 증권을 발급하게 되어 있다. 이른바 '매매증권', 혹은 '토지거래증서'를 발급하게 되는 것이다.

이후 조항에서 보다 구체적으로 규정되었는데, 토지를 매매할 때 매도자가 원지계와 증권을 관에 제시하면, 관에서는 이전에 발급된 구증권을 없애 버리고 원지계를 돌려주고, 다시 새로운 증권을 발급해 준다는 것이었다. 이때 제22조에 규정되었듯이 전토매매증권은 2부를 작성하여 한 부는 전토의 매입자에게 주고, 다른 부는 해당 지방관청에서 보존하게 되어 있다. 이와 같이 대한제국이 지향하는 토지관리 제도는 토지소유에 관한 증명부 원장부와 미리 발급된 지계, 그리고 매매시 필요한 매매증권 등 3종류의 문서를 발급하는 체계를 갖추고 있었다.

그러면 대한제국의 관계제도에 필수적인 3종류의 문서 양식을 통해 어떤 요소들이 포함되어 있는지 살펴보자.[26]

---

24) 「칙령 제21호 지계아문직원급처무규정」, 『관보』 2024호, 1901년(광무 5) 10월 22일.

25) 관보에서 이례적으로 정정기사를 내면서 "本年 勅令 第二十一號 地契衙門職員及處務規程을 左갓치 改付票以下흠이라"하여 마치 원래 반포된 칙령 21호를 개정한 듯하게 하였다. 그렇지만 이 조항은 원래 각부청의서에 있었던 원안이었다(「칙령 제21호 지계아문직원급처무규정」, 『관보』 2041호, 1901년(광무 5) 11월 11일).

그림과 같이 지계의 제
목은 '대한전토지계(大韓
田土地契)'로 되어 있다.
이는 대한제국의 전토에
관한 소유권 문서인 지계
라는 뜻이다. 이 지계는
좌우편으로 나누어져 공
히 같은 내용으로 구성되
어 있다. 제목 아래 1단은
발급날짜, 그 아래 우측
1단은 주소로서 한성부

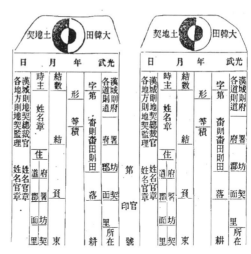

〈그림 1〉 대한전토 지계 양식 그림

와 각 도로 나뉘어져 기록하게 되어 있으며, 2단은 토지의 위치와 상황을
기록하는 곳으로 자호와 지번 제 몇 번 토지로 답과 전으로 나누어져
두락(斗落)과 일경(日耕)으로 기록하게 되어 있다. 다음 3단은 전형(田形),
즉 토지모양과 등급, 실적수를 적게 되어 있다. 다음 4단은 결수로서
결부속을 표시하게 되어 있다. 다음 5단은 시주의 성명과 인장을 적게
되어 있으며, 주소지로서 한성부의 경우에는 한성부 ○서(署) ○방(坊)
○계(契)로 되어 있고, 전국 도의 경우에는 ○도(道) ○군(郡) ○면(面)
○리(里)의 순서로 기재하게 되어 있다. 다만 계나 리 단위 이하의 번지수를
기입하는 란은 보이지 않는 점이 특이하다. 다음 제일 왼쪽란에는 한성부는
지계총재관이, 전국 지방은 지계감리의 성명과 관인을 찍게 되어 있다.
이러한 증서는 토지의 소재지, 지형 지모, 면적, 결부수, 시주 성명, 주소
등을 기재한 지계로서 완결된 내용과 형식을 갖추고 있었다.
　다음으로 전토에 대한 매매증권의 형식과 내용 요소를 검토해 보자.

---

26) 「칙령 제21호 지계아문직원급처무규정」『관보』2024호, 1901년(광무 5) 10월 22일,
　　58쪽. 상단 및 하단 그림 자료.

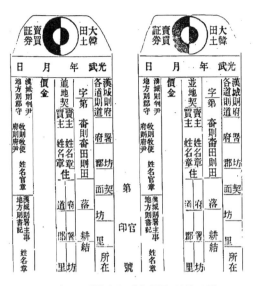

<그림 2> 대한전토 매매 증권 양식 그림

매매증권에는 대한전토 지계의 양식과 대체로 비슷한 형식을 갖고 있다. 우선 맨 위의 상단에는 제목으로 '대한전토매매증권'이 표기되어 있고 그 밑에 발급 날짜가 명기되어 있다. 우측 1단에는 역시 주소지, 2단에는 자호와 지번, 지목 및 두락 일경, 결부까지 기록하게 되어 있고, 다음 3단에는 지계의 판사람 매주(賣主)와 산사람 매주(買主)의 성명과 날인, 주소지가 적혀 있고, 다음 4단에는 매매가격인 가금(價金)을 적게 되어 있고, 다음 5단에는 발급자인 한성부 부윤과 지방 군수 등의 성명과 관장 날인, 그리고 해당 부서의 주사로 한성부 주사 및 지방 서기의 성명과 인장을 찍게 되어 있다. 이는 해당 관청의 부서에서 직접 관리하는 문서임을 말해 준다. 이 매매증권은 우편과 좌편 2개로 되어 있어 우편은 전토를 산 사람에게 발급하고 좌편은 지방관청에서 보관하도록 하였다. 양 문서에 동일한 내용으로 적혀있다는 표시로 양편 가운데 발급번호로 제○호로 쓰고 그 위에 관인을 부여하는 것으로 하였다. 이만큼 토지 거래시 사사로이 매매가 이루어지는 것을 방치하는 것이 아니라 국가적 문서관리 체제를 갖추고 통제해 나가겠다는 의지의 표현이었다.

이로써 전토지계와 매매증권 등 2종류의 서류에 대한 양식과 관리 체계 등을 규정하게 되었다. 당시 지계아문은 향후 토지문서를 조제할 때에 토지 측량을 통해 각 지역의 지계 양안을 정비하고 동시에 2종류의

서류를 연동시킴으로서 토지대장, 토지증명부, 토지매매증서 등 3종류의 토지관리체계를 갖추도록 고안하여 체계적인 토지관리체계를 지향하고 있었다.

이렇게 지계아문의 설립과 관련 처무규정을 제정한 이후 대한제국 정부는 1902년 1월부터 양지아문의 양전사무 등을 인수하면서 3월에는 본격적으로 토지측량과 지계의 발급기관으로 체제를 갖추었고, 1902년 3월부터 전국적인 양전과 관계발급사업을 추진하였다.

이에 따라 1902년 3월 강원도 지계감독과 지계감리를 파견하기 시작하여 1902년 7월에는 경기도와 전라북도, 황해도, 함경남도 등으로 확대시켰으며, 1902년 11월 이후에는 경상북도, 경상남도, 그리고 1903년 1월 이후에는 전라남도와 평안남북도, 제주도 등에 지계감독과 지계감리를 임명하였다.

이렇게 전국적으로 지계사업이 확대됨에 따라 지계의 발급과 관련되어 보다 세부적인 규정이 필요하게 되었다. 이에 따라 토지소유권자의 규정과 관계발급 세부 규정은 「관계(官契) 실시하는 세칙(細則)」으로 공포되었다.

一. 大韓帝國人民이 田畓山林川澤家舍가 有혼 者는 此官契를 必有호되 舊券은 勿施호고 無一有遺漏호야 這這輸納于監理所호 事

一. 田畓山林川澤家舍所有者가 該田畓山林川澤家舍를 賣買或讓與호는 境遇에는 官契를 換去호며 혹 典質호는 境遇에는 該地方官廳에 認許를 得혼后에 施行호 事

一. 田畓山林川澤家舍所有主가 官契를 不願호고 賣買或讓與홀 時에 官契를 換去치 아니호거나 典質홀 時에 官許가 無혼 즉 田畓山林川澤家舍를一切屬 公홀 事

一. 大韓帝國人民外이에는 田畓山林川澤家舍所有主되는 權이 無호니 借名或私 相賣買典質讓與호는 弊가 有혼 者는 幷一律에 處호고 田畓山林川澤家舍를 原主記名人의 有홈으로 認호야 一切屬公홀 事

一. 官契를 水沈火災或闕失ᄒ는 境遇에는 領有者가 該地方官廳에 報明ᄒ야 證據가 的確ᄒ 後 更히 成給ᄒ되 如或證據가 無ᄒᆷ을 許施ᄒ엿다가 現露ᄒ면 해 田畓山林川澤家舍所價額을 其時地方官에게 責徵ᄒᆯ 事[27]

위의 관계 실시에 관한 세칙에 의하면, 우선 1조에 대한제국 인민이 전답, 산림, 천택, 가사 등 부동산을 가진 사람은 반드시 이 관계를 가지고 있어야 한다는 규정이 있다. 이는 제4조에서 대한제국 인민 이외에는 전답 등 부동산의 소유주가 되는 권이 없다고 명시한 것과 대조된다. 특히 후자의 경우 외국인에게 차명, 사사로이 매매, 전질, 양여 등이 이루어진 경우에는 일률로서 처벌하고 해당 전답 등 부동산의 원래 주인으로 명기된 사람의 있음으로 인하여 이 토지를 일체 속공한다는 강력한 처벌 규정을 명시하였다.[28] 실제 당시 각종 가계 지계 등을 위조하여 불법적으로 일본인에게 전당을 맡기거나 허위 거래를 함으로써 토지거래의 혼란이 초래되었기 때문이었다.[29] 그래서 이러한 조치는 대한제국과 국민의 토지 주권을 분명히 한다는 점에서 개항 이후 외국인의 토지침탈을 방지하고 확고하게 대한제국과 토지소유자의 권리를 보호한다는 의미를 가졌다.

다음으로 2조에 전답, 산림, 천택, 가사의 소유자가 해당 부동산을 매매,

---

27) 「훈령(訓令) 각군」『각사등록 (53) - 강원도보유편 1』, 1903년 2월 27일, 206~208쪽 참조.

28) 1903년 3월 경기도 시흥군 하북면 소재 전토와 가사를 잠매한 사실에 대해 개항장이 아닌 각 지방에 외국인에게 매매한 깃은 통상조약의 위반임을 지적하였으며, 원래 전답과 가사가계 발급 규정에 의하여 원주 본국인 성명으로 성안을 만들도록 되어 있으므로 이를 조사할 것을 지시하였다(『황성신문』 1903년 3월 13일 잡보 「會商地券事」 2면 3단).

29) "○ 兩雜處役 麻洞居 李義鎔爲名人이 年前에 朴文植의 所請을 依ᄒ야 漢城府家契板刻을 皮木으로 僞造ᄒ야 水典洞居 池熙泰家券을 印出ᄒ야 日人에게 典執ᄒᆯ 時에 李哥가 變姓名ᄒ야 池熙禎이라 ᄒ얏고 且陰八月에 上麻洞 鄭召史의 家券을 印板ᄒ야 日人에게 典用ᄒ다가 奸狀이 綻露ᄒ얏고 仁川居 金元甫ᄂᆞᆫ 畓 二石落을 五石落으로 添數ᄒ야 日人에게 典執ᄒ고 錢二萬兩을 借用ᄒ얏다가 綻露ᄒ야 右兩人이 幷히 役終身에 處ᄒ얏더라"(『황성신문』 「兩雜處役」 1901년 11월 6일, 잡보 2면 3단).

혹은 양여할 경우에는 관계를 교환하여 가며, 전질의 경우에는 해당 지방관청의 허가를 받아 시행함을 원칙으로 하였다. 다음 3조에는 전답 등 부동산의 소유자가 관계를 원치 않고 매매 혹은 양여할 때 관계를 바꾸어 가지 않거나 전질할 때 관허를 받지 않을 때는 해당 토지를 일체 속공하는 조치를 명시하였다. 관계의 강제적 발급과 교환을 명시함으로써 대한제국 국가가 관리하는 지계, 즉 관계의 시행을 강조한 것이었다.

다음으로 5조에는 관계가 수침이나 화재, 서실 등 피해를 받아 손상된 경우에는 그 관계를 가지고 있는 영유자가 해당 지방관청에 보고하여 증거가 명확한 후에 다시 발급해 준다는 규정이다. 물론 해당 지방관청에서 잘못 발급할 경우에는 해당 지방관에 대한 현금 가액의 책징으로 징벌함을 규정하고 있다.

그리하여 전답, 산림, 천택, 가사 관계 등 4종류의 관계 양식을 마련하고 한편은 지계아문에 보존하고 제2편은 영유자인 소유자에게 주고, 제3편은 해당 지방관청의 존안건으로 보관한다는 방침을 제시하였다.

이어 1903년 2월 27일에서 3월 26일에 전라북도 일대 군에는 지계감리 응행사목(地契監理 應行事目)이라는 시행 조치를 훈령하여 시행하게 하였다. 이 응행사목 중에서도 관계의 발급과 교환에 관한 법 조항을 명시하고 있었다.

一. 地契를 所管地方에 前徃實施ᄒ되 田畓山林川澤家舍를 一切調査打量ᄒ야 結卜及四表의 分明ᄒ과 間數及尺量에 的確ᄒ과 時主及 舊券의 證據를 必認ᄒ 後 成給이되 如或該田畓山林川澤家舍를 因ᄒ야 訴訟에 事件이 有ᄒ거나 時主及 舊券이 無據ᄒ 境遇에ᄂ 使其領有ᄒ 者로 本郡 公蹟을 得付ᄒ 後에야 官契를 成給ᄒ 事

一. 田畓山林川澤家舍의 時主가 官契를 不願ᄒ거나 舊券을 隱匿ᄒ거나 時主를 換名ᄒ다가 現發되ᄂ 境遇에ᄂ 本衙門으로 指名馳報ᄒ야 以待措處ᄒ

事.30)

　우선 지계사업을 실시하면서 전답, 산림, 천택, 가사 등을 일체 조사
측량하고 그 대상으로 결부, 사표, 칸수, 척량 등을 정확하게 기록하고
시주(時主) 및 구권(舊券)의 증거를 반드시 확인한 후에 지계를 발급하도록
하였다. 또한 해당 전답 등 부동산으로 소송 사건이 있거나 시주 및 구권이
근거가 없는 경우에는 그 부동산을 영유할 자로 하여금 해당 군의 공적을
받은 연후에야 관계를 발급하도록 하였다. 이러한 사후 조치는 향후 지계의
발급에서 문제가 발생할 경우, 예컨대 시주로 기록된 지계아문의 양안
기록이나 구권이 없는 경우, 소송이 있는 경우 등에 대비하여 지방관청은
이를 확인해두는 별도의 공문서를 작성하고 관계를 발급해 준다는 것이었
다. 다른 조항은 전답, 산림, 천택, 가사의 소유자인 시주가 관계발급을
원치 않거나 구권을 은익하거나 시주의 이름을 바꾸려고 하거나 하여
발각하는 경우에는 지계아문으로 명단을 올려 조처에 대비하도록 하였다.
　이러한 세부지침은 앞서 관계발급에 관한 시행세칙과 더불어 각 지역
관계발급 현장에서 시달되었다. 특히 발급에 관한 시행세칙의 내용은
대부분 발급된 관계의 뒷면에 명시되어 기록되어 있었다. 이러한 관계발급
과 환급에 관한 상세 규정상의 초점은 현실 전답, 산림, 천택, 가사의
소유자를 어떻게 확인하며 소유자의 권리를 보장해 주는가 하는 것이었다.
　우선 전답 등 부동산의 현실 소유자는 분명히 '소유자(所有者)'라고 명시
적으로 표현되어 있으며, 이를 이후 관계발급 증서에는 '시주(時主)'로서
규정하고 있다. 이들은 현실의 소유자로서 한편으로 양지아문과 지계아문
에서 작성한 양안에 '시주'로 등재되어 있는 자이며, 동시에 구래의 매매문

---

30) 「훈령(訓令) 각군」, 『각사등록(53)−강원도보유편 1』(국사편찬위원회, 1991), 1903
　　년 2월 27일, 208~210쪽 ; 「관찰부 제29호 훈령(訓令)」, 『각사등록 (53)−강원도보유
　　편 1』, 1903년 3월 26일(음 3월 초5일), 489~491쪽 참조.

기 등 구권을 소지하고 있는 자이어야 했다. 이들에게 관계를 발급하는 방식은 위의 시행세칙이나 응행사목에서 규정하고 있듯이 양안과 구권을 동시에 확인하면서 이루어지고 있다는 점에서 매우 신중하게 절차를 마련하고 있다. 또한 시주의 환명의 경우에도 이를 지방차원에서 처벌하는 것이 아니라 지계아문에서 사례를 검토하여 대처할 것을 당부하고 있다. 그만큼 현실의 소유자에게 본래 부동산의 소유권을 확인하는 제도와 절차를 다각적으로 마련하고 있다고 하겠다.

그러면 이 시기 발급된 전답관계의 발급 방식을 구체적으로 알아보자.

우선 관계발급은 위에서 설명했듯이 지계양안에 토지소유자로 등록된 시주를 대상으로 하고 있다. 관계발급 증서는 세 편으로 이루어져 있는데, 발급 시행세칙에서 규정되었듯이 지계아문 보관본, 시주 자신의 소유본, 지방관청 보관본 등 3종류의 동일한 문서로 이루어져있다.

〈표 1〉 지계아문 전답관계 양식 그림

(지방관청)	(토지소유자)	(지계아문)

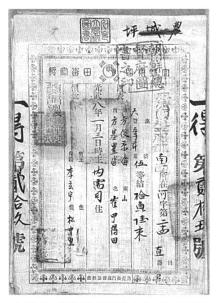

〈그림 3〉 충청남도 평택군 소재 내수사 발급
전답관계(1904.1.3.)

예컨대 1904년 1월 3일에 발급
된 충청남도 평택군 소재 내수사
발급 전답관계의 경우에도 3편
의 전답관계 중 가운데 시주의
소유분을 표시한 것이다.[31] 이
관계양식에서는 우측 1단에 해
당 토지의 소재지와 자호, 지번,
지목 등이 표시되어 있고, 다음
2단에는 토지의 내역으로 열좌
와 두락, 등급, 결부 등이 표시되
어 있으며, 3단에는 사표, 4단에
는 발급일자와 시주명, 주소지
가 명기되어 있다. 이어 가금과
보증인이 표시되어 있다. 그리
고 문서 양쪽에는 '일득(一得) 29호'로 발급되었다고 표기되어 있다.

이러한 관계 발행은 시행 규정의 원칙으로는 양안상의 시주명과 구문권
을 대조하여 확인한 후에 발급하도록 하였지만, 실제 이러한 과정이 이루어
졌는지는 의문이다. 일반적인 경우에는 양안상 해당필지의 시주명에 입각
하여 발급되었을 것으로 추정되고 있다.

이러한 관계발급의 양식은 앞서 초기 지계아문 처무규정에 규정된
1차 칙령안의 내용과 다르다. 즉, 「대한전토지계」와 「대한전토매매증권」
의 양식과는 다소 차이가 있었다. 또한 운영체계로서 초기 규정은 지계가
개인 소유자에게 일괄 발행됨과 아울러 소유자가 바뀌었을 경우 '원지계'로
서 새로운 매주에게 환급해 주도록 하였다. 이에 따라 원지계와 매매증권은

---

31) 『충청남도 평택군 소재 장토 박래홍 제출도서문적류』(규 19300), 41책 중 7책.

매매가 발생하면 매번 교체하여 분급해 주도록 하는 절차를 가지고 있었다. 반면에 새로운 「대한제국 전답관계」에서는 처음 발급할 때는 양안상과 시주와 구권을 확인하고 발급하지만, 이후 새로운 토지거래자가 해당 부동산을 매입할 경우에는 새로 관계를 바꾸어가는 제도로 되었다. 양식상으로 토지거래시 매주(賣主)의 이름과 주소지를 병기함으로써 종래 매매문기를 대체할 수 있는 장치를 마련해 두고 있었다. 이는 종래 매매문기의 형식을 채용하면서 전답관계의 내용에 포함시켜 기록하도록 함으로써 관의 공문서로서 제3자 대항권을 고려한 것이었다.32) 그렇지만 이전 「매매증권」을 별도로 발급하지 않는다는 점에서 절차의 간소함이 있기는 하지만, 빈번하게 이루어지는 토지매매, 양여, 전당 등에 관해서 일일이 통제하면서 별도의 관청 기록 장부를 결부시키지 못하고 있다는 문제로 보아 부동산의 매매시 재확인하는 장부체계가 완비되지 않았음을 의미했다. 이는 이후 부동산 등기제도로의 전환에 절차상, 장부상의 문제점을 내포하고 있다고 하겠다.

지계아문의 관계 발급은 근본적으로 양안상의 시주만을 근거로 한 것이 아니라 실제 소유권을 입증할 수 있는 매매문권을 토대로 해서 관계와 교환함으로써 소유권자의 확정이 이루어지는 것으로 볼 수 있다. 결국 이후에는 매매문권이 더 이상 사용되지 않으므로 지계(地契)에 등재되는 '시주'가 명실공히 공적으로 토지의 소유권자로 확정되는 것이다. 그러므로 지계와 문기와의 교환과정에서 재확인하게 되는 '시주(時主)'는 국가가 비로소 공인하는 토지소유자가 되는 것이다. 이러한 시주가 재확인을 통해서 토지소유권자로서 인정하는 과정은 다름아닌 토지소유자에 대한 사정(查定)이 이루어지는 과정인 것이다.

따라서 대한제국은 근대적 토지소유권자의 법인제도와 관련하여 추진

---

32) 최원규, 1994, 앞의 논문, 103~111쪽 참조.

하였던 관계발급제도의 성격은 첫째, 토지소유자의 사정과 부동산 거래의 국가적인 통제제도로서 시행하고 있다는 의미를 가지고 있으며, 둘째 현실의 토지소유자를 '시주'라는 명칭으로 확인하면서 차후 부동산 거래시에 국가의 입장에서 토지소유권을 증명해 주는 제도로서 정착시키려 했음을 알 수 있다.

3. 지계아문의 토지조사와 관계발급

1) 강원도 양전과 관계 발급사업의 전개

이에 따라 지계아문은 1902년 1월부터 양지아문의 양전과 양안작성 업무를 인수하는 작업이 수행하였다.[33] 그해 3월 17일에는 양지아문과 통합하여 명실공히 토지의 측량과 지계의 발급기관으로 재출범하였다.[34] 이렇게 하여 1902년 3월부터는 전국적으로 각 지방의 양전과 관계발급을 담당하는 지계감독(地契監督)과 지계감리(地契監理)가 임명되었으며, 실무 관리로서 지계위원들이 각 지역에 파견되기 시작했다.[35]

대한제국은 1901년 10월 지계아문의 설립이후 본격적으로 토지의 소유 권을 보장하는 제도를 시행하게 되었다. 지계의 발급대상도 농지에 국한되지 않고 산림, 토지, 전답, 가사(家舍) 등으로 확대되었다. 발행범위도

---

[33] 1902년 1월 4일(음력 1901년 11월 25일)에는 양지아문 총재관 박정양을 해임하고 총재관 조동면과 부총재관 정주영, 고영희를 면관하였으며 이건하와 민종묵을 양지아문 총재관으로 임명하고 또한 양지아문부총재관으로 당시 지계아문 총재서리 부총재인 이용익을 임명하였다(『일성록』 광무 5년 11월 25일 참조).

[34] 1902년 1월 21일에는 지계아문 사무소를 탁지부로부터 이미 정무한 양지아문으로 옮겼다. 3월 17일에는 윤용선의 주에 따라 양지아문과 지계아문을 합설하되 양무도 지계아문으로 부속시켰다(『일성록』 1901년 12월 12일, 1902년 2월 8일 참조).

[35] 『지계아문래문』, 『관보』, 『일성록』 해당일자 관직임명기사.

<표 2> 지계아문의 각 도별 지계감독과 지계감리

지역	지계감독	겸임관직	임명일자	지계감리	전임관직	임명일자	지계위원
경기	이근명(李根命)	경기관찰	1902. 7. 5	홍태윤(洪泰潤)	양주군수	1902.11.10	1902.12.26
강원	김정근(金禎根)	강원관찰	1902. 3.11	허후(許逅)	울진군수	1902.11.10	1902. 4.18
				현덕종(玄德鍾)	지계위원	1902.11.10	
충남	홍승헌(洪承憲)	충남관찰	1902.11.22	이덕유(李敏裕)	전의관	1902.11.10	1902.11.12
충북	심상훈(沈相薰)	충북관찰	1903. 8.10	한용원(韓龍源)	정3품	1902.11.10	1902.12.30
전남	이근호(李根澔)	전남관찰	1903. 1.20	손종현(孫宗鉉)	6품	1902.11.10	
전북	조한국(趙漢國)	전북관찰	1902. 7. 5	이상덕(李相悳)	6품	1902.11.10	1902.12.30
경남	이재현(李載現)	경남관찰	1902.12.18	이규일(李圭一)	6품		
경북	이헌영(李𨯶永)	경북관찰	1902.11. 7	조하식(趙夏植)	정3품	1902.10.11-12.29	
				오한선(吳翰善)	6품	1902.12.29-1903.9.29	1902.11. 1
황해	이용직(李容稙)	황해관찰	1902. 7. 5				
평남	민영철(閔泳喆)	평남관찰	1903. 1.20				
평북	민형식(閔衡植)	평북관찰	1903. 1.20				
함남	서정순(徐正淳)	함남관찰	1902. 7. 5				
함북	이윤재(李允在)	함북관찰	1903. 9.30	한진직(韓鎭稷)	정3품	1902.11.10	1902.12. 8
제주	홍종우(洪鍾宇)	제주목사	1903. 2. 9	조하식(趙夏植)	경북지계감리	1902.12.29	

개항장 이외에는 대한제국의 국민에게만 지계발급을 명문화함으로써 외국인의 토지소유를 정식으로 금지한다는 규제조항을 실시하였다. 이로써 대한제국은 한국인의 개별 토지소유권을 확정함과 아울러 국가적 차원에서의 토지를 체계적으로 관리하고자 하였다.

1902년 3월 11일에는 강원도 지방을 비롯하여 전국을 대상으로 토지측량과 지계발행을 시작했다.[36] 지계사업을 담당할 관리로 지계감독(地契監督), 지계감리(地契監理), 지계위원(地契委員) 등을 임명하였다. 지계감독은 원래 처무규정에는 해당 조항이 없었으나 각 도의 관찰사로서 양전과 지계사업을 통괄하면서 각 군현의 행정실무에 직접 명령하는 지휘하는 역할을 담당했다. 양전과 지계발행의 실무 책임자는 역시 지계감리였다. 지계감리는 각 도에 1명씩 파견되어 관찰사와 대등하게 조회하였고, 각

---

36) "地契衙門摠裁署理副摠裁臣李容翊謹奏 地契現方先施於關東 而該地方土地量案年久頹傷 難以考據 及今地契實施 度量定規 允合事宜 而如無憂飭 似難竣事 江原道觀察使金禎根特差 地契監督 使之兼察量務 趕速竣工之意 謹上奏 光武 六年 三月 十一日 奉旨 依奏."(『지계아문래문(地契衙門來文)』, 『관보』 2147호, 1902년(광무 6) 3월 14일).

군의 지방관에게 지령, 훈령들을 내리면서 양전과 지계 발행에 관한 모든 업무를 실질적으로 관장했다. 양전의 실무는 대개 지계위원, 혹은 사무원을 동원하여 이루어졌으며 각 지방에서 지계발행의 업무는 각 군단위로 해당 지방의 직원들, 특히 호방(戶房)이 중심이 되어 이루어졌다. 이러한 준비를 마치고 지계아문은 토지측량과 지계발행의 첫 대상지역으로 강원도지역을 선정하였다.[37]

지계아문 총래 서리 부총재 이용익의 주본에서는 관동지방의 양안이 너무 오래되고 상하여 지금 지계사업의 실시에 근거로 삼기가 어려우므로 특별히 강원도 관찰사를 지계감독으로 임명하여 지계아문의 양전사무를 독촉하게 하여 추진한다고 하였다. 이에 따라 1902년 4월 15일 울진군에 지계감리와 지계위원을 임명하여 순차적으로 강원도 각 지방으로 확대시켜 나갔다.

<표 3> 강원도 지역 지계관리 변동사항

관직	성명	임명일자	변동사항	관직	성명	임명일자	변동사항
지계감독	김정근	1902. 3.11		지계감리	허후	1902. 4.18	⇒현덕종 (1902.11.10)
지계위원	현덕종	1902. 4.18	⇒지계감리 (11.10)	지계위원	남희복	1902. 6.28	⇒서병훈 (12.27)
	최기연	1902. 5. 6			정규철	1902. 6.28	
	조병준	1902. 5. 6	⇒이병동 (10.15)		이용승	1902. 6.28	
	민태직	1902. 5. 6			오응선	1902. 6.28	⇒도경순(9.12) ⇒장재훈(12.26)
	안병희	1902. 5. 6			임병상	1902. 6.28	⇒서찬(12.27)
	정양시	1902. 5. 6			유병룡	1902.10.15	
	김준규	1902. 5. 6			이병익	1902.10.15	
	이종형	1902. 6.28	⇒(11.1 해임 /11.6 재임명)		유병룡	1902.10.15	
	김택로	1902. 6.28			이병익	1902.10.15	

출전 :『지계아문래문』(규 17776) :『관보』임명기사 참고

37)『지계아문래문』;『관보』2147호, 1902년 3월 14일, 228쪽.

지계아문의 강원도 양전사업에서는 영동지역은 울진으로부터, 영서지역은 춘천으로부터 개시하여 다른 지역으로 확대되었다. 강원도 지계감리 허후(許逅)는 현직 울진군수로서 임명되었으며, 현덕종을 비롯하여 최기연 등 6명의 지계위원이 동시에 임명되었다. 이들이 강원도 첫 양전지역인 울진지역에서 양전을 담당했다. 그런데 당시 임명된 지계관리의 숫자는 이전 양지아문 양지위원의 수보다 크게 적었다. 이 정도의 위원으로는 현지조사에서 그만큼 정밀한 조사와 판정이 이루어지기 어려웠으리라고 염려할 수준이었다.

그럼에도 불구하고 강원도 지역에서 지계아문의 양전이 이제 막 착수되어 얼마 지나지 않은 시점에서 1902년 8월 23일(음력 7월 20일) 지계아문은 전격적으로 다음과 같은 훈령을 공포하였다.

> 현재 지계 사무를 강원도에서 실시하여 영동은 울진군으로부터 시작하고 영서는 춘천군으로부터 시작하여 토지를 개량전한 후 관계를 발급하니 경향을 물론하고 전답 가사를 해당 도에 둔 인민은 구권을 가지고 음력 8월 15일내로 해당 도 땅이 있는 지방에 와서 관계(官契)를 바꾸어 감이 가할 사.
>
> 광무 6년 8월 23일 지계아문[38]

즉 1902년 음력 8월 15일(양력 9월 16일) 내로 강원도 지역에서 구래의 토지문권을 가지고 가서 관계를 바꾸어갈 것을 공포하였다. 강원도 지역에서는 9월 16일 이전까지 양전을 마치겠다는 일정을 제시한 것이고, 이후

---

38) 『관보』 2288호, 1902년 8월 26일(음력 7월 23일) 광고 ; 『황성신문』 1192호, 광고 ; 추후로 다시 공지하여 만일 음력 8월 15일에 올 수 없는 인민들은 음력 11월말일내로 와서 관계를 환거할 것을 요청하였다(『지계아문래문』 1902년 9월 25일 기사 참조).

곧바로 새로운 관계(官契)를 발급하겠다는 것이다. 이는 지계위원을 파송한 후 불과 5개월 만에 양전을 마치겠다는 방침이지만, 실제로 사업의 추진과정상 도저히 비현실적일 만큼 지계사업의 추진일정이 매우 긴박하게 잡혀져 있음을 알 수 있다.

이렇게 강원도 지역에 처음으로 양전이 실시된 지역은 바로 울진군이었다. 이곳에서는 지계위원이 임명되었던 것이 1902년 5월 중순이니 만큼 이때부터 양전이 실시된 것으로 추측된다. 그러면 9월 중순에는 이미 중초본 양안의 형태로 정리되었던 것으로 추정된다. 그리고 9월 16일부터 양안상의 시주와 구권을 소지한 지주를 상호 대조하면서 국가에 의해 소유주로 확인하는 관계를 발급하려고 하였다.

1902년 강원도 지역에서 행해진 지계아문의 양전사업과 지계발급에 대해서는 자료의 대부분이 망실되고 극히 일부의 자료만이 남아있다. 당시 지계아문에서 작성한 양안으로는 1902년 평해군(平海郡, 현재 경상북도 울진군) 지역과 1903년 간성군(杆城郡, 현재 강원도 고성군) 지역의 것만 남아있다.

이 지역의 측량에서 특이한 점은 종래 양지아문의 양전에 쓰였던 전답도형도와 실적수를 적지 않고 대신에 대부분의 토지에 대해 필지마다 두락과 일경을 표시하고 있다는 점이다. 답에는 승낙[1석락, 15두락, 10승락], 석락, 전에는 일경[1일경, 4시경, 8각경]을 처음으로 사용하였다. 이는 답 1승락을 50평방척으로, 전의 1각경을 125평방척으로 기준면적으로 하였다. 이는 토지면적의 계량단위로 민간에서 쓰이던 용어를 채용하되 양전 실적수에서 기계적으로 산출된 수치였다. 그렇다고 해서 평해군 양전에서는 모든 필지에 두락과 일경을 일일이 표시하지는 못했다. 진전과 낙전(落田)의 경우에는 아예 두락표시를 생략하고 있었다. 이렇게 두락 등을 누락하는 방식은 이후 지계아문에서 발급할 지계의 형식과도 맞지 않았다.

다음으로 1902년 12월에 정리되었던 간성군 양안에는 모두 8개 면 양안과 가사안(家舍案)으로 구성되어 있다.[39] 간성군은 천자(天字)부터 소자(所字)까지 299자호, 1,495결의 토지내역이 수록되어 있다. 이 지역에서는 평해군과 마찬가지로 현재 경작하는 토지뿐만 아니라 진전에 대한 조사도 이루어졌으며, 토지의 경작자인 작인은 조사대상에서 제외되었고 토지의 소유자인 '시주'만을 조사하여 기록하였다. 그런데 간성군의 모든 토지는 다양한 토지의 형상, 실적수의 표기, 그리고 전체면적을 간단하게 표기해 주는 두락과 일경을 갖추게 되었다.

간성군 양안의 다른 특징은 토지에 관한 모든 사항을 수록한 양안이외에도 가옥의 소유자에 관한 '가사안'을 별도로 만들고 있다는 점이다. 간성군 양전에서는 가사를 공해(公廨)와 민가(民家)로 구분하여 모두 조사하되 초가(草家)와 와가(瓦家)의 구별, 간수, 호주(戶主) 성명을 일일이 조사하여 기재하려고 하였다. 가사의 기재순서는 통호(統戶)의 순서대로 기록하고 있는데, 이는 전통적인 오가작통법에 따른 것이었다. 가사발급은 이미 부동산에 대한 권리의식의 강화에 기인한 것으로 소유형태 발달의 장부상 표현이라고 할 수 있다. 이와 같이 1902년 지계아문의 강원도 지역 양전사업은 지계를 발급하기 위한 모든 토지와 가사의 상태에 대한 모든 측면을 조사하여 파악하려고 하였다.

2) 지계아문의 양지아문 양안의 수정

1902년 3월 지계아문은 이전에 양전사업을 총괄하고 있었던 양지아문과 통합됨에 따라 전국적인 토지조사와 관계발급을 위해 보다 실질적인 추진력을 갖게 되었다. 1902년 1월부터 양지아문의 양전과 양안 작성

---

39) 『강원도 간성군 전답양안』(규 17692), 11책.

업무를 인수하기 시작했다.

그런데 지계아문은 양지아문이 시행한 양안을 인수하여 정리하는 업무만 본 것이 아니라 양지아문의 양전에서 문제가 불거진 지역에 재양전을 실시하기도 하였다. 경기도 용인과 수원 지역이 바로 그곳이었다.[40] 용인군 양전은 이미 1899년 11월부터 12월경까지 2개월여 동안 16개 면에 걸쳐 실시되었다.[41] 경기도 양무감리인 이종대(李鍾大)의 지휘하에 이상호(李商鎬), 원직상(元稷常), 김기종(金基宗) 등 3명의 양무위원을 중심으로 양전을 실시하였다. 그런데 양전의 결과는 용인의 경우, 전답결총이 3,542결 97부 4속으로 당시 수세결총 2,549결 15부 5속에 비하여 993결 81부 9속이나 크게 증가하였다. 더구나 수원군의 경우에도 엄청난 결부의 증가가 문제시되었다.

"수원군의 결부를 말하자면 300년전 결총이 1만 1천여결인데, 진황지가 오래 폐지되었으므로 이를 제외하면 시기결은 6천 7백여결이라고 하였다. 옛날에 비해 부족한 결이 4천여결인데, 금번 개량할 때에 총결을 모은 것을 합하면 8천 9백여결이었다. 그래서 새로 잉여된 결이 2천 2백여결이었다. 이것이 모두 관리와 민의 은결이 탄로난 것인 고로 자연히 무리들이 일어나 억울하다고 하였다.

심지어 군 당국에서 민소(民訴)라고 보고하였다. 경계가 모호하고 시작의 섞인 것은 측량하는 사람에게 책임을 돌릴 바가 없는 것이었다. 읍에는 어린성책(魚鱗成冊)이 있고, 동에는 지심인이 있고 두민(頭民)과 동장(洞長)이 작인과 답주를 보고하여 현록(懸錄)한 것이었다. 그 읍과 동이

---

40) 『사법품보(司法稟報)(갑)』, 「光武三年八月 日 龍仁郡民擾事査官竹山郡守行査文案」 참조.

41) 『공문편안』(규 17876, 5책) 「훈령 수원군수」[1899년(광무 3) 11월 1일 및 12월 1일] 및 『용인군양안초』(규 17645) 29책 참조.

잘 살피지 못한 것인데, 다른 사람에게 허물을 돌려서야 되겠는가. (하략)[42]

당시 수원 양전을 담당하였던 양무감리 이종대는 자신들의 조사활동은 양지아문의 지시에 따라 현지에서 철저하게 조사하였으며, 심지어 양전의 비용도 정확하게 지출하였으므로 책임이 없다고 항변하였다.

이에 대해 평리원 검사 홍종억은 당초 개량의 본의는 결수를 실제대로 하여 안정시키는 것인데, 관은(官隱), 리은(吏隱), 민은(民隱) 등이라고 하면서 무리하게 조사하여 2천 2백여결을 찾아냈다고 비판하고 있다. 수원군에서 민소를 보고하면서 '토지측량이 불공평하다'고 하면서 그 비용을 추징한다는 것은 해당 관원들이 억울하다고 하니 사리에 흡사 합치하지 않다고 하였다. 실제 1900년 경자년의 수세결에 비해 광무양전의 결과는 무려 2,321결여나 증가하였다.[43] 이렇게 결총이 증가한 원인은 타량(打量)에 있어 토지등급을 지나치게 상품으로 규정한다든지 진결을 시기전으로 파악하는 등 결수를 지나치게 많이 증가시켰다고 지적되었다.[44]

그렇지만 이 지역에서 전답결수가 증가하고 재양전의 시비가 크게 일어난 실제 배경에는 "전토의 태반이 지금 서울에 살고 있는 마름, 향대부의 토지"라는 점이 작용했을 가능성이 있다. 중앙의 관료지주와 향촌 유력자의 토지가 실제 이 지역 토지의 상당 부분을 차지하고 있어서 양전에 따라서 새로 과세대상으로 파악되었던 것이다.[45]

---

42) 『사법품보』(을)(규 17279), 제42책, 「보고서, 제64」(평리원 검사 홍종억⇒ 법부대신 이지용, 1904년 6월 15일).

43) 왕현종, 「한말(1894-1904) 지세제도의 개혁과 성격」『한국사연구』77집, 〈표 4〉 경기도 각군 결총 증가표(112쪽) 참조.

44) 『관보』 1903년 9월 30일 ; 『일성록』 1903년 8월 5일, 23일.

45) 경기도의 경우, 종전 수세결에 비해 크게 증가한 군은 수원, 광주, 여주, 용인, 이천 등의 순서로 나타난다는 점이 주목된다(경기도 지역 각군 양안 및 『사법품보』(갑), 「光武三年八月 日 龍仁郡民擾事查官竹山郡守行查文案」 참조).

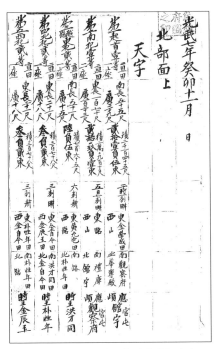

〈그림 4〉수원군 북부면 지계아문 양안

그렇다면 실제 수원군 지역의 지계아문 양전이 어떻게 이루어졌으며, 그 결과 지계아문의 양안을 어떻게 작성하였는지 살펴보자.

우선 지계아문의 조사위원들이 양지아문 시기에 만들었던 중초책 양안의 표지에 초사, 재사를 붙여가면서 각 면별로 전답의 실적통계 및 결부수, 시주와 시작 등을 최종적으로 확정하였다. 이제 양안을 만드는 목적이 토지소유자에게 지계를 발급하는 것으로 바뀌었기 때문에 민유 토지의 경우에는 농지의 경영자를 나타내는 작인, 즉 시작의 인명은 모두 생략되었다.

1903년 11월 지계아문에서 재차 작성한 지계아문의 양안은 양식상 크게 달라져 있었다. 수원군 〈북부면 상〉이라는 지역 표기는 그대로이지만, 같은 천(天)자의 경우, 한 줄로 정연하게 아래로 정렬되어 기록되어 있으며, 전답도형도가 생략되어 있는 대신에 토지의 실적수를 나타내는 두락과 일경의 표기가 기록되어 있다. 또한 토지 소유자의 이름을 위주로 하여 시주(時主)로 표기되어 있지만, 시작(時作)의 표기는 삭제되었다.

이렇게 북부면 지계아문의 양전 결과는 천자에서 중자까지 모두 65자호, 627만여 척, 309결 95부 4속이었다.[46] 남부면의 양전 결과는 개자에서

---

46) 이하 각 면별 총적수 및 총결수는 지계아문의 양안상의 기록이 아니라 통계적으로 합계한 숫자이다. 이는 미완성 양안으로 면총목이나 군총목이 따로 작성되지

면명		자호	자호2	자호수	수정총적	전답총결	적수증가	결수증가	비교
북부면(양지양안)		천(天)	칭(稱)	54	5,560,045	292,937			(가)
북부면 (지계 양안)	상책	천(天)	조(調)	34	2,685,376	155,010			
	하책	양(陽)	중(重)	31	3,587,812	154,944			
	합계			65	6,273,188	309,954	12.8%	5.8%	(가)와 비교
남부면(양지양안)		야(夜)	애(愛)	59	7,628,768	332,339			(나)
남부면 (지계 양안)	상책	개(芥)	의(衣)	25	2,658,065	125,024			
	하책	상(裳)	장(場)	49	5,296,245	243,801			
	합계			74	7,954,310	368,825	4.3%	11.0%	(나)와 비교

장자까지 모두 74자호, 795만여척, 368결 82부 5속이었다.

이를 양지아문의 양전 결과와 비교하면 북부면의 경우에는 자호가 11개가 늘고, 면적은 12.8%, 결수는 5.8%가 증가한 결과였으며, 남부면의 경우에는 자호가 역시 15개가 늘고, 면적은 4.3%, 결수는 11.0%의 증가를 나타냈다. 면적과 결부의 증가는 양지아문에서 파악하거나 포함하지 않았던 진전을 다수 포함시켰기 때문이었다. 이렇듯 지계아문의 양전은 양지아문 시기의 양전과 달리 다수의 진전을 포함하여 양전이 이루어졌음을 알 수 있다. 따라서 지계아문의 양안에는 종래 양지아문에서는 잘 보이지 않았던 진전(陳田)이나 낙전(落田) 등 경작지가 아닌 경우도 다수 수록되어 있었다.

지계양안 상 진전은 전체 324필지, 167만여척, 결수 64결여 등으로 상당히 넓은 면적을 차지하고 있었다. 그런데 진전이 된 사유로는 부분 진전이 발생된 것이 가장 큰 비중을 차지하고 있으나 이전 양지아문의 양전에서는 나타나지 않았던 전체 필지의 진전도 73필지나 발생되었으며, 별도로 구래의 진전으로 토지소유자가 무주로 기록된 토지도 15개 필지가 되었다. 또한 철도 부설로 인해 일부 필지가 잠식되어 진전이 된 경우도 47필,

---

않았기 때문이며, 따라서 총적수와 총결수는 추정치이다.

<표 5> 수원군 북부 남부면 지계양안의 진전 상황

	구분	진전 내역			비중(%)		
	명칭	필지수(가)	실적(나)	결부(다)	필지 비중	실적 비중	결수 비중
1	부분 진전	189	721747	29.458	58.3	43.2	45.7
2	전체 진전	73	613900	19.322	22.6	36.7	29.9
3	철도로 인한 진전	47	224149	12.978	14.5	13.4	20.1
4	진전으로 무주(無主)	15	110948	2.775	4.6	6.7	4.3
	합계	324	1670744	64.533	100	100	100

22만척, 결부로는 12결여가 포함되었다. 이렇듯 지계아문의 양전사업은 실경작지 위주로 측량조사된 양지아문의 경우와는 달리 진전을 포함하여 성천, 포락 등 다양한 토지의 상태를 모두 반영하여 전체 토지를 측량했다는 것을 알 수 있다.

또한 당시 논란이 되었던 곳은 용인군이었다. 용인군 양전은 1899년 11월부터 12월경까지 2개월여 동안 16개 면에 걸쳐 실시되었다.[47] 이곳에서 먼저 양전에 착수한 이유는 1841년 이래 누적된 전정의 폐단으로 인해 1899년 6월 29일부터 농민항쟁이 일어났기 때문이었다. 용인 양전은 경기도 양무감리인 이종대의 지휘하에 이상호(李商鎬), 원직상(元稷常), 김기종(金基宗) 등 3명의 양무위원을 중심으로 이루어졌다.[48] 양전의 결과는 용인의 경우, 전답결총이 3,542결 97부 4속으로 당시 수세결총 2,549결 15부 5속에 비하여 도리어 993결 81부 9속이 증가하였다.[49] 이는 1899년 용인농민항쟁에서 제기된 가결(加結) 문제를 훨씬 초과하는 결수의 증가였다고 하겠다. 이렇게 결총이 증가한 원인은 타량(打量)에 있어 토지등급을

---

47) 『공문편안』(규 17876) 5책, 「훈령 수원군수」 1899년(광무 3) 11월 1일 및 12월 1일 ; 『용인군양안초』(규 17645) 29책 참조.

48) 『사법품보(을)』(규 17279), 42책, 「평리원검사 홍종억의 법부대신 이지용에 대한 제64호 보고서」 1904년(광무 8) 6월 15일 참조.

49) 왕현종, 1993, 「한말(1894-1904) 지세제도의 개혁과 성격」『한국사연구』 77, 〈표 4〉 경기도 각군 결총 증가표(112면) 참조.

<표 6> 용인군 양지양안과 지계양안의 비교표

	면명	자호1	자호2	순서	비고 (2차 양전의 방식)	비고
1	읍치(邑治)	天-宿 14	天-宿 14	1	등급 하향조정	
2	동변(東邊)	列-劍 35	列-玉 31	2	등급 하향조정	
3	구흥(駒興)	號-羽 22	出-淡 23	3	등급 하향조정	
4	기곡(器谷)	翔-臣 46	談-尺 56	7	면적/등급조정	
5	지내(枝內)	伏-慕 45	白-罔 45	6	면적/등급조정	
6	서변(西邊)	貞-彼 17	鱗-字 16	4	면적/등급조정	거주지 표시
7	수진(水眞)	短-緣 51	乃-樹 48	5	면적/등급조정	거주지 부분 표시
8	모현(慕賢)	善-業 68	義-仙 62	10	면적/등급조정	거주지 표시
9	포곡(蒲谷)	所-造 75	從-節 67	9	진전 조사/ 거주지 부분 표시	
10	수여(水餘)	次-階 85	璧-職 77	8	일부 등급조정	
11	상동촌(上東村)	納-槐 37	禪-○ 37	16	면적/등급조정	거주지 부분 표시
12	하동촌(下東村)	卿-微 46	途-岱 43	15	면적/등급조정	
13	남촌(南村)	旦-弊 49	銘-假 50	14	등급 하향조정	
14	현내(縣內)	煩-主 32	靈-聚 39	11	일부 면적/ 등급 하향조정	
15	도촌(道村)	云-査 25	群-冠 28	12	진전 조사	
16	서촌(西村)	冥-勸 22	陪-刻 21	13	진전 조사	
	전체	天-勸 669	天-○ 656			

지나치게 상품으로 규정한다든지 진결을 시기전으로 파악하는 등 결수(結數)를 남증했다고 지적되었다.[50] 이 지역에서도 역시 중앙의 관료지주와 향촌 유력자의 토지가 실제 이 지역 토지의 상당 부분을 차지하고 있어서 양전에 따라서 새로 과세대상으로 파악되었다는 사정이 작용했다.[51]

1903년 8월 지계아문에서는 양지아문의 양전시 결수를 남증했다는 수원과 용인군민의 요청을 받아들여 이 지역에서 다시 양전을 실시하고 법부로 하여금 양무관리 이종대를 구속하였다.[52] 이 재양전에는 양지아문시

---

50) 『사법품보(갑)』, 「광무3년 8월 일 용인군 민요사사관 죽산군수 행사문안(行査文案)」 ; 『관보』 1903년 9월 30일 ; 『일성록』 1903년 8월 5일, 23일 참조.

51) 경기도의 경우, 종전 수세결에 비해 크게 증가한 군은 수원, 광주, 여주, 용인 등이었으며, 재양전에서는 위의 표와 같이 면의 순서변화 및 거주지 표시가 추가되었다.

작성된 중초본을 기초로 하여 진전을 새로 조사하고 전답주의 변동을 표시했으며 실제 재측량을 통해서 종전의 양안을 전면적으로 새로 작성하고 있었다.[53]

그런데 용인군의 2차 양전시 종전에 비해 면별 자호순서가 달라졌다. 이는 종래 양안에 자호지번을 근거로 하지 않는 이 시기 일반적인 양안작성 방식을 그대로 보여주고 있다. 또한 용인군 각 면내의 토지상태에 대한 조사를 살펴보면, 종래 파악되지 않았던 진전에 대한 추가조사와 기존의 경지에 대한 진전부분 조사가 이루어지고, 결수 감소를 위한 조처로 전품의 등급을 조정하면서 전반적으로 결수를 축소시키고 있었다. 이는 결수 증가에 대한 비판 여론을 무마하기 위한 미봉책에 불과하였다.[54] 그리고 용인군에서는 소유자인 시주의 거주지를 일부 조사하였다. 그렇지만 지계 아문의 양안 정리는 완전히 마무리되지 못한 채 중단되고 말았다.

---

52) 이곳에 재양전은 지계아문시기 1903년 8월 26일부터 9월 28일까지 실시되었다. 양전의 담당자인 사무원은 송무용(宋武用), 곽준영(郭峻榮) 등이었다.

53) 이 표는 『경기용인군양안』(규 17644, 27책)과 『용인군양안초』(규 17845, 29책)를 비교한 것이다. 즉 후자의 중초본위에 가필한 부분과 지계아문에서 작성한 전자를 비교한 것이다.

54) 결수를 새로 조정하고 면적을 두락과 일경으로 재산정하는 등 보다 명료하게 토지를 파악하고 있으나 각 면의 통계가 집계되지 않거나 부분적인 기록의 누락이 보이고 있어서 완성된 지계양안으로 보기 어렵다.

9장 지계아문의 관계발급과 토지소유권의 변화

1. 한성부의 가계 발급 논쟁과 외국인 토지침탈 대응책

1901년 10월 20일 지계아문이 정식으로 설립된 이래 새로운 처무규정에 의하여 지계발행의 대상이 확대 적용되었다. 즉 농지(農地)에 한한 것이 아니라 '산림토지전답가사계권'으로 확대되어 전국의 모든 산림과 토지 전답 및 가사에까지 포괄하게 되었다.

그런데 토지계권의 발급대상 가운데 가사계권(家舍契券)은 한성부와 개항장에는 적용하지 않기로 했다.[55] 이는 한성부에는 가사(家舍)이외의 토지계권(土地契券) 등은 새로운 가계제도를 시행하고 있었고, 특히 1893년 이래 발급한 가계발급제도를 그대로 활용한다는 것을 의미하는 것이었다.

그렇지만 곧이어 지계아문의 지계발급 원칙 중에서 종전에는 규정되지 않았던 외국인의 토지소유를 금지하는 조항을 삽입하여 개정했기 때문에 종전과는 상황이 바뀌었다. 한성부에서도 이를 적용할 수도 있다는 점이 주목된다.[56] 이는 외국인의 토지소유가 합법화되어 있는 개항장은 논외로

---

55) '第一條 地契衙門은 漢城府와 十三道各府郡의 山林土地田畓家舍契券을 整釐ᄒ기 爲ᄒ야 權設할 事 但 家舍契券은 漢城府와 各開港口內에는 不在此限홀 事'(개정「지계아문 직원급처무규정」).

56) '第十條 山林土地田畓家舍는 大韓國人外에는 所有主되믈 得치못홀 事 但 各港口內에는 不在此限홀 事'(「개정 지계아문직원급처무규정」『각부청의서존안(各部請議書存

하더라도 종래 한성부에서 외국인의 소유에 대해 일정하게 허용하고 있었던 정책을 정면으로 부정한 것이다. 1898년 7월 양지아문의 설립과 동시에 추진되었던 한성부의 관유지 방침은 외국인의 토지소유는 금지하되 당분간 가사 소유를 허용하였던 방침이었으나, 이제는 한 단계 더 나아가 일체의 외국인 소유를 금지하겠다는 개혁방향을 천명한 것이었다. 그렇다면 한성부 지역에서 일체의 외국인 토지소유는 금지할 정책적인 의지를 가지고 있었는가 하는 것이 문제였다.

한편 지계아문에서 발급하기로 한 관계(官契)는 종래 매매문기와 양안의 형식을 결합시켜서 만든 것이었다. 그런데 전답관계와 가사관계는 기재 내용상 커다란 차이를 가지고 있었다. 전답관계가 전답 소재지가 자호지번 으로 되어있고 토지면적이 두락과 결부로 표기되어 있는 것과는 달리, 가사관계는 통호수를 표시하였으며 가옥의 크기도 간수로 표기되었으므로 종래 가계의 형식과 호적제도에 기초를 두고 있었던 셈이었다. 한성부에서는 1893년이래 가사문권을 발급해오고 있었고 또한 가옥대장을 가지고 있었기 때문에 사실 기존의 가계발급제도를 정비한다면, 곧바로 가사관계 를 발급할 만한 준비를 갖추고 있었다.

당시 한성부의 가계 및 가사관계를 비교하면 〈표 7~8〉과 같다.

표의 가계와 가사관계 양식을 비교해 보면, 우선 발급내용에서는 대상 지역의 표시가 한성부의 고유지명, 매매가를 나타내는 가치 가금[시치(時 直)] 등의 표현 차이에도 불구하고 통호수 기재, 가옥의 구분, 매주(賣主), 보증인의 표기 등 기본적인 표기내용은 같았으며 가사관계가 더욱 일목요 연하게 되었다. 크게 달라진 점은 발급주체가 한성부와 지계아문이 달랐으 며 가계의 경우 2편의 문서를 할인(割印)해서 본인과 발급관청이 보관하고 있었던 데 비해서 가사관계는 3부 작성하여 지방관청과 지계아문 및 토지소

案)』 19, 『관보』 2041호, 1901년 11월 11일).

〈표 7〉 한성부 가계 양식

第　号	城發據照 漢府爲契事得 署　坊契　洞第	地有舍瓦 号所家瓦　間草　間計	時值　由本主　間　間許	住此行契 居爲合給仰　愿與　情賣	契員照開條程得越切至者 執人遵後四章毋違切須契	判尹 少尹　主事　保家證保 後開 光武 年月日　右給　持憑	一家舍賣買時由本主對應買入眼同家儈帶舊券呈案始許 換給新契紙價取四文	家買 一舍之無舊券者非有保證人記名畫押不准發給	家買 一主頜有新契始許拼接	家 一舍頜有癸巳五月日刊發契據者除非改行賣買無庸換 給若由家主有所情願亦准其換去

출전 : 『한성부 위급발계거사(漢城府爲給發據事) 조득남서훈도방저동계(照得南署薰陶坊苧洞契)』(규 23192)

〈표 8〉 대한제국 가사관계 양식

	契官舍家		國帝韓大		
第　號	地契衙門總裁　印地契監督　印	價金　保賣證主　住住	光武年月日　家主　住	第統第　戶草瓦間間共間	道郡面洞　所在　第　號

출전 : 『가사증권(家舍證券)』(우촌 고문21021-957)

유자에게 각각 분할하여 보관하도록 하였다.57) 이는 후일 토지대장과
부동산 증명부의 역할을 겸할 수 있도록 했다는 점에서 근대적 토지소유제
도의 수립에 획기적인 의미를 가지고 있었다.

보다 중요한 차이는 전답과 가옥의 매매시 발급되는 관계(官契)의 뒷면에
다음과 같은 발급원칙을 명기함으로써 매우 강제적인 시행효과를 거두고
자 한 점이다.

　一　大韓帝國人民이 家舍가 有ᄒ 者는 此官契를 必有ᄒ되 舊契는 勿施ᄒ야
　　　本衙門에 收納ᄒ을 事
　一　家舍所有主가 該家舍를 賣買或讓與ᄒᄂ 境遇에ᄂ 官契를 換去ᄒ며 或典質
　　　ᄒᄂ 境遇에ᄂ 該地方官廳에 認許를 得ᄒ 後에 施行ᄒ을 事
　一　家舍所有主가 官契를 不願ᄒ고 賣買或讓與ᄒ을 時에 官契를 換去치 아니ᄒ거
　　　ᄂ 典質ᄒ을 時에 官許가 無ᄒ즉 該家舍ᄂ 一切屬公ᄒ을 事
　一　大韓帝國人民外에ᄂ 家舍所有主 되ᄂ 權이 無ᄒ니 借名 或私相賣買典質讓
　　　與ᄒᄂ 弊가 有ᄒ 者ᄂ 幷一律에 處ᄒ고 該家舍ᄂ 原主記名人의 有홈으로
　　　인ᄒ야 一切屬公ᄒ을 事.58)

위의 규정 중에서 주목되는 것은 우선 가사가 있는 경우에는 반드시
관계를 발급받아야 하며 이후 매매 또는 양여하는 경우뿐만 아니라 전당하
는 경우에도 지방관청의 인허를 취득해야 한다는 것이다. 새로운 관계는
반드시 구계와 교환하도록 하였으며 토지자호의 순서대로 발급하여 철하
였으므로 매매나 전당시 관계의 진위여부를 쉽게 판가름하게 하여, 전답

---

57) 「전답산림천택가사관계세칙」, 「지계감리응행사목」(『완북수록』(상), 1903년(광
　　무 7) 2월 27일 참조).
58) 『가사증권』(우촌 고문 21021-957), 충청남도 평택군 북면 근대동(近乃洞) 15통
　　1호 초4간, 광무 7년 12월 9일 가주 정문국(鄭文國)의 가사관계(발급번호, 1윤(閏)
　　11호)의 뒷면(일부 조항 생략함).

가옥매매시 위조와 혼란을 극복하고자 하였다.

다음으로 가사관계를 발급할 때 와가는 1간에 엽전 5푼, 초가는 1푼식 수입하고 매매하는 경우에는 1/100의 세금을 걷어들이는 규정을 명시하고 있다. 또한 중요한 조항은 제4항의 조문으로서 대한제국의 인민이외에는 가사소유주가 되는 권리가 없으며, 차명이나 사사로운 매매나 전질 양여 등을 전면 금지한다는 것이다.

이러한 가사관계의 발급은 위의 규정이 명문화되어 있는 것처럼 대한제 국 인민이외에는 가사의 소유주가 되는 권리가 없으니 차명, 사사로운 매매, 전질, 양여하는 폐단을 금지하고 있었다. 이는 당시 한성부내에서 일본인을 비롯한 외국인 토지 가옥 침탈에 대한 방지책으로 추진되고 있었다는 점에서 해당 한성부 거류 외국인에게는 충격적인 정책임에 분명했다.

이 시기 외국인의 토지 가옥 매매가 빈번해짐에 따라 종래 토지 가옥문기 가 위조되어 매매되는 불법적인 부동산 거래의 폐단이 많아졌다. 전당을 거치거나 여러 차례 매매가 이루어지면 당연히 동일한 토지에 복수의 소유권자가 나타나기 마련이었다. 그러한 예로서 남서(南署) 회현방(會賢 坊) 장동(長洞) 103통 9호에 살았던 정긍조(鄭肯朝)는 자기 소유 와가(瓦家) 69간을 1898년에 일본인 후지이 도모키치(藤井友吉)에게 전당을 잡혀 12% 의 고리대를 지급하는 조건으로 동화(銅貨), 1만량 즉 954元을 차용하였다. 그렇지만 정긍조는 기한내로 빌린 돈을 갚지 못하였다. 이에 미국인 헐버트(Helbert, 紇法)가 26,500량으로 해당 가사의 전당 값을 청산하여 상환하면서 처음에는 박희남(朴喜南)의 이름으로 관계를 받았다가 1900년 6월 9일 다시 자신의 이름인 흘법(紇法) 명의로 관계를 발급받았다.[59] 이렇게 되어 원소유주인 정긍조가 소유권을 잃어버릴 상황에 빠졌고,

---

59) 「가계초등(家契抄謄)」(규 26134), 1900년 6월 19일.

원래 부채보다 많은 금액을 갚아야 하였으므로 헐버트를 도매(盜買)라고
해서 고소하였다. 이후 1901년 말 정긍조가 원래 문기를 바탕으로 해서
원소유권자의 권리를 인정받았으나 대신에 차용한 금액을 상환할 수
없었으므로 결국 가옥을 경매 처분하였던 것이었다.60) 최종적인 해결은
가계를 지급받았던 헐버트에게 소유권이 있다고 판정하면서 양자간의
소유권 분쟁이 처리되었다.61)

　여기서 우선 주목할 점은 전당으로 인해 소유권이 다른 사람으로 이전되
었다고 하더라도 원소유자와 전당권자, 신소유자 등의 복잡한 소유관계가
형성되고 소유권 분쟁이 치열하게 전개되었던 것이다. 이는 가계 발급의
명의 여부와 이후 가사관계의 발급 원칙이 있었음에도 불구하고 상충되는
것이었다.

　특히 한성부 내외에는 외국인들이 토지와 가사를 사사로이 매매하거나
전질한 사람들이 많았다.62) 심지어 한성내에 흩어져있는 각궁궐 주변에까
지 이르러 궁궐 가까이에 가옥을 사서 개축하여 궁궐안을 들여다볼 수
있는 경우도 있었다.63) 이에 대해 1899년 2월에는 궁궐주의의 통내에

---

60)「보고서」(1901년 11월 6일, 한성부 판윤 이한영⇒ 외부대신 서리 최영하)『한성래
　　안』;「매득가옥에 대한 공매일자 및 원매인의 통고(1901.12.2)」(규 23235) ;『구한
　　국외교문서(미안 3)』2542호「미인 흘법과 정긍조 가계에 관한 건」(미공사 알렌(安
　　連)⇒ 외부대신임시서리 유기환, 1902년 4월 14일) 262~268쪽).

61) 이승일, 2014,「대한제국기 외국인의 부동산 전당 및 매매와 민사 분쟁 : 헐버트의
　　가옥 분쟁(1900~1902)을 중심으로」『법사학연구』49, 21~30쪽 참조.

62) "外人典買 數年來로 漢城內外에 各國人이 地段及家舍를 私買及典質흔 者ㅣ 不知幾百千
　　處인딕 德人 高率基氏ᄂ 宮闕近地엔 家屋을 買得ᄒ야 柱礎事件으로 詰難ᄒ고 法人은
　　社稷附近에 地段을 買收ᄒ야 家屋을 建築ᄒ다가 我廷에서 禁撤흠으로 賠償을 照促ᄒ
　　고 美人은 蓮洞基址事件으로 方今 交涉中이고 日本人은 家屋을 典執ᄒ얏다 買收ᄒ얏
　　다 ᄒ고 家契換給ᄒ라ᄂ 公文이 逐日 遝至ᄒ니 如此不已ᄒ면 我民所有家屋은 不過數年
　　에 餘存無幾ᄒ깃다더라"(『황성신문』「外人典買」, 1903년 1월 8일, 잡보 2면 2단).

63) "英人 景維賢買收家屋事는 該家가 景慕宮右便에 在하온대 若造層家면 坐視宮內온즉
　　所重이 與他逈異할올뿐더러 田園은 官有에 係하얏사온즉 本判尹으로는 發契키 難하
　　옵고"(「보고서」(1899년 6월 16일, 한성부 판윤 민경식)『한성부래안』).

세거하는 민이나 액예(掖隸) 족속에만 한정하여 매매케 하였으나 이때는 단지 황제가 구두로 한 명령에 불과하였으므로 법적 구속력을 갖기 어려웠다. 따라서 1901년 5월 궁내부에서 미국인의 정동 교회 기지를 매수하는 대신 다른 토지를 마련해주려고 하였으나 여의치 않아서 곤란에 빠지는 경우도 있었다.[64] 따라서 1901년 12월부터는 한성내 궁궐 담장 500미터 면적내 가옥에 대해 외국인의 매득을 금지하고자 하는 정책을 추진하기도 하였다.[65]

한성부에서는 1월 중순부터 궁궐주위 지구와 건축물의 고도제한을 조사하기 시작하였다. 철도원의 기사로 하여금 수개월간의 측량을 실시하였으나 1902년 10월 14일에서야 궁궐담장 500미터내에 외국인 가옥소유를 금지하기로 하였다.[66] 그렇지만 1903년 4월에는 외국 공사관의 요구에 못이겨 경운궁(慶雲宮)에서 250미터, 다른 묘사단궁(廟·社·壇宮)은 150미터로 축소하는 것으로 위축되었다.[67]

한성부내에서 외국인의 토지와 가옥 소유 확대를 규제하는 정책은 일부 한성부의 가계발급 과정에서 적용되기도 하였다. 예컨대 한성부에서는 외국인이 가옥을 매매하고 가계발급을 신청할 때 이를 엄격히 심사하고 있었다. 1902년 10월 미국인 웜볼드(Wambold)가 근동(芹洞)에 기지(基址)를 매득하고 한성부에서 가계를 발급받아서 다시 미국인 프라이스(Price)에게 팔았다. 프라이스는 그 땅에 양옥을 건축하고 일부를 영국인에게 팔면서 한성부에 지계를 발급해줄 것을 요청하였다. 그러나 한성부는

---

64) 『구한국외교문서(미안 3)』 12권, 2372호 「貞洞基址價의 速還要求」(미공사 알렌(安連)⇒ 외부대신 박제순, 1901년 5월 30일), 134~140쪽.

65) 『한성부래안(漢城府來案)』 「훈령 11호」(1901년 12월 13일).

66) 『한성부래안』 「보고서」(한성부 판윤 장화식⇒외부대신 서리 최영하, 1902년 10월 14일).

67) 『구한국외교문서(영안)』 14권, 2406호 「宮城等附近의 限界劃定事」(1903년 4월 7일), 550쪽 ; 『황성신문』 1903년 4월 10일 잡보 「地界議定」, 565쪽.

원래 "계권(契券)에는 초가 2간이라고 돼 있었지만 공대(空垈)라는 글자는 없었으므로 어떻게 양옥을 건축할 수 있었는가"라고 의문을 표시하며 새로운 가계를 발급해줄 수 없다고 하였다. 미국영사는 이에 항의하여 우리 정부가 외국인이 공대를 매득하는 것을 금하는 조관이 있었는지, 혹은 정부의 내부 규정이 있어서 외국인이 가옥을 건축할 때 먼저 한성부에 청원해야 하는지를 질의하였다. 이에 대해 한성부는 다만 가계를 환급하는 장정이 있을 뿐이며 원래 지단(地段)을 허여하는 권한은 없다는 유권해석을 내리고 있다. 그리고 본래 가계에 초가 2간으로만 표시되어 있으므로 신축한 건물은 헐어버리고 추후에 새로 건축할 것을 결정하였다.[68] 이와 같이 한성부에서는 기존의 가옥의 거래를 추인하여 관에서 가계를 발급하기는 하였으나 새로운 가옥의 신축이나 공대인 토지를 외국인에게 매매하는 행위는 절대로 인정하지 않았다.[69]

이렇게 한성부의 가계발급이 지체되고 까다롭게 되자, 서울주재 각국공사관에서는 1902년 12월 29일에 사신회의를 개최하여 대한제국 정부에 건의하기를 "지권을 지급할 건과 인천 각국 거류지에 대한 건" 등을 해가 지나기 전에 해결하지 않으면, 각국 사신은 신년축하 모임에 참석하는 예를 정지할 것을 결의하기도 하였다.[70] 이러한 논의는 당시 한성부에서 거주하는 각국인의 지단과 가사에 대한 권리 부여 여부와 밀접하게 관련이 있었다.

　　○ (地券事段) (중략) 再昨日에 漢判 張華植氏가 外部에 來ᄒ야 外大에게

---

68) 『한성부래안』 「보고서」 8호(한성부 판윤 장화식⇒ 외부대신 서리 최영하, 1902년 10월 8일) ; 『구한국외교문서(미안 3)』 12권, 266호 「美人分賣芹洞地契의 二契分發要求의 件」(미공사 알렌(安連)⇒ 외무대신서리 최영하, 1902년 10월 3일) 374~376쪽.

69) 『구한국외교문서(미안 3)』 12권, 3092호 「美女人買入地段契券發給要請」(미공사 알렌(安連)⇒ 외무대신 이하영, 1905년 2월 28일) 702~706쪽.

70) 『황성신문』 「地券事段」, 1903년 1월 5일, 잡보 2면 3단.

意見書를 提出ᄒ되 地契及家券을 本職이 直行換給ᄒ되 暫租라 聲稱ᄒ고 永租ᄂ 勿許케 ᄒ기로 議定ᄒ고 來十日에 各公使를 外部로 會同ᄒ야 該事案을 妥商홀터이라더라.[71]

위의 기사에서 주목되는 것은 한성부에 거류하는 각국인들은 한성부의 지단과 가사를 매득한 후에 한성부 판윤과 교섭하여 내부를 경유하여 지계를 환급하는 제도를 이용하고 있는데, 이 지계발급이 지체되는 일이 많아 신속히 처리할 수 있는 방안을 제기한 것이다. 이를 해결하기 위해 한성부는 바로 지계와 가권을 해결하되, 잠조(暫租)라는 명칭으로 허용하되 영조(永租)는 허용하지 않는다는 방침을 제기하였다. 이에 대한 당시 신문 등의 여론 반응은 그렇게 좋지 않았다. 그 이유는 외국과의 관계에서 외부를 경유하지 않고 한성부 판윤이 직접 결정하는 것은 사리에 타당하지 않다는 것이었다.

이 시기 한성부의 외국인 토지침탈 상황은 자못 심각한 것이었다. 1903년 1월 8일자 황성신문 논설 '지권쟁단(地券爭端)'에 의하면, 당시 외국인의 토지 가옥 소유 실태와 대응책에 대해 비판적인 입장을 제시하였다.

又云 聲稱暫租云者ᄂ 不過是朝三暮四之策이니 暫租之暫字가 未知是一年二年之暫歟아 抑十年二十年之暫歟아 現以漢城內目擊者로 言之라도 凡四萬餘家屋에 其五分之二ᄂ 擧皆外國人典執之戶矣라 (중략) 雖云暫租而換給이나 不踰幾年에 外人之家屋이 將不知幾千幾萬則 以若殘燹國民之産으로 何年何月에 能償還外國人所有之券契耶아 (중략) 契券은 雖不得已換給이라도 其在我防範之策은 不容不預先講究準備ᄒ야 俾不到此等界頭라야 可免無窮之憂矣니[72]

71) 『황성신문』「地券事段」, 1903년 1월 7일, 잡보 2면 3단.
72) 『황성신문』「地券事段」, 1903년 1월 8일, 논설 2면 1단.

전체 4만여 가옥에 2/5에 이르는 1만 6천여 가옥이 외국인에게 전집(典執)되어 있다고 할 정도였다. 당시 한성부의 궁민(窮民)들은 외국인에게 가옥을 전당잡혔으나 갚을 길이 없어 가계를 환급받도록 하고 지권(地券)을 신청하도록 압박을 당하고 있으며 5서내 번화가인 팔로(八路)와 개잔설포(開棧設舖)한 땅은 외국인의 소유가 아닌 것이 드물다고 지적하였다. 그래서 현재 한성부 판윤이 제기한 이번 지계와 가계 발급을 일정기간 잠정적으로 소유권을 주는 것으로 잠조(暫租)라고 하지만, 이런 형태로 환급한다면 수년 지나지 않아서 외국인의 가옥이 수천 수만에 이르게 되고 삼남의 요충지가 일본인의 점유지가 되고 우리 잔폐한 국민은 도산하게 될 것이라고 비판하였다.[73] 이렇게 여론에서는 잠조와 영조의 구별이 사실상 없으며 한성부에서 외국인의 지계와 가계 침탈을 근본적으로 방지하고 한국주민들, 특히 궁민에 대한 특단의 조치를 취할 것을 요청하고 있었다.

그렇지만 당시 복잡하게 진행되었던 한성부내 외국인 토지침탈과 소유권 허용 여부가 당시 쟁점이 되었음을 알 수 있다.[74] 계속해서 일본인의 한국 진출 현상이 크게 확대되면서 전국적으로 외국인에 대한 지권 가계의 발급이 중요한 문제로 부각되었다.[75] 앞서 1902년 말에 제기된 한성부내 외국인 지권과 가계의 발급을 둘러싼 논쟁은 1903년 3월까지도 타결되지 못한 채 여전히 쟁점이 되었다. 한성부에서 가계를 직접 환급케 하는 방식에 대해 각국 사신들이 이에 대해 조칙으로 반포하여 외국인의 지계와 가계를 자유롭게 발급해 달라는 요구를 한 것이었다.[76]

---

73) 『황성신문』「地券爭端」, 1903년 1월 8일, 논설 228쪽.
74) 『황성신문』「風說正誤」, 1903년 1월 9일, 잡보 2면 4단.
75) "現今 各公使ㅣ 以地券家契事件으로 照請談辦者亦以此也니 歐美各國之人은 未必有如此極切之關係也로디 其最有關係於我韓者는 日本人이 爲緊要ᄒ니 迨此之際ᄒ야 地券一款이 實爲重要絶大之問題則 宜公行談辦에 另立契案ᄒ고 布示一國ᄒ야 俾一官一民으로 靡有不知之歎케 ᄒ며 亟宜講究防範之術ᄒ야 使外民으로 無至滋蔓之患이 可也오."(『황성신문』「論外國人移殖事件」, 1903년 1월 12일, 논설 2면 1단).
76) "會商地券事 漢城內外에 居留하난 各國人이 家屋及地段을 賣收하고 地券及家契를

288

이렇게 한성부의 외국인 토지 문제가 크게 논의되고 있는 상황에서 1903년 10월 29일에는 이제 지계아문에서는 '한성부외 서서에 전답가사 측량 사무 실시'라는 훈령을 발령하였다. 이제 한성부 지역에 본격적으로 토지조사와 관계발급사업을 추진하기 시작하였다.[77] 이에 따라 한성부의 각서내에 가옥의 신축이나 도로 개축이 금지되었으며 외국 공사관에 조회하여 측량에 방해하는 일이 없도록 당부하고 있었다.[78]

한편 1899년 이후 양지아문의 한성부 토지측량이 진행되는 동안에도 한성부 지역의 토지 가옥매매는 더욱 확대되고 있었다. 1903년에는 성외지역에는 거주의 변동이 별로 나타나지 않았던 반면에 남서지역에는 성외지역인 두모방을 제외하고 성내지역에서는 48.6%~80.5%에 이를 정도로 빈번하게 거주지의 이동이 일어나고 있었다. 남서지역에서의 이사추세는 다른 서 지역에서와 같은 서 지역으로 전입하는 경우도 나타나고 있지만 동일한 방에서도 일어나고 있어서 매우 빈번한 거주지의 교체가 있었음을 알 수 있다. 한성부 지역 거주자들은 남서지역을 중심으로 하여 빈번하게 가옥소유를 변동시키면서 활발한 경제활동을 통하여 계층적인 상승을 추구하고 있었다고 할 수 있다.[79]

당시 대한제국 정부나 한성부에서는 새로운 지권과 가계발급이 이루어

換給하난 事案에 對하야 漢城判尹이 直行交涉케 하라고 各公領事가 外部에 照請하야 尙未妥決하얏더니 今日下午二時에 各公使가 外部에 會同하야 該事件을 妥商홀 意로 各舘에 聲明하얏더라"(『황성신문』 「會商地券事」, 1903년 3월 13일, 잡보 2면 3단).

77) 『漢直日記』 1903년 10월 29일.

78) "日館去照本府所管區域以所在田畓家屋行量時 申該貴民等無使阻碍事"(1903년 10월 30일) ; "地契衙門 去牒 漢城外所有田畓家舍測量人員及測量記示明事"(1903년 10월 31일) 『한직일기(漢直日記)』.

79) 요시다 미츠오(吉田光男)는 1903년부터 1906년까지 견평방(堅平方), 안국방(安國坊), 가회방(嘉會坊), 광화방(廣化坊), 순화방(順化坊) 등에서 가옥의 이동경험을 가진 호의 비율이 66.7%로 나타나 빈번하게 가옥이 이동되었음을 알 수 있으며 성내 중심부인 종로 남측을 최고점으로 하는 동심원을 그리고 있다고 파악하였다 (吉田光男, 1994, 「大韓帝國期 ソウルの 住民移動」 『朝鮮文化研究』 1, 도쿄대학 문학부 조선문화연구실, 1994, 137~164쪽).

질 때까지 구문기 혹은 구가계와 환급하되 영조(永租)가 아니라 잠조(暫租)로 한다는 방침을 세우고 있었다. 외국인의 가옥의 취득은 어디까지나 소유권 자체를 영구히 인정하지 않고 잠정적으로 인정한다는 것이었다.

이러한 관계발급제도의 시행은 이 시기 한성부 지역에서 외국인의 가옥침탈을 방지하고 소유권제도를 개혁하려는 정책에서 가장 근본적인 해결방안이었다. 따라서 1903년 말 당시 한성부의 가옥 전당과 매매가 빈번하게 이루어진 상황에서 지계아문의 토지조사 착수방침은 엄청난 파장을 가져오고 있었다. 관계제도의 실시는 토지 가옥의 소유자들 중에서 대토지, 대가옥 소유자들에게 상당한 부담을 지우는 동시에 부동산거래의 국가관리가 예고된 것이었다.

2. 관계발급사업의 '시주' 규정과 관계발급 정책

1) 관계발급의 특징과 토지소유권자의 대응

그러면 실제 지계가 어떻게 발행되었는가. 우선 지계의 발급대상은 전답, 산림, 천택, 가사를 유(有)한 자(者), 즉 소유자가 반드시 관계를 가지게 되어있고 종래 구권(舊券)은 물시(勿施)하여 하나도 빠트리지 않고 지계아문에 수납하게 되어있다. 관계(官契)의 발행은 매매 혹은 양여의 경우에도 해당되며 전질(典質)의 경우에도 관의 허가를 받도록 하고 있다.[80] 이것은 국가가 모든 부동산의 소유권의 등록과 이전 및 관련사항을 통제하도록 하는 강제규정을 발효시키고 있는 것이다.

그렇다면 구권과 지계를 교환 발급할 때, 어떠한 과정을 거쳐 발급되는가,

---

80) 「전답산림천택가사관계세칙」 1, 2, 3항 참조.

특히 토지소유자인 시주(時主)를 어떻게 확인하여 발급하는가 하는 문제가 제기된다.

다음에서 「지계감리응행사목」에서 나타난 지계의 발행원칙을 보자.[81] 우선 지계는 토지조사를 통하여 결부와 사표와 칸수 및 면적 등 토지에 관한 일체 조사를 바탕으로 하여 발급된다는 원칙을 가지고 있다. 또한 양안상에 등재된 시주, 즉 양전 조사 당시의 토지소유자라는 의미를 가지고 있는 지주에게 지계가 지급된다고 규정하고 있다.

그런데 중요한 발급원칙은 양안상에 등재된 모든 시주에게 그대로 지급되는 것이 아니라는 것이다.[82] 시주와 더불어 구권상의 명문을 반드시 확인한 연후에 지계를 발행하게 되어있다. 또한 소송사건에 있는 것이나 시주와 구권이 일치하지 않거나 혹은 어느 하나가 없는 경우에는 영유자(領有者)가 관에서 확인을 받아 지계를 발급받을 수 있도록 하고 있다. 따라서 발급의 원칙은 근본적으로 양안상의 시주만을 근거로 한 것이 아니라 실제 소유권을 입증할 수 있는 매매문권을 토대로 해서 관계와 교환함으로써 소유권자의 확정이 이루어지는 것으로 볼 수 있다. 이후에는 매매문권이 더이상 사용되지 않으므로 지계에 등재되는 시주가 더이상 사적으로 인정되는 것이 아니라 명실공히 공적으로 토지의 소유권자로 확정되는 것이다. 그러므로 지계와 문기와의 교환과정에서 재확인하게 되는 '시주(時主)'는 국가가 비로소 공인하는 토지소유자가 되는 것이다. 이러한 시주의 재확인을 통해서 토지소유권의 인정과정은 토지소유자에 대한 사정이 이루어지는 과정이었다.

대한제국기 지계아문은 1902년 8월부터 강원도의 양전사업을 마치고

---

81) 「지계감리응행사목」, 『훈령(완북수록)』(상) 계묘(광무 7년) 2월 27일 훈령 8항 참조.
82) 토지소유자는 종래 양안에 등재된 時主를 그대로 소유권자로서 인정하고 있지 않다는 점이 중요하다. 이는 양안에 등재되었다고 해서 소유권자로 확정될 수 없었다는 것을 의미한다.

각 군별로 '관계(官契)'를 발급하려고 하였다. 당시 지계아문에서 발급된 지계는 수백만장에 이를 것이지만 실제 남아있는 것은 극히 소수에 불과하다.

현재 확인할 수 있는 지계는 지역적으로 강원도 춘천과 강릉지방 및 충청남도 평택지방 소재 전답 및 대지 관계(官契)를 찾아볼 수 있다. 「대한제국전답관계(大韓帝國田畓官契)」는 현재까지 확인할 수 있는 건수는 600여장에 지나지 않는다.[83]

〈표 9〉에서는 춘천, 강릉, 양양, 평해 등지에서 발급된 전답관계와 가사관계 중에서 지금까지 발견된 것만 기록한 것이다. 여기서 주목되는 점은 궁방전으로서 명례궁장토의 관계가 비교적 많이 발견되고 있었다는 점이다. 이는 1907년 이후 일제의 제실재정정리과정에서 소유권 분쟁이 있었을 때 당시 발급된 관계가 소유권의 근거서류로서 제출되었기 때문이었다.[84]

또한 일부 지역에서는 가사관계(家舍官契)가 발견되었다. 전답관계와 가사관계의 차이점이 있는데, 우선 전답은 천자문의 순서에 따른 결부단위로 표기되는 데 반하여 가사는 통호의 순서로 되어 있으며, 또한 관계의 뒷면에 기재된 발급규정이 다르다. 즉 가사관계에서는 "一 大韓帝國人民이 家舍가 有혼 者는 此官契를 必有호되 舊契는 勿施호야 本衙門에 收納홀 事"이라

---

83) 〈표 9〉 자료의 출전은 다음과 같다. 〈1〉『대한제국전답관계(大韓帝國田畓官契)』(규 20990), 〈2-3〉『강원도장토문적』(규 19304), 제13책, 〈4-5〉『대한제국전답관계』(국립한-51-다16-340), 〈6〉『대한제국전답관계』(규 20814), 〈7〉『대한제국전답관계』(국립고-6741-2), 〈8〉 필자 소장, 〈9-10〉 국민대 박물관 소장, 〈11〉 국립민속박물관 소장 ; 표에서 제시된 이외에도 강원도 원주군 본부면과 부론면에 지계가 있다고 한다(朴秉濠, 『한국법제사고』, 법문사, 1974, 72쪽). 이밖에도 강원도 삼척군, 울진군, 평해군, 홍천군 소재 전답관계가 발견되었다.

84) 현재 서울대학교 규장각에는 각 도단위의 장토문적이 남아있는데, 여기에는 궁장토, 관둔전 등 국유지의 소송관계 서류들이 다수 남아있다. 종래 매매문기와 더불어 지계아문의 관계가 중요한 문서로서 취급되고 있다(『각도군각곡시가표(各道郡各穀市價表)』, 『강원도장토문적』, 『임시재산정리국사무요강』 등 참고).

〈표 9〉 강원도 지역 전답관계 발급 현황

	군명	면명	소유자	필지	결부수	발급년월	발급호수	특징
1	춘천	남부내, 동내, 동산 외일작, 부내	명례궁(明禮宮)	178	17-05-1	1902.11~12	1始, 1制, 1文, 1鞠	면별 발급 번호 다름
2		북내일작	명례궁	192	13-93-1	1902.12	1福, 1緣, 1尺, 1璧, 1非, 1寶, 1寸, 1陰	
3		북내이작	김종우(金鍾佑)	1		1903.2	1結	家舍官契
4		북내이작	김하진(金夏鎭)	68	7-44-6	1902.12	1忠, 1則, 1臨, 1深, 1履	家舍官契 1필지 포함
5		북내이작	유혁(柳爀)	1		1902.11	1金	家舍官契
6	강릉	진부, 도암	명례궁	36		1903.9	3後, 3嗣, 3續, 3祭, 3嘗	
7		정동	민인 72명	149	10-95-7	1903.9	3乎	1책 149장으로 완질
8		성산	김사함(金士咸)	1	5-4	1903.9	3象	
9	양양	군내, 동, 남, 서	김치구(金致九) 등	46	4-76-6	1903	殷, 1謂, 2致, 2朝	면별 발급 번호 다름
10		군내	김익환(金益煥)	1		1903.4	1卑	家舍官契
11	평해	원북	최의성(崔義成)	1	2-7	1903	1姑	

고 하여 '전답'이라는 표현 대신 '가사'라는 용어로 대치되었다.

우선 주목되는 점은 관계의 양 측면에 발급호수가 쓰여져 있다는 점이다. 특히 강릉 정동면(丁洞面) 관계는 정동면의 지역 민유지의 것으로서 모두 '3호(乎)'라는 발급번호를 가진 1책 149장의 관계이다. 다른 지역의 관계에서도 마찬가지였다. 이러한 발급호수의 해석을 둘러싸고 여러 가지 이견이 제기되었다. 특히 천자문 앞에 붙어있는 1, 2, 3이라는 숫자에 대한 해석이 달랐다. 이는 비록 작은 문제이기도 하지만, 지계발급의 방식을 구체적으로 알 수 있는 단서일 수 있다.[85]

또한 춘천군 동부내면(東府內面) 등지에서 발급받은 명례궁의 관계에서

---

85) 지계발급의 단위에 대해서는 일정한 천자문의 호수에 맞추어 149장, 혹은 150장 단위로 철을 했다고 주장되고 있다. 그리고 숫자와 천자문은 하나의 지역단위로서 춘천군은 1, 강릉군은 3 등으로 매겼다는 주장도 있었다(이영호, 1995, 위의 논문, 164~171쪽 ; 최원규, 1995, 위의 논문, 292~298쪽).

발급호수를 추적해 보면, 1902년 11월에 발급된 관계의 호수에는 천자문 표시가 없는 반면, 12월이후에는 천자문 표시와 함께 숫자가 적혀있었다. 강원도 영서지역에서 최초로 관계를 발급한 지역이 춘천군이었기 때문에 초기에는 별도로 표시하지 않은 채 그저 발급순서에 따라 936, 2102 등 숫자만을 적었을 것이다. 이후 체계적으로 관리할 필요성을 느끼고 면별로 아무 표시를 하지 않은 지역, 1시(始), 1제(制) 등 천자문으로 표시한 것이었다. 이러한 발급호수의 표기방식은 다른 지역에서도 동일하게 확인된다. 결국 각 군내에서 관계를 발급할 때 각 군을 단위로해서 표기를 한 것은 아니고 각 면단위로 일정한 숫자와 천자문을 결합하여 표기하기 시작한 것이다. 이렇게 관계를 발급할 때 호수를 매기고 있다면, 관계발급의 원장부는 아마도 지계아문의 지계양안이었을 것이고 더욱이 일률적으로 1책 149장 단위로 편철된 관계철(官契綴)에 따라 관계가 발급되는 절차를 밟았을 것이다.

이렇게 지계아문의 관계발급이 시작되자, 해당 토지의 소유자들은 정부의 법제적 조치에 부응하여 자신들의 토지소유권 확보에 열을 올리게 된다. 예컨대 1904년 1월 강원도 영월군에 사는 남조이[南召㖈]는 영월 일대에 산재한 토지의 문기를 잃어버리게 되자 이제 발급된 지계권(地契券)을 받아 문기를 대신하여 토지소유권을 확보할 것을 천명하고 있다.[86]

한편 강릉군 성산면 구산원에 위치한 김사함의 전답관계에는 〈그림 6〉에서와 같이 앞면 오른쪽으로부터 토지의 소재, 면적, 결부, 사표가 기록되어 있다. 중앙에는 관계 발급 날짜와 시주 '김사함'의 이름이 적혀있다. 또한 지계아문 총재와 직인이 찍혀있다. 뒷면에는 관계 발급에 관한 8개 조목이 실려 있다.

그런데 대한제국의 입장에서 일방적으로 진행시키는 관계의 발급이

---

86) 『황성신문』 1904년(광무 8) 1월 13일자 3면 광고.

실제 향촌에서 어떻게 적용되었는지
를 명확하게 알 수는 없다. 당시 지계
의 발급규정에 의하면, 앞서 살펴보
았듯이 전답, 산림, 천택, 가사를 소유
한 자로서 종래 구권을 지계아문에
납부하고 새로운 관계를 발급받도록
하였다. 구체적으로 구권과 관계가
서로 교환될 때, 실제 소유자의 실명
과 양안상의 토지소유자로 등재된 시
주명을 어떻게 대조 확인할 수 있는
가 하는 문제가 있었다.[87]

〈그림 5〉 영월 남조이의 문기 분실과
지계발급 공고

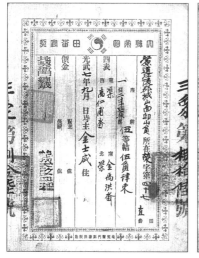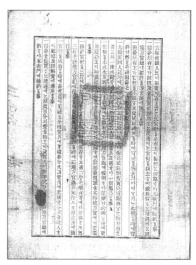

〈그림 6〉 강원도 강릉군 성산면 구산원 김사함(金士咸) 전답관계(1903년 9월)

87) 『완북수록』(상), 「지계감리응행사목」 제8항 참조.

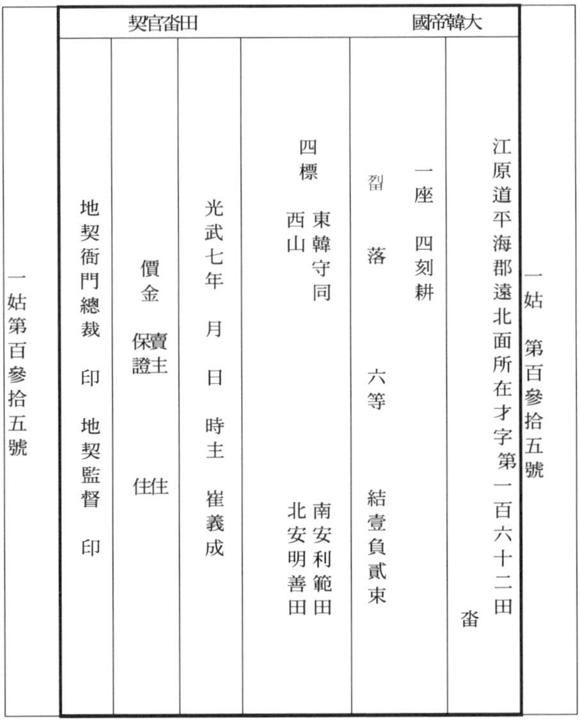

〈그림 7〉 강원도 평해군 원북면양안　〈그림 8〉 평해군 최의성 명의의 전답관계

　〈그림 7〉의 자료는 1902년 5월에 작성되었던 평해군 원북면양안이다. 〈그림 8〉의 자료는 1903년에 발급된 '최의성(崔義成)' 명의의 전답관계이다. 전답관계 양쪽 면이 절취되어 있는 것으로 보아 이 밭의 소유자인 최의성 개인 명의로 발급된 부분임을 알 수 있다. 양 자료의 기재내용은 면적, 등급, 결부가 동일하며 사표상의 인명도 역시 동일하다. 지계양안에 등재된 내용 그대로 전답관계에 기재되면서 시주 본인에게 발급된 것을 알 수 있다.

　그런데 대한제국시기에 새로 측량이 이루어지고 토지소유자에게 관계가 발급된 지역은 강원도에 이어 충청남도였다. 이는 도 단위의 양전을 마친 후 관계를 발급하는 원칙을 가지고 있었기 때문에 도 단위의 관계

발행이 단계적으로 진행되었다.

우선 충청남도에서 발급된 관계의 사례를 살펴보자. 충청남도는 1903년 11월 12일 도단위 양전이 종결되면서 관계발급이 시행되기 시작하였다. 먼저 직산군으로부터 발급되기 시작했다.

당시 전답관계가 발행되기 위해서는 몇 가지 절차가 필요했다. 우선 관보나 신문에 해당 지역의 관계 발행을 공지하게 된다.

○ 現今 忠淸南道에 土地打量을 垂畢하고 地契事務를 實施인바 先自稷山郡으로 陰曆十月一日爲始하야 官契를 頒給하니 無論京鄕하고 田畓家舍를 該道에 置한 大小民人은 舊券을 持하고 該道土在郡에 斯速前往하야 官契를 換去흠이 可홀 事

光武七年十一月十二日   地契衙門[88]

위와 같이 충청남도에서는 1903년 음력 10월 1일, 즉 양력 11월 19일부터 직산군에서 관계를 발급하기 시작하였다. 이에 토지소유자들은 구권(舊券)을 소지하고 토지가 있는 해당 군에 가서 관계를 환급해올 것을 공지하였다.

이어 평택군의 경우 1903년 12월과 1904년 1월에 관계를 발급하기 하였으며, 그 다음은 정산군 등으로 이어졌다.[89] 그러면 충청남도 평택군 일대 전답관계 발행 중에서 내수사의 관계를 살펴보자.[90]

〈표 10〉과 같이 내수사가 모두 32개 필지, 총 3결 4부 5속의 토지에 대해 관계 발급을 신청하여 발급받은 관계를 모아놓은 것이다. 관계발급은

---

88) 『황성신문』「廣告」 1903년 11월 13일, 잡보 3면 1단.

89) 직산군 일서면의 관계는 1903년 11월 4일, 평택군 북면의 경우 1903년 12월 8일 발행 전답관계가 남아있다(박병호, 『한국법제사고』 72쪽 참조).

90) 이 자료는 (규 19300)『충청남도장토문적』「충청남도 평택군소재 장토 박래홍제출 도서문적류」에 실려 있는 전답관계이다. 원래 내수사가 소유하고 있던 장토의 필지는 평택군 읍내면, 서면, 북면, 남면 등지에서 60개 필지였다.

〈표 10〉 충청남도 평택군 서·남·면 소재 내수사 장토의 전답관계 발급

번호	면명	평명	자호	지번	발급호수	지목	열	두락	등급	결부	연도	시주
1	서	재(梓)	辰	14	1恭78	답	1	9.1	4	251	19031229	내수사
2	서	재	辰	24	1恭79	답	1	2.7	4	74	19031229	내수사
3	서	상당(上堂)	列	21	1恭80	답	4	5	5	99	19031229	내수사
4	서	하당(下堂)	往	27	1恭81	답	2	5	5	97	19031229	내수사
5	서	하당	往	29	1恭82	답	2	7	5	140	19031229	내수사
6	서	하당	往	37	1恭83	전	1	0.2	2	24	19031229	내수사
7	서	하당	秋	5	1恭84	답	2	5	4	131	19031229	내수사
8	서	하당	秋	9	1恭85	답	2	2.3	4	63	19031229	내수사
9	서	하당	秋	10	1恭86	답	2	4.7	4	128	19031229	내수사
10	서	신흥(新興)	冬	5	1恭87	답	2	4.3	5	86	19031229	내수사
11	서	원정(院井)	餘	36	1恭88	답	2	2.6	4	69	19031229	내수사
12	서	원정	餘	67	1恭89	답	3	5.4	4	94	19031229	내수사
13	남	개화(開花)	皇	41	1得20	답	1	7.9	5	158	19040103	내수사
14	남	월정(月井)	皇	69	1得21	답	1	5.6	5	115	19040103	내수사
15	남	정(井)	制	51	1得22	답	2	8.1	5	162	19040103	내수사
16	남	당장(堂長)	帝	44	1得23	답	4	1.9	6	24	19040103	내수사
17	남	당장	火	30	1得24	답	3	4.7	5	93	19040103	내수사
18	남	당장	師	33	1得25	답	4	3.6	6	45	19040103	내수사
19	남	안현(鞍峴)	翔	10	1得26	답	3	3.1	6	40	19040103	내수사
20	남	서정(西亭)	炎	30	1得27	답	3	1.7	6	22	19040103	내수사
21	남	농성(農城)	河	45	1得28	답	12	9.3	5	185	19040103	내수사
22	남	농성	河	24	1得29	답	6	5.3	5	106	19040103	내수사
23	남	개화	皇	29	1得30	답	4	3.8	5	77	19040103	내수사
24	남	월정	始	30	1得31	답	5	8.7	5	175	19040103	내수사
25	남	월정	制	47	1場32	답	2	4.2	5	53	19040103	내수사
26	서	흑석(黑石)	調	34	1得99	답	5	6.3	3	221	19040110	내수사
27	남	명무(明武)	鳥	11	1得149	답	6	5.4	6	68	19040104	내수사
28	북	신촌전(新村前)	白	23	1使75	답	7	2.5	4	70	19031226	내사
29	북	신촌전	白	27	1使76	답	1	2	4	52	19031226	내사
30	서	울진(鬱陳)	崗	30-1	1場100	답	1	0.7	6	9	19040110	내수사
31	서	울진	崗	30-2	1場101	답	1	0.7	6	8	19040110	내수사
32	서	원정	餘	41	1場59	답	6	4	4	106	19031229	내수사

북면에 있는 2필지가 먼저 신청되었고, 이후 서면에 있는 토지, 그리고 남면의 토지 순이었다. 관계를 발급할 때 양안상에 기록된 순서대로 발급하기는 하되, 일률적으로 발급된 것은 아닌 것으로 보인다. 예컨대 서면

진(辰)자 14번 토지의 경우 발급번호가 '1공(恭)78'인데, 진(辰)자 24번 토지의 경우는 좀 떨어져 있는 토지인데도 불구하고 발급번호가 이어져 '1공(恭)79'로 되어 있다. 이어 발급번호 78에서 89까지 일률적으로 번호가 매겨져 있다. 이는 내수사가 1903년 12월 29일 동일한 날짜에 신청한 서면 12개 필지에 대해 각 필지의 소재와 상관없이 일률 발급된 번호를 부여했음을 알 수 있다.

이러한 경우는 남면의 발급도 마찬가지였다. 남면에 소재한 토지에 대해서는 우선 1904년 1월 3일 13개 필지의 토지에 대해 발급신청을 하였다. 이에 대해 자호의 순서에 상관없이 일률적으로 전답관계가 발급했음을 알 수 있다.

이에 따라 내수사도 충청남도 평택군 일대 32개 필지에 대해 관계를 환급할 것을 신청했던 것이다. 이때 내수사는 자신의 토지 근거로서 문기와 토지대장인 양안 등을 가지고 양지아문에서 작성한 양지양안과 서로 대조하였을 것으로 보인다.

당시 내수사는 1898년 3월 평택군수와 내수사 파원 등을 동원하여 별도로 양안을 작성해 두고 있었다.[91] 이 장부는 「평택군읍남서북사면 소재 내수사 전답양안(田畓量案)」이었다. 이때 작성한 방식에 따르면 평택군 4개 면에 총 60개 필지로 전답규모는 9석 12두 5승락이며, 결부로는 3결 81부 9속과 그 이외에 확인되지 않는 1결 9부의 토지가 있었다. 이러한 내역을 근거로 하여 실제 광무양전사업이 시행되었을 때 이에 근거자료로 제출된 것으로 보인다. 이렇게 내수사는 양전사업의 진행에 미리 대비하여 별도로 자체의 전답양안을 작성하였고, 아마도 양지아문의 평택군 측량시 적극적으로 자신의 토지임을 주장하였을 것이다.

---

91) 당시 평택군수 김응직(金應稷)과 내수사 파원 김재학(金再鶴), 현병운(玄秉雲) 등이 참가하여 내수사의 토지를 측량하였다(위의 장토문적 자료 중 첨부자료 「평택군읍 남서북사면 소재 내수사 전답양안」 말미 첨부 기록 참조.

당시 지계의 발급대상은 전답, 산림, 천택, 가사를 가진 자, 즉 소유자가 반드시 관계를 가지게 되어있고 종래 구권(舊券)은 물시(勿施)하여 하나도 빠트리지 않고 지계아문에 수납하게 되어있다. 관계의 발행은 매매 혹은 양여(讓與)의 경우에도 해당되며 전질(典質)의 경우에도 관의 허가를 받도록 하고 있다.[92] 이것은 국가가 모든 부동산의 소유권의 등록과 이전 및 관련사항을 통제하도록 하는 강제규정을 발효시키고 있는 것이다.

마침내 1903년말 지계아문에서 관계발급을 시작했을 때 내수사는 한편으로 자신의 전답양안을 근거로 하고, 다른 한편으로는 양지아문에서 작성한 양지양안상의 근거로 하여 양면적으로 자신의 토지를 주장하였을 것으로 생각된다. 이러한 적극적인 토지 소유권 주장의 결과는 예외없이 자신의 토지를 국가적 차원에서 명실공히 인정받았던 것이었다.

2) 지계아문의 양전·지계사업의 갈등과 위기

한편 지계아문의 양전·지계사업은 1902, 03년 2개년간 전국각지에 걸쳐 94개 군의 양전을 마치고 종전 양지아문에서 양전을 시행한 지역까지 합하면 218개 군에 이를 정도였다. 이에 따라 강원도 전체에 관계가 발행되었으며 1903년 11월 12일부터는 충청남도의 38개 군에서 모두 양전사업을 마치게 되어 직산을 비롯하여 정산 등 여러 지역에서 관계를 발행하게 되었다. 그렇지만 지계발급의 강제적인 실시는 1904년 2월 충청남도 정산군의 지계실시에 반발하여 정산군민들이 폭동을 일으키기도 하였다.[93] 정산군민은 2월 26일부터 폭동을 일으켜 지계감리를 축출하고 지계문서를 소각하였다.[94]

---

92) 「전답산림천택가사관계세칙」 1, 2, 3항 참조.
93) 趙東杰, 1981, 「지계사업에 대한 정산의 농민항요」 『사학연구』 331, 38~45쪽.
94) 『정산군민요사사안(定山郡民擾事查案)』(규 21405) 1904년 3월 24일 사관 천안군수

또한 1903년 9월 울진군 농민들도 역시 같은 문제로 관계발급을 실시하자마자 해당 관청을 습격하기도 하였다. 당시 울진민란을 조사한 평해군수 장영환(張永煥)은 이 사건의 원인을 울진군수 허후(許逅)의 잘못된 행정으로 돌렸다.[95] 그러나 보다 큰 현안은 지계아문의 양전사업이었다. 울진군수인 허후가 강원도 지계감리를 겸임하고 있었고, 강원도에서 울진군이 최초 대상지역이었지만, 막상 양전과정의 공평성 문제로 인한 것이었다. 양전과정에서 토지의 비옥도를 고려하지 않고 결수를 많이 잡으려고 등급을 높이고 결부를 배가했다는 것이다.

그러나 1904년에 이르러 지계아문에서 담당한 양전·지계사업은 커다란 변동을 보이고 있었다. 1904년 1월 8일에 국왕은 그 동안 단행한 개혁사업에 회의를 피력하고 인재의 등용과 한만관사(閒漫官司)의 혁거(革去)를 명하였다. 이러한 조칙에 따라 1월 11일에 의정부에서는 전격적으로 지계아문을 폐지하여 탁지부에 속하게 하는 결정을 내렸다.[96] 당시 지계아문 총재관인 이용익(李容翊)조차 해당 아문이 설립한 지 오래되고 사무가 많으며 양전과 관계 발행이 이미 거액을 들였는데, 해당 사무를 정지할 수 없다는 반대의견을 표명할 정도였다.[97]

그러한 지계아문의 폐지 이후에도 관계발급이 계속해서 진행되고 있었다. 그렇지만 각 지역에서 관계발급을 둘러싼 마찰이 나타났다. 민란에까지 이르게 된 사례로 충청남도 정산군의 지계 실시를 들 수 있다.[98] 정산군은 1904년 2월 6일(음력 12월 21일)에 지계감리의 사무소를 순교청에

김용래 보고 참조.

95) 『사법품보』(을)(규 17279) 36, 법부편, 52책, 「보고서 제69호」(1902년 12월 2일) ; 『황성신문』 1246호, 잡보 「울군민요(蔚郡民擾)」 1902년 12월 9일, 7-204면 기사 참조.

96) 논의과정에 대해서는 『주본(奏本) 3』에서 빠져 있어 의정부에서 실제 여러 대신들이 충분히 논의한 것인지 의심스럽다. 왜냐하면 이런 기록이 누락된 것은 통상적인 기록 형태에서 벗어나 있기 때문이다.

97) 『조회(照會)』 二(규 17823 8-3) 참조

98) 趙東杰, 1981, 앞의 논문, 38~45쪽 참조.

두고 다음날로부터 지계를 실시하려고 했다. '同日에 自本郡으로 持舊劵來符契所ᄒ야 成出新劵에 卽納契金之意'로 각 면에 고시를 한 후, 지계위원과 파원을 보내 독촉하였다. 그러나 정산군민은 지계를 대군(大郡) 공주와 같이 대군에서 먼저 실시하지 않고 정산과 같은 소군(小郡)에서 먼저 실시하는 것을 의심하였던 것이었다. 또한 1904년 음력 정월 초에 서울 사람들로부터 '이지계혁파사(以地契革罷事)'로 소문을 듣고 있었던 터라 쉽게 협조하지 않고 있었다. 더욱이 목면, 장면, 청면 등의 이장을 붙잡아 다시 태형을 가하는 등으로 인하여 지역민의 반발을 크게 사게 되었고 이에 정산군민은 2월 26일부터 폭동을 일으켜 지계감리를 축출하고 지계문서를 소각하였다.[99]

이렇게 민란에까지 이른 원인은 기본적으로 전답 관계의 발행을 강압적으로 시행하려고 한 데서 발생한 것이었다. 그만큼 전답 관계의 발행은 이전 모든 구권(舊劵), 즉 매매문기를 모두 거둬들이고 새로이 국가가 공인하는 계권(契劵)을 일체 발급한다는 것이었다. 여기에서 중요한 점은 종래 민간에서 사사로이 행사되는 소유권의 이전, 즉 매매문권에 의한 관행을 일거에 폐지하고 있다는 것이다. 즉 관계와 교환되는 시점이후로는 일체의 구권(舊劵)은 폐지되고 효력을 상실하게 되고 이제 민간에서는 매매문기를 사용하지 않게 되어 문권은 영원히 사라지게 되는 결과를 초래하게 될 것이었다.

이후에도 지계발급과정에서의 후유증은 계속되었지만, 마침내 대한제국 정부는 지계사업의 방침을 바꿨다. 탁지부에 그해 4월 새로운 양전기구를 설립하였다.[100] 칙령 11호 「탁지부 양지국(量地局) 관제」가 제정되었

---

99) '燒毁地劵事ᄂ 派員食主人處留置者롤 民人等이 追往燒之이오며 巡校廳裂破踐踏地契劵은 收拾束置於該廳廳上而 混雜泥土에 無一片完全이올고 量冊 五劵 契劵 四十五劵은 追後各面收入者而皆是完全이온되 留置於吏廳이오며'라고 하여 계권을 다시 수습하여 계속해서 지계발급을 하려고 했다(규 21405 『정산군민요사사안(定山郡民擾事査案)』 1904년(광무 8) 3월 24일 사관 천안군수 김용래 보고 참조).

다.101) 관제 규정사에서는 종래 지계아문이 담당한 양전과 지계발행이라는 측면 가운데 지계발행이 규정에서 제외되었다.102) 또한 각 지방에 파견할 직원으로 양지감독, 양지감리, 양지위원이 설정되었지만, 그들의 임무는 토지 측량을 의미하는 행량(行量)과 관계 발급을 의미하는 발계(發契)라는 2가지 측면 중에서 후자를 배제하고 행량으로만 한정되었다.

당시 일본은 러일전쟁 발발 이후 대한제국을 강제 점령한 상태였다. 일본은 또한 외국인의 토지소유를 금지시키려는 대한제국의 정책에 반대하여 자신의 의도대로 금융자본에 의거하여 농업이민과 토지침탈을 관철시키려는 방침을 세우고 압력을 가했던 것으로 보인다. 이렇게 하여 지계아문이 주관한 지계사업은 중단되었으며 단지 측량의 임무만 탁지부 양지국으로 인계되었다. 이제 양지국은 단지 측량을 담당하는 기관으로, 사실상 그동안 실시된 양전·지계사업을 마감하고 정리하는 기관으로서, 그 기능이 축소되고 말았다.

---

100) 1904년 1월 17일에는 지계아문 지계국장 김영한(金榮漢)의 명의로, 연빙계약서(延聘契約書)를 작성하고 있는데, 그 내용은 "日本人 野津鎭武 少佐를 地契衙門 地契局 監督으로 雇聘하는" 증서로서 고빙기간은 3개년으로 정하였다. 또한 1904년 1월 29일에는 스즈키 슌겐(鈴木順見)을 지계아문 감독의 보좌원으로 고빙하는 계약을 맺고 있었다(『주한일본공사관기록』 23권 번호 135-140 「野津鎭武少佐 韓廷에 雇聘의 件」 등 참조).

101) 「탁지부에 양지국을 령신하는 청의서」 제5호(1904년 3월 2일).

102) 제1조 양지국이 담당한 사무가 '國內土地測量에 關한 事項과 田畓家舍山林川澤(공란으로 비어있음)에 關한 事項'으로 규정하여 두 가지 업무가 실제 같은 말이므로 후자는 불필요한 언급으로 남게 되었다. 원안에서 '관계발행(官契發行)'이라는 부분이 빠졌다. 제 5조의 모든 조항이 생략되고 이 후의 조항이 하나씩 앞으로 당겨져 설정되었는데, 생략된 내용은, "'第五條 契務課에서는 左開事務를 掌할 事 一 田畓山林川澤家舍 官契發行에 關한 事項 二 官契의 印刷 編纂 調査及 出納 保管에 關한 事項'이었다.

10장 대한제국의 공·사토(公·私土) 구분과 토지주권 강화

1. 공토(公土)와 사토(私土)의 구분과 관리 강화

1) 대한제국의 공토 통제 강화와 토지 분쟁

대한제국기에 들어와서 본격적으로 발생한 공토와 사토의 토지 분쟁에 대한 사례는 각종 청원서와 재판관계 기록에서 찾아볼 수 있다. 그 중에서 각궁과 각둔토에 대한 소유권 분쟁의 사례에서 확인할 수 있다.

우선 대한제국기 공토의 규정과 구분은 이미 1894년 갑오개혁시 추진된 갑오승총(甲午陞摠)에서 비롯되고 있었다. 갑오승총은 1894년 8월 군국기무처에서 의결한 의안을 통해 공포되었다. 이에 따라 종전 각 궁의 소유토지는 그대로 유지되면서 새로 지세만을 부과하였으며, 각 역토와 둔토의 경우에도 지세를 내는 부담자를 작인이 내도록 하였다. 종래 각 궁이나 역둔토에서 걷었던 지세 징수권이 변경되어 전국 토지에 대한 국가의 수세권이 일률적으로 적용된 것이었다. 그런데 이전의 결세에는 부세(賦稅)와 지세(地稅)를 겸하고 있었으므로 부세(賦稅)의 부담자를 어떻게 하느냐가 관건이었다. 이때는 국유의 토지 주체에 대한 지세 부과가 명확하게 규정하지 못했으므로 이른바 유토(有土)에서는 작인이 지대와 지세를 부담하는 것으로 되었다.

그런데 종래 국유지로서 규정된 다양한 토지는 국세만을 부담하는 무토와 결세와 도전(賭錢)을 납부하는 유토로 구분될 수 있었기 때문에 일차적인 구분이 가해졌다.[103] 여기서 각 궁의 재산으로 매입한 토지인 유토에 대해서는 별 분쟁이 일어나지 않지만, 제2종 유토라고 하여 관이 민유지의 세금을 받아주는 경우, 그리고 무토면세결로 3~4년으로 토지를 바꾸어 부과한다든지 각궁에서 직접 징수하거나 각읍에서 대신 징수하는 경우 등이 적용되었다.[104] 특히 절수사여지의 경우 소작료를 조200두를 내는 것도 있지만 조100두형으로 민전의 결세와 비슷한 수준으로 부담하는 경우가 많았다. 이에 이른바 하나의 토지에 2가지 부담을 한다는 일토양세 (一土兩稅)는 당시 각 지역에서 여러 가지 유래를 가졌던 다양한 토지에 대해 일률적으로 적용되었기 때문에 많은 문제를 야기시켰다. 결국 개간이나 매득 등으로 민유지의 경우 여러 사정에 의해 궁방과 둔토로 편입되고 종래 도세(賭稅)가 아닌 결세를 부담해 왔으나 갑오승총 이후 궁방의 소유지로 편성되어 도세와 지세를 동시에 부담하게 된 것이었다.

이후 1895년 갑오개혁 정권은 을미사판을 통해 역둔토의 관리를 강화하였다. 조사대상 토지는 각 역 전담 결부와 승총한 결수, 은결토지, 진전 환간 토지 등 여러 토지에 대한 관리를 강화하여 작인과 정액도전제 등을 마련하였다. 당시 토지조사의 근거 장부는 양안과 매매문기 등이었는데, 이를 통해 민유지와 관유지를 구분하여 판정하였다. 이러한 조치는 대한제국 시기에 들어와 제2종 유토를 대부분 관유지로 편입시키는 공토화

---

103) 『결호화법세칙』 참조.
104) 『결호화법세칙』의 각종 토지 규정에서 가장 문제가 되었던 것은 절수사여지는 매득과 같은 형태의 제1종 유토로도 분류될 수 있으나 징세만 하는 제2종 유토와 가까운 성격이었으므로 분쟁의 소지가 많다고 지적되고 있다(이영호, 2010, 「한말~일제초 근대적 토지소유권의 확정과 국유·민유의 분기」, 『역사와 현실』 77, 285~302 쪽 ; 최원규, 2012, 「한말 일제초기 공토정책과 국유 민유 분쟁」, 『한국민족문화』 45, 133~138쪽 참조).

정책을 추진하였다.

당시 내장원(內藏院)이 공토를 명분으로 하여 관유지로 편성하고 결세와 도조를 책정하고 작인들을 강제해 나갔다. 이에 대해 민인들은 본래 사토(私土)라고 주장하며 결세와 도조의 부담을 거부해 나갔다. 다양한 분쟁사례 중에서 수원군의 홍원목장(洪原牧場)과 양성군의 괴태(槐台)목장의 경우 해당 목장의 민인들은 원래 둔토가 아니라 민결을 사복시에 떼 준 것으로 양안과 탁지부 장부에 나와 있다고 주장하면서 사답(私畓)을 인정해 줄 것을 요구하였다.[105] 이 목장에서는 1894년 목관(牧官)이 폐지된 이후 면부출세(免賦出稅)하여 지세만 부과하였는데, 1896년 이후 궁내부에서 이를 둔토라고 하여 결당 60량 중에서 반반씩 궁내부와 탁지부에 납부하라고 하였고, 1900년에 이르러서는 결당 100량으로 높여 징수하였던 것이다. 그렇지만 내장원에서는 원래 목장토로서 확정하고 도세를 내도록 조치하였다.

또 다른 사례로는 양지군 총융영둔의 경우를 들 수 있다. 이곳에서도 원래 총융영(總戎營)의 둔전은 민결 중에서 획급된 것으로 명목상 무토이고 실제상 사토였다고 하면서 1894년 민결로 상납해 왔는데, 1899년 가을 사검위원이 내려와 무토둔을 모두 유토둔으로 규정하여 둔전의 도세를 책정하였다고 비판하였다.[106] 이들 둔전의 민인들은 민결의 예로 적용해 줄 것을 요청한 것이었다. 이에 내장원의 입장은 단호하게 원래 둔토이므로 사전으로 환원시킬 수 없다는 것이었다.

이러한 분쟁사례에 대한 정부나 내장원의 입장은 일반적으로 공토와 사토의 구별은 둔토의 경우 공토로서 도세를 납부하는 것과 사토로서 민결례에 따라 지세를 부과하는 것으로 나누고 있었다.[107] 문제는 1899년

---

105) 『경기도각군소장』 1책, 문서 7, 「수원군 홍원목급양성군괴태목장대소민인등등소」 (1900년 1월).
106) 『경기도각군소장』 1책, 문서 84, 「양지군총융영민등증장」(1900년 1월).

문제는 1899년

이나 1900년에 공토를 추세하는 것을 강화하는 경향에 따라 종래 가볍게 결당 30량 정도의 도세를 거두었던 것은 그보다 많이 원래 정도(定賭)로 부과하게 된 것이었다.

각종 궁방전, 둔토에서 사토로 환원시켜달라는 요청은 전국 각지에서 쇄도하고 있었지만, 정부와 내장원은 이미 공토(公土)로서 사검을 거쳤으므로 더 이상 번거롭게 소를 하지 말라는 입장이었다. 심지어 수백년 동안 번갈아 매매하여온 민유의 토지에 대해서도 마찬가지로 한번 공토로 판정된 이상 명목을 바꿀 수는 없다는 입장이었다. 다만 최근에 매입하거나 공토로 편입된 토지에 대해서는 좀 더 신중하게 대처할 수밖에 없었다. 예컨대 한성부 남서 지방둔 지미천동의 산기슭에 있는 땅을 인천의 이진사로부터 매입하여 개간한 땅인데, 1900년 가을 빙고전(氷庫田)에 혼입되었다는 청원에 대해서 토지의 근거가 되는 양안의 수록 여부를 조사할 것을 명령하기도 하였다.[108] 그렇지만 양안상에 궁방토이나 둔토로 기재되어 있다면 역시 예외 없이 관유의 토지로 판정하고 있었다.

공·사토의 분쟁은 각지에서 규모에 상관없이 다양한 계통에서 제기되고 있었다. 경기도 수원군 오타면(五朶面)의 경우 여주에 사는 조조이[趙召史]는 1900년에 파감의 잘못으로 자신의 사토(私土) 6석 7두락이 공토로 편입되었다고 해서 청원서를 올렸다.[109] 충청남도 아산 직산 지역의 민인들은 원래 성균관에 절수되어 관위결로서 응세해 왔는데, 1892년 윤6월 판서 김종한이 민결로 돌리라는 명을 받아 호조로 승총되었다가 1899년 둔토사검시 관유지로 편입되었다. 이에 호조의 양안과 성균관의 문적 및 양군의 양안을 증거로 내세웠지만, 내장원은 사검정도로 판정되었으니 도세를

---

107) 『경기도각군소장』 2책, 문서 3, 「경기도양지군각면거민 청원인 이원백 등」(1900년 8월).

108) 『경기도각군소장』 5책, 문서 10, 「남서둔지방둔지미천동거 농민 김치범 청원서」 (1901년 5월).

109) 『경기도각군소장』 5책, 문서 54, 「청원서, 청원인 조소사」(1901년 6월).

내라고 명령하였다.[110] 전라북도 남원군 전참봉 안시택(安時澤) 등 청원인은 선장노(先長老)가 출자하여 매득한 답 60석락을 1887년 어사가 공토(公土)라 하여 늑탈하고 방매한다고 하여 간신히 1만 60량으로 다시 매입하였는데, 1900년에 내장원에서 다시 집도(執賭)하여 250석으로 도세를 정하고 매년 받아갔는데, 이제 1905년 9월 해당 민인들이 환급해 달라고 청원한 경우도 있었다.[111] 물론 이 경우도 공토로서 사집하였다고 하면서 사토로서 환급을 거부하였다.

이렇게 내장원 등이 강압적으로 조처를 취하면서 각지에서 물리적인 충돌도 일어났다. 경상남도 김해 지역 낙동강 하류에 있는 훈련둔은 매결두에 8량식 결세를 내왔는데, 이것이 갑오승총 이후 80량이 되고, 이후 봉세관인 공사의 구분을 알지 못하고 둔전 명색만 보고 도조를 억지로 부과하였다. 그러자 1897년과 1898년 2년 동안 궁내부에 청원하여 시정하라는 다짐을 받았고, 1899년에 사검위원이 둔토 사검책자에서 사토와 혼록하여 도조를 받자 청원인들은 내부에 소장을 올리고 조사관으로 거제군수가 조사하게 되자 각 면의 주민들은 둔토에 기주성명이 있어 사토로서 주장하였다. 또한 이에 연관되어 청원운동을 전개한 주민들은 감옥에 갇힌 3명을 풀어달라고 소장을 올리기도 하였다. 이에 대해서 궁내부는 사토가 아닌 공토라고 판정하는 것으로 결론을 내렸다. 그렇지만, 이곳과 같이 수년간에 걸쳐 관련자들이 여러 차례 청원과 진정을 내는 경우가 많았다.

이 시기 대한제국 정부의 정책은 가능한한 공토를 많이 추쇄해 내고 도세를 강화하는 경향을 보이고 있었다. 각종 궁장토나 목장토, 역둔토

---

110) 『충청남북도각군소장』 1책, 문서 7, 「호소장, 충청남도아산직산양읍대소민인등」 (1899년 12월).
111) 『전라남북도각군소장』 6책, 문서 22, 「전라북도남원군청원인전참봉안시택 등」 (1905년 9월 5일).

등에서 종래의 소유자들이 중답주로 편입되기도 하여 소작 농민들은 도조를 이중으로 내거나 아니면 일토양세로 고통을 당했다. 원래 지주에게 과중한 도조를 바치고 다시 결세를 납부해야 하는 수탈 현상이 비일비재하였다. 각 지역의 농민들은 도세의 과중 부과에 반대하는 항조투쟁, 경작권의 이작에 반대하는 경작권 확보, 또한 지역민들이 집단적으로 청원운동을 벌이기도 하였다. 심지어 1898년 12월말에 일어난 전라북도 일원의 농민반란에서 제기된 바와 같이 집단적인 무력항쟁이 동원되기도 하였다.

홍덕, 고부, 무장 지역을 중심으로 하는 농민들은 1898년 12월 28일부터 30일까지 해당 군수의 부정행위를 시정한다는 명분으로 무력봉기를 일으켰다. 이어 다음해 봄에 전북 일대 고질적인 문제였던 균전문제를 중심으로 하여 문제가 더욱 확대되었다.[112] 이 지역 일대의 토지문제가 다름아닌 1891년 전주 토호 김창석이 주도한 균전수도문제였다. 이러한 홍덕 지역 민란의 원인은 당시 고부 등지에서 민전이 궁장에 침탈을 당하고 도조를 받았기 때문이라고 파악하고 있었다.[113] 이는 1894년 농민전쟁에서도 이 지역의 현안으로 제기되었을 뿐만 아니라 1899년에 이르기까지도 여전히 지속되었던 문제였다. 이들의 농민항쟁은 곧이어 전주 광주 등지의 지방대에 의해 바로 진압되었으며, 농민들의 요구도 무산되고 말았다.[114] 따라서 이 지역에 대한 궁장토의 장토경영은 그대로 유지되었고, 일부 지역의 둔토에서는 결세와 도세가 첩징되어 과중한 부과가

---

112) 김도형, 1983, 「대한제국의 개혁사업과 농민층 동향」, 『한국사연구』 41 ; 오세창, 1988, 「영학당연구」 『계촌민병하교수정년기념사학논총』 참조.

113) 김윤식, 『속음청사』 상, 1899년 6월 13일, 24일조.

114) 홍덕 일대 명례궁장토와 전북 9개 군의 균전 문제는 1907년 일본이 제실유 및 국유재산을 정리하기 위한 재산조사국을 설치하고 정리하는 과정에서 해소되었다. 홍덕 일대 명례궁장토에 대해서는 청원의 접수와 실지조사를 진행시켜 1908년 6월 명례궁에 의해 탈입된 토지라고 판정하고 1910년 6월 원래 민전의 소유자에게 모두 환급해 주었다(규 21701, 『참고서철』 「탈입심리사건증거조」 참조).

이루어졌다.[115]

대한제국시기 양전과 지계사업, 그리고 내장원의 사검사업은 당시 공토와 사토로 구분하고자 하는 정부의 방침대로 각 지역의 관유지 성격의 토지를 공토로 편입시켜 관유지의 관리 강화를 도모한 것이었다. 이 과정에서 종래 양안상 궁방이나 둔토, 역토 등으로 표기된 해당 토지는 예외없이 공토로 편입되어 결세와 도세를 부담하게 되었다. 그렇지만 이러한 조처는 조선후기 이래 연유가 복잡한 종래의 토지들을 갑오승총이후 단순화하는 과정이었고, 더욱이 광무사검을 통해 기존의 관유지 관리에 그치지 않고 도서지역, 개간, 제언 등을 공토로 편입하는 국가의 토지관리를 강화하는 결과를 낳았다.

2) 양전·지계사업의 공토 기록 방식과 변화

1899년 5월부터 양지아문은 전국 각지에서 토지조사를 수행하였다. 이때 현지 양전측량과정에서 구체적인 토지의 지목, 지모, 면적, 소유자 및 작인에 대한 조사를 수행했는데, 여기서 토지소유자에 대한 기록 방식이 종전의 양전조사와는 달랐다. 이는 1899년 양지아문에서 공포한 양전조례(量田條例)에서 규정되었듯이 토지소유자를 '시주(時主)'로서 규정한 것이었다.

이 시주란 현실의 토지소유자를 지칭하는 것으로 생각되는데, 실제 조사과정에서는 소유자가 자주 바뀌므로 명확하게 토지소유권을 가진 사람으로써 조사하지 못하는 한계를 가지고 있었다. 대한제국시기에 작성된 광무양안(光武量案)에서는 일반적인 사적 소유지와 국가와 관련된 토지를 구분하여 기록해 두고 있었다.

---

115) 왕현종, 1991, 「19세기말 호남지역 지주제의 확대와 토지문제」 『1894년 농민전쟁연구(1)』 참조.

우선 경기도 지역 광무양안의 토지소유주 표기 방식을 일별하여 검토해
보자.

<표 11> 경기도 지역 광무양안의 관유지 표기 방식

순서	지역명	면명	양전시행일	내용
1	수원	북부면 (상)	1900.2.7.~.	국유지 응탈로 표시, 시작 표기, (수성둔은 전주 아래 기록함)
2	용인	읍치면	*	관둔전 시주 표시 생략(기곡면 일부 전주 아래 구흥역 등 표시)
3	광주	문외동	1900.6.24.~7.27	
4	과천	군내면	1900.8.22	관둔전 시주표시 생략
5	안산	군내면	1900.10	관둔전 시주표시 생략
6	죽산	군내면	1900.10.2.~	관둔전 시주표시 생략
7	여주	주내면(상)	1900.11.6.~	**
8	안성	읍동면(상)	1901.2.27.(4.15.~5.1)	관둔전 시주표시 생략
9	양지	읍내면(상)	1901.3.17.(5.5.~5.14)	관둔전 시주표시 생략
10	양성	읍내면	1901.3.28.~(5.5~5.14)	관둔전 시주표시 생략
11	진위	군내면	1901.4.16.~(6.2~6.19)	관둔전 시주표시 생략
12	이천	읍면(상)	1901.9.29.~	관둔전 시주표시 생략
13	음죽	군내면	1901.	관둔전 시주표시 생략
14	수원	북부면(재양전)	1903.11.	민전 시작 생략
15	용인	읍치면(재양전)	1903.11	관둔전 시주 표시 생략

위의 표에서는 우선 경기도 각 지역 양안을 처음으로 양전이 시행된
군이하 면지역의 실시 일시를 중심으로 하여 각 군의 양전시행 순서를
표기하였다.[116] 경기도에서는 처음으로 1900년 2월부터 수원과 용인에

---

116) 경기도 광무양안 중에서 규장각한국학연구원에 소장된 양안은 다음과 같다.『경기
수원군 북부면 양안』(규 17651, 73-69책),『경기 용인군 읍치면 양안』(규 17645,
29-1책),『경기 광주군 문외동 양안』(규 17641, 70-1책, 70-46,47책),『경기 과천군
군내면 양안』(규 17655, 14-9,10책),『경기 안산군 군내면 양안』(규 17654, 15-1,2책),
『경기 죽산군 군내면 양안』(규 17656, 26-26책),『경기 여주군 주내면 양안』(규
17644, 41-6,7책),『경기 안성군 읍동면 양안』(규 17647, 30-19,20책, 규 17646,
24-1책),『경기 양지군 읍내면 양안』(규 17658, 16-9,10책, 규 17657, 11-1책),『경기
양성군 읍내면 양안』(규 17653, 28-28책, 규 17652, 18-1책),『경기 진위군 군내면

서 시작된 양전은 이후 광주, 과천, 안산, 죽산 등지로 이어져 1900년말까지 이어졌다. 또한 1901년에는 안성, 양지, 양성, 진위, 이천, 음죽 등지로 확대되었으나 1902년부터 경기도 수원과 용인에서는 양전 결과에 대한 불신과 불만이 쏟아져 1903년 11월 해당 지역에 대한 재양전이 실시되었다.

수원과 용인 양안에는 전답주, 작인으로 표기하고 있었다. 이러한 표기는 이내 양전조례에서 규정된 시주와 시작으로 일률적으로 바뀌었다. 그런데 일부 양안에서 시주라는 표기를 특정하지 않은 채 관둔전이나 궁방전의 경우에는 시주를 생략하고 바로 해당 둔전의 이름을 표시하는 경우가 보였다. 이러한 경향은 위의 표에서 다수 내용 비교에서 확인되듯이 경기도 양전 여러 지역에서 확인되고 있다. 이렇게 시주 규정에서 관둔전 등을 배제한 것의 의미는 구체적으로 규명된 바는 없다. 그렇지만 일반적으로 모든 토지에 적용되는 '시주'라는 규정 이외에 국가가 관리하는 토지를 제외한다는 의식은 작용되지 않았나 한다.[117]

이러한 측면을 확인하기 위한 사례로는 수원군의 경우 지계아문에서 재차 양전을 한 지계아문의 양안과 이전 양지아문의 양안과 비교해 보는 것이 필요하다. 우선 수원군 관공서를 비롯한 관아의 현황을 보면 〈표 12〉와 같다.

수원군 관아를 비롯하여 경기관찰부, 도창, 본부, 세무청, 화령전, 강무당,

양안』(규 17649, 21-8책, 규 17648, 13-1책),『경기 이천군 읍면 양안』(규 17643, 29-18,19책),『경기 음죽군 군내면 양안』(규 17659, 17-11책),『경기 수원군 북부면 양안』(규 17650, 66-32책),『경기 용인군 읍치면 양안』(규 17644, 27-4책). * 표시는 양전일자가 적혀 있는 않은 경우, ** 양전일자 여주 소개 면 청자 1번로 대치한 경우이다.

117) 물론 양지아문의 토지조사 이후 재정리된 정서책 양안에서는 일률적으로 '시주'라는 표기아래 관둔전이나 궁방전을 표기하고 있다. 이로써 시주가 일반적인 토지소유주를 가리키는 것은 분명하나 국가가 관리하고 있는 토지라는 의미를 따로 구분해 두려는 의도는 여전히 있었다고 생각한다.

<표 12> 수원군 북부·남부면 지계양안의 관공서 현황

번호	자료명 (권)	면수	동명	자호	지번	등급	열좌	실적	결수	실적2	소유자명
1	북부(상)	2	신풍	天	1	1	1	2145	215	2시1각경	관우(館宇)
2	북부(상)	2	신풍	天	2	1	2	20919	2091	5일7각경	관찰부(觀察府)
3	북부(상)	3	신풍	天	7	1	1	2025	203	2시경	도창(都倉)
4	북부(상)	3	신풍	天	8	1	1	5015	502	1일1시경	본부(本府)
5	북부(상)	3	신풍	天	11	1	1	400	40	3각경	세무청(稅務廳)
6	북부(상)	7	신풍	天	44	1	1	6800	680	1일2시7각경	화령전(華寧殿)
7	북부(상)	8	신풍	天	51	1	1	840	84	7각경	수성고(修城庫)
8	북부(상)	9	신풍	地	1	1	2	25500	2550	6일1시4각경	강무당(講武堂)
9	북부(상)	10	신풍	地	9	1	1	1050	105	1시경	수문청(守門廳)
10	북부(상)	24	군기	玄	75	1	1	3060	306	3시경	이창(二倉)
11	북부(상)	27	군기	黃	6	2	1	400	34	3각경	수문청(守門廳)
12	북부(상)	40	장안	宇	7	1	1	4980	498	1일8각경	일창(一倉)
13	북부(상)	44	장안	宇	34	1	1	552	55	4각경	감옥서(監獄署)
14	북부(상)	45	보시	宇	48	2	3	3240	275	3시2각경	병영(兵營)
15	북부(상)	50	보시	宇	83	2	1	190	16	2각경	영포(營庖)
16	북부(상)	50	보시	宇	85	2	1	400	34	4각경	관포(官庖)
17	북부(상)	57	보시	宇	143	3	1	150	11	1각경	수문청(守門廳)
18	북부(하)	99		罔	42	2	1	3136	267	3시경	찰방진역(蔡訪鎭驛)
19	남부(상)	13	남수	薑	21	1	1	1387	139	1시3각경	옥(獄)
20	남부(상)	25	남수	薑	117	2	1	81	8	1각경	종각(鍾閣)
21	남부(상)	25	남창	薑	119	2	1	580	58	5각경	우체사(郵遞司)
22	남부(상)	48	남창	海	139	2	1	42	4	1각경	수문청(守門廳)

감옥서, 병영, 수문청, 찰방역진, 옥, 종각, 우체사 등의 관청이 있었다. 또한 수원 화성을 관리하는 수성고, 영포, 관포 등 관둔전이 있었다. 관공서의 부지 총 면적은 8만 4707척으로 9.2정보가 되는 넓은 면적이었고, 결부로도 8결 30부 2속에 달하였지만, 이들 토지는 국유지인 관계로 모두 결세 부과에서 면제되었다.

또한 수원지역에 위치한 각종 둔전과 궁방전은 다음과 같았는데, 양지아문과 지계아문의 양안에서는 토지소유주의 각기 기록 방식에 차이가 있었다.

<表 13> 수원군 양지양안과 지계양안의 관둔전·궁방전 기록방식 변화

	명칭	필지수 (A)	양지양안 사례		지계양안 사례	
1	수성둔(修城屯)	430	宇 17	전주 수성둔 작인 신기연	宙 177	수성둔 작 박경삼
2	누동궁(樓洞宮)	138	鹹 81	전주 누동궁 작인 강진영	鹹 81	누동궁 작 강진영
3	선희궁(宣禧宮)	118	奈 34	답주 선희궁 작인 윤원석	淡 21	선희궁 작 윤원석
4	영화마위(迎華馬位)	82	龍 3 內分	답주 영화역 작인 김덕화	乃 內分	영화역 작 이화실
5	관둔(官屯)	18	發 61	답주 관둔 작인 강보연	通 11	관둔 작 강보연
6	교위(校位)	62	來 6	답주 교위답 작인 박아지	往 43	교위 작 박아지
7	지고둔(紙庫屯)	26	水 13	답주 지고답 작인 장계천	巨 37	지고둔 작 장계천
8	명례궁(明禮宮)	8	潘 37	답주 명례궁 작인 이성오	始 2	명례궁 작 이성오
9	고마둔(雇馬屯)	5	藏 17	답주 고마답 작인 이호경	歲 4	고마둔 작 이호경
10	양향둔(糧餉屯)	2	帝 4	전주 양향둔 작인 오문중, 이순경	裳 2	양향둔 작 엄춘보
	합계	889				

위의 표에서 보이는 것처럼 수원군 북부 및 남부면 양안에서 나타난 관둔전 및 궁방전은 대개 10종류였다. 수성둔, 영화마위, 관둔, 지고둔, 고마둔, 양향둔, 교위 등 둔전계통과 누동궁, 선희궁, 명례궁 등 궁방전 계통으로 나누어 볼 수 있다. 우선 수성둔은 수원군에서 대표적인 둔전으로 정조의 화성건설과 밀접하게 관련되어 있는 것으로 1900년 양전 당시에는 무려 430개 필지가 속해 있었다. 이는 물론 수성둔이 대거 차지하고 있는 일용(日用)면과 형석(荊石)면 일대를 포함한 지역이 아니어서 대규모의 필지는 아니었으나 전체 필지 4,810필지 중에서 약 10%를 차지하고 있었다.

이들 수성둔의 표기는 1900년 2월부터 시행된 양지아문 단계의 양안에서 는 모두 전주나 답주 밑에 수성둔으로 표시하였다. 그렇지만 1903년 11월경 에 시행된 지계아문 단계의 양안에서는 소유주란에 수성둔 표시 위의 전주, 답주가 생략되고 바로 수성둔으로 표기되었다. 당시 지계양안에서 토지소유주란에는 사적 토지소유주인 경우에는 예외 없이 시주(時主)라고 표기된 데에 비하여 공토(公土)의 경우에는 시주의 표시 자체를 생략하고 있는 것이었다. 이러한 표기방식은 영화마위, 관둔, 지고둔, 고마둔, 양향둔 등도 마찬가지였으며, 또한 누동궁, 선희궁, 명례궁 등 궁방전의 경우도 마찬가지였다. 이렇게 관둔과 역토, 궁방전의 경우에는 시주라는 표기를 하지 않았다. 이는 조사 당시의 토지소유주를 나타내는 시주가 사적 토지소유주라면 변동 가능성이 있겠지만, 위와 같은 관유지의 성격을 갖는 토지는 변동 가능성이 없다고 본 것이다.

그런데 수원군 양안에서 보이는 관유지의 성격을 갖는 토지는 전후 양전과정에서 일부 종류와 필지에서 변화를 보이고 있었다.

〈표 14〉 수원 북부 남부면 지역 관유지 현황

	명칭	양지아문 양안			지계아문 양안			증가율(%)		
		필지수(가)	실적수(나)	결부수(다)	필지수(라)	실적수(마)	결부수(바)	필지	실적	결부
1	수성둔	430	1,599,492	95,324	442	1,795,526	104,327	2.8	1n2.3	9.4
2	누동궁	138	586,380	35,450	125	528,222	36,592	-9.4	-9.9	3.2
3	선희궁	118	479,691	25,254	115	430,040	21,594	-2.5	-10.4	-14.5
4	영화마위	82	141,842	8,024	90	165,540	9,195	9.8	16.7	14.6
5	관둔	18	23,852	1,140	341	145,608	11,201	1794.4	510.5	882.5
6	교위	62	109,653	5,770	71	115,665	6,292	14.5	5.5	9.0
7	지고둔	26	32,915	1,579	24	36,655	1,459	-7.7	11.4	-7.6
8	명례궁	8	30,528	1,627	9	36,408	2,078	12.5	19.3	27.7
9	고마둔	5	16,832	944	5	21,210	1,220	0.0	26.0	29.2
10	양향둔	2	11,375	455	2	11,375	455	0.0	0.0	0.0
	합계	889	3,032,560	175,567	1224	3,286,249	194,413	37.7	8.4	10.7

위의 표는 수원군 북부·남부면 지역 관둔과 궁방 역토 등을 조사한 표이다. 양지아문시에는 수성둔의 경우 430필지였으나 지계아문 단계에서는 442필지로 소폭 늘어났다. 이에 따라 필지의 증가는 2.8%, 실적도

12.3%, 결부도 9.4% 증가하였다. 영화마위도 비슷한 양상을 보이고 있으나 관둔의 경우에는 대폭 늘어났다. 관둔전은 불과 18필지였는데, 무려 341필지로 크게 늘어난 것이었다. 필지수는 18배, 실적수도 5배, 결부수도 8.8배나 증가하였다. 반면 궁방전은 소폭의 감소를 보이고 있으며, 명례궁의 경우에는 1필지가 늘어 필지수와 실적에도 증가함을 보였다. 종합통계상으로는 관둔 및 궁방전 통계에서 필지수가 889필지에서 1,224필지이었으므로 필지 37.7%, 결부 8.4%, 결부 10.7%의 증가를 보였다.

그런데 이러한 경향은 결국 관둔전이 18필지에서 341필지로 대폭 증가한 데서 말미암은 것이었다. 그렇다면 수원군 해당 지역의 관둔이 크게 증가한 이유는 무엇일까. 실제 지계아문 당시 작성된 지계양안에 수록된 341필지의 관둔전에 대해 일부 대조하여 변동 사항을 파악해 보자.

〈표 15~16〉과 같이 양지아문 양안에서는 수원군 남부면 매향동 일대 토지 소유주의 표기가 수성둔으로부터 시작하여 민유인 대지의 주인과 가주(家主) 명이 나열되어 있다. 그렇지만 지계아문의 단계에 와서는 이들 대주, 전주, 답주 등이 공히 관둔의 소유 토지에 밑에 작인으로 표시되어 있다. 이들의 토지, 혹은 대지 등은 지계아문의 별도 조사를 통해 민유의 토지가 아니라 관둔으로 재조사되었음을 보여주고 있다.[118] 지계아문의 양전 목적에 비추어 국가의 입장에서 관둔전을 최대한 확보하고자 했던 것이라고 추측할 수 있다.

결론적으로 수원지역의 관둔전의 확대는 대부분 수성둔이나 혹은 일반 민전으로 표기되었던 대지(垈地)였다. 즉, 일반 민유 대지의 주인이 사적 토지소유주가 아니라 관둔(官屯)의 소유로 바뀐 것이었다. 이는 지계아문

---

118) 이들 민유지의 대지 등이 모두 관둔으로 표기되기는 했지만, 실제 이후 국유지로 편성된 것으로 보이지는 않는다. 일제강점기 해당 지역 지적도(『경기도 수원군 북부면 북수리 신풍리 원도』, 1915년 2월)와 토지조사부(『수원군 수원면 북수리 토지조사부』, 1911년 3월)에 의하면, 이들 토지의 대부분은 민유지로 나타난다.

<표 15> 수원군 남부면 매항동 일대 관둔전 기록 내용 변화

순서	면명	동명	자호	지번	등급	지목	실적	결수	지주	작인	양지양안과 비고
1	남부	매향	芥	19	4	전	1,064	59	관둔	임화선	夜 6 답주 수성고
2	남부	매향	芥	20	2	전	984	84	관둔	임화보	夜 7 대주 수성고
3	남부	매향	芥	21	2	전	990	84	관둔	박기준	夜 8 대주 박경성
4	남부	매향	芥	22	2	전	375	32	관둔	이순일	夜 9 대주 이순일
5	남부	매향	芥	23	2	전	858	73	관둔	안흥석	夜 10 대주 안흥교
6	남부	매향	芥	24	2	전	143	12	관둔	박귀석	夜 11 대주 박귀석
7	남부	매향	芥	25	2	전	480	41	관둔	강한규	夜 12 대주 강한규
8	남부	매향	芥	26	3	전	182	13	관둔	최성용	夜 13 전주 최성용
9	남부	매향	芥	27	3	전	152	11	관둔	박수복	夜 14 전주 박수복
10	남부	매향	芥	28	3	답	1,650	116	관둔	조보인	夜 15 답주 조보인
11	남부	매향	芥	29	2	전	656	56	관둔	김덕배	夜 16 대주 김덕배
12	남부	매향	芥	30	2	전	450	32	관둔	김희경	夜 17 전주 차경순
13	남부	매향	芥	31	3	답	900	63	관둔	조보선	夜 18 답주 최경화
14	남부	매향	芥	32	4	전	510	28	관둔	김춘산	夜 19 전주 김춘산
15	남부	매향	芥	33	2	전	800	68	관둔	김춘산	夜 20 대주 김춘산
16	남부	매향	芥	34	4	전	4,950	272	관둔	김경희	夜 21 대주 지덕길
17	남부	매향	芥	35	2	전	322	27	관둔	신덕수	夜 22 대주 고천복
18	남부	매향	芥	36	4	전	273	15	관둔	최광록	夜 23 전주 최광록
19	남부	매향	芥	37	3	답	460	32	관둔	김여일	夜 24 답주 김여일
20	남부	매향	芥	38	2	전	1,092	93	관둔	김태성	夜 25 대주 김태성

<표 16> 수원군 남부면 매항동 일대 양지양안과 지계아문의 관둔 표기 변화

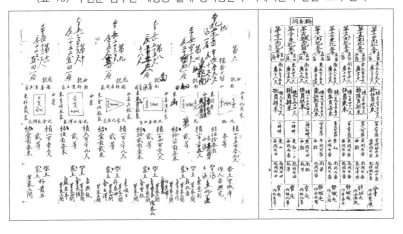

의 조사방향과도 일치하고 있다고 하겠다. 즉 지계아문의 측량 목적은 토지소유자에게 토지소유권 증서인 지계(地契), 곧 대한제국 정부에서 발행하는 전답관계(田畓官契), 혹은 가사관계(家舍官契)를 발급하는 것이기 때문에 대한제국은 국가의 토지를 가능한 한 많이 확보하고자 명확한 토지소유자에 대한 조사를 엄밀하게 확대시켰던 것이다.

이러한 조치는 지계아문의 다른 지역에서도 확인되고 있는데, 이러한 관유지 계통의 자료를 지계아문의 일반양안과 달리 '공토성책(公土成冊)'이라는 이름으로 별도로 편철해 두고 있는 경상남도 각 군 사례에서 여실하게 파악할 수 있다.

〈표 17〉 경상남도 11개 군 공토성책의 기록 내용

순서	성책 이름	책수	작성 시기	내용
1	경상남도거제군 공토성책	1책	1904년 음력 9월	경상남도 거제군 소재 공토 양안, 6개 면 등 각종 역둔토 전답총결부수 784결 32부 7속
2	경상남도고성군 공토성책	1책	1904년 음력 9월	고성군 17개 면 소재 역둔토
3	경상남도기장군 공토성책	1책	1904년 음력 9월	기장군 8개 면 소재 각 공전답 54일 1시 2각경, 1,522두 5승락, 결총은 70결 42부 4속.
4	경상남도김해군 공토성책	1책	1904년 음력 9월	김해군 15개 면 소재 각궁 둔·역·궁토 등 전답 총결부수 1,453결 95부 3속으로서 전이 5,532일 1시 7각경, 답이 12,655두 7승락.
5	경상남도동래군 공토성책	1책	1904년 10월	동래군 13개 면 등지 각종 역·둔토 총 결수 200결 11부 2속. 전이 114일 3시 1각경, 답이 4,403승락.
6	경상남도안의초 계란성공토성책	1책	1904년 음력 9월	안의·초계·단성 3군 각면 둔전 등 공토 기록 각면공토기와 각면각공토질로 나누어 기록.
7	경상남도웅천군 공토성책	1책	1904년 음력 9월	웅천군 각면의 공전은 모두 43일경이고 답은 2,871두락, 전답결총 114결 49부 6속
8	경상남도진남군 공토성책	1책	1904년 음력 9월	진남군 7개 면 역·둔·공토 전답 총결수는 356결 2속 전이 704일 5각경, 답이 5,479두 3승락.
9	경상남도진주군 공토총책	3책	1904년 10월	진주군 각면에 있는 공토 각 30개 면 역·둔토 합전 1,333일 1시 1각경(312결 67부 1속), 합답 16,372두 3승락(511결 27부 2속).
10	경상남도창원군 각면공토성책	2책	1904년 음력 9월	창원군 15개 면 공토로서 역·둔·궁장토 각종 전답 총 결수 516결 27부 9속, 전이 315일 2시경, 답이 10,520두 3승락.

| 11 | 경상남도함안군 공토성책 | 1책 | 1904년 음력 9월 | 함안군 5개 면로서 역·둔토 등 전총 일경수는 162일 1시 4각경(33결 72부 4속)이며, 답총 두락수 1,009두 2승락(42결 1부). |

이 중에서 1904년에 작성된 창원군 각 면의 공토성책에는 궁장토와 역토, 둔토 등 다양한 토지가 포함되어 있었다.[119] 공토성책에는 지역 및 각둔의 이름 아래 필지별로 자호, 지번, 전답구분, 열수(咽數) 또는 좌수(座數), 두락 또는 일경, 토지등급, 결부, 작인, 성명 순이었다. 면적 척수는 기재되지 않았지만, 두락이 표시되어 있어서 일정한 면적 척수에서 부터 계산된 객관적인 면적의 두락이 기록되어 있다.[120]

이곳 창원군의 궁장토는 용동궁을 비롯하여 명례궁, 명안궁, 내장원, 선혜궁, 선희궁 등이었으며, 역토는 자여역, 안민역, 신풍역, 근주역이었고, 둔토는 관둔 통둔(統屯), 창둔(倉屯), 사고둔(社庫屯), 훈둔(訓屯), 병둔(兵屯), 사창둔, 수어둔, 포둔 등 다양했다. 창원군에서 공토로 편성한 각종 토지 중에는 궁장토가 178결 39부 8속, 둔토가 190결 20부 4속, 역토가 147결 78부였다. 총면적은 516결 38부 2속이었다. 전체 창원군 토지 중에서 상당한 비중을 차지하고 있었음을 짐작케 한다. 이 자료는 대한제국 정부에 서 공토와 관련된 각종 지목의 토지를 일괄적으로 관리하려고 한 방침을 세우고 있었고 이러한 방침이 경상남도 각 지역에서 '공토성책(公土成冊)'의 이름으로 재편성하게 되었음을 보여준다.

---

119) 이영호, 「근대전환기 궁장토 소유권의 향방 : 경상도 창원군 용동궁전답 '영작궁둔 =조200두형'의 사례」 『한국학연구』 24집, 156쪽, 〈표 2〉 재인용 참조.
120) 『경상남도창원군각면공토성책』(규 17956), 1904년 음력 9월.

2. 대한제국의 토지 주권 확보와 잠매 대책

1) 인천 월미도 일인 잠매 사건과 처리 방침

이 시기 공토 중에서도 종래 토지가 개간되지 않고 황무지 등으로 버려진 토지에 대한 개발을 둘러싸고 치열하게 전개된 토지분쟁의 사례가 있다. 그 중의 대표적인 것이 바로 인천 월미도 개간을 둘러싼 민인과 일본인과의 분쟁사례였다.

1899년 8월 10일 인천 소속 월미도 4면에 표목을 세우고 토지를 구획한 사건이 발생했다. 장본인은 일본인 요시카와 사타로(吉川佐太郞)였다. 그는 일본과 미국, 러시아의 석탄고와 민가 53처를 제외한 공지 전부 무려 33자에 이르는 지역에 경계를 세웠다. 면적은 월미도 동서로 1,450미터, 남북으로 1천미터, 전도 주위로 3,850미터의 땅으로 되었다.[121] 이렇게 전도를 매입하는 가격으로 은 15만원을 책정하고 전도의 토지를 구매한 관계(官契) 한 장과 지계감리의 공문 한 장 해도고시 한 장 등을 교부해 달라고 청원한 것이었다. 이러한 청원은 한성부에 접수되었는데, 매주인은 김준희(金俊熙) 임원상(林元相)으로 하고, 매득인은 요시카와 사토로로 하는 토지매매문서였다. 이렇게 인천 앞바다 월미도에 외국인이 대규모의 토지를 매득한 사건은 당시 세간의 관심을 일으켰다.

---

121) "日本國人 吉川佐太郞前明文
右明文事段 切有緊用處 仁川港前面所在月尾島東西一千四百五十米突 南北一千米突
全島周回三千八百五十米突之基址 永永放賣右人處 而該全島地價 議定銀十五萬元 依數
交淸矣 而該全島地官契一張 官章程一束 仁川監理照覆公文一張 該島處告示一張 地圖
一張 一體交付 而成給此文劵爲去乎 日後若有是非之弊 則以此文劵爲憑證事.
右島地起墾人
賣主人 金俊熙
　　　林元相
證人 李聖文"(『한성부래거안』 2 참조).

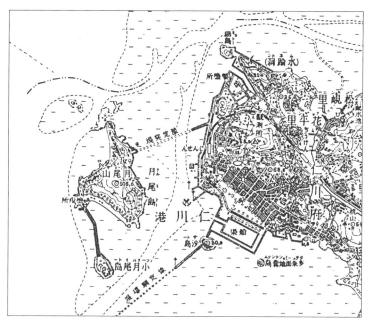

〈그림 9〉 인천과 월미도 지도(1917년 토지조사사업 시기)

사건의 발단은 1899년 음력 5월 문성진(文成鎭)이 판서 민영주(閔泳柱)의 요청으로 인천항 월미도 개척 인허를 허락받는 과정에서 나타났다. 당시 수륜원 수륜과장으로 있던 강면희(姜冕熙)는 진황처에 대한 개척 허가를 주관하였는데, 김준희, 임원상 등의 청원서에 의거하여 개척을 인허하고 주사 서상진(徐相津)을 파송하여 해당 도에 개척 사실을 알리게 하였다. 이때 중간에 연락을 맡았던 송정섭(宋廷燮)에게서 당오전 8만 9천량을 받아 5만 7천량은 수륜과장 강면희에게 주고 또 중개 역할을 맡았던 수륜원 기사 정규만(鄭圭晩)은 3만 2천량을 소모하였다. 그러던 중 일본인에게 잠매(潛賣)되는 사건이 발생한 것이었다. 원래 자금의 용도는 1만원은 개척시 소요비용이고, 6천원은 인허장 발급시 수고비였던 것인데, 이중 6천원을 송정섭에게 전송한 것이었다. 이렇게 월미도 개간을 명목으로 하여 수륜원의 허가를 받았지만, 이후 일본인에게 잠매되는 결과를 가져왔던 것이었다.

이에 대해 1900년 10월 월미도의 주민들은 일본인의 불법적인 잠매를 고발하고 철회해 줄 것을 요청하였다. 즉, 월미도(月尾島) 거민(居民) 김치삼(金致三) 등의 공소(控訴)에서 "민가를 새로 지은 자가 30여호인데 갑자기 일본인 요시카와 사타로(吉川佐太郎)가 와서 이곳이 자신의 매조지(買租地)이므로 훼거(毀去)하라고 하는데 관유지(官有地)이기에 축실완업(築室完業)한 것이므로 일인의 횡침(橫侵)을 금지시켜달라"고 요청하였다. 이에 대해 인천감리 하상기(河相驥)는 일본 영사에게 의조(擬照)하였더니 정작 일본 영사는 "섬에서 일·로·미(日·露·米) 석탄고(石炭庫) 및 인가 53호 부지를 제외하고는 요시카와(吉川佐太郎)의 소유임을 서로 인정하지 않았느냐"고 반문하였다. 그렇지만 인천감리는 "요시카와가 가지고 있는 수륜과(水輪課) 문빙(文憑)에 정세(定稅)를 준허(准許)한다고 되어 있지 매도(賣渡)라는 말은 없을 뿐더러 인천감리를 통하지 않고 어떻게 지계(地契)가 성급(成給)되었다는 것인지 모르겠다."고 항의하였다.[122]

이때 월미도 사건에 대한 관심은 전국적으로 확대되었다. 심지어 경상북도 상주군에 사는 주민은 중추원의장에게 헌의서를 올려 불법적인 토지침탈을 항의하였다. 1901년 6월 유학 나상설(羅相卨) 등은 "竊有外侮之痛惋者 卽日人 吉川佐太郎之爲也. 彼以一箇商民 肆稱買得我月尾島 而毁我民屋 驅我生民 是可謂交隣之道乎 不覺膽掉而髮堅處也"라고 하면서 "반드시 공정한 판결이 있어야 할진대 저들이 수륜과의 개간을 허가하는 종이쪽지 하나로 우리 5백년 동안 지켜온 국토를 팔아먹을 수 있느냐"라고 개탄하였다.[123]

이렇게 사건이 보다 확대되고 있는 가운데, 문제의 초점은 과연 일본인에

---

122) 『인천항안(仁川港案)』(규 17863-2), 제6책, 「月尾島 땅의 소유권을 吉川이 주장하고 있는데 이곳은 公土로서 그와 무관한 곳이라는 보고서 제49호」(인천감리 하상기 (1900년 10월 12일)⇒ 의정부찬정 외부대신 박제순).

123) 『조회원본(照會原本)』1, 「헌의서」(발신자, 경상북도 상주군 유학 나상설 유학 채호 등⇒ 수신자, 중추원의장, 발신일, 1901년 6월).

게 토지를 판매한 문건과 인천감리가 발행한 지계가 있었는가 하는 점이었다. 이때 1900년 5월 이미 경무청에서 조사에 들어가 관련자들을 구속하고 심문이 이루어졌다.

○ (月尾嶋事件) 姜冕熙宋廷燮兩氏가 警廳에 捉囚됨은 前報에 記ㅎ얏거니와 其檗由를 更聞ㅎ즉 往者에 仁港居一金姓者ㅣ 月尾島에 起墾ㅎ깃다고 水輪課에 請願ㅎ거늘 該課長姜冕熙氏가 依願認許ㅎ얏더니 其後該金哥가 日人에게 十五萬元에 永永放賣ㅎ난 文劵을 成給ㅎ지라.(하략)124)

신문기사에 의하면 수륜과 과장 강면희가 인천항에 사는 김씨에게 월미도 개간선을 총원하자 이를 허가하였는데, 그가 이 토지를 일인에게 15만원에 매매함으로써 불거진 것이었다.

한편 1900년 6월에는 대한제국의 외부대신 박제순이 일본공사 하야시 곤스케(林權助)에게 직접 조회를 보내 사건의 조사와 징계를 요청하였다. 우선 6월 20일에 접수된 평리원(平理院)의 조회에 의거하여, "얼마 전에 받은 법부의 훈령에, '水輪課의 파견원 仁川港에 있는 月尾島의 官有地를 日本人 吉川佐太郎에게 매도하였다는 사안을 각별히 조사하라.'고 한 조회를 제기하였다. 이에 따라 각 해당자들을 불러다가 법정을 열고 심문하였더니, 전 수륜과장 강면희(姜冕熙)는 공술하기를, "작년 음력 5월의 재임 시에 수륜과의 기사 정규만(鄭圭晩)이, 김준희가 월미도 개척을 청원하였다고 하기에 즉시 허가하고 아울러 인천 감리에게 통보하였으며, 다시 주사 서상률(徐相律)을 월미도에 보내어 그곳 형편을 답사하여 개간할 자본주와 파견원에게 그 증빙문서와 개척할 한계를 정한 문서를 만들어 주게 하였습니다."라고 하였다고 진술하였다. 또 서상진은 공술하기를, "수륜과장

---

124) 『황성신문』 「月尾嶋事件」, 1900년 05월 04일, 잡보, 2면 4단 참조.

강면희의 지시를 받아 김준희와 함께 인천항으로 가서, 김준희에게 외국인
은 개간에 참여할 수 없다고 약조하여 증서를 받아 두고, 토지를 답사하고
한계를 정하였습니다."라고 하였다. 이로써 결론을 지어, 일본인 요시카와
(吉川佐太郎)가 가지고 있는 수륜과의 증빙 문서에는 개척을 허가하고
지세(地稅)를 정한다는 문자가 있을 뿐이며 땅을 매도하였다는 말은 없는
듯 하다고 판단하였다. 따라서 외부대신은, "이번에 요시카와(吉川佐太郎)
가 이 증빙 문서를 가지고 해당 지역을 사들였다고 말하는 것은 이치에
닿지 않는 것이다. 다만 김준희가 달아나서 조사할 길이 없으니, 번거롭지
만 이 일을 일본 공사에게 통보하여 요시카와 사타로가 가지고 있는
증빙 문서 일체를 거두어다가 중대한 안건을 타결하게 해주시기 바란"다고
요청하였다.[125]

그런데 인천항 월미도 사건의 재판은 곧바로 결말이 이루어지지는
않았다. 1900년 8월 9일에 관련자인 수륜과장 강면희와 전비서승 송정섭이
보석으로 일시적으로 풀려나왔다가 9월 23일에는 다시 수감되어 재차
증인 대질 신문 등이 이루어졌다.[126] 또한 월미도에 자신의 땅을 설정한
일본인 요시카와는 해당 주민들에게 새로이 가옥을 신축한 25호에 대해
철거할 것을 요구하는 등 횡포를 계속해서 부리고 있었다.[127]

결국 1900년 12월 10일에 평리원 재판부는 불법적인 토지침탈에 관련된
전원에 대해 처벌을 명하는 선고가 내려졌다. 피고 송정섭에게는 대명률

125) 『주한일본공사관기록』(15) 4. 외부래신, 조회 제46호, 「月尾島 官有地 買收 自稱者
吉川의 査懲 및 同文憑의 徵還 要求」(발신 대한 외부대신 박제순⇒ 수신, 일본
특명전권공사 하야시(林權助), 1900년 6월 22일) 참조.
126) 『황성신문』 1900년 08월 11일 잡보, 2면 2단, 1900년 09월 25일 잡보, 2면 3단.
127) "島民呼訴) 朝鮮新報를 據ㅎ즉 仁川月尾島ㄴ 日俄의 石炭貯藏所와 外國人의 借區外에
ㄴ 日本人吉川佐太郎의 借地라 稱ㅎ야 同地에 家屋을 建設ㅎᄌ면 吉川의 承諾이어난
즉 建屋치못ᄒ다더니 昨年以來로 同嶋에 韓人이 建設ᄒ 家屋이 卄五戶以上에 至ᄒ나
此皆吉川의 承諾이아니라ᄒ야 吉川이 該嶋의 家戶를 撤退ᄒ라흠으로 其住民等이
去五日仁川監理署에 哀願ᄒ얏더라"(『황성신문』 1900년 10월 09일, 잡보 2면 2단).

수장편 관리수재조에 의거하여 교형에 처했고, 피고 강면회와 정규만도 역시 같은 법률에 의거하여 태 1백, 종신형에 처하고, 피고 문성진(文成鎭)은 역시 태 1백, 종신역에 처해졌다.[128] 이들에게 적용된 법은 대개 종래 법전 중에서 관리로서 뇌물을 받거나 사기죄에 해당하는 것이었지만 중형이 선고되었다.

이 사건은 1901년 4월에 다시 전모를 재조사하게 되었다.[129] 이렇게 된 이유는 그해 3월 월미도 사건을 빙자하여 요인들을 제거하려는 음모를 꾸민 평리원 재판장 김영준(金永準)의 익명서 사건을 적발했기 때문이었다. 사건의 요지는 이랬다. 1900년 11월 김영준이 민영주(閔泳柱)의 월미도사건 해결을 요청한 민영주의 아들 민경식(閔景植)에게 심상훈(沈相薰)·민영환(閔泳煥)·민병석(閔丙奭)·강석호(姜錫鎬) 등 4인이 자신들의 권리를 전단하려고 "외인들이 내정에 간여하기로 모국 공사를 축출한 모의가 있다"는 익명서를 모국 공관에 투입하고 방포하라고 사주하였다는 것이다. 결국 이 익명서 사건을 꾸며 실행하면 월미도 사건은 자연 타결이 될 것이라고 회유한 사건이 탄로가 났기 때문이었다.[130]

이 사건을 계기로 하여 평리원 재판부는 월미도 외국인 잠매사건을 더욱 심층적으로 조사할 수밖에 없었다. 원래 인천 개항장에 속하지 않는 월미도에 외국인이 토지를 침탈한 것 자체가 불법적인 것이었으므로

---

128) "(三尺森然) 仁港月尾嶋事件으로 被囚되얏던 前秘書丞宋廷變은 枉法贓八十貫以上으로 處絞되고 文成鎭은 閔泳柱氏의 書札을 僞造ㅎ고 且贓錢이 有ㅎ야 二罪俱發로 役終身에 處ㅎ고 前水輪課長姜冕熙技師鄭圭晩은 枉法贓八十貫以上律에 照ㅎ야 役終身에 處ㅎ기로 宣告ㅎ얏더라"(『황성신문』 1900년 12월 10일, 잡보/2면 3단 ; 『사법품보』(을), 「질품서 제10호」(발신, 평리원재판장 육군참장 김영준 ⇒ 수신, 의정부찬정 법부대신 임시서리 평리원재판장 육군참장 김영준 각하, 1900년 12월 7일).

129) 『한성부래거안』 2책, 「훈령 제2호」(발신 의정부찬정외부대신서리외부협판 최영하 ⇒ 수신 한성부판윤 이봉래 각하, 1901년 4월 23일).

130) 『주한일본공사관기록』 본성기밀왕신 1 「기밀 제28호 : 金永準 投獄事件往の報」 (1901년 3월 18일).

이에 대한 재조사를 하였다. 개항장 부근 10리 이내 토지 매매는 종래 관례에 의거하여 계약을 맺고 허가를 받아야만 했다.

이 사건의 경우에는 명확한 증거자료를 재검토한 결과, 2개의 자료가 있었다. 갑지(甲紙)는 수륜과장 강면희가 발급한 지계이고, 을지(乙紙)는 파원 김준희, 임원상이 전매한 문서였다. 전자의 경우에는 1899년 7월 19일 궁내부 수륜과장 강면희가 개척사무를 전담하면서 인천항 소속 월미 도에 개척 성책을 입안하여 일본·미국·러시아 3국의 석탄고 조계와 인민 거류지외에 지권을 발급하였던 문서였다. 그렇지만 원래 월미도는 공토(公土)로서 이제 개척하려고 하면 궁내부 관유지이기 때문에 실제 지계의 유무와 상관없는 것이고, 다만 수륜원에서 파견한 서상진이 월미도 주민들에게 고시한 것도 개척의 사실을 설명한 것뿐이었다. 따라서 지계발급은 원래부터 부당한 것이었다. 결국 사건의 경과를 추적해 본 결과, 해당 과장 강면희가 스스로 계권을 만들어 김준희와 임원상에게 주어 일본인 요시카와에게 전매한 것은 근거가 없는 것임을 확인하게 되었다. 이에 따라 1901년 1월 평리원의 판결을 통하여 송정섭 등이 월미도에 납부한 은 1만 6천원 내에 1만원 및 2,240원을 청안군(淸安君) 이재순(李載純)에게 돌려주게 하였으며, 4월 9일에는 나머지 3천 360원을 독쇄하여 송부하기를 지시하였다. 결국 수륜과에서 발급하였던 지계를 일본인 요시카와에게서 돌려받게 하고, 인천감리에게 해당 토지의 매매 등에 소요된 1만 6천원을 관리를 보내 추심하게 하는 것으로 결론지었다.

월미도의 소유지는 일본인이 매수한 월미도의 땅 대금은 궁중에서 다시 매입하는 것으로 하여 지불하기로 하는 방식으로 원상 복구하고자 하였다.[131] 최종적으로 1901년 12월 이전에는 일단락된 것으로 보인다.[132]

---

131) 『구한국외교문서(일안)』 5권, 6115호(1901년 1월 28일), 일안(日案) 6117호(1901년 2월 1일) ; 『교섭국일기』 1901년 1월 28일, 2월 1일 ; 『뎨국신문』 1901년 5월 21일, 23일 참조.

이에 따라 해당 월미도 불법 잠매 사건에 관련된 사람들은 엄중한 처벌을 받았다. 1901년 11월에 법부대신 신기선(申箕善)은 평리원재판장 이근택(李根澤)의 질품서에 의거하여 인천항 월미도 매도사건의 피고 강면희, 정규면을 수고비 8만 8천량을 받은 것으로 관리수재율(官吏受財律)에 비추어 감(減) 2등(等)하고, 태 1백 징역 10년, 피고 문성진은 민영주의 서간을 위조하여 인허를 얻은 것으로 사전아문관어률(詐傳衙門官語律)에 비추어 감 2등하여 태 80 징역 2년, 피고 송정섭은 문성진의 위촉을 받아 중간에 금전을 양 거래에 간섭한 것으로 관리수재률에 의거하여 감 2등하여 태 80 징역 1년에 처할 것을 선고하였다. 또한 도피 중인 피고 김준희·임원상은 인허를 빙자하여 외국인에게 몰래 팔아버리고 도치한 죄로『대명률』·「의뢰외국치손국체자처단례」·「형률명례」에 의거하여 잡히는 대로 참형을 처할 것을 요청하였다.133) 최종적으로 고종황제가 처분을 내려 이들 피고인 중 징역에 처해진 이들은 모두 유배로 바꾸게 하였다.134)

여기서 주목되는 점은 평리원에서 행한 두 차례의 판결 즉, 1900년 11월 판결과 1901년 11월 판결 간에는 적용 법조문의 차이가 있었다는 점이다. 수륜원 관리로 잘못 처리한 강면희, 정규면, 문성진, 송정섭 등은 공히 관리수재률(官吏受財律)에 의거하여 처벌되었던 것에 비해 김준희와 임원상의 경우에는『대명률(大明律)』과 「의뢰외국치손국체자처단례」 및 「형률명례」에 의거하여 가혹한 처벌을 가했다. 특히 「외국에 의뢰하여 나라의 체모를 치손한 자의 처단 예」는 1900년 4월 28일 법률 4호로 공포된

---

132) "日本公使 林權助가 外部로 照會하여 日本人 吉川左太郎이 所有하였던 月尾島 地段은 本來 官有地로 韓國人 賣主人을 시켜 相當한 代金을 支拂하고 韓國政府가 다시 買收한 바"(『구한국외교문서(일안)』5권, 6566호(1901년 12월 6일).

133) 『황성신문』「月尾決案」(1901년 11월 23일) 잡보 2면 2단 참조.

134) 『일성록(日省錄)』1901년 10월 12일 ;『고종실록』「법부대신 신기선 주」(1901년 11월 22일) ;『관보』1901년 12월 4일 ;『구한국외교문서』5권, 일안 6417호(1901년 8월 31일) 참조.

법률이었다.

제2조 6항에 각국 조약내에 허가한 토지를 제외하고 전토, 삼림, 천택을 장차 외국인에게 잠매하거나 혹 외국인을 따라서 차명 사인(詐認)하거나 혹 차명 사인한 자에게 그 정을 알고도 고의로 판자 등에 대한 처벌 조항이 있었다. 특히 제2조에 비추어 다음의 범죄자는 이수, 미수를 막론하고 『대명률』「적도편(賊盜編) 모반조(謀叛條)」에 비추어 처단한다는 규정을 적용하고, 같은 조 제6항 각 국과의 약장(約章)에 허용한 지역을 제외한 일체의 전토, 삼림, 천택을 외국인에게 잠매한 자와 『대명률』「적도편 모반조」의 모든 모반은 공모자일지라도 수종(首從)을 가리지 않는다는 법조문에 의거하여, 형률(刑律) 명례(名例) 제6조에 의하여 모두 참형(斬刑)에 처하는 것으로 결정했던 것이었다.

이와 같이 인천 월미도 잠매사건은 당시 대한제국의 수륜원에서 의욕적으로 추진한 개간사업을 빌미로 하여 일본인에게 불법적으로 잠매한 사건이었다. 여기에 관련된 인사들은 월미도의 개척을 명분으로 하여 사적으로 진황지를 새로이 지계를 발급받는 형식을 취하면서 사적 소유지로 변경했을 뿐만 아니라 개항장 이외의 지역에서 불법적으로 일본인에게 매도하였던 결과 원상회복 조치와 함께 엄정한 법적 처벌을 받았던 것이다. 이 사건은 당시 대한제국 토지관리의 난맥상을 보여주는 동시에 외국인 잠매사건에 대한 대한제국의 국가 차원에서 취할 수 있는 단호한 조처들을 알 수 있게 해 주는 분쟁사례였다.

2) 대한제국의 잠매(潛賣)와 토지주권 강화 대책

1900년 이후 대한제국 정부는 외국인 특히 일본인의 토지침탈이 매우 심각한 수준에 이르렀다고 판단하고 있었다. 이에 따라 1900년 6월에는 다음과 같이 전국에 훈령을 내렸다.

○ (非官契不得賣土於外人) 外部에셔 各港監理와 十三道觀察使에게 訓令ᄒ 기를 通商租界十里以內地段이라도 如非官契면 不得賣買ᄂ 確有定式이어늘 挽近我民이 貪於利誘ᄒ야 私造契券ᄒ고 暗自賣渡ᄒ야 滋事遺患이 良非細故 라 所在痛禁일쁜더러 沿海大小島嶼ᄂ 關係가 非輕ᄒ니 毋論公土私土ᄒ非外 部認許와 地方官印蹟이거던 外國人에게 不得擅自賣買케ᄒ라ᄒ얏더라.135)

당시 외부에서는 각 개항장 감리와 13도 관찰사에게 원래 개항통상조약 에 의거하여 통상 조계지 10리 이내의 토지라도 관계가 없으면 매매될 수 없다는 방침을 재강조하였다. 그런데 우리나라 사람들이 이익을 쫓아 사사로이 계권을 만들어 몰래 매도하는 폐단이 나타났으니 이를 엄금할 뿐더러 해안의 대소 도서에서도 공토와 사토를 가리지 않고 외부의 인허와 지방관의 인가가 아니면 외국인에게 함부로 매매하는 것을 금지한다는 내용이었다. 이러한 방침은 당시 광무양전사업의 진행 이후에 외국인의 잠매토지를 방지하기 위한 지계사업의 추진과도 밀접하게 관련을 맺고 있었다.

당시 대한제국 정부는 한국민이 외국인에게 전답 소유권을 넘기는 것을 인정하지 않았고, 이에 대해 차명을 하거나 혹은 사적으로 매매, 전질, 양여하는 폐단이 있으면 모두 일률로 처리하도록 하였다. 이러한 원칙은 1898년 11월 22일 '외국에 의뢰하여 국체를 치손시킨 자를 처단하는 예'에서 단서를 보였다.136) 이 조례에서는 외국인에게 아부 의뢰하여 국체

---

135) 『황성신문』 「非官契不得賣土於外人」, 1900년 06월 07일, 잡보 2면 3단.

136) "法律第二號 依賴外國致損國體者處斷例 第一條 官人或平民을 勿論ᄒ고 外國人에게 趨附依賴ᄒ야 國體를 損ᄒ고 國權를 失케ᄒᄂ 者ᄂ 總히 本法律에 歸服ᄒ 事 第二條 左開犯罪者ᄂ 已遂未遂를 勿論ᄒ고 明律賊盜編謀叛條에 照ᄒ야 處斷ᄒ 事 一 外國政府 를 向ᄒ야 本國保護를 暗請ᄒ야 現發된 者 一 本國秘密情形을 外國人에게 漏洩ᄒ야 現發된 者 一 外國人에게 借欵雇兵船等事를 外部와 政府의 準許를 經由치 아니코 擅自主議ᄒ거나 或居間通辯ᄒ 者 一 外國人의 紹介를 因ᄒ야 官職을 圖得ᄒ다가 現發된 者 一 外國情形을 將ᄒ야 本國에 恐動ᄒ고 從中挾雜ᄒᄂ 者 第三條 本法律은

를 손상시키고 국권을 잃게 한 경우에는 적발시 기수, 미수를 막론하고 모반죄로 처단하도록 하였다. 이 규정은 당시 독립운동이 고조되어 정부의 중추원 개편 운동과 연관하여 정치개혁을 요구하면서 독립협회 운동이 과격화되어 이를 빌미로 독립협회와 만민공동회 등의 운동이 외국과 결부될 경우에 대비하여 탄압하기 위해 급히 제정된 법률이었다.[137] 이는 다분히 정치개혁 요구에 대한 대항으로서 대한제국 정부를 지키기 위한 것이었다. 그런 가운데 이미 양지아문의 토지 측량이 진행되는 가운데, 개항장 및 그 주변 지역에 대한 외국인의 토지침탈이 급증되었으므로 이에 대한 대책으로 특단의 조치를 취하게 되었다.

이러한 법률 2호의 내용은 그로부터 1년반 후인 1900년 4월 28일 법률 4호로 대폭 개정되었다.

법률(法律) 제4호, 「외국에 의뢰하여 나라의 체통을 손상시킨 자의 처단례 개정에 관한 안건」

제1조 관인(官人) 또는 평민을 막론하고 외국인에게 빌붙어 의뢰하여 나라의 체통을 손상하고 국권(國權)을 잃게 한 자는 모두 본 법률에 적용시킨다.

제2조 다음의 범죄자는 이수(已遂)이건 미수(未遂)이건을 막론하고 『대명률(大明律)』「적도편(賊盜編) 모반조(謀反條)」에 의하여 처단한다.(중략)

제6. 각국(各國) 약장(約章) 내에 허가한 지역을 제외하고 전토(田土)와

頒布日로붓터 施行홀 事 光武二年十一月二十二日御押 御璽 奉 勅 議政府議政署理贊政 金奎弘"(『관보』 1898년 11월 24일, 1면 2단).
137) 왕현종, 2010, 「대한제국기 고종의 황제권 강화와 개혁논리」『역사학보』 208, 17~18쪽 참조.

삼림(森林), 천택(川澤)을 외국인에게 잠매하거나 외국인에게 빌붙어 이름을 빌어 거짓 인정하게 하거나 또는 이름을 빌어 거짓 인정하게 하는 자의 사정을 알면서도 고의로 판 자.

제3조 광무(光武) 2년 11월 22일 법률 제2호는 폐지한다.[138]

위의 규정에 의하면, 제6조에서 "각국과의 조약에 의해 허용된 토지를 제외하고 모든 전토·산림·천택을 외국인에게 몰래 팔거나 명의를 빌려준 자에게 그 실정을 알면서도 매도한 자도 포함하여 처벌하도록 하였다. 처벌의 조항은 명률(明律)의 모반조(謀叛條)였다.[139] 법률 2호보다 추가된 조항으로 외국인의 불법적인 토지 취득에 대한 처벌 규정을 강화한 것이었다. 이후 이 법률은 1905년 4월 29일 형법상 제4편 국권훼손률로서 일부 개정되었다.[140]

대한제국시기 토지매매 관행에 의하면 토지의 소유자끼리 사사로이 매매되고 있었던 현실이었지만, 이를 통제하거나 관리할 수 있는 국가의

---

138) "法律 第四號 依賴外國致損國體者處斷例改正件 ○第一條 官人或平民을 勿論ㅎ고 外國人에게 趨附依賴ㅎ야 國體를 損ㅎ고 國權를 失케ㅎ는 者는 搗히 本法律에 歸服홀 者 ○ 第二條 左開犯罪者는 己遂未遂를 勿論ㅎ고 明律賊盜編謀叛條에 照ㅎ야 處斷홀事 第六 各國約章內所許地段을 除흔 外에 一應田土森林川澤을 將ㅎ야 外國人에게 潛賣ㅎ거나 或外國人을 附從ㅎ야 借名詐認ㅎ거나 或借名詐認ㅎ는 者에게 知情故賣흔 者 ○ 附則 第三條 光武二年十一月二十二日法律第二號는 廢止事 ○ 第四條 本法律은 頒布日로붓터 施行홀 事 光武四年四月二十八日."(『관보』 1900년 5월 2일, 4면 4단).
139) 이후 1900년 9월 29일 개정하게 되었는데, 6조아래 7조를 신설하여 "(第七本國政府의 特準除籍을 經치 아니코 外國에 入籍홈으로 藉托홀 者)二十九字를 添入홈이라"는 것으로 추가적인 상황에 따라 조항을 삽입하였다(『각부청의서존안(各部請議書存案)』 17, 「형률명례와 외국에 의뢰하여 국가 체모를 손상시킨 자에 대한 처단례 중 개정건을 청함」, 의정부찬정법부대신 권재형⇒ 의정부의정 윤용선).
140) "第二百條 外國에 趨附依賴ㅎ야 所犯이 有흔 者는 左開에 依ㅎ야 處홈이라. 五. 各國約章內所許地段을 除흔 外에 官有 私有의一應田土森林川澤家屋을 將ㅎ야 外國人에게 潛賣ㅎ거나 或外國人을 附從ㅎ야 借名詐認ㅎ거나 或借名詐認ㅎ는 者에게 知情故賣흔者는 絞ㅎ고 該管官이 擅許흔 者는 同罪"(「韓國居住 諸外國人의 不動産所有權 公認에 따른 行政措置 件」『통감부문서』 3권, 1908년 2월 13일조 참조).

토지관리체계가 제대로 작동되지 않았다. 특히 일본인들은 조선의 지주나 농민의 열악한 처지를 이용하여 불법적인 토지거래를 조장하거나 혹은 토지 전당을 통해서 값싸게 토지를 대량 매입하고 있었다. 일본인이 침탈한 토지는 대부분 민유지였지만, 관유지도 대상에 올랐다. 일본인들은 거류지를 중심으로 하여 주변의 토지를 확대하거나 주요 유통의 중심지나 경부철도 연별의 토지를 집중적으로 매집해 나갔다. 또한 전국 각지에 산재한 목장토이거나 해안 도서 지역의 토지 등도 가리지 않았다.

이에 대한 몇 가지 사례를 검토해 보자. 먼저 1900년 6월 14일 외부의 전칙(電飭)에서 "영국령 기지(英領基址)에 한인 잠매가 많다고 하니 조사해 보라"고 하였다. 그런데 이미 동래항 세사(稅司)가 그 기재내 잠매한 사람들을 조사해보니 동래항 객주(客主) 김성우(金聖佑)가 해당 기지내에 전토(田土) 15두락을 1899년 3월에 일본인에게 전집(典執)하고 400원을 차용한 것이 확실하므로 환퇴하라는 명령을 내렸다는 답변을 내놓았다.[141]

1903년 1월 무안항 삼학도(三鶴島)에서 토지 잠매가 적발되었는데 잠매할 때 현감(縣監)이 누구이며, 매인(賣人) 강영준(姜永俊)은 어디에 있고 전조가금(轉租價金)이 14,200원(元)인지 즉시 조사하여 보고하고 하였다. 이러한 훈령에 대해 현감은 이중익(李重益)이며 원래 인천에 살던 매인(賣人) 강영준이 전조가금으로 14,200원을 일본인에게 지불받았다는 사실을 추궁하게 되었다.[142] 이 사건에서 문제가 되었던 것은 일본인 시부야 타츠로(澁谷龍郞)가 휴대한 지권에 관인이 찍혀 있었기 때문에 불법적인 잠매를 용인한 무안 관리의 이름과 매주인 강영준을 추적해 들어가 시정하

---

141) 『동래항보첩(東來港報牒)』 4책(규 17867-2), 「英領基址內 韓人潛賣에 대한 報告 제23
    호」(동래감리 이준영⇒ 의정부찬정외부대신 박제순, 1900년 5월 25일).
142) 『무안보첩(務安報牒)』 5책(규 17864-2), 「보고 1호」(무안감리 민영채⇒ 의정부찬정
    외부대신(1903년 1월 6일).

려고 하였다.[143] 1903년 3월에는 사건의 진상이 구체적으로 보고되었다. 당시 무안항재판소 판사 진상언(秦尙彦)의 보고서에 의하면, 전 목포진사(前 木浦鎭使) 김득추(金淂秋)가 해당 관장하는 4리의 동민의 시장(柴庄) 삼학도(三鶴島)를 해당 리의 도집강(都執綱)과 상의하고 인천인 강영중(姜永中)에게 전매(轉賣)하였더니 강영중이 일본인 시부야 타츠로(澁谷龍郞)에게 잠매(潛賣)하였다는 것이다. 이에 따라 강영중은 타항인으로 해당 4리 두민(頭民) 등 70호가 해당 금전을 모두 분용(分用)하여 지금 몇 천금이 되어도 환퇴(還退)하여 김득추(金淂秋)의 죄를 풀겠다고 하였고, 범인 김득추는 법률에 따라 처리하였다.[144] 그런데 삼학도가 비록 동민의 시장(柴庄)이기는 하지만 진토(鎭土)와 관계되어 있으므로 사사로이 전매하는 것은 불가한 것이었다. 법부에서 김득추를 처벌하겠으며 강영중은 특별히 기형(譏詗)하겠으니 외부에서는 토지의 환퇴를 일본 공사 및 당사자에게 상의해 주기를 요구하였다. 이렇게 목포 앞바다의 삼학도 잠매 사건은 정부의 단호한 입장 표현에 이어 불법적인 잠매의 경과를 조사하여 효과적으로 환원 조치를 취하고 있음을 알 수 있다.

이러한 추세에 따라 대한제국 정부는 1903년부터 1904년까지 전라북도 11군 지역의 공사 토지에 대한 집중적인 조사를 시행하였다.[145] 대상지역은 고부, 김제, 만경, 부안, 옥구, 용안, 익산, 전주, 함열, 임피, 여산 등 11개 지역이었다. 외국인, 특히 일본인이 잠매로 침탈한 토지의 규모는 다음과 같았다.[146]

---

143) 『무안보첩』 7책(규 17864-2), 「훈령 제76호」(의정부찬정외부대신 조병식⇒ 무안감리 민영채, 1902년 12월 31일).

144) 『법부래거문』 「조회 제1호」(법부대신임시서리의정부찬정 김성근⇒ 외부대신 박제순, 1900년 3월 21일).

145) 「전라북도십일군공사전토산록외인잠매성책(全羅北道十一郡公私田土山麓外人潛賣成冊)」 1책(규 21973), 1904.

146) 최원규, 1994, 『한말 일제초기 토지조사와 토지법 연구』, 연세대 사학과 박사학위논문, 128쪽, 〈표 2〉 각 군별 잠매규모와 매매 실태(단위 : 두락) 재인용함.

<표 18> 전라북도 10개 군 지역 잠매 규모와 실태(단위 : 두락)

	군명	민전	균전	합계	일인	한인 방매자
1	고부	326		326	2	4
2	김제	68	1,098	1166	2	37
3	만경	530		530	1	53
4	부안	186		186	1	22
5	옥구	2,598	1,328.9	3,926.9	28	414
6	용안	144		144	1	2
7	익산	367		367	2	40
8	전주	1,407.5	3,703	5,110.5	3	277
9	함열	50		50	1	3
10	임피		3,687	3687	11	340
	합계	5,676.5	9,816.9	15,493.4	52	1,192

위의 표에서 나타난 것처럼, 전라북도 지역에서 일본인들의 토지 잠매가
집중적으로 일어난 곳은 전주와 옥구, 임피 등지였다. 우선 전주의 경우에
는 1890년대 초부터 전북 일대의 한재와 관련하여 왕실의 토지개간 사업이
크게 진행되었다. 이른바 균전(均田) 사업은 전북 일대 7~8개 군현에서
동시에 추진되었고, 진황지의 개간 자금을 댄 왕실과 지역에서 개별 지주와
농민들의 이해가 맞아떨어져 왕실의 비호하에 궁방전으로 투탁하거나
면세의 혜택을 받도록 한 것이었다. 그렇지만 이후 본격적으로 토지를
경작하여 농지가 안정화되고 소출이 늘자 궁방은 이 균전을 자신의 소유지
에 대한 도조의 대상지로 생각하고 지세와 도조를 농민들에게 강요하였다.
결국 농민들의 소유지 주장과 왕실의 도조 수취 등이 충돌되어 1894년
농민전쟁시기 대표적인 토지문제로 비화된 바 있었다. 농민전쟁이 실패로
끝나고 농민들은 자신들의 주장을 거듭했지만 받아들여지지 않았고, 이에
농민들은 왕실과 분쟁지 내지 도조침탈에서 벗어나기 위해 자신들의
토지문권을 가지고 일본인들에게 몰래 방매하는 일들이 벌어졌던 것이다.
또한 옥구와 임피 등지는 해안과 인접한 지역으로 일본인들이 군산
개항장 근처에 대규모의 토지를 집적하려는 추세를 보여주고 있다. 당시

일본인 지주들은 45두락 이하 중규모 토지를 구입하는 자들도 있었지만 75두락 이상 대규모의 토지를 집적하고 있었다. 특히 1,500두락 이상 구입한 자도 2명이나 되었다. 반면에 이들 일본인에게 잠매한 한국인들 중에서 15두락 이하 소규모 토지를 소유한 사람들은 전체 방매자 1,192명 중에서 80%에 이르는 955명이나 되었고, 일부 대규모의 지주로서 2,040두락을 방매한 1명과 150두락 이상을 방매한 5명이 있었다. 이렇게 소규모 토지 소유자들의 토지 잠매와 일본인 대지주의 토지매집은 당시 전라북도 일원에서 점차 일상적인 모습으로 확대되고 있었다. 물론 대한제국과 외국이 맺은 통상조약을 위배하는 것이었으며, 국가의 토지주권이 크게 손상되고 있었다.

대한제국 정부는 1903년과 1904년에 걸쳐 전국 각지에 거류한 외국인에 대한 조사를 추진하였다. 이에 따라 작성된 문건이 『각도각군외국인거류성책(各道各郡外國人居留成冊)』이었다.[147]

먼저 1903년 1월 충북 단양군에 대한 조사에서는 외국인으로 일본 경찰관과 사족 2사람이 영춘군에 와서 하루 머물렀다고 기록하고 있으며, 이웃한 보은군에서도 일본 상인이 보은군 거주 상인에게 채전(債錢)을 추심차 1902년 12월 15일 서울에서 왔다가 다음해 1월 16일에 충주로 갔다고 간단하게 보고하였다.[148]

대규모 외국인 거류에 대해서는 평안북도 운산군 광산에서 일하는 외국인의 성명에 대한 조사였다. 1902년 11월말 운산군수 서리 가산군수 김진모(金鎭謨)의 보고에 의하면, 미국인 54명, 영국인 1명, 일본인 27명,

---

147) 『각도각군 외국인 거류성책(各道各郡外國人居留成冊)』 2책(규 21972) 참조.
148) 춘천에서는 1902년 6월과 12월 조사에 의해 청국 산둥의 연타이(烟台)상인 4명의 성명을 기록해 두었는데, 이들의 일부는 호조(護照)도 없었다고 했다. 그밖에 횡성에서도 1902년 6월 일본인 상인이 5월 7일 경내에 들어와 매약(賣藥)을 한 후 원주로 갔으며, 다른 일본인 상인도 5월 17일 매약을 한 후 영동으로 갔다고 하였다.

청국인 243명 등 모두 325명이 있었던 것으로 조사되었다. 또한 12월말의 추가 조사에서도 약간의 변동이 생겨 총 328명이 있었던 것으로 나타났다. 이후 매달 말에 정례적으로 일부 인원의 변동 등을 빠짐없이 기록해 두고 있었다.

1903년 1월에는 경상남도 일대 외국인 거주 성명을 조사한 바 있었다. 하동, 고성 등지에는 일본인 상인의 활동으로 인하여 오고갔다는 것과, 2월에는 동래부, 진주, 창령, 진남군 등지에서 거쳐간 일본 상인과 청국 상인들을 기록하고 있다.

1903년 4월 공주군 관내 외국인들이 확보한 토지를 조사한 내역에 따르면, 일본 상인 스가하라 다쓰타로(管原辰太郎)가 인천항에서 이주하여 가사 32칸을 석상균(昔相均)에게 매득하여 일어학당을 차렸다는 것과 그가 또한 허백언(許伯彦)에게서 6칸 가사를 매입하여 약국을 차렸다고 조사하였다.[149] 또한 영국인 편(片)목사가 가사 26칸과 대전 3두락을 사서 교실을 세웠다고 하였다. 프랑스인 주약슬(朱若瑟)이 서울로부터 와서 전 1석락을 고창규(高昌圭)로부터 매입하여 와가 19칸으로 천주교당을 설립했다고 하였다. 이렇게 공주군에서는 관내 여러 지역에 일본인, 청국인, 서양인들이 각지에서 가사를 매입하여 들어왔다는 것을 조사하였다. 또한 같은 시기에 이웃한 강경포에서 거주하는 일본인과 청국인의 거주 및 가옥 매입 상황을 자세히 조사하였다.[150]

이는 1903년부터 대한제국 정부에서 주도적으로 외국인의 개항장 이외

---

149) 「공주군 경내 각국인 주접적간 성책(住接摘奸成冊)」(1903년 4월).

150) 1903년 6월에는 개성부에서 각국인의 거주한 가호와 남녀 총수를 조사하였는데, 일본인이 62호에 남자 135명, 여자 66명이고, 청국인은 10호 남자 17명, 프랑스인은 1호 남자 2명, 미국인 2호 남자 4명, 여자 3명 등이 조사되었다. 1903년 5월에는 평안북도 용천군 용암모전 내 민가를 방매한 내역도 조사하여 기록하였다. 이 지역에서는 평안북도 용천군 용암포 조차와 관련하여 러시아인과 청국인들 수효와 토지 매입 상황을 상세하게 조사하였다(『각도 각군 외국인 거류성책(各道各郡外國人居留成冊)』 2책(규 21972) 참조).

지역에의 토지 매입과 가사 매입을 상세하게 조사한다는 지침에 따른 것이었다. 정부에서는 각지에서 벌어진 외국인의 불법적인 토지 가옥 침탈에 대한 상세한 조사를 통하여 이를 시정하려고 하였다.

11장 토지소유권을 둘러싼 논쟁과 법적 개념의 충돌

1. 대한제국 말기 일본의 토지침탈과 부동산법 조사회 활동

1) 1905년 이후 일본인의 토지 가옥 침탈과 한성부의 대응

1900년대 들어 한국으로 이주하는 외국인의 수가 급격하게 증가하고 있었다. 1903년 말 한국 거주 외국인의 수는 35,745명이고, 그 중 일본인의 수는 29,429명이나 되었다.[151] 특히 일본에서 제정된 이민법 개정과 러일전쟁의 여파로 일본인의 이주가 확대되고 토지침탈은 전국적으로 확산되었다. 그렇지만 당시 대한제국의 법으로는 개항장을 제외하고는 내지 전토 매매를 허용하지 않았으며, 국내 전답을 사사로이 외국인에게 파는 것은 국법상 금지되어 있었다.[152]

그럼에도 불구하고 1906년 말부터 1908년 말까지 일본인의 조선 이주가 늘어남에 따라 토지와 가옥에 대한 침탈이 크게 증가하고 있었다.[153]

---

151) 『황성신문』 1904년 9월 29일 잡보, 10권 94쪽.

152) 대한제국의 지계발행사업은 1904년 4월 지계아문이 혁파됨으로써 중단되었다(『황성신문』 1632호, 1904년 4월 19일 잡보 9-294쪽). 이에 따라 일본인의 토지소유를 조사하여 금지시키려는 정책은 크게 후퇴되었다. 왕현종, 1998, 「대한제국기 한성부의 토지 가옥조사와 외국인 토지침탈 대책」 『서울학연구』 10 참조.

153) 『한국시정년보(1)』, 「각이사청 소관별 일본인 호구표」(400~401쪽, 1908년 6월 기

1908년 현재 경성, 인천, 군산, 목포, 마산, 부산, 대구, 원산, 청진, 성진, 평양, 진남포, 신의주 등 각 지방의 이사청에서 집계한 일본인의 이주 상황은 126,228명이었다. 한성부 지역의 일본인 수는 1906년에는 개항장 부산, 인천에 비해서도 비견될 정도로 많아졌고, 1907년에서 1908년을 거치면서 한성부 지역의 일본인 이주민이 당시 최대 일본인 이주처 부산을 능가할 정도였다.[154] 이에 따라 1907년 4월 현재 한성부 거주 일본인의 토지구매는 가옥 기지가 159,311평, 전토가 35,631평으로 늘어났다.[155] 더구나 1908년 1월에는 가옥 기지가 223,704평이고, 전토가 95,886평으로 9개월간 기지가 64,426평, 전토가 60,255평이나 증가하였다. 이렇게 한성부 지역의 일본인 거주민들이 증가하자 이들이 거주하고 자신들의 생활터전으로 삼을 토지와 가옥의 구입 문제가 현안으로 떠올랐다.[156]

증가일로에 있던 외국인의 토지 가옥 소유를 금지하자는 여론이 거세게 일어나고 있었다. 한성부에서는 다양한 부동산 거래를 엄밀하게 심사하는 방식을 취할 수밖에 없었는데, 당시 신문에는 까다로운 절차와 일시 지연 등을 소개하는 기사가 많았다. 특히 외국인과의 거래는 규모가 커서 다수 가계를 한꺼번에 처리해 달라고 하는 가운데 발급이 지체되는 경우가 많았기 때문이었다.[157] 토지 가옥에 대한 거래는 내국인과 외국인 사이뿐만 아니라 내국인 사이에도 빈번하게 이루어졌다. 사적인 매매와 전당으로

<hr />

준) ; 『한국시정년보(2)』「각이사청 소관별 일본인 호구표」(177~178쪽, 1908년 12월 기준).

154) 박찬승은 1908년 당시 한성거류민회(32,862명)와 부산 거류민회(21,057명)의 통계를 이용하여 1908년 말이 경계가 된다고 하였다(박찬승, 2002, 앞의 논문, 132쪽).

155) 『황성신문』 2185호, 1906년 5월 21일 잡보, 13-70쪽 ; 『황성신문』 2682호, 1908년 1월 19일 잡보, 16-248쪽.

156) 『토지가옥증명원본』, 『토지가옥전당증명원본』(서울대 규장각 소장)에 수록된 일부의 가옥대장과 기타 증명서류가 있다(윤진아, 2006, 「대한제국기 한성부 도시한옥의 평면구성적 특징」, 서울대 건축학과 석사학위논문 참조).

157) 『황성신문』 2040호, 1905년 9월 8일 잡보, 12-26쪽 ; 2053호, 1905년 9월 23일 잡보, 12-78쪽 ; 2180호, 1906년 3월 3일 잡보, 12-310쪽.

인한 거래의 폐단이 발생하고 있었다. 가옥을 구매할 때 매매자금 기천량이 중간에 없어지거나 기일을 연기하여 일본인에게 전당을 잡히고 기한을 넘겨 호주를 쫓아내거나 하는 등 협잡도 빈번하게 발생하였다.158) 더구나 한성 5서내 일정 구역이외에는 외국인에게 가옥과 토지를 원칙적으로 방매할 수 없었으나 일부 관리들과 사가(私家) 주인들은 이러한 규정을 무시하고 일본인에게 종종 잠매를 하는 행위를 벌이곤 하였다.159)

1905년 4월 대한제국 정부는 한성 5서내의 가옥과 전토에 대한 새로운 측량 계획을 발표하였다. 내부에서 한성부에 훈령을 내려 양지 기사를 고용하여 관유지와 사유지를 측량할 계획이라고 하였다.160) 1905년 10월 탁지부에서 측량학도 30인을 일정 기간 교육하여 졸업증서를 수여하려고 하였다.161) 별도로 한성부 지역내에 각종 학교와 강습소에서는 측량 수업을 장려하고 장래 측량사업의 학원으로 양성하고 있었다. 대한제국 정부가 한성부내의 측량 사업을 새로 추진하는 이유는 한성 5서내 민유지와 관유지를 측량하여 일반 시민들이 외국인에게 잠매하는 폐단을 엄금하기 위해서였다. 1906년 3월에는 한성부 1서(署)마다 5인씩 측량기수를 파견하여 측량을 시행하려고 하였다.162)

또한 대한제국 정부는 1906년 5월 새로운 가계규칙을 제정하려고 하였다.163) 이때 가계발급규칙은 우선 가사소유자가 가계를 청구하고자 할 때에는 일정한 양식의 청구서에 구문권을 첨부하여 신청하도록 하였다.164)

---

158) 『황성신문』 1682호, 1904년 6월 4일 잡보, 9-422쪽.

159) "남서 순산 순검 최규현은 쌍림동의 지단(地段)을 인민과 부동하여 일인에게 방매하였다." 이는 잠매행위로 처벌대상이었다(『황성신문』 2036호, 1905년 9월 4일 잡보, 12-10쪽) ; 『황성신문』 2155호, 1906년 4월 16일 잡보, 12-451쪽).

160) 『황성신문』 1929호, 1905년 4월 29일 잡보, 11-86쪽.

161) 『황성신문』 2072호, 1905년 10월 17일 잡보, 12-150쪽.

162) 『황성신문』 2129호, 1906년 3월 28일 잡보, 12-386쪽 ; 2318호, 1906년 10월 26일 잡보, 13-594쪽.

163) 『황성신문』 2165호, 1906년 4월 27일 잡보, 12-491쪽.

심사 과정에서 구문기의 사실 여부를
조사한 후 새로 기재된 가계를 바꾸어
주도록 하였다. 가사를 매매할 때는 사
는 사람과 파는 사람, 그리고 가쾌가 서
로 연서하고 한성부나 해당 관청에 함께
나오도록 하였다. 이때 토지와 가옥 매
매를 중간에 담당한 가쾌의 역할을 강조
하고 있었다. 또한 새로 발급될 가계는
이미 소관 관청에서 비치한 가계원부와
대조하여 발급하도록 하였다.

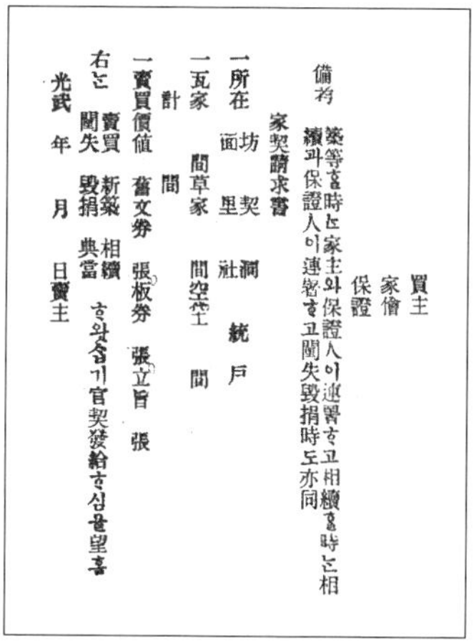

〈그림 10〉 가계청구서 양식(1906.5)

이때 새로 제정된 가계 양식에서는 가
계의 발급 번호, 새로운 가옥의 주소를 통호수를 기준으로 적게 되어 있다.
또한 와가, 초가, 공대로 나누어 칸수를 적게 되어 있으며, 새로운 소유자의
거주 주소를 적었다. 또한 관계로 발급하는 사유를 구체적으로 적시했는데,
매매, 신축, 상속, 서실(閭失), 훼손, 전당 등이었다. 뒷면에는 매매할 때의
가격과 판사람, 산사람, 가쾌, 보증인의 성명과 주소를 기록하여 공증(公證)
하는 것으로 하였다.165) 또 가계를 청구하는 자에게 부과하는 수수료를
정해서 공지했다.166)

---

164) 『구한국관보』 3461호, 1906년 5월 24일 「내부령 제2호 가계발급규칙」(제정일자,
    1906.5.22), 16권-398~399쪽 : 『황성신문』 2188호, 1906년 5월 24일 잡보, 13-82쪽.
165) "右合照于本府家契原簿發給事"(와다 이치로(和田一郞), 『조선토지제도급지세제도
    조사보고서』, 275쪽) ; 최원규, 2001, 「19세기 후반 지계제도와 가계제도」 『지역과
    역사』 8, 106~127쪽 ; 김건우, 2007, 「한성부 가계와 공인중개인 가쾌에 관한 고찰」
    『고문서연구』 30, 203~204쪽 참조.
166) 한성부에서는 와가 15칸 미만인 경우 50전의 수수료를 부과하였으며, 15칸 이상
    30칸 미만에는 1원(圜), 39칸 이상 50칸 미만은 1원 50전, 50칸 이상에는 2원,
    100칸 이상은 3원, 초가 20칸 미만은 50전, 20칸 이상은 1원으로 정했으며, 개성,
    인천, 수원, 평양, 대구, 전주 등지에는 한성부의 반값으로 정하여 차등을 두었다(『구
    한국관보』 3461호(1906.5.24), 「탁지부령 제10호 가계수수료규칙」(1906.5.22), 16

이 신규발행 가계의 양식상의 특징은 가계의 기재 양식이 대폭 간단해 졌다는 점과 가계원부와 확인하여 대조하여 발급한다는 문구를 집어넣었다는 것이다. 이 '가계원부'란 이미 대한제국 전기에 만들어졌던 것이었으며, 한성부가 빈번한 매매 전당 등의 거래에 대비하여 만든 장부였다. 이제 새로이 가계의 발급과 연동되는 가계원부는 개별적인 가옥 거래의 증명에 그치지 않고 일률적으로 가계의 이동 상황을 기록하고 공증하는 장부로서 '가옥매매증명부'에 준하는 기능을 갖게 되었다. 이러한 신규 가계의 발행에 따라 후속조치로서 한성부에서는 새로 소인을 찍어 가계 발행을 준비하고 있었다.[167]

2) 대한제국 정부와 민간의 토지법제 논의와 부동산법 조사회

1906년 이후 근대적 토지제도의 법제화를 둘러싼 논의는 대한제국의 주도에서 한국통감부로 넘어갔다. 이토 히로부미(伊藤博文) 통감은 새 토지관리제도를 수립하기 위한 논의를 시작하였다. 1906년 4월 19일 제5회 시정개선협의회에서 이토 히로부미는 토지에 관한 여러 가지 분쟁에 대비하여 규제를 정해야 한다는 문제를 제기하였다.[168]

먼저 "한국의 법전을 완비하기 위해 법률가의 고빙할 뜻"을 대한제국의 이하영(李夏榮) 법부대신으로부터 전달 받고, 이토는 그 대신에 "한국 정부에서도 자신의 지휘 감독하에 '임시법전조사국'과 같은 것을 두고 1년에 2만 엔 내외의 경비를 들여 2~3명의 전문가를 촉탁하면 2년 사이에 완성할 수 있다"고 대답하였다. 또한 탁지부 대신 민영기(閔泳綺)가 직접

권, 398~399쪽].

167) 『황성신문』 2253호, 1906년 8월 8일 잡보, 13-342쪽.

168) 「韓國施政改善ニ關スル協議會 −第五回 會議錄」『통감부문서』 1, 1906년 4월 19일 참조.

토지제도를 정리하는 수단으로, 또한 세입 증가의 간접수단으로 삼아 토지소유자에게 '지권'을 교부하면 어떨까 라는 물음에 대해, 이토는 "먼저 토지에 관한 법률을 제정하고 내외국인의 소유권 및 소유주의 국가에 대한 의무를 명확하게 한 뒤에 지권을 교부하고, 또한 등기소를 만들어 소유권의 이동을 등록시키면" 될 것이라고 대답하였다.[169)]

이러한 담화에서 대한제국 관료측의 입장과 이토 통감의 입장이 서로 차이를 보이고 있음을 알 수 있다. 대한제국 관료의 입장에서는 현재 토지소유자에게 지권을 발급함으로써 토지제도와 재정문제 해결을 도모할 수 있다고 본 반면에 이토는 먼저 토지에 관한 법률을 제정하고 이에 입각하여 지권을 교부하고 등기제도를 수립해야 한다는 것이었다. 이러한 입장 차이는 결국 1898년이래 대한제국의 양전·지계사업을 계승하는가 아니면 새로운 토지법제 수립을 위한 근대법률 제정을 우선하느냐라는 방침을 계속하느냐 하는 여부에 있었다. 동시에 기존의 대한제국의 외국인 토지소유 금지 법제를 부정하고 내국인과 외국인에게 공히 적용할 수 있는 토지법제를 수립할 수 있느냐 하는 것이었다. 요컨대, 토지법제의 방향성을 둘러싼 상반된 논의이라고 하겠다.

1906년 6월 25일 제6회 시정개선협의회에서 이토는 재산소유권을 견고하게 하기 위하여 토지소유자에게 지권을 교부하는 것과 관련된 법률을 기안한 후에 사법문제로 옮겨 한국의 재판제도의 개정안을 기초한다는 방향을 제시하였다. 그리고 그는 일본 민법 제정에 참여했던 도쿄제국대학 법과대학 교수 우메 겐지로(梅謙次郎)를 초빙하여 맡기기로 제의하였다.[170)] 이토 통감은 누차 이러한 우메 교수의 초빙이 한국의 법부 및 탁지부 대신의 제의에 따라 이루어진 것을 강조하고 있었다. 이는 마치 한국의 법제도

---

169) 『한국의 시정개선에 관한 협의회－제5회 회의록』(1906.4.19.) 참조.
170) 「韓國ノ施政改善ニ關スル協議會 第六回 會議錄」(『통감부문서』 1, 1906년 6월 25일 ; 김정명 편, 『일한외교자료집성(일한합방편)』 6의 상, 220쪽).

개정 요청에 의해 자연스럽게 추진되는 것처럼 가장한 것으로 보인다.

이러한 제안에 따라 한국 정부는 법률 개정을 위해 촉탁하는 형식으로 우메 박사를 초빙하였다.[171] 결국 1906년 7월 12일 제8회 협의회 당시 우메 박사는 이미 내한하였으나 본 회의에는 아직 참여할 수 없었던 상황이었다. 다만 이토 통감은 "토지에 관한 법률의 제정을 우메 박사에게 위임하려고" 한다고 하면서, 법률을 기초하기 위해서는 토지소유에 관한 종래의 제도와 관습을 분명히 하여, 취할 것은 취하고 버려야 할 것은 버리고 또 새로이 규정을 요하는 것은 만들어야한다고 하였다. 이토는 "종래 한국에는 토지소유권의 존재여부는 대단히 불확실하므로, 법률로써 이것을 확실히 하기 위해서는 법률을 기고하기 전에 그 기초 조항을 미리 결정해 두어야 한다"는 원칙을 제시하였다.[172] 또한 이토는 우메 박사의 체류는 도쿄대학에서 교편을 잡고 있는 한 제한적이므로 토지에 관한 제도에 정통한 2~3인을 위원으로 조직하고 우메 박사의 질문에 응하는 바의 답변을 하는 수준에서 조직을 만들었으면 하였다. 이에 따라 의정부 산하에 부동산에 관한 연혁과 관습을 조사하기 위해 '부동산법조사회'를 설치할 것을 주장하였다.[173]

이렇게 하여 우메 박사에게는 한국 토지소유에 관한 종래 제도 및

---

171) 우메는 "조선에 간 것은 통감부의 촉탁이 아니라 실은 이토의 부탁을 받아 간 것이다. 그러나 표면적으로는 한국 정부의 촉탁으로 되어 있었기 때문에 공문도 받았다"고 하였다(「歸朝 梅博士 請韓談(上)」『법률신문(法律新聞)』1906년 10월 30일, 이영미, 2011, 『한국사법제도와 우메 겐지로』, 일조각, 136쪽, 각주 36 재인용), 「歸朝せる梅博の淸韓談(上)」『법률신문』1906년 10월 30일(이영미, 2011, 위의 책, 136쪽 참조).

172) 당시 탁지부 대신 민영기는 법률제정은 우메에게 맡기더라도 경지와 택지는 시급하게 정밀 실측하지 않으면 안되며, 실험결과 200명의 측량수만 양성하면 2년내에 완료할 수 있다고 주장하였다. 이를 한국측의 일관된 입장으로 '선토지조사 후법률제정'으로 파악하고 있다(최원규, 1996, 앞의 논문, 117쪽).

173) 「제8회 시정개선협의회」(1906.7.12.) ; 윤대성, 1991, 앞의 논문, 69쪽 ; 최원규, 1996, 앞의 논문, 117쪽 ; 정종휴, 1989, 『한국민법의 비교법적 연구』 ; 최종고, 1990, 『한국법학사』, 박영사.

관습을 조사하여 신구를 참작한 법률을 제정해야 하는 과제가 주어졌다.[174] 조사회는 우메 박사를 회장으로 발족하되, 조사회의 위원으로는 한국의 전반적인 법률에 정통한 한국인 가운데에서 선발하기로 했다.[175] 이에 따라 한국 정부는 1906년 7월 13일 '토지소관법 기초위원회'를 설치하였다.[176] 여기에는 정부의 토지소관법 기초위원도 토지제도에 대해 이원 긍(李源兢, 정3품), 김택(金澤, 전참서관)이 맡고, 법률제도에 대해 김락헌(金洛憲, 법부 형사국장), 홍재기(洪在祺, 정3품)가 맡으며, 조세법제도에 대해서는 이건영(李健榮, 탁지부 사세국장), 정인흥(鄭寅興, 정3품) 등이 위촉되었다.[177] 이어 7월 17일에 영어학교에서 내부, 법부, 탁지부 3대신과 우메 겐지로 박사와 위원 6명이 회동하여 관련 사항을 협의하기도 하였다.[178]

그런데 7월 24일에는 방침이 바뀌어 앞서 임명한 토지소관법 기초위원 6명 모두를 해임하였다. 이 중 홍재기(洪在祺)를 제외한 5명을 다시 임명하고, 아울러 새로이 석진형(石鎭衡, 내부참서관),[179] 김량한(金亮漢, 종2품),

---

174) 우메 겐지로(梅謙次郎, 1860~1910)는 프랑스와 독일에서 유학하고, 일본 민법 상법의 입법관련 연구와 기초 작업에 약 15년간 참여하였다. 도쿄대학과 호세이대학의 법과대학 교수로 재직하면서, 동시에 농상공성 참사관, 민법상법시행취조위원, 법제조사회 민법기초위원, 내각 법제국장관 겸 은급국장, 문부성 총무장관까지 역임하였다. 1906년 8월부터 1910년 8월 한국에서 병사할 때까지 한국의 입법에 참가하게 되었다(이상, 김경남, 「일본 소재 조선관습조사 자료의 현황과 성격 우메 켄지로(梅謙次郎) 문서와 국립공문서관 통감부 관련 문서를 중심으로-」 『일제의 조선관습조사자료의 현황과 성격』, 2012.8.24., 발표문 5~10쪽 참조).

175) 「韓國ノ施政改善ニ關スル協議會 第八回 會議錄」(『통감부문서』1, 1906년 7월 12일 ; 김정명 편, 『자료집성』6-상, 257쪽).

176) 『황성신문』 「제도위원회」 1906년 7월 16일.

177) 『황성신문』 「제도위원회」 1906년 7월 16일 ; 『황성신문』 「토지조사회」 1906년 7월 17일.

178) 『황성신문』 「정부설토지조사」 1906년 7월 24일 참조.

179) 석진형(石鎭衡)은 1902년 7월 일본국 동경사립 법정대학 법률과를 졸업하고, 1904년 11월 28일 군부주사로 관료생활을 시작하여 1906년 6월 법부법률기초위원, 법관양성소교관 내부참서관, 7월 24일 의정부 부동산법조사회 위원, 10월 24일 법관양성소교관 판임삼급, 11월 7일 의정부부동산법조사회위원 해임, 1907년 1월 21일 의정부 부동산법조사회 위원으로 활동하였다(『대한제국관원이력서』 17책,

원덕상(元悳常, 의정부참서관) 등 3명을 추가하여 모두 8명을 부동산법조사위원으로 새로 교체하여 임명하였다.[180] 이렇게 한국 정부가 정한 토지소관법 기초위원회가 먼저 발족하기는 하였지만,[181] 이것이 일본측의 의도와 맞지 않는 부분이 있었으므로 새로이 부동산법조사회로 개편된 것으로 보인다.[182]

부동산법조사회는 회장인 우메 겐지로를 비롯하여 나카야마 세타로(中山成太郎), 가와사키 만조(川崎萬藏), 히라키 간타로(平木勘太郎) 등 일본인 전문가들을 위시로 하여 이루어지고 한국인 촉탁을 일부 고용하였다. 부동산법조사회는 내각의 산하 기관으로 출발하였으며, 1906년 8월 6일부터는 내각사무가 경운궁으로 이전함에 따라 종전 내각회의실을 본회의의 회의실로 사용하기로 하였다.[183]

부동산법조사회는 1906년 7월부터 부동산 관례에 관한 현지조사에 착수했고, 일본인과 한국인을 한 조로 구성하여 조사를 맡겼다. 실무조사원은 13도 관찰부에서 조사활동의 원만함과 편의를 도모하기 위해 일정한 원칙을 제정하는 내용으로 의정부 훈령을 통해 지방관에게 하달하였다. 지방관습조사는 처음 1906년 7월 26일부터 8월 6일까지 한국의 대표적인 도시 8곳에서 이루어졌다.[184] 이때 선정한 지역은 경성이사청, 인천이사청,

---

444쪽, 20책, 537쪽).

180) 『황성신문』 1906년 7월 28일 1단, 관보임명기사 참조.

181) 이어 8월 18일 의정부에서는 정부 토지소관법조사소 경비 1만 2천원 지출을 결의하고 있다(『황성신문』「정회의안」 1906년 8월 18일 참조).

182) 부동산법조사회의 임명이 탁지부 사세국장 이건영 등이 조사위원으로 서임되었다고 파악하였다(『조선구관제도조사사업개요』, 조선총독부 중추원, 5쪽). 그런데 이는 원래 부동산소관법 위원회로 피선된 것이었다(정긍식, 1991, 「한국법률기초기관에 관한 소고」, 박영호교수회갑기념논총발간위원회 편, 『한국법사학논총』, 박영사, 119쪽 참조).

183) 「부동산법조사회안」「함복 13호」 1906년 8월 6일, 25~28쪽 참조.

184) 부동산법조사회, 1906, 『韓國不動産ニ關スル調査記錄』; 이승일, 2012, 「동아시아에서 재판규범으로서의 관습법 개념의 수용과 변용」 『한국민족문화연구』 43, 26~27

346

개성부, 평양관찰부, 평양이사청, 수원관찰부, 대구관찰부, 부산이사청, 마산이사청 등 9곳이었다.

<표 19> 부동산법조사회 1차 조사 현황(1906.7.~8.)

지역	조사일 및 조사시간	응답자	주요 내용
경성이사청	1906.7.23. 11:00- 13:30	미우라 미고로 (三浦彌五郎, 이사관)	토지는 거주에 따라서 5종으로 구별되며, 1) 각국 거류지, 2) 전관 거류지, 3) 잡거지, 4) 거류지 또는 잡거리 밖 1리 이내의 토지, 5) 일반지, 인민의 토지소유권은 일반으로 인정되며 납세의 사실에 의해 확보된다. 토지소유권을 인정한 연대는 분명치 않다. 토지를 저당하는 것으로 전당이라는 말을 쓰고 문기 또는 지계를 작성하는 것이 통상, 토지의 질입(質入)은 인정하지 않음.
개성부	1906.7.28. 18:00- 20:05	한영원 (韓永源, 부윤)	토지소유권은 고래의 관습에 따라서 스스로 인정되어진 것 같고, 어느 토지는 자기의 소유라는 생각이 충분하게 인민 사이에 있다. 전당으로 토지를 수당하고 문기를 받고서 돈을 빌리는 것이 있고, 만약 기한에 이르러 돈을 갚지 않을 때에는 수당된 토지는 대주에게 취득, 부윤으로부터 지계, 가계를 발행한 것이 있고, 인삼밭에 대해서도 지계를 발행함.
평양관찰부	1906.7.30. 10:00- 12:30	이용선 (李容善, 관찰사) 이중옥 (李重玉, 군수)	인민의 토지소유권은 개벽 이래 인정, 정부는 시가 보상하여 인민의 토지 징수할 수 있음. 경계선에 접하여 건물을 지을 때는 서로 지척으로 3척의 공지, 차지권 가운데 소작, 절반으로 하는 경우 지주가 납세 의무, 3분 7분의 경우 소작인 부담. 질권, 저당권 인정, 권리이전에 관한 서류 만듦.
평양이사청	1906.7.30. 17:30- 18:00	기구치 다케가츠 (菊池武一, 이사관)	지상권은 옛날 절대적으로 행해져 토지의 위에 있는 건물을 세울 수 없다고 함. 이제는 점차 제한이 없어짐. 소작권은 극히 박약함. 양안은 30년마다 수정, 하여튼 정확하게 행하기 어려움. 인천, 부산 등지에서 지권 발행, 양도의 경우 써서 교환할 수 있음. 금후 그곳에서는 문권을 발행하여 토지와 가옥을 구분.
수원관찰부	1906.8.1. 10:45- 12:40	이완용 (李完鎔, 군수)	옛날에는 인민의 토지소유권을 인정하지 않아서 토지는 전부 국가의 소유, 점차 각인이 소유하여 매매 또는 대차, 정부의 인민 토지 징수 시가를 보상, 지주와 소작인 수확 절반, 도세 납부, 경작의 연한 정하고 작황에 불구하고 소작료 지급, 전당 관습, 보증 세움.

쪽 참조.

대구관찰부	1906.8.3. 09:40- 11:40	박중양 (朴重陽, 군수)	토지소유권은 개벽 이래 존재하는 것으로 생각, 토지 부담은 결세, 연도의 토지소유자에게 도로를 수선하는 의무를 부과하지 않고 주로 소작인에게 부담한다. 쌍방의 강계선에 담을 세우는 경우 일방의 승낙을 받아 당연한 권리로 주장하고, 농지의 진흙구덩이의 준설은 지주가 준설비를 부담함. 공유하는 좋은 땅이 황폐했다가 다시 개간하는 경우에는 소유자 100인 중 50인에게 보상하고 50인에게는 공유로 영구히 수지(收支)로 보상함. 질권은 없고, 저당권은 있음. 민유지에 지권이나 가권은 작년 7월초에 군아로부터 발행했음. 소유자를 달리하는 토지는 양안이나 문기 중의 동서남북 4표로부터 권리자를 정하여 측량함.
부산이사청	1906.8.4. 09:40- 11:35	아리요시 아키라 (有吉明, 이사관)	토지소유권은 일찍부터 인정, 문기도 이미 이전의 것, 조세부담에서 일본인과 한인과의 경중의 차가 있어 일본인 중에는 불복하는 자가 많아서 속히 개정을 요함. 궁내부 소유인 절영도에서 공지를 개간한 때 5년 동안 소유권 취득, 조세 납부, 제주도 부근에는 어업입회의 사례가 있음.
마산이사청	1906.8.5. 17:45- 19:25	미마세쿠메 요시 (三增久米吉, 이사관)	토지소유권이 명백히 인정된 최초는 각 지방의 결수와 인구의 정도를 계산하여 각호에 부여된 것. 차지권으로 오직 작인이라는 것이 있고, 소작료는 절반, 산림 원야는 모두 관유지로 입회, 토지를 질입하지 않으며 토지를 저당하는 경우에는 양안을 바꾸는 문기 작성.

전국 각지에서 수행된 한국 부동산에 대한 면담은 비록 질문 사항이 사전에 배포되기는 했지만 불과 2~3시간에 걸쳐 짧게 진행되었다. 더구나 질문 사항에 따라 간단한 대답이 이루어졌을 뿐이었다. 대담의 응답자로 관찰사, 군수 등 각 지역 이사청 관련 지방관리에게 국한되어 있었다.

그런데 한국인 관리의 경우 인민의 토지소유권을 인정하지 않은 견해(이완용)와 이를 인정하고 개벽이래 소유권이 존재하고 있다고 강조한 견해(한영원, 이용선, 박중양)로 갈렸으나 다수가 토지소유권 자체가 있다고 인정하고 있었던 것이다. 반면 일본인 이사관들은 한국에서 토지소유권의 존재를 이해하고, 문기와 지계 발급으로 인정되고 있다고 인식하고 있었다.

다음으로 2차 조사는 1906년 8월 이후에 전국 각 지방에서 이루어졌다. 이런 조사활동은 『부동산법조사회안(不動産法調査會案)』에 수록되어 있

다.[185]

이때 보좌관대장서기관 나카야마 세타로(中山成太郎)와 위원내부참서관 석진형(石鎭衡)을 비롯하여 보좌관보 야마구치 케이이치(山口慶一), 위원 최병상(崔秉相), 보좌관보 가와사키 만조(川崎萬藏), 촉탁 유진혁(柳鎭爀) 등이 1906년 8월 27일부터 1907년 11월 1일까지 함경남·북도를 시작으로 전라남·북도와 경상남·북도에 이르기까지 전국적인 조사활동을 벌였다.

이때 부동산법조사회는 전국 부동산에 관한 조사사항에 대해 우메 박사가 작성한 『조사사항설명서』 책자를 배포하면서 진행하였다.[186] 당시 질문 항목 「토지에 관한 권리의 종류 명칭 및 그 내용」을 설정하고 구체적인 10가지 세목을 설정하였다. 우선 토지에 관한 권리에 대해, "한국의 현상은 어떠한 상태에 있는가는 이미 인민에게 토지소유권을 인정하는가 하지 않는가. 이는 한국의 토지에 관한 권리를 명확하게 하는데 당연히 먼저 조사를 요하는 것이 된다"고 하면서 한국의 토지소유권을 인정한 것이 과연 어느 시대부터 '공인(公認)'되었는지를 명확하게 조사할 것을 주문하고 있다.[187] 또한 "인민에게 토지소유권을 인정한다는 것도 국가는 공익상 필요로부터 인정한다는 것은 인민으로부터 그 소유권을 증수하는 권리를 갖는 것"인가 여부를 중요시하였으며, 또 토지의 강계와 쌍방 소유자의 권리의 한계 등에 대하여 "문명국의 법률은 상린자(相隣者) 상호의 권익을 짐작안(斟酌案)을 배격하고 상린자 간에 적당한 권리 행사의 한계를 설정해야 하는데, 한국의 경우에는 이에 관해서

---

185) 「부동산법조사회안」, 의정부 편, 1책(35장)(규 18029) 참조. 본회의 활동에 대해서는 『조선구관제도조사사업개요』(조선총독부 중추원, 1938)에 실려 있다.

186) 『조사사항설명서』(朝 21-43, 1906, 국립중앙도서관 소장), 1책(16장) ; 『韓國不動産 ニ關スル慣例 : 第1綴』(4371 l l 2, 1907.4, 일본 교토대학도서관 소장), 1책(76장), 『韓國不動産ニ關スル慣例 : 黃海道中拾貳郡. 第2綴』(朝21-44, 1907.6., 국립중앙도서관 소장), 1책(144장) 참조.

187) 『조사사항설명서』, 2~3쪽.

법령의 규정이 있는가" 등의 사례를 조사하도록 하였다.[188]

이렇게 부동산법조사회는 전국적인 조사를 수행하면서 한국의 소유권 법률의 존재와 관습상의 권리 등을 조사하면서 문명국의 법률기준과 일본의 법률 사례에 비추어 조사하도록 하였다. 이러한 조사방침에는 우메 박사가 조선의 민법체계는 일본과 달라야 하지만, 토지제도는 국적에 차별이 없도록 해야 한다고 생각한 데 근거한 것이었다.[189]

이처럼 1906년 이후 부동산법조사회는 토지에 관한 권리의 종류, 명칭 및 그 내용, 관·민유 구분의 증거, 국유와 제실유의 구별 여하 등을 집중적으로 조사하였다.[190] 그런데 한국에서는 토지소유권이라는 용어가 일반적으로 사용되지 않았고, 토지에 부속되어 있는 권리가 무엇이었고, 그 권리가 어떠한 용어로 표현되었는지에 대한 사전 인식은 없었다.

조사원들은 국유와 제실유, 공유지의 처분 관리 등을 조사하면서, 또한 차지권의 종류와 명칭으로 일본의 법률에서 통상 규정하는 소유권, 공유, 차지권, 입회권, 질권, 저당권 등 일본 민법상의 용어를 그대로 사용하였다. 더욱이 지상권(地上權), 영소작권(永小作權), 임차권(賃借權), 사용차권(使用借權) 등 일본의 법률에서 통상 규정하는 4종의 차지권 정의를 가지고 조사하였다. 따라서 이들의 조사는 한국 각지의 토지소유권의 용어와 개념과는 다른 일본식 법률개념에 따라 조사할 뿐이었다.[191]

---

188) 『조사사항설명서』, 4~5쪽.
189) 우메 겐지로(梅謙次郎)는 도쿄경제학협회 9월 월례회에서 한 연설에서 한국의 독자적인 민법을 제정하여야 한다는 입장을 피력하였다. 그것은 나라마다 민법이 있고 영사재판권의 철회를 위해서도 문명국과 같은 성문법으로 민법을 제정해야 한다고 주장한 것이다(梅謙次郎, 「한국의 법률제도에 就하여(상)」『동경경제잡지』 1512, 1909.10), 9~10쪽 참조).
190) 황성신문 등 여러 신문과 잡지에서 부동산법 조사회의 조사 항목 내용에 대해 소개하고 있었다(『황성신문』,「不動産調査問目」잡보 2면 5단, 1906년 10월 17일 ; 『대한자강회월보』4호, 1906년 10월 25일「부동산조사항목」, 62~64쪽 참조).
191) 『조사사항설명서』, 6~11쪽.

결국 이때 작성한 문건은 『한국 부동산에 관한 조사철』이라는 이름으로 2개의 편철로 정리되었다. 이 편철은 원래 조사항목 10개에 맞춰 각 조항별로 세목에 대한 대답을 각 군별로 사례를 중심으로 정리한 것이 아니라 세목별로 다시 모아서 전체적으로 간단히 정리하였다. 이에 따라 한국 각 지방의 고유의 소유권 이해와 전통적인 관습을 이해할 수 없게 되었다.

그런데 부동산법조사회 촉탁 히라키 간타로(平木勘太郎)는 한국부동산에 관한 관례를 자기마음대로 재단하였다. 그는 황해도 안악, 재령, 해주, 신천, 문화, 은율, 풍천, 송화, 장연, 장련, 연안, 배천 등 각 군 및 세무서, 농공은행 등 지역에 부동산에 관한 관례를 조사하였다.

〈표 20〉 한국 부동산에 관한 조사철(2) 일부 내용

지역	인민의 토지소유권	기원	취득방법	상속	소유권 시효	차지권	물권
은율	토지 소유권 가짐	조선개국 이래	신구문기의 교환	가독상속, 유산상속	조세부담, 소유권 취득	도지, 병작	환퇴, 권매
문화	동일	기자 시대	동일	호주상속, 장남 7/10, 차남 3/10	30년 경과 이후 출원		전당 환퇴
안악	동일	알지 못함.	동일		30년 토지 점유 소유권 확보	영소작권 없음, 임대차지권	
신천	동일	단군 이래 계속, 양안으로 민유토지 확인, 실행하지 못한 듯.	동일				
재령	동일	기자시대 정전(井田)구 일세(九一稅)		장자 5/10, 차자 3/10, 서자 2/10			
해주	동일	분명치 않음		직계비속, 장자 2/3, 차자 2명 경우 1/6씩			전당, 3개월 1년
연안	동일		신구 문기	장자 1/2,	입지(立旨)		

			교환	차자 3/5, 서자 2/5	를 주는 것이 유사		
배천	동일	알지 못함	신구문기 교환, 증인 20세 이상 의 남자		시효의 개념 이 박약, 설 권적(設權的) 처분, 선시적 (宣示的) 처분		

그는 황해도 지역의 조사에서 대부분 대동소이하다고 하면서 은율군의 조사내용을 특별히 소개하고 있다. 예컨대 은율군에서 조사한 바로는 해당 지역 군수, 군주사 등 지방관리들은 모두 토지소유권을 가진다는 것을 확인했고, 기원에 대해서는 개국 이래, 혹은 단군 이래 시작되고, 가자, 위만, 삼한, 삼국, 고려, 조선에 이르기까지 점차 변천하였음을 대답하였다. 또한 토지매매시에는 매매문기의 교환을 통해서 이루어지고, 상속은 자녀의 차이가 일정 비율로 있다는 점, 영소작권은 없으나 도지와 병작제가 시행되고 있으며, 전당에는 일정한 시효가 있다는 점이 강조되었다.

이러한 객관적인 조사에 대해서 촉탁 히라키 간타로(平木勘太郎)는 대한 제국의 인민에게 토지소유권이 존재한다고 답하기는 하지만 어떤 법규에 의거하는가는 대답하지 못했으며, 소유권의 근거로서 조세나 양안의 유효성에 대해서도 부정적이라고 보았다. 그는 법률상 직접, 또는 간접으로 규정한 법규가 존재하지 않는다면 토지소유권은 용인될 수 없다고 단정하였을 뿐만 아니라 토지소유권의 근거장부로서 양안은 조세장부에 불과하므로 토지대장이 아니라고까지 주장하였다.[192] 또한 물권과 채권의 관행에 관하여 전당의 명칭을 붙여 채권을 담보하는 일종의 권리를 설정하고 있으며, 토지의 소유권자임을 증명하는 유일한 증거재료로서 문기(文記)를 소유권 징표로 간주하고 있지만, 문기가 가진 효력이 법률적으로 제한되며,

---

192) 『韓國不動産ニ關スル慣例 : 黃海道中拾貳郡. 第2綴』, 27~31쪽.

전당도 마찬가지로 법적 보호를 받지 못하고 있다고 보았다.[193] 따라서 그는 대한제국하에서 전반적인 토지소유권의 실재를 부정하였을 뿐만 아니라 토지소유권 제도의 법적 미비를 지적하였다.

2. 한국 부동산 법률 제정과 토지제도 개혁의 논란

1) 부동산 관련 법률 제정과 토지 정책 논란

1905년 일본의 대한정책이 보호국화의 정책으로 전개되자 민간에서는 이를 비판하고, 일본 토지 정책에 의심을 두기 시작했다. 1905년 5월 24일자 황성신문은 당시 일본 신문에 보도된 '대한정책의 밀수(密受)'라는 기사에서 주한일본 공사가 각종 훈령을 받았는데, 그 중에서 "거류지제도를 철폐하고 내지잡거를 허하는 사와 토지소유권을 허하는 사"라 한다고 하였다.[194]

1907년 1월 장지연은 1906년 현재 한국으로 건너오는 일본인이 매일 500여명에 이르니 그 수가 1년이면 18만 명 이상에 달할 것이라고 했다. 전국적으로 경부철도 및 경의선 정거장 연로, 그리고 은진, 강경, 공주, 전주, 나주, 함흥, 경흥, 성진 등 13도 각처에 산재한 거주 일본인이 5~6만에

---

193) 『韓國不動産ニ關スル慣例 : 黃海道中拾貳郡. 第2綴』, 104~112쪽. 히라키는 해주의 경우, 황해도 관찰사에서 행해진 토지소유권의 재판사례를 소개하였다. "1905년 한국인 갑모(甲某)가 청국인 을모(乙某)에게 입지(立旨)를 받아 토지와 가옥을 전당하였다. 청국인은 경성에 갔다가 1906년 해주읍에 내려오니 한국인 병모(丙某)가 자신의 소유자를 주장하였는데, 3년 전 문기를 가지고 자신에게 전당"하였다고 하였다. 이때 해주군수는 입지를 근거로 을모에게 소유권을 인정하였지만, 관찰사는 문기에 의해 병의 소유를 인정하였다(위의 책, 132~135쪽). 히라키는 분쟁사례에서 입지보다 문기의 효력을 내세우고 있지만, 이러한 토지소유권을 확인해 주는 법적 제도의 미비라고 판단하였다.

194) 『황성신문』 「對韓政策의 密受」 잡보, 1면 4단, 1905년 5월 24일.

내려가지 않을 것이라고 하였다. 더구나 1905년 3월부터 1년 사이에 군산, 금강 유역에서 일본인의 매수 토지가 논 27,531두락, 밭 3,832두락, 진전(陳田) 갈대밭 1,071두락이나 증가했다고 하였다. 그는 이처럼 일본인 이민이 급증하고 이들의 토지집적이 날로 증가하게 되면 조만간 경제적 위치를 점유해 식민계획을 달성할 것이라고 전망했다.[195]

한편, 일본 유학생 김지간(金志侃)은 당시 도처의 옥토를 일본인에게 방해하여 한 조각의 땅도 남지 않을 거라고 개탄하면서 "토지가 있어야 국가도 있고, 인민도 있고, 농업도 있을 것이니" 일본인에게 토지 방매하지 말 것을 호소하고 있었다.[196]

이런 상황인식에 따라 한국 민간에서도 토지·가옥매매에 대한 강력한 규제법안을 요구하였다. 1906년 5월 19일 대한자강회 통상회에서 윤효정(尹孝定)은 부동산거래에서 위조문권으로 잠매 도매의 폐가 성행하는 이유는 계권법이 확정되지 않아 사사로이 매매하는 관행에서 연유한다고 지적하였다.[197] 이를 개혁하기 위해 계권(契券)을 동장 면장의 인증과 지방관의 조사를 거친 후 증명하는 방식을 결의하였다.[198] 이른바 '부동산 증명안건'의 방침을 결정하였다. 대한자강회는 5월 22일 다시 임시평의회를 개최하여 정부 건의서 제술위원으로 윤효정(尹孝定), 장지연(張志淵), 유근(柳瑾)으로 하고, 방조원으로 이기(李沂)를 임명하고 총대위원으로 윤효정, 심의성(沈宜性), 현은(玄檃)을 선출하여 참정대신 박제순에게 건의

---

195) 장지연, 「숭재만필(嵩齋漫筆)」 『대한자강회월보』 2, 17~19쪽 ; 정연태, 『식민권력과 한국농업－일제 식민농정의 동역학』, 112~123쪽 참조.

196) 김지간(金志侃), 「농업연구담」 『태극학보』 15, 1907년 11월 24일, 24~26쪽.

197) 최원규, 1996, 「대한제국과 일제의 토지권법 제정과정과 그 지향」 『동방학지』 94, 120~122쪽.

198) 당시 황성신문에서도 "무릇 매매 전당을 할 때 반드시 해당 동임과 면장의 보증을 거쳐야 하고, 또한 지방관의 조사와 증명을 받은 연후에야 매매와 전당의 권리를 비로소 허가하는 것"이라 하였다(『황성신문』 2191호, 1906년 5월 28일, 논설 「對自强會建議案 警告官吏及洞任面長之人」, 13~94쪽).

서를 제출했다.

　이들은 부동산거래에서 위조문권으로 잠매 도매의 폐가 성행한다는 점, 이 문제는 주로 부자간·형제간·친척간에 일어나 덕의가 손상된다는 점, 국가의 산업발달과 관계된다는 점을 중요시했다. 이러한 폐단은 계권법(契券法)이 확정되지 않아 관을 거치지 않고 매매하는 관행에서 연유한다고 진단하였다. 개혁안의 구체적 내용은 계권을 동장·면장의 인증과 지방관의 조사를 거친 후 증명을 받아 거래하는 방식이었다. 거래대상자는 또한 대한국 신민에만 한정하였다.[199] 총대 윤효정은 건의서를 전달하면서 지계제도와 법률제도가 정비되는 것이 일차적인 과제이나 지계제도는 1~2년에 될 일이 아니므로 지금은 속히 법률제도를 정비하지 않으면 안 될 정도로 심각하니 증명제도라도 하루바삐 실시해야 한다고 부연하여 설명하였다.[200]

　그렇지만 정부에서는 별다른 반응이 없었으므로 6월 22일 윤효정 등이 박제순을 직접 방문하기도 하였다. 정부의 입장으로서는 민산계권(民産契券)을 확정하기 전에 관이 증명하기는 어려운 일이고, 사기·위조 등 범죄는 우선『형법대전(刑法大全)』이 정한대로 시행하면 된다는 법부의 견해 등을 고려하여 아직 논의가 확정되지 않은 상태라고 설명했다. 이에 대한자강회는 먼저 증명서로 폐단을 막아야 하며, 형법대전에서 정한 전택모인(田宅冒認)과 계권위조(契券僞造)의 법률은 사후 조처라 효과가 없으니 증명제도를 도입하여 범죄발생 이전에 미리 막아야 한다고 주장하였다. 결국 대한자강회는 부동산 증명안건을 정부에 제출했다.[201] 이 제도개혁안은 단지 관의 증명서를 발급하는 차원에 그치는 것은 아니라, 증명서를 미리 발급하고 이후에야 거래하도록 하여 사전에 국가의 증명을 받도록 한 점에서 이전과

---

199)『대한자강회월보』 1, 1906년 7월, 43~44쪽.
200)『대한자강회월보』 1, 1906년 7월, 53~55쪽 ; 최원규, 1996, 앞의 논문, 120~122쪽.
201)『대한자강회월보』 2, 1906년 8월, 49~51쪽 ;『황성신문』 1906년 6월 23일.

달랐다.[202] 특히 일본인에게 전매, 혹은 사기를 당해도 잠매를 금지한다는 금령(禁令) 때문에 처벌이 두려워 고발할 수도 없는 실정을 개혁하기 위한 것이다.[203] 이는 1898년부터 대한제국이 시행한 광무양전사업 이래 개항장 이외의 곳에서 외국인의 토지소유를 금지하는 법제도를 유지시키면서 불법적인 잠매를 방지하기 위한 부득이한 조처였다.

1906년 8월 15일에는 제10회 시정개선협의회에서는 「부동산권소관법」 초안을 이토에게 제출하였다. 이 법안은 답·전·산림·천택·기타의 토지·가옥 토지의 정착물 등 모든 부동산권에 대한 규정을 담고 있었다. 이후 우메는 초안에 대한 수정안을 제출하였다. 마침내 10월 16일 「법률 제6호, 토지 건물의 매매·교환·양여·전당에 관한 법률」로 공포하였다.[204]

우선 「법률 제6호」는 제1조에 "토지나 건물을 매각 양여하거나 교환 혹은 전당하고자 할 시에 소유자가 계권(契券) 및 그 사유를 서면으로 제출하여 토지나 건물의 소재지의 이장과 면장에게 증인(證印)을 받은 후에 군수 부윤에 제출하여 인허(認許)를 받을" 것을 규정하였다. 또한 토지와 건물에 대한 증빙을 하기 위하여 등기부를 제조하여 두도록 하였다. 또한 부동산 거래시 사기를 벌이거나 하면 보증인과 연대하여 손해배상 책임을 갖게 하고 등기부를 상실 훼손 혹은 은익한 자는 형법에 의해

---

202) 이에 대해 이토 히로부미(伊藤博文)는 원칙적으로 동의를 했다고 하였으나 토지가옥 매매시 지방관의 증명서를 발급한 연후에 매매를 한다는 내용은 일종의 관허가제도로 일본측 방안과는 크게 차이가 나는 것이었다(『황성신문』 2243호, 1906년 7월 27일 잡보, 13-302쪽 ; 최원규, 1996, 앞의 논문, 121~122쪽 참조).

203) 『황성신문』 「不動産證明書를 宜急速失行」 1906년 12월 4일.

204) 『황성신문』 2292호, 1906년 9월 25일 잡보, 13-494쪽 ; 2295호, 1906년 9월 28일 잡보, 13-506쪽 ; 2296호, 1906년 9월 29일 잡보, 13-510쪽 ; 1907년 10월 5일 황성신문 기사에 의하면, "정부 부동산조사소에셔 부동산에 관ᄒᆞᆫ 규정을 기초 필료ᄒᆞᆫ 고로 작일 정부에셔 해규정을 인간ᄒᆞ야 십삼도관하 각 군에 발훈ᄒᆞ얏다러라"라고 하여 새로 제정된 부동산 규정을 책자로 만들어 배포했다고 하고 있다(『황성신문』 2300호 잡보, 13-526쪽)고 되어 있으나 규정은 관보에 게재되지 않았고 중도에 폐기된 것으로 보인다.

처단하는 규정을 두었다.205)

그런데 부동산 거래시 관의 인허와 부정 발생시 강력한 처벌을 포함하고 있는 「법률 6호」는 일본측에서 추진하는 토지가옥거래에 관한 법률과 상당한 차이가 있었다. 이에 반대하여 일본 통감부에서는 불과 10일 후인 10월 26일에 새로 「칙령 제65호, 토지가옥증명규칙」을 공포하도록 하였다.206)

「토지가옥증명규칙」의 주요 내용으로는 토지소유의 증명대상을 소유권과 전당권의 매매·증여·교환에 한정하고 있으며, 토지거래의 신고 방식을 변경하여 토지거래시 면장과 이장의 인증을 받는 것에서 통수와 동장의 인증으로 바꾸었다. 토지거래의 경우 군수 부윤에게 인허(認許)를 받도록 한 것을 한 단계 나아가 이제 증명(證明)을 받도록 하는 것으로 관 통제의 수위를 낮추었다. 따라서 이전 법제에서는 계권과 신청서를 작성하도록 하였지만, 이제는 계약서에 관이 증명을 하는 방식을 택하였다. 이는 일종의 '관인계약서 발행제도'라고 할 수 있다. 따라서 거래가 발생하기 이전에 관의 인허나 증명을 받는 것이 아니라 사후에 관의 증명을 받는 것으로 후퇴하였다. 또한 제8조에서는 외국인의 경우에는 일본이사청의 사증을 받아 증명을 필한 이후에 토지가옥의 소유에 관한 권리가 확보된다는 것이었다.207) 그런데 이 증명규칙에서는 대한제국에서 개항장과 한성부이외에서는 외국인의 토지가옥 소유를 금지하고 있었던 것과 달리

---

205) 서울대학교 도서관, 「조칙 법률」(규장각 자료총서) 1991, 688~690쪽.

206) 후속조치로 통감부는 11월 16일 통감부령 제42호 「토지건물증명규칙」을 공포하였다(「칙령65 : 토지가옥증명규칙」『구한국관보』제3598호, 1906년 10월 31일, 16-963쪽 참조).

207) 「칙령 60호, 토지가옥증명규칙」 8조에서 외국인이 증명을 받을 때는 일본 이사관의 사증(査證)을 받는다고 했고, 법부령 4호 시행세칙 7조에도 일본이사관으로부터 지조를 받은 후 토지가옥증명부에 기재하도록 했으며, 11월 9일 법부 훈령에도 내외국 인민이 토지가옥 매매와 증여, 교환, 전당에 대해 제8항에 일본측이 일반 내지에도 시행한다고 규정되어 있고 제9항에는 토지 가옥의 소유권을 취득한 자는 토지 가옥에 관한 조세를 납부하는 부담이 내외국인 동일한 일이라고 하였다고 지적했다(「칙령 제65호 토지가옥증명규칙」, 제8조 참조).

일본인을 비롯한 외국인 토지소유를 전면 허용하고 있었다.

이후 1906년 11월 9일 토지가옥증명규칙과 시행세칙 등 제반 조치를 상세히 설명하기 위한 세부 지침과 훈령을 후속으로 발포하였다.[208] 토지가옥증명규칙과 시행세칙이 전격 공포되자, 계몽운동에 참여한 지식인들은 대한자강회 명의로 '정부질품서'로 이 조치를 비난하였다.

> 盖近來愚蠢ᄒ 人民及 浮浪ᄒ 子弟가 不動産物을 外國人에게 違禁密賣ᄒ며 或 契券을 僞造ᄒ야 盜賣及 偷典ᄒ난 弊로 由ᄒ야 訴訟의 紛挐와 聽理의 熒惑이 汔無止泊홀 뿐더러 如此 密賣 盜賣及 偷典ᄒ난 土地産業은 一切 外國人手中에 專歸ᄒ야 莫大ᄒ 弊害를 釀成ᄒ깃기로 此를 防制ᄒ기 爲홈이어늘 (중략) 此規則 細則 訓令等을 據ᄒ온즉 是ᄂ 當初 本會의 建議ᄒ 本旨와ᄂ 大相鑿柄ᄒ야 全國不動産의 開放을 各國 約款 以外에 佈示홈과 如ᄒ지라. 竊不勝驚訝之至ᄒ와 玆에 仰質ᄒ오니 政府의 眞意와 該規의 理由를 賜答明示ᄒ와 以解國民駭瞠之惑ᄒ심을 伏望.
>
> 光武 十一年一月三十日 大韓自强會長 尹致昊[209]

위의 질품서에서는 우선 인민 및 불량한 자제가 법규를 어겨가며 부동산을 외국인에게 몰래 팔고, 계권을 위조하여 도매(盜賣)하거나 함부로 전당을 잡혀 소송의 분규와 청리(聽理)의 미혹함이 그치지 않으며, 또한 토지산업이 외국인의 수중에 들어가는 폐단을 시정해야 한다고 주장하였다.

대한자강회는 이 조치가 전국적으로 외국인에게 부동산의 전면 개방을 공포한 것과는 다름없다고 판단하였다. 이에 따라 정부의 진의(眞意)와 해당 규정의 이유를 답변할 것을 제기하였던 것이다. 이렇게 대한자강회측에서는 토지가옥증명규칙의 제정과 시행령 실시에 대해서 결과적으로

---

208) 「훈령」『구한국관보』제3608호, 1906년 11월 12일, 16권, 1007~1008쪽.
209) 『대한자강회월보』8호, 1907년 2월 「本會續報」, 70~71쪽.

외국인의 토지가옥 소유와 매매, 증여, 교환, 전당에 대해 전면 개방이라는 점을 비판하였다.

1906년 후반기에 대한제국 정부와 일본 통감부는 여러 차례 입장 조율을 통하여 일련의 부동산과 관련된 법제안의 내용을 수정하게 되었다.[210]

먼저 1906년 8월 15일에 제안된 「부동산소관법」의 초안에 의하면, 부동산에 관한 제권리의 범위를 매매, 전당, 임조(賃租), 양여 등으로 포괄하고 있었지만 이후 우메 박사의 수정안에서는 임조가 삭제되고, 전당을 일본식으로 질입(質入)으로 변경되었다.[211] 특히 임조 규정에 대해서는 1906년 8월 15일에 개최된 한국시정개선협의회 제10회 회의에서 부동산권소관법에 대한 축조심의에서 검토되었다. 우메 겐지로 박사는 초안에서 제시된 임조규정에 대해, "임조라고 하면 소작계약도 그 속에 포함한다. 그런데 소작계약의 등기와 같은 것은 지금 조사 중에 있는 부동산에 관한 법률 속에서 그 필요가 있을 때 이를 규정해야 한다. 혹시 해당 법률 속에서 이를 배제하더라도 어쩔 수 없다. 요컨대 본법에서는 불필요하다고 생각한다"고 하면서 이를 삭제할 것을 주장하였다.[212] 이에 대해 이하영 법부대신은 "우리나라에서는 차지(借地)를 할 때 여러 폐해가 있기 때문에 이를

---

210) 이영미, 2011, 『한국사법제도와 우메 겐지로』, 일조각, 105쪽 ; 김정명 편, 『일한외교자료집성』 6권(상), 342~348쪽 ; 법률제6호, 『조직 법률』(규장각자료총서 금호시리즈 근대법령 편), 1991, 600쪽.

211) 부동산소관법 초안에서 제기된 임조권의 의미에 대해서는 2가지 해석이 제기되었다. 최원규는 임조권은 농민의 경작권을 물권으로 보장하는 장치였으며, 이전 농민 경작권을 보호하려 한 광무양전사업의 정신을 계승한 것이라고 평가하였다(최원규, 1994, 「한말 일제초기 토지조사와 토지법 연구」, 연세대 사학과 박사학위논문, 154쪽 ; 최원규, 1996, 앞의 논문 참조). 반면에 정연태는 그러한 근거가 없으며 일반적인 소작권은 결코 물권적 지위를 가지지 못했고, 현실적으로 특수 소작지에서 분쟁에 대비하는 것이며, 당시 소작관행 등을 참작해 납세자를 파악함으로써 지세 수입을 안정적으로 확보하려는 것으로 보았다(정연태, 2014, 앞의 책, 76~78쪽).

212) 「韓國施政改善ニ關スル協議會 – 第十回 會議錄」『통감부문서』 1, 1906년 8월 15일 참조.

제거하려는 목적으로 임조(賃租)를 원안 속에 넣고자 한다"고 주장하였다. 대한제국 정부는 임대차에 관한 사항에 대해 등기를 의무화한다는 점에서 임차권을 단순한 채권이 아니라 물권으로 보증하려고 하였다. 그렇지만 일본측 입장을 대변하는 우메의 수정안에서는 임차권은 아예 삭제되고 말았다.[213]

또한 초안에서는 부동산거래의 허가를 이장, 면장의 증인(證印)을 받은 후에 군수, 부윤, 감리 등에 청원하는 것으로 되어 있었다. 그렇지만 이 부분은 군수, 부윤, 감리 등의 인허로 되었다가 해당 지방관이 부동산 거래를 증명하는 것으로 축소되었다. 또한 이때 발급되는 지권(地券)의 성격을 물권적 권리로 보며, 관련 장부는 등기부의 성격을 갖는 것이었으나 이후 수정안에서는 개별 거래의 증명이라는 과정에 비추어 제3자 대항권을 갖는 등기제도로는 볼 수 없다고 하였다. 따라서 지권은 채권적인 권리로서 또한 증명제도의 일환으로 토지가옥증명부를 만드는 것으로 하였다. 이렇게 토지법 제정 과정에서 부동산 거래의 국가적 통제와 등기부 작성 및 불법거래의 형사적 처벌이라는 강력한 처방이 후퇴하고 개별 거래에 대한 증명제도로서 간접적으로 국가가 통제하는 수준으로 귀결되고 말았다. 이러한 토지법제화의 핵심은 부동산에 관한 제반 법률이 결국 일본인을 비롯한 외국인 토지소유를 무제한적으로 확대하는 절차와 내용을 담게 됨으로써 대한제국의 양전·지계사업과 개항장 거류지내의 토지 소유 통제 정책은 이제 중단되는 결과를 낳았다.

따라서 토지가옥증명규칙의 시행과 후속 조치에 따라 여러 가지 문제점

---

213) 문제는 농민의 경작권에 대해 대한제국의 양전·지계사업에서 어느 정도 인정하고 있었는가 여부와 더불어 하나의 관습법으로서 경작권 보호인가 아니면 일본 식민지 지주제를 유지하기 위한 관행으로서 채권적 소작권리를 규정하느냐 하는 정책적 의도와 방향에 보다 주의해야 한다(김인수, 2013, 「일제하 조선의 농정 입법과 통계에 대한 지식국가론적 해석 : 제국 지식체계의 이식과 변용을 중심으로」, 서울대 사회학과 박사학위논문, 59~64쪽 참조).

이 노출되기도 하였다. 이때는 증명규칙 8조와 이에 대한 훈령 설명문이 상호 충돌할 수 있는 규정상의 모호함에서 연유하였다. 이번 조치로 인하여 기존의 대한제국 형법과 제반 규정상 각 항구 조계지와 그 외 10리 이내의 토지가옥에 대한 외국인 소유금지의 법령을 파기하는 결과를 가져오고 외국인 토지가옥 소유의 합법화를 허용하는 결과를 초래하기 때문에 파장은 더욱 컸다.[214]

또한 토지가옥증명규칙에는 시행 당시 토지가옥을 증명하기 위한 절차와 장부, 그리고 해당관리의 역할 등이 명확하지 않았다. 절차규정과 증명장부 등이 미리 갖추어져야 했지만, 1906년 12월 1일 시행을 앞두고서도 제반 준비는 미비했다.[215] 당시 한성부에서는 해당 조치를 실행할 예산이 세워지지도 않았고 제반 준비가 이루어지려면 다음 해 1월 1일로 시행일을 연기할 것을 요청하였다.[216] 해당관리로서 동장과 통수를 규정하였지만 한성부에서 새로 임명하기 어려우므로 일단 종전 관행대로 동임의 역할을 거행하였던 가쾌 등을 선정하여 복무케 할 것을 훈령하기도 하였다.[217]

이렇게 부동산조사회의 활동과 부동산 관련 법제정을 둘러싸고 우메 겐지로(梅謙次郞)의 조사와 법제 활동은 커다란 영향을 미쳤다.[218] 그의 주장대로 한국의 부동산법제의 기초조사 이후 토지법 제정이 이루어져야

---

214) 용천부윤 어윤적(魚允迪)은 각국과 조약을 맺은 외국인의 조차지와 임구방옥(賃購房屋)은 각 항구조계외 10리 이내인데 근래 외국인들이 조약을 어기고 10리외에 불법적으로 침탈한 것에 대해 증명규칙에 명확하게 규정되지 않았다고 비판하였다. 일본인, 청인, 구미인들이 내지에 토지와 가옥을 사서 증명을 신청할 경우 이를 처리하기 어렵다는 난점을 지적하였다(『황성신문』 2370호, 1906년 12월 27일 잡보, 14-190쪽 ; 2395호, 1907년 1월 31일 잡보, 14-290쪽).

215) 『황성신문』 2339호, 1906년 11월 21일 잡보, 14-66쪽 ; 2342호, 1906년 11월 24일 잡보, 14-78쪽 ; 2355호, 1906년 12월 10일 잡보, 14-130쪽.

216) 『황성신문』 2357호, 1906년 12월 20일 잡보, 14-138쪽.

217) 『황성신문』 2365호, 1906년 12월 21일 잡보, 14-170쪽.

218) 梅謙次郞, 1909. 10,「韓國의 法律制度에 就하여(上)」『東京經濟雜誌』 1512, 9~10쪽.

함에도 불구하고 시급하게 임시조치적인 「토지가옥증명규칙」의 시행을 허용함으로써 대한제국시기 추구했던 토지법제화의 노력은 수포로 돌아갈 위기에 빠졌다.[219]

2) 법전조사국의 설립과 부동산 법제 조사 활동

부동산법조사회는 1906~1907년 1년여 동안 전국 주요 지점에서 토지소유에 관한 각종 조사활동을 벌이며 부동산 관련 법제정을 준비했다. 그렇지만 부동산법조사회는 실제 성과를 내지 못한 채 해체되었다. 이제 다시 1907년 12월 23일 한국 정부는 민법, 형법, 민사소송법·형사소송법 및 부속법령의 기안을 목적으로 법전조사국(法典調查局)을 설치하였다. 이 기구는 이전에 토지소유에 관한 종래 제도 및 관습을 조사하여 신구를 참작한 법률을 제정하려고 했던 부동산법조사회를 계승하는 형식이었다.[220]

법전조사국에는 위원장(勅任官待遇), 위원(勅任 혹은 奏任官待遇), 사무관(奏任) 등으로 구성되었다.[221] 법전조사국은 의정부에 소속되고, 고문으로

---

219) 그는 「토지가옥증명규칙」에 대해 "내가 발의한 것이 아니다. 당시 나는 한국에 건너간 지 얼마 되지 않았기 때문에 한국의 사정을 충분히 알지 못했고, 원래부터 임시방편적인 일은 좋아하지 않는다. 그러나 한국 정부가 이 안을 제의했고 통감도 이에 동의했기 때문에 그 발포를 보게 된 것이다"라고 변명하고 있다(위의 글, 1909). 이에 대해 이영미는 항구적인 법률제정의 구상과 기초에 주력했다는 것으로 긍정적으로 설명하였다(앞의 책, 114~115쪽). 그렇지만 그의 구상은 대한제국의 토지법제화의 전체 과정에서는 일본의 식민지화 구상과 연결되었다고 보아야 한다.

220) 1907년 12월 17일에 개최된 내각회의에서는 내각총리대신과 법부, 탁지부 대신이 연서하여 청의한 법전조사국 관제를 참석 대신 만장일치로 결의하였다(「청의서 제79호」1907년 12월 ; 『관보』1907년 12월 23일 ; 『황성신문』1907년 12월 28일, 1면 1단, 관보 기사 참조).

221) "法典局設實 政府에서 法典調查局을 設實ᄒ고 法學博士 梅謙次郎氏로 顧問을 定ᄒ고 法部次官 倉富勇三郎氏로 委員을 任命ᄒ고 民法, 刑法 訴訟法 等을 調查ᄒ다더라"(『황

우메 겐지로를 위촉하였지만, 실제 법전조사국 위원장으로 구라토미 유자부로(倉富勇三郎) 법부차관, 위원으로 일본인 및 한국인 10여명, 기타 사무관 및 사무관보, 통역관 약간 명이 임명되었다.[222] 이후 1908년 5월 23일 '법전조사국분과규정'에 따라 서무 조사 회계 3과를 설치하였으며, 다시 6월 22일에는 위원회 일부 개편이 있었다.[223]

법전조사국의 위원은 이후 각급 재판소의 판검사가 겸임하게 되었으며, 관습조사와 관련하여 사무관 이하 사무관보 및 통역관보가 담당하였으며, 이들은 법전 편찬의 기안 및 심의를 담당하는 위원회 팀과 구별되었다. 관습조사의 주요 인물로 전임사무관인 오다 미키지로(小田幹治郎)와 사무관보인 가와사키 만조(川崎萬藏) 등이 임명되었다.[224] 한국인 관료로는 유성준, 김낙헌, 이시영 등이 국장급으로 참여하였다.[225] 이들 한국인 관료들은 일본인 위원장과 위원들을 보좌하고 행정적 실무를 돕는 역할을 담당한 것으로 보인다.

그런데 법전조사국이 설립된 배경에는 바로 1907년 12월 23일 재판소구성법의 공포와도 관련되어 있었다. 당시 이토를 비롯한 통감부 사법관료는 한국에 거주하는 외국인과 일본인에 관계된 민사사건에 대해서는 토지에 관한 법규를 제외하고 일본 민법을 적용하기로 하였으며, 새로운 법전 제정에서는 한국인 상호 간의 민사사건에 대해서만 적용한다는 원칙을 세우고 있었다.[226]

성신문」「法典局設眞」1907년 12월 25일, 2면 2단).

222) 『관보』 『황성신문』 임명 해당 기사, 『내각왕복문』(규 17755) 참조.

223) 『황성신문』 1908년 5월 24일 관청사항, 1면 2단.

224) 川崎萬藏, 「朝鮮 梅博士」, 100쪽 ; 이영미, 2011, 『한국사법제도와 우메 겐지로』, 일조각, 158쪽 재인용.

225) 유성준(1860~1935), 국사편찬위원회 편, 『대한제국관원이력서』, 9책, 294쪽, 33책, 757쪽, 34책, 779쪽 ; 김낙헌(1876~1919), 『대한제국관원이력서』 5책, 143쪽 ; 19책, 500쪽 ; 이시영(1869~1953), 『대한제국관원이력서』 2책, 48쪽.

226) 이승일, 2008, 「일제의 조선관습조사 사업 활동과 식민지법 인식」 『일본의 식민지

이후 우메 겐지로는 관습조사의 범위를 민사 및 상사관습으로 확정하였다. 각 조사원이 다양한 관습을 취사선택할 때 개인의 주관을 피하고 통일적인 조사를 위해 206개 질문 항목을 작성하였다. 그는 1907년 부동산법조사회에서 이미 한국의 부동산에 관한 조사 질문 항목을 작성한 경험을 살렸다.[227]

그는 1909년 도쿄경제학협회 9월 월례회에서 한국 민법의 제정 필요성을 강조하였다.[228] 그가 법전조사국을 설립한 이유를 적어도 표면적으로는 한국에서 일본인과 한국인, 외국인에게 공히 통용될 수 있는 법전을 만드는 것으로 보았다. 그는 한국인은 물론 원고인 일본인도 동일한 법에 적용을 받아야 하며, 영사재판권을 철회할 시는 외국인에도 적용할 수 있어야 한다고 하면서, 조약 또는 법령에 특별한 규정되는 한, 일본인에 대하여 한국의 법률은 적용되지 않기 때문에 새로 기초하는 민법은 "전부 한국인만을 위하여 만드는 거"라고 하였다.[229] 그는 일본 민법의 사례에서 추출한 민법의 경우는 180개항, 상법의 경우 26개항의 질문 사항을 정하였다. 관습조사문제에 대한 조사요항에 따르면,[230] 당시 민사 관습을 있는 그대

지배와 식민지적 근대』, 동북아재단, 27~28쪽 참조.

227) 우메 겐지로는 부동산법조사회에서 행한 조사에서 한국에서 토지소유권이 언제부터 설정되었던 제도인가에 대해 한국의 관리와 다수 한인들은 한사람도 이를 명확하게 말하지 못하였는데, 짐작컨대 이조(조선)초기에 인정되었던 것이 아닌가라고 하였다고 하였다(1909. 10. 16, 「韓國の法律制度に就て(上)」 『동경경제잡지』, 60권, 1512호, 701~703쪽 참조).

228) 梅謙次郎, 1909. 10. 30, 「韓國の法律制度に就て(下)」 『동경경제잡지』 60권, 1514호, 796쪽 참조.

229) 그는 한국의 법률제도 개혁에 대해 1. 토지제도의 조사, 2. 소유권, 3. 전당권, 4. 문기, 5. 영사재판권 철폐의 준비, 6. 토지가옥증명규칙, 7. 사법제도의 개선, 8. 삼심제도, 9. 재판소구성법 실시의 호평, 10. 사법권위임의 효과, 11. 한국인의 임용과 위헌설, 12. 민사소송법의 기초, 13. 민법의 편찬 등에 대해 언급하고 있다(梅謙次郎, 1909, 「韓國の法律制度に就て(上)」 『東京經濟雜誌』, 701~703쪽 참조).

230) 중추원, 『조선구관제도조사사업개요』 1938, 18쪽 ; 윤대성, 「일제의 한국관습조사사업과 민사관습법」 『창원대논문집』 13-1, 1991, 56쪽 ; 『개역판 관습조사보고서』 한국법제연구원, 38쪽 참조.

로 조사하는 것이 아니라 일본 민법을 기초로 하고 있다는 문제점을 안고 있었다.

그런데 법전조사국이 정의한 '관습'은 조선 구래의 일반적인 관습, 혹은 관습법과는 달랐다.[231] 법전조사국은 조선 재래의 법전 및 대한제국의 현행 법령을 조사하기는 했지만, 이는 현재 시행되는 성문법으로서 법이 아니라 법체계가 아직 확립되지 않는 상태라고 보고 있었다.[232] 결국 '관습'이란 일본의 근대법제 이전에 조선에서 존재하는 관습, 관행 등을 가리키는 것이었다. 법전조사국의 관습조사는 일본에 의해 새로 제정 편찬될 민법과 상법에 필요한 입법자료를 만들기 위해 조선의 관행, 관습을 조사한 것으로 일본식 법제의 의용에 따른 부수적인 조사에 불과했다.

1908년부터 1910년까지 법전조사국은 1907년 12월 설립된 이래 1908년 4~5월경에는 한국법전을 조사하여 형법, 형사소송법, 기타 법률을 편찬할 예정이라고 하였지만, 1908년 5월까지 각종 법률제정에 기초할 한국 관행을 조사할 방침으로 각 지방에 조사할 항목을 마련하여 조사하는 것에 그쳤다. 1909년 2월 이전에 전국 관례를 남부와 동부 지방(제1관 지역)으로 조사를 마친 후에 이후로는 북부 및 서부 지방에 대한 조사에 착수하여 1909년 6~7월경에 필료(畢了)할 예정이었다.

당시 법전조사국은 전국의 관습을 조사하기 위해 실지조사와 문헌조사를 수행하였다.[233] 실지조사는 일반조사와 특별조사로 나뉘어 진행되었

---

231) 정종휴 감수, 정긍식 편역, 1992(2000),『개역판 관습조사보고서』, 한국법제연구원, 66쪽 참조.

232) 실제 우메 자신도『민법강의』에서는 "법례에서 규정하는 관습은 (1) 법령의 규정에 의하여 인정된 것, (2) 법령에 규정 없는 사항에 관한 것에 한정된다. 이 양자는 법률과 동일한 효력을 가지는 것이므로 소위 관습법이고, 나머지의 것은 (3) 법령의 규정과 다른 관습, 즉 학자의 소위 사실 관습이 이것이다'라고 하여 구체적인 관습법에 대해 규정할 수 있다'고 하였다(梅謙次郎, 1909,『民法要義總則編』, 有斐閣, 204쪽 ; 심희기, 2012,「동아시아 전통사회의 관습법 개념에 대한 비판적 검토」 『법사학연구』46, 233~234쪽 재인용).

다. 일반조사는 48개 지역을 표본으로 선정하여 수행되었다. 개항장 등 외국과의 교류가 활발했던 인천, 옥구, 무안, 창원, 동래, 덕원, 성진, 삼화, 경흥, 의주, 용천 등이 선정되었다. 외국인의 교류로 인하여 관습이 변화된 사실을 확인하려고 했던 것으로 추측된다.[234] 법전조사국은 드디어 1909년에 전국적 조사사업을 일단 마무리하고, 각 지역의 조사활동을 조사보고서로 작성하였다.[235]

3) 일제의 식민정책 전환과 대한제국의 토지 법제화 좌절

1907년 이후 한국 법률 제정을 핑계로 전국의 관습 조사 사업이 진행되는 가운데 1908년 7월 13일에는 법률 제13호 「민·형 소송규칙」이 제정될 계획이었다. 전문 177조로 구성된 동 「소송규칙」은 민사와 형사에 관한 소송 수속을 동시에 규정했다. 법전조사국은 같은 날 법률 제20호로 민형소송기한규칙(전7조)도 함께 공포했다. 또 형법에 대해서 1908년 5월부터 종래 한국 형법전인 형법대전의 전 조문 680개 중 290여개 조문을 삭제하고 70여 항목을 수정하여 대신하기로 하였다. 그 결과 1908년 7월 23일 법률 제19호 「형법대전 중 개정의 건」으로 공포하기에 이르렀다.[236] 그러던 중 1909년 7월 12일 일본은 한국과 「한국의 사법과 감옥 사무 위탁에 관한 각서」를 체결하여 사법권을 일본에 '위탁'했다. 이 사법각서로 종래 제3차 한일협약 체제하에서 통감부의 한국사법제도 개혁은 일본의 지도하에서 사법과 입법제도에 대하여 한국 정부에게 일정한 독자성을 부여하면

---

233) 정긍식, 1992, 「일제의 관습조사와 그 의의」, 『개역판, 관습조사보고서』, 한국법제연구원, 36~37쪽.
234) 이승일, 「일제의 관습조사와 전국적 관습의 확립과정 연구」, 『대동문화연구』 67, 373~374쪽.
235) 조선총독부 중추원, 1938, 『조선구관제도조사사업개요』, 19쪽.
236) 이영미, 2011, 『한국사법제도와 우메 겐지로』, 일조각, 158~160쪽.

서 사법제도를 개혁한다는 것이었는데, 이제는 한국 사법권을 박탈하고 일본의 재판 관할권 아래에 두게 되었다.[237] 이토의 방침 전환은 1909년 7월 6일 일본 정부에서 '한국 병합에 관한 건'이 각의 결정을 거쳐 재가를 받았기 때문이었다.[238]

그런데 1908년말, 혹은 1909년 초에 법부차관 구라토미 유자부로(倉富勇三郞)는 한국 법제 개혁 의견을 별도로 제출하였다.[239] 그는 '한국에서 재판 사무에 관한 건'에서 한국 재판소가 용빙한 일본인 법관으로 전관하는 일본 재판소를 설립하고, 재한 일본인에 관한 사법 사무를 통감부 법무원 등으로부터 신설 재판소로 이관시킬 것을 상신하였다. 그는 재한 일본인을 전담할 일본 재판소를 설치하는 것으로 한국에서 각국의 영사 재판권 철폐가 실현가능한 것으로 판단했다. 결국 한국에서 독자적인 법률을 제정하고자 했던 우메의 구상은 1908년 말 구라토미의 제안서로 인하여 이제 법전조사와 한국법률 제정의 의의를 상실했다고 평가할 수 있다.[240]

한편 우메 겐지로는 한국인만을 위한 한국법이 아니라 치외법권 철폐를 염두에 둔 한국인, 일본인, 외국인 공통의 한국법제라는 차원에서 고려하고

---

237) 오가와라 히로유키(小川原宏幸), 2010,『이토 히로부미의 한국 병합 구상과 조선사회』, 岩波書店(열린 책들, 2012), 248쪽.

238) 오가와라 히로유키, 2012, 위의 책, 254쪽.

239) 「韓國ニ於ケル裁判事務ニ關スル件」『외교사료 한국병합』하, 569쪽, 오가와라 히로유키, 2012, 위의 책, 255~256쪽 ; 문준영, 2007, 「통감부재판소 설치에 관한 자료-倉富勇三郞과 梅謙次郞의 의견서」『법사학연구』36, 342~343쪽 참조.

240) 당시 우메 겐지로의 한국 법제 구상에 대해 오로지 '한국 부강을 위하여'라는 일종의 사명감을 가지고, '한국인민'을 위하여, 한국 관습에 근거하는, 일본과는 다른 한국고유 또한 독자의 법률구상을 강조하고 있었다고 강조하였다. 이에 따라 '한국법전제정파'와 '일본법강제파'의 대립이었다는 설이 제기되었다. 또한 우메의 구상을 일본법으로 그대로 한국에 시행하자는 것이 아니라 '보호정치'의 이념과 부합하는 온건하고 합리적인 관점이라고 평가하였다(이영미, 2011,『한국 사법제도와 우메 겐지로』, 일조각 ; 문준영, 2007, 「(서평)「한국사법제도와 우메 겐지로-이영미,『韓國司法制度と梅謙次郞』(法政大學出版局, 2005)」『법사학연구』35호, 414쪽).

있는 것에 불과하다고 볼 수 있다. 따라서 그의 구상은 조선의 실정과 관습을 고려한 특별한 법제, 특히 친족 상속 분야에서 조선인만을 위한 특별법제가 필요하다는 입장이기는 했지만, 우메의 한국법전 제정론이란 기본적으로 일본의 근대 법률을 적용하면서 일부 제한적인 반영에 불과하다고 평가하고 있다.[241]

1909년 10월말에 칙령 85호로 법부 관제가 폐지되고, 사법 사무는 신설된 통감부 사법청이 실시하였다. 이 사법청 장관에는 당시 법부차관이자 법전조사국 위원장이었던 구라토미 유자부로(倉富勇三郞)가 취임했다. 통감부 재판소는 통감에게 직속하며, 한국에서 민사·형사재판과 비송 사건에 관한 사무를 실시하였다. 이 시기까지는 한국내 재판에 대해 통감부 재판소를 통해 한국 국민과 재한 일본인을 동일한 사법 기관아래 놓이게 되었으나, 적용되는 법률은 아직 일본 법률과 한국 법률이 각기 적용되었다. 다만 한국인에게 적용되는 법률은 아직 제도화되지 않았다는 점에서 일단 잠정적인 것이라고도 볼 수 있다. 그렇지만 이는 병합 이후 일본민법이 한국인에게 적용되는 법률로 '의용(依用)'된다는 적용 시점을 기다리는 것에 지나지 않았다.[242]

1910년 8월 25일 우메 겐지로 고문의 죽음과 8월 29일 일본에 의한 한국강제병합으로 인하여 법전조사국은 관습 조사가 완결되기 전에 폐지되고 말았다.[243] 1910년 9월에 일제의 조선관습조사와 법전편찬사업은

---

241) 문준영은 당시 한국에 대한 치외법권 철폐에 대해 일본인 토지소유의 합법화 및 외국인에 대한 행정 과세권 확보와 한국내 지적 재산권 상호보호에 관한 일미조약이라는 양 측면에서 한국법 주의와 일본법 주의가 상호 충돌하고 있다고 하였다(문준영, 2008, 「이토 히로부미의 한국사법정책과 그 귀결 – 영사재판권 폐지 문제와의 관계를 중심으로」,『부산대학교 법학연구』49권 1호, 통권 59호). 또한 오가와라 히로유키(小川原宏幸)는 구라토미 의견서가 '미일종약으로 영사재 판권이 철폐되었다는 사실에 기초해 한국법주의의 전면적 포기와 일본법주의의 채용을 지향했다고 평가하였다(앞의 책, 2010/2012, 19~25쪽, 248~269쪽).

242) 왕현종, 2015, 「한말 개혁기 민법 제정론의 갈등과 '한국 관습'의 이해」,『식민지 조선의 근대학문과 조선학연구』, 도서출판 선인, 참조.

법전조사국의 폐지로 최종적으로 종료되었다.

이토 통감은 처음부터 근대적인 법제의 수립 이후에 전면적인 토지조사가 이루어져야 한다고 주장하였다. 또한 우메 겐지로는 한국의 독자적인 민법의 제정이 필요하며, 이를 위해 부동산법조사회와 법전조사국을 만들어 활동하였다. 그렇지만 이들의 조사활동 중에 토지가옥증명규칙을 비롯한 일본인 토지소유의 합법화를 허용하였을 뿐만 아니라 민법 제정의 기초로서 수행되었던 관습조사도 마무리하지 못했다.

결국 이러한 근대적인 법제도 개편과 토지조사라는 명분은 일제의 식민지화 정책 추진과정에서 형해화되고 말았다. 이러한 현상은 일제의 조선토지조사사업 실시를 앞두고 추진한 일련의 토지조사 계획에서도 알 수 있다.[244] 1909년 2월 대구재무감독국 국장 가와카미 츠네로(川上常郎)는 임시재산정리국 장관 아라이 켄타로(荒井賢太郎)에게 『토지조사강요(土地調査綱要)』를 제출하였다.[245] 가와카미는 토지조사사업의 기본 골격-토지소유권의 처분, 토지의 과세적 조사, 토지의 측량-을 제시하였으며, 토지소유권 사정의 기준을 정하기 위하여 토지에 대한 권리상태를 조사하자고 하였다.

또한 임시재산정리국은 1909년 5월에서 8월에 걸쳐 촉탁 2명을 파견하여 토지관련 관습조사를 시행하였다. 14개의 조사항목을 전국 재무서에 조회하는 한편, 오시오 고키(尾石剛毅)는 5월 중순부터 8월 초까지 공주, 한성, 평양의 재무감독국 관내 18개소에 대한 실지조사를 시행하였다. 또한

---

243) 1910년 9월 조선총독부가 설치되고 법전조사국이 폐지되었다. 법전조사 사무를 인계받은 총독부에서는 단지 조사활동을 마무리하는 차원에서 『관습조사보고서』 편찬에 착수하여, 그해 12월 완성하였다. 다시 구관조사 사무가 취조국으로 이관되어 취조국에서는 1912년 3월말까지 정정하여 정리하는데 그쳤다(제1목 관습조사 보고서 『조선구관제도조사사업개요』 해당 부분 참조).

244) 배성준, 2009, 「통감부시기 관습조사와 토지권 관습의 창출」 『사림』 33, 235~237쪽.

245) 미야지마 히로시(宮嶋博史), 1991, 『朝鮮土地調査事業の硏究』, 도쿄대학 동양문화연구소 참조.

시요다 료스케(鹽田與助)는 5월 중순부터 7월 중순까지 전주, 대구, 원산의 재무감독국 관내 12개소에 대한 실지조사를 시행하였다. 조사 결과『토지조사참고서』제2호와『토지조사참고서』제3호가 발간되었다.[246]

이렇게 임시재산정리국은 법전조사국과는 별개로 토지소유 및 토지조사에 관한 각종 관례를 조사하였으며, 이후 통감부는 임시토지조사국을 설립하여 일제는 식민지 토대로서 조선토지조사사업을 추진하였다. 일본 제국주의는 1909년 한국의 보호국화를 넘어 강제 병합을 통한 직접 식민지 지배로 방침을 정하였고, 이전 대한제국의 독자적인 토지법제 논의를 중단시켰다.

20세기 초 조선 농촌사회에서는 토지소유와 농업경영의 관행 내지 발달하고 있는 토지소유권 등 물권적 권리를 보장받는 가운데 근대 법제화가 이루어지지 못했다. 당시 한국의 민법 제정과 제반 부동산에 관한 법률 제정 논의는 사실 일본 유학 출신 법조계의 인사들에 의해서도 주도되기도 하였지만, 이들의 논의는 대개 일본의 민법에 기초하여 민법의 조항과 부동산의 제반 권리를 주장하는 데 그쳤던 것이다.[247]

---

246) 『토지조사참고서』(제2호), 『토지조사참고서』(제3호)의 복명서. 국립중앙도서관에서 소장하고 있는『토지조사참고서』에는 양전제도 및 연혁의 조사, 전지에 관한 법률이 표지 없이『토지조사참고서』(제1호)로 정리되어 있다.

247) 이종린(李鍾麟)은「민법총론民法總論(續)」을 소개하면서 "日本民法 第二條에 法令과 條約의 禁止ᄒᆞᆯ 外에ᄂᆞᆫ 外人이 私權享有홈은 明言ᄒᆞ얏스니 其 法令과 條約의 禁止홈은 大略 土地所有權과 船舶所有와 鑛業會社員과 日本銀行股主 等이라"라 하면서 자신의 논거를 일본 민법에 두었다(『대한협회회보』12호, 1909년 3월 참조). 한천자(寒泉子)는「치외법권(治外法權)」에 대해 논하면서 "如斯히 領事裁判權은 文明程度의 相異 홈으로 由홈인 故로 文明이 相等ᄒᆞᆯ 國家間에ᄂᆞᆫ 依例히 此 特權의 行홈이 無ᄒᆞ고 又 一朝 此 特權이 容認된 後라도 文明程度의 增進으로 因ᄒᆞ야 此를 撤還홈도 亦是 異事가 아니니"라고 하여 조선의 상황은 아직 문명정도의 증진이 이루어지지 않았다고 평가하였다(『대동학회월보』7호, 1908년 8월, 29-32쪽 참조).

맺음말

이상과 같이 대한제국의 지계아문이 추진하는 양전 관계발급사업이 과연 어떤 목적으로 시행되었으며, 지계아문에서 현실의 토지소유자들을 어떻게 파악하여 관계를 발급했는지를 살펴보았다.

제8장에서는 지계아문의 토지측량과 시주조사의 방침에 대해 살펴보았다. 1901년 11월 지계아문은 한성부와 전국 13도 지역에 전토계권을 정리하는 기관으로 설립되었고, 향후 실시하게 될 지계발급사업을 위해 여러 가지 세부방침을 세워두고 있었다. 특히 1903년 2월에 정리되어 공포된 「지계감리응행사목」에서는 구래의 진전을 포함하여 다양한 농지상태를 반영하여 양전을 시행하도록 하였으며, 지계의 발급을 위해 시주를 철저하게 조사할 것을 천명하고 있었다. 양지아문과 지계아문에서 작성한 양안에 등재된 '시주'는 일정 조사의 시점에서 일률적으로 파악된 토지소유자라는 의미를 가지고 있었지만, 이제 지계아문의 지계발급과정에서는 크게 변화될 수도 있는 것이었다.

그래서 지계아문의 양전에 대해 강원도 울진과 평해, 간성 등지에 시행된 양전을 중심으로 살펴보았다. 1902년 3월 강원도 울진과 춘천이 처음 양전 대상지로 확정되었고, 이후 음력 8월 15일 이후에는 양전이 완료된 지역에서는 바로 관계를 실시할 것을 공포하였다. 지계위원 파송 5개월 만에 양전을 마치고 바로 관계를 발급하려는 조치는 당장 현지 농민들의 반발을 불러일으켰다.

또한 지계아문은 경기도 수원과 용인 지역에서 재양전을 시행하였으며, 나머지 다수 지역의 양안을 정리하였다. 특히 지계아문은 강원도 지역 민유지의 경우에는 현재 경작하고 있는 토지의 소유자인 '시주'만이 아니라 진전의 주인인 진주도 파악하고 있었다. 국유지의 경우에는 양안상으로는 '시주'라는 표기 없이 관둔, 궁방의 토지를 명시해 놓고 있었으나, 관계에서는 모두 '시주'라는 표기아래에 관둔, 명례궁 등으로 표기할 수밖에 없었다.

지계아문의 양전·지계사업은 단지 대한제국의 정부 주도로 이루어지는 것만이 아니라 일반 인민들의 자기 토지에 대한 소유권 확보라는 일련의 움직임과 맞물려 있었다. 그러므로 이 사업은 당시 토지문제의 해결방안을 둘러싼 민족적, 계급적 대립과 갈등의 향방을 가늠할 수 있는 핵심적인 개혁사업이었다.

다음으로 9장에서는 지계아문의 설립과 관계발급사업에서 나타난 관계발급의 입법 취지와 추진 내용에 대해 구체적으로 분석하였다.

이는 1901년 10월 김중환의 상소에 따라 지계아문 직원 및 처무규정이 만들어짐으로써 시작되었다. 그런데 칙령안 제정 과정에서 원래 조문 내용과 주요 항목들이 대폭 바뀌었다. 우선 산림, 토지, 전답, 가사 등은 대한국 사람 이외에는 소유주가 되지 못한다는 규정을 내세웠는데, 이러한 조항은 처음 칙령안에서는 생략되었다. 또한 관계발급의 발급 형식과 절차 등에 대해 벌급 규정을 두고 있었지만 이 역시 교체되었다.

그럼에도 원래 입법취지가 바뀌는 것은 아니어서 다음날 10월 22일 칙령안은 다시 원안대로 돌아갔다. 이 조치에 따라 대한제국이 공인하는 전답계권을 강제적으로 원래 문기의 영유자와 양안상의 소유자에게 환급하도록 하였고, 만일 이행하지 않으면 환수조처를 취하는 등 강력한 제재 조치를 수반하였다. 또한 원안에서는 지계의 발급과 매매증권 제도를 겸행하여 체계적인 토지관리를 지향하였지만, 결국 시행과정에서 지계아문의 양안과 관계를 환급하는 것으로 하여 토지소유의 증명제도를 수립하려고 하였다. 다만 개항장과 한성지역에서 외국인에게 토지를 매매, 양여, 전당 등을 했을 경우에는 토지를 일체 속공한다는 처벌 규정을 두어 외국인의 토지침탈과 확산을 근본적으로 방지하려고 하였다.

한편 외국인의 토지침탈을 방지하려는 대한제국의 조처는 가장 먼저 한성부 지역 외국인과 갈등을 빚었다. 종전 한성부의 가계발급제도와 달리 지계아문의 가사관계 발급은 명시적으로 외국인의 토지소유를 금지하고 있었기 때문이었다. 물론 한성부에서는 시행되지 않을 것이라는 단서가 있었지만, 1902년 12월 각국 공사관들은 별도의 회의를 통하여 지계발급제도의 운영개선을 요구하고 있었다. 만일 지계아문의 관계 발급이 한성부에서 시행된다면, 일본인들에게는 불법적인 토지거래가 전면적으로 금지되고 장래 토지소유권 자체를 환수당할 위기에 빠질 수도 있었다.

마침내 1903년 8월 이후 지계아문의 관계발급은 강원도 전역에 걸쳐 시행되고 있었고, 1903년 말부터 충청도와 한성부 지역으로 확대될 예정이었다. 대규모 토지소유자, 즉 궁방이나 대지주들은 주도적으로 자신의 토지에 대한 관계 발급을 적극적으로 신청했던 것으로 보인다. 예컨대 충청남도 평택군 내수사 장토의 경우가 하나의 사례가 될 수 있었다. 내수사는 평택군 일대 32개 필지에 대해 세 차례에 걸쳐 관계를 발급받았고, 이에 대비하여 이미 1898년 3월 양지아문의 양전이 시작되기도 전에 자신의 토지에 대해 전답양안을 관을 통해 작성해 두었던 것이다. 그렇지만 지계아문의 관계발급은 지역에 따라 지방 민인들의 불만을 초래하고 있었다. 예컨대 종전보다 과다하게 결수가 책정되었다든지 양전 과정에서 부가적인 부담, 그리고 관계 발행의 번거로움 등이 영향을 미쳤다. 따라서 대한제국은 관계발급과정에서 사적 토지소유자로 하여금 자신의 소유권을 보장받고 토지 거래를 국가적으로 통제한다는 차원에서 토지와 가사 전답관계를 모두 발급받도록 하였다. 강원도와 충청남도가 일차적인 대상이었는데, 순조롭게 시행되지는 못하였다.

　다음으로 제10장에서는 대한제국의 공토 정책을 구체적으로 검토하였다.

　대한제국의 공토 통제 정책은 역둔토나 둔토의 경영강화에서도 나타나고 있었다. 종래 여러 가지 유래를 가진 각종 토지들은 원래부터 관유지라기보다는 작인이나 민간에서 개간이나 면세의 혜택을 통해 투탁한 토지들이 많았다. 이에 대해 전국적으로 민인들의 사토 주장이 많았으나 당시 내장원은 이를 물리치고 공토로서 사검을 받은 사실 등을 들며 공토(公土)의 소유권자로 강화하려고 하였다.

　또한 대한제국은 전국토에 대한 파악과 토지 관리를 체계적으로 마련하고자 종래 토지 종목을 공토(公土)와 사토(私土)로 구분하고 공토에 대한 국가관리를 강화하려고 하였다. 이러한 공토는 각종 관사의 둔토, 역토를 포함하여 중앙과 지방에 부속된 관유지 등을 포함하고 있었다. 이러한 정책은 양지아문의 측량과정에서 토지소유자인 '시주(時主)'를 부여할 때 공토에서는 시주라는 표기를 삭제 내지 생략하는 형태로 나타났다. 수원군 북부 남부면의 지계양안에서는 종래 파악되지 못하던 공토의 위치와 규모가 적실하게 파악되고 종래 관둔전 대지의 소유자로 등록되어 있던 사람들이 모두 작인으로 격하되어 표기되었다. 이러한 현상은 지계아문이 작성한 공토성책에서도 확인되었다. 대한제국은 여러 종류의 관유지를 공토라는 명목하에 일괄적으로 관리하려는 것으로 보인다.

　또한 대한제국의 공토 정책은 인천 월미도 개간을 둘러싼 일본인 잠매 사건을 통해서 크게 불거졌다. 애초에 일본 상인의 불법적인 토지침탈이었으나 그 과정에서 수륜원의 개간 허가와 토지 매매 등 다양한 협잡이 일어났다. 이에 대해 개항장이 아닌 월미도에 토지를 침탈한 것도 문제였고, 중간 관리들이 일본인에게 매도한 것도 불법이었으므로 '외국인에 의뢰하여 나라의 체모를 치손한 자의 처단례'에 따라 강력한 처벌조치를 내렸다.

결국 1900년에서 1901년에 걸치는 재판을 통하여 불법적으로 매도된 토지의 원상회복과 관련자들의 법적 처벌을 단행했다.

이렇게 대한제국의 토지 통제 정책은 더욱 강력하게 외국인의 잠매와 전당에 대해 적극적으로 조처하려고 했다. 이에 1903년부터 전라북도 11개 군의 공사 토지에 대한 집중적인 조사가 이루어졌다. 이는 당시 지계아문의 관계발급사업과 연계하여 이루어지는 것이었다. 이러한 조치는 향후 대한제국의 토지 주권 확보 여부에 결정적인 관건으로 작용하였으며, 동시에 일본 제국주의 침략 세력에게는 강력한 걸림돌로 작용하는 것이었다. 이러한 양자의 대치국면은 결국 1904년초 러시아와의 전쟁을 핑계로 한반도에 진출한 일본제국주의에 의해 크게 전환되게 되었다. 결국 1904년 1월 대한제국 광무황제인 고종은 이제 각 지방에서 막 시행하려던 관계발급사업을 갑자기 정지시켰다. 그리고 지계아문을 축소하여 탁지부 양지국에 소속시켰다. 그해 4월에는 급기야 관계발급사업을 폐지하고 말았다. 이는 러일전쟁의 발발과 관련이 있었다. 이에 따라 대한제국의 양전사업과 관계발급사업은 더 이상 실시되지 못하고 중단되고 말았다.

마지막으로 11장에서는 대한제국 말기 일본의 토지침탈과 부동산관련 법 제정에 대하여 다루었다. 대한제국 정부에서는 새로 가계발급 규칙을 제정하고 가계발급을 활성화하였다. 대한자강회 등 민간에서도 외국인의 토지 거래의 혼란과 외국인의 토지 거래를 금지시키기 위해 관의 확인을 통해 토지 증명서를 발급하는 규제 조치를 요구하였다.

이러한 상황에서 한국통감부의 이토 통감은 여러 차례 시정개선협의회에서 토지거래상의 문제점을 지적하고 새로운 토지법제의 수립을 위해 임시로 법전조사국과 같은 기구를 세우려고 하였다. 이에 1906년 6월 부동산법조사회를 설립하기로 하고, 한국 정부의 촉탁 요청 형식으로 도쿄제대 교수 우메 겐지로(梅謙次郎)를 초빙하였다. 그에게 부과된 임무는 토지 법제의 수립과 관습을 조사하는 것이었다.

그런데 한국 정부는 1906년 7월 13일 토지소관법 기초위원회를 설치하였다. 여기에는 이건영, 김락헌, 석진형 등 8명의 위원이 임명되었다. 이 조직과 부동산법조사회는 각기 다른 조직으로 출범하였지만, 이내 전자가 후자로 전환되었다. 부동산법조사회의 직원은 우메 겐지로를 비롯하여 보좌관 나카야마 세타로(中山成太郎), 보좌관보 가와사키 만조(川崎萬藏) 등 통감부 소속 직원들이 회원으로 참여했다. 이들은 1906년 7월 23일부터 1차로 이사청이 있는 8개 지역을 대상으로 토지관습을 조사하였으며, 2차로 8월 27일부터 전국 주요 지역에 대한 토지 관습 등을 조사하였다. 1907년 2월부터는 토지가옥증명규칙의 실시에 대비하여 조사하기도 하였다.

이들 보고서에는 당시 일본의 입장에서 한국의 토지관습을 재단하였으므로 인민의 토지소유권은 존재하지만 법제적인 형식을 갖추지 않았기 때문에 토지소유권이 존재한다고 볼 수 없다고 하였다. 토지소유권의 근거로 양안은 유효하지 않고, 토지의 물권과 채권의 관행에서 전당, 환퇴, 권매 등을 조사하여 평가하였다. 전반적으로 토지소유권의 제도와 관행이 제대로 이루어지지 않았다고 보았다. 이는 초기조사에서 대한제국의 관리나 일본인 이사관들이 취했듯이, 토지소유권의 유래와 권리를 인정한 견해를 전면 부정하는 것이었다.

부동산법조사회의 조사활동이 진행되는 동안, 1906년 8월 15일 한국 정부에서 「부동산권소관법」을 제출하여 부동산권에 대한 전반적인 제도 개혁과 등기제도를 수립하려고 하였으나 우메 박사와 일본 통감부는 이를 수정, 거부하고 10월 26일 「토지가옥증명규칙」을 공포하였다. 이는 당시 토지건물의 매매, 교환, 양여, 전당을 통하여 토지거래를 증명하고, 일본인의 토지소유를 합법화시키는 제도를 마련한 것이었다. 토지가옥증명규칙의 시행과 별도로 이루어진 부동산법조사회의 토지관습조사는 원래 취지를 살리지 못하고, 1907년 12월 해체되어 법전조사국으로 재편되었다.

결론적으로 한국통감부가 보호통치를 위해 시행한 각종 제도와 법률을 만드는 과정에서 법전조사국은 실질적인 역할을 하지 못했을 뿐만 아니라 토지관습의 조사도 역시 토지조사사업을 뒷받침할 만한 법제의 기초작업으로 의미를 갖지 못했다는 한계를 가졌다. 이는 대한제국이 본래 추구하고 있었던 독자적인 민법과 토지법제의 수립과는 다른 궤도를 달리고 있기 때문이었다.

종장 :
대한제국기 토지법제화와 토지제도 개혁의 성격

1898년부터 1904년까지 7년여 동안 추진한 대한제국의 양전·지계사업은 무엇보다도 '토지소유권의 법인'이라는 측면에 중요한 성과를 거두고 있었다. 조선후기 이래 여러 차례 양전사업이 실시되었음에도 불구하고 지세제도의 정비라는 목적을 일부 달성하는 것에 그쳤던 것과는 달리 이 시기에는 지세제도의 개혁뿐만 아니라 토지제도의 일대 전환을 가져왔다. 대한제국은 토지소유자에게 관계를 발급하였는데, 양전사업을 통하여 개별토지와 토지소유자를 조사하고, 그 토지소유자가 매매문기 등을 제출하여 현실의 토지소유자임을 확인하는 사정과정을 거쳐 토지소유권자로 확정되는 것이었다. 양전조사와 관계발급 과정은 토지소유권의 법인화와 다름이 없었으며, 이를테면 대한제국의 사업은 토지와 가옥 거래에 관한 증명제도의 도입을 통한 근대적 토지제도의 수립과정으로 보아야 한다. 토지제도의 개혁은 조선후기 이래 사적 토지소유권의 성장과 부동산 거래의 국가적 관리 미비를 극복하고 국가에 의한 사적 토지소유권의 확인과 통제를 제도적으로 내면화시킨 것으로 평가할 수 있다. 그러한 의미에서 대한제국의 토지조사와 토지법제는 조선후기 이래의 숙원을 해결하고 근대적 토지제도의 수립에 다가간 것으로 볼 수 있다.

대한제국의 토지문제는 1876년 개항 이후 외국인 거류지와 토지소유권 침탈과 관련된다.

대한제국의 양전사업과 토지법제화는 멀게는 조선후기 이래 토지문제에서 기원하고 있었지만, 가깝게는 1870년대 후반 서양 및 청·일에 대한 대외개방을 통해서 축적한 근대적 토지소유권제도에 크게 영향을 받고 있었다. 또한 단순한 토지제도의 개혁을 넘어 지주제의 극복이라는 토지재분배를 주장한 농민적 개혁론을 제기한 유교지식인과 민란의 주도층의 개혁요구에도 영향을 받았다.

우선 개항장 거류지의 토지제도의 영향을 살펴보자. 일본 제국주의가 한반도를 경제적으로 침탈한 것은 1876년 조일수호조규에서 비롯된다. 이 조약에서는 부산을 비롯하여 3곳에 개항 통상항을 개설하여 조계를 설치한다는 내용을 두고, 여기에 일본인이 토지와 가옥을 임차하고 조영할 수 있는 거주권을 주도록 하였다. 더욱이 조계를 중심으로 사방 10리 이내에 일본상민의 상업활동과 통행을 허락한다는 조항을 두었다. 당시 조선 정부에서는 외국인에게 개항장을 개설하고, 조계지를 내어 주는 대신 토지소유권을 보장해 주는 것이 아니라 토지 이용권을 허용하는 차원에서 제한하려고 한 것이었다. 그렇지만 이러한 외국의 거류지 조계 설치는 이후 1880년대 미국을 비롯한 서양 각국에 이른바 '최혜국 대우'조항에 따라 공통적으로 적용됨으로써 침탈을 더욱 확대시키는 결과를 낳았다. 더욱이 1883년 영국과 맺은 '조영수호통상조약'에서 "영국인이 제물포·원산·부산·한양·양화진 등 지정장소 내에 있는 토지 가옥에 대해 잠조(暫租) 혹은 영조(永租)를 할 수 있도록" 했을 뿐만 아니라 조계밖 10리까지 이의 적용을 확대하였다.

이로써 일본을 비롯한 외국인들은 조계내에서 합법적인 토지를 대여받아 자신의 소유권을 확인하는 조계내 지계증서를 발급받았을 뿐만 아니라 조계밖 10리까지도 그 영역을 확대할 수 있었다. 또한 1890년대 후반 일본인의 불법적인 토지침탈의 대표적인 사례로 확인할 수 있듯이 국가와 사회의 통제를 받지 않고 몰래 외국인에게 토지를 넘기는 '잠매(潛賣)' 현상이 빈번하게 확대되었다.

개항 이후 외국인의 불법적인 토지침탈이 가장 첨예하게 대립한 곳은 개항장과 그 주변과 더불어 한성부였다. 이곳은 1882년 조청수륙무역장정이라는 청국과의 불평등조약에 따라 외국상인들의 한성개잔권이 허용된 이래 도성내에 거주 통상이 허용됨으로써 청국과 일본 상인들을 비롯하여 구미인들도 도성내 가옥, 대지를 임차하거나 매매하면서 가옥 토지거래가 종전보다 크게 확대되고 있었다. 이에 1893년경에는 한성부내에 400여 곳이 이미 불법적으로 침탈되어 있었다.

이에 대응하여 조선 정부와 한성부는 새로이 가계제도를 도입하여 토지·가옥의 매매를 확인하고 통제하에 두려고 하였다. 이러한 정책은 이후 더욱 강화하여 매매를 중간에서 관리하는 민간 중개인인 가쾌와 동장을 통해 확인하도록 하였고, 매매의 근거장부로서 해가성책(該家成冊), 혹은 통표(統表)를 작성하여 가옥거래의 원장부로 활용하였다.

한편 1894년 6월 청일전쟁의 발발과 함께 조·청 수륙무역장정이 폐기됨으로써 한성부에 외국인의 침탈 근거 조항이 원천적으로 삭제되어 외국인의 거류를 철폐할 절호의 기회를 맞이하였다. 그렇지만 갑오개혁 정권은 당시 일본 정부의 내정 개입에 종속되어 있었으므로 이른바 조약 개정을 통한 한성부 외국인 거류지 철폐에 도달할 수 없었다. 다만 1895년 갑오개혁 정부는 외국인들의 무분별한 침투를 규제할 수 있는 한성부 외국인 잡거지를 설정함으로써 일부 규제를 달성할 수 있었다. 일본을 비롯한 서양 각국과의 통상조약을 개정하여 일단 개항장 거류지의 조계내로 외국인의 토지소유를 규제하는 것이었지만, 한성부라는 개시장에 대한 통제가 이루어지지 않았기 때문에 보다 근본적인 대책이 마련되어야 했다. 따라서

1870년대~1890년대에 이르는 개항장 거류지의 조계와 한성부 잡거지의 토지문제는 한편으로는 조선국가가 민간 토지소유권을 확인하고 일정 수준의 토지·가옥 거래를 통제할 필요성을 절감하게 되었다. 이러한 차원의 대책이 1898년 전국 토지조사의 실시와 양지아문의 설립으로 나타나게 된 것이었다.

대한제국의 토지조사는 1860년대 이래 양전과 토지제도 개혁논의에 기원하고 있다.

한편 19세기 중반 조선 농촌사회에는 부세제도의 모순이 상품화폐경제의 발달과 함께 더욱 가중되는 가운데 농업생산의 사회적 기반으로 토지소유와 경작관계의 대립 축인 지주와 농민층이 수확물의 분배와 조세 부담을 둘러싸고 크게 대립하고 있었다. 1862년 농민항쟁에서 나타나고 있듯이 삼정문란이 고질적인 병폐로 지적되고 있었다. 특히 지세의 과징과 편중현상은 당시 관료 지주층의 농민수탈과 더불어 농민들을 더욱 압박하여 몰락시키는 요인이었다. 이를 시정하기 위해서는 양전을 통하여 객관적인 토지소유의 규모와 조세 부담을 실현시켜야 했다. 1860년대 고종초기, 흥선대원군 집권시기에는 일부 결폐가 있는 지역에 대한 부분 양전으로는 전정의 개혁에 해결되지 못했다.

이후 양전을 통한 지세부과의 합리화와 담세층의 부담 해소를 위해 여러 방면의 양전론(量田論)과 토지제도 개혁론이 제기되었다. 이러한 논의의 부류는 크게 3가지로 분류할 수 있는데, 첫째 논의는 양전 방식의 전환을 통해 정확한 토지면적을 파악해 내자는 양전개혁론이다. 이는 당시 농촌사회내 여러 문제를 해결하기보다 우선 양전을 통한 부세 문제 해결에 초점을 두고 있는 것이다.

둘째 논의는 새로운 양전 방식을 취하되 결국 토지측량을 통한 토지소유자의 파악과 부세 부담으로 연결하자는 것이었다. 이는 특히 토지소유자의 권리를 보장하여 지권(地券)을 발급하고 일부 소작농민들의 생활을 보장하기 위해 도조의 감하 등을 주장하였다.

셋째 논의는 제3의 대안으로 양전과 함께 토지소유자의 파악만으로는 당시 지주·소작제와 같은 생산관계의 갈등이나 농민의 영세빈농·몰락화의 문제를 해결할 수 없으니 아예 농민적 토지재분배를 통해 해결하자는 것이었다.

우선 1870년대 말 전국적인 암행어사 파견을 통해 부세제도의 문제점을 파악하고 대안으로 제기된 양전실시론은 아직 소수였으며, 1880년대 후반에 이르러서야 각 도 관찰사 및 암행어사가 공개적으로 각 도별 시행 등을 주장하게 되었다. 이들의 논의는 주로 정부의 관리나 지방관리들이 주장하는 것으로 첫 번째 논의에 해당된다.

1880년대 후반 개화파 관료 지식인들인 김윤식, 어윤중뿐만 아니라 박영효, 유길준 등은 일본의 지조조례에 영향을 받아 양전사업을 통해 소유권을 확인하고 지권을 발급하여 토지제도와 전세제도를 개혁할 것을 주장하고 있었다. 예컨대 유길준의 「지제의」에서 구체적으로 지적되듯이, 이들의 논의에서는 양전시행을 통한 토지제도 전반의 개혁이라기보다는 현재 토지소유자인 지주를 중심으로 하는 지권제도의 개혁에 방점을 두고 있었다. 또한 1880년대 당시 개화파 지식인 유길준, 개혁관료인 박영효, 김윤식 등은 한성개잔권의 규제와 지권 발행제도의 시행을 구상하고 있었다. 조선 정부에서도 외국인의 토지 가옥 확대를 규제하고자 1893년부터 가계발급제도를 시행하였다. 또한 갑오개혁기에는 한성내 외국인 잡거 구역을 설정하려고 하였다.

이들의 논의는 앞서 분류한 두 번째 논의에 해당하는 것이었다. 국내 토지소유자의 소유권을 엄격히 보장하고 이를 지켜나가려는 것으로 1894년 갑오개혁 당시에는 군국기무처의 개혁의안을 통해 외국인이 국내의 부동산을 소유하거나 점유하는 것을 금지하는 정책을 공포하기도 하였다. 그렇지만 이는 각국과의 조약 개정을 통해야 했고, 교섭과정에서 일본의 간섭에 취약한 갑오개혁 정부의 위상으로 인하여 제대로 관철될 수 없었다. 역시 새로운 토지조사나 강제성 있는 행정조치나 법적 조치가 뒷받침되지 못함으로써 실효성을 갖기 어려웠다.

한편 세 번째 논의로서 1880년대부터 새로운 방전법에 의한 양전론을 결부시켜 새로운 양전을 통한 토지제도 개혁론이 제기되었다. 농민들에게 토지를 재분배하는 한전론(限田論), 균전론(均田論) 등 토지개혁론을 주장하였다. 이들의 논의는 다소 다양한 입지에서 토지개혁을 주장하고 있었는데, 일부에서는 토지소유를 지나치게 무한정으로 허용한 결과 농민들의 몰락화가 가중되었다고 보고 토지소유의 확대를 규제하는 김기형의 한전론이 있었지만, 김준영과 같이 정전제를 모방하여 경작농민에게 분배하는 균전론 등으로 다양했다. 이들은 대개 농민적인 처지를 동정하고 정부의 개화정책에 반대하는 전통적인 유자 지식인들이 많았다.

1894년 농민전쟁 당시에는 전라도 일대 명례궁장토와 균전수도 문제가 상징하고 있듯이 왕실의 토지침탈과 지주제 경영에 반대하고 '평균분작'으로 지향된 농민경제의 안정을 꾀하려는 방향에서 해결하려고 하였다. 이때 농민적 토지분배론으로 제기된 '평균분작'은 지주의 토지를 빼앗아 농민에게 분배하는 토지재분배론을 포함하였을 가능성이 있다. 왜냐하면 당시 농촌의 유자 지식인 중에는 당시 농민의 영세빈농·무전농민화에 대하여 몰락한 빈농에게 토지소유 자체를 재분배하는 균전·정전 등을 분배하는 논의도 나오기 때문이다. 그렇지만 이러한 농민적 토지소유론이 실현되기 위해서는 이를 시행할 수 있는 정치권력의 수립과 지주제의 개혁을 포함한 농민층의 다양한 이해를 수렴할 수 있는 경제개혁 구상을 포함하고 있어야 했다.

당시 1894년 농민전쟁의 발발과 이에 대응한 갑오개혁은 당시 토지와 지세문제를 전면적으로 개혁하려는 방안을 제기하였다. 갑오개혁 정부는 면세지승총과 작인에게 지세 부담을 전가하는 정책을 추진한 데서 알 수 있듯이 현실의 지주제를 유지하면서 근대적인 지세제도의 수립을 추진하고 있었다. 갑오개혁 정부는 농민군이나 관료나 유학자들이 주장하는 농민적 토지개혁 요구를 수용하지 않았다.

1894년 토지제도와 지세제도의 개혁이 제대로 추진되지 않자, 1898년 대한제국기에 들어와 양전·지계사업의 시행은 불가피하게 되었다. 마침내 1898년 6월 전국토지측량사가 발의되고 의정부회의에서의 반대를 거부한 고종황제는 양전사업의 시행을 전격적으로 공포함으로써 시작된 것이었다. 1898년부터 1904년까지 7년여 동안 추진한 대한제국의 양전·지계사업은 토지조사와 함께 '토지소유권의 법인'을 중요한 과제로 간주하고 있었다.

이 사업이 추진되게 된 배경에는 해학 이기의 망척제(網尺制)와 방전법(方田法)이나 유진억의 방전법(方田法)과 같이 치밀한 토지측량의 방법을 고안한 향촌지식인의 역할이 컸다. 이들은 물론 농민적 토지재분배론이 아니라 지주의 토지소유권을 위주로 토지제도를 수립하는 것이었지만, 소작료를 크게 낮추어 농민경제를 안정화하고자 하는 논의였다. 그런데 고종의 입장에서는 한편에서 다산 정약용의 『경세유표』를 새로 필사하면서까지 새로운 개혁 이념을 추구하고자 했지만 그럼에도 불구하고 김우선의 균전론은 시세에 맞지 않는다고 배척할 정도로 현실의 지주적 토지소유 자체를 부정하지 않았다.

1898년부터 양지아문의 토지조사와 지계아문의 관계발급사업은 대한제국의 근대적 토지제도로서 증명제도의 확립으로 나아갔으며, 당시 외국인 토지침탈에 대응하는 국가적 토지규제정책을 포함하고 있었다.

마침내 1898년 7월 양지아문이 설립되고, 1899년 5월 양지아문의 양전

시행조례가 실시됨으로써 전국적인 양전사업이 본격적으로 추진되었다. 양전사업의 추진과 광무양안의 작성과정에서 이전과 다른 점은 현실의 토지소유자인 시주(時主)와 경작자인 시작(時作)을 조사하여 양안에 등재시키고 있다는 점이었다. 이는 종래 행심책에 기록된 결호나 결명을 대치하고 또한 전답의 소유주인 전주, 답주라는 표기에서 벗어나 조사 당시의 소유자를 기록한다는 의미에서 시주라고 표기했을 뿐만 아니라 당시 토지거래의 활성화에 대비하여 토지소유자의 변동을 기록한다는 취지였다. 이는 당시 양전시행조례에서도 확인할 수 있으며 온양군 양안을 비롯한 초기 양안에서도 확인되었다. 또한 대한제국은 지계아문의 설립과 관계발급사업의 추진이 병행됨으로써 토지소유권자에 대한 확인과 소유권 보호라는 토지제도 개혁을 추진하였다.

또한 1903년 1월에는 이미 한성부 전체 4만여 가옥 중에서 5분의 2에 해당되는 1만 6천여 가옥이 외국인에게 전당잡혔다는 보도가 나올 정도로 외국인의 불법적인 토지소유 확대가 매우 심각한 문제라고 인식하고 이를 해결하기 위해 대한제국은 지계아문을 설립하여 대응하였다. 지계아문은 개항장 이외와 한성부에서도 토지의 매매, 양여, 전당 등에서 반드시 국가의 확인을 받도록 하였다. 이를 전답관계와 가사관계 뒷면에 아예 제반 강제 규정을 새겨놓기도 하였다. 이렇게 되자 1901년 지계아문의 설립에 이어 1902년 8월부터 강원도 지역에서, 그리고 1903년 11월부터 충청남도 지역, 그리고 곧이어 한성부 지역에 이르는 관계발급의 시행을 눈앞에 두고 있었다.

이러한 대한제국의 양전과 관계발급 사업에 대해서 궁방과 대토지소유자들은 자신의 소유권을 적극적으로 확보하기 위해 미리 양안을 고쳐두었고, 일부에서는 양전과정에서 자신의 토지가 제대로 등재될 수 있도록 대비하고 있었다. 반면 외국인들은 개항장이외에나 한성지역에서 자신들의 토지가 규제받는 대신 도리어 마음대로 토지소유를 확장할 수 있도록 조처하고 싶어 했다.

그런데 대한제국은 한편에서 전국토에 대한 체계적인 관리와 통제를 마련하고자 기존의 공토(公土)를 확보하기 위해 양전과정에서 새로 관유지를 찾아내고, 또한 역둔토나 둔토의 경영강화에 나서는 한편, 민간의 사토 주장 요구를 일축하고 양안과 관련 문기를 조사하여 기존의 공토를 확보해 나갔다. 이러한 과정에서 인천 월미도 개간을 둘러싼 일본인 잠매사건이 불거져 나왔다. 이는 수륜원의 개간 허가와 불법적인 토지밀매를 통해 불법과 협잡이 있었다는 사실이 확인되었고, 관련자들에게 1900년 4월에 개정된 '외국인에 의뢰하여 나라의 체모를 치손한 자에 대한 처단례'에 따라 강력한 처벌 조치를 내렸다. 또한 1903년부터 전라북도 11개 군의 공사 토지에 대한 집중적인 조사가 이루어졌다. 이는 당시 지계아문의 관계발급사업과 연계하여 이루어지고 있었다.

결국 대한제국의 관계발급사업의 의미는 다음과 같았다. 우선 구래의 매매문기 등 토지관련 문서에 해당하는 '구권(舊券)'과 새로운 양전을 통해 토지소유자에게 발급되는 '관계(官契)'와의 교환과정으로 그 시점 이후로는 관계의 소유권자인 '시주'가 이제 소유권의 법적, 실재적 권리를 행사하게 되는 것이었다. 그러므로 관계발급 과정은 바로 이전의 양전 과정에서 조사되었으며 잠정적으로 인정되었던 '시주'가 이제 최종적으로 사정 이후에 확정된 토지소유권자가 되는 것에 다름이 아니었다. 따라서 관계발급으로 취득한 소유권은 어떤 이유로도 취소할 수 없는 '원시취득'한 소유권이자 국가로부터 추인 받은 일지일주의 배타적인 소유권이었다. 그러므로 관계발급사업이 완결된다면, 비로소 근대적 토지제도의 하나인 부동산증명제도로서 확립될 수 있었다.

또한 대한제국 정부가 추진하는 관계발급사업과 외국인 토지소유 금지 원칙은 당시 한성부의 토지 가옥거래에서 주요한 자금 공급원이었던 외국의 토지자본에게 결정적인 장애로 등장하였다. 이에 따라 일본제국주의는 대한제국의 개혁사업을 용납할 수 없었다. 일본이 러시아와의 전쟁을 일으키고 대한제국의 개혁사업을 중단시키는 상황에서 결국 지계아문은 폐지되고 말았다.

대한제국의 토지법제는 결국 일본의 한국 관습조사와 부동산 법제정에 의해 좌절되었다.

1905년 일본은 한국통감부 통감 이토 히로부미를 통하여 일본인의 토지거래를 확대하고 일본자본주의를 이식시키려는 식민지의 토지제도를 수립하려고 하였다. 이를 위해 일본 근대 민법의 기초를 닦은 우메 겐지로 교수를 초빙하여 부동산법조사회를 1906년 7월에 설립시켜 일본식 토지법제를 수립하기 위한 조선 관습을 조사시키게 하였다. 일본인들의 관습조사의 결과, 한국의 토지 관습을 재단하였으므로 인민의 토지소유권은 존재하지만 법제적인 형식을 갖추지 않았기 때문에 토지소유권이 존재한다고 할 수 없으며, 토지소유권의 근거로 양안은 유효하지 않고, 토지의 물권과 채권의 관행에서 전당, 환퇴, 권매 등을 마음대로 재단하였다. 1906년 10월 토지가옥 증명규칙을 공포하여 토지건물의 매매, 교환, 양여, 전당을 통하여 토지거래를 증명하고, 일본인의 토지소유를 합법화시키는 제도를 마련하였다.

이에 반하여 한국의 독자적인 토지법제를 구상하고 있었던 한국 계몽운동가들이 있었다. 해학 이기를 비롯한 전통적인 유교 지식인층과 계몽적 지식인들로 대표되는 대한자강회의 계몽적 지식인층들은 한편으로 토지소유권이 보장되면서도 일본인의 토지침탈을 방지하고 국가적 차원에서 토지 주권을 수호하기 위한 방안을 모색하고 있었다. 이러한 구상은 기본적으로 한국인의 토지소유권이 보장되고 농민들의 임조권(賃租權)이 보장되는 방략을 추구하였다. 이들의 토지법 제정은 당시 독자 민법제정운동과 연계하여 진행되었으므로 대한제국의 정부지배층과 유교 지식인·계몽적 지식인이 추구한 한국의 독자적인 근대 토지법제의 수립 운동으로 평가할 수 있다.

그렇지만 일본은 1908년 법전조사국의 설립을 통해 계속해서 앞서 나갔고, 일본의 사법제도 개편과 1910년 토지조사법의 시행을 통해 식민지화의 기초를 다져나갔다. 결국, 1906년 이후 1910년까지 활동하였던 부동산법조사회와 법전조사국은 취지대로 토지법제의 기초조사를 전국적인 차원에서 수행하기는 했지만 법제화로 연결되지 못했다. 단지 한국의 토지관습을 조사하는 기관으로 한시적인 기구로서 제한적이었다. 따라서 법전조사국의 관습조사는 한국의 독자적인 법제 수립에 실질적인 역할을 하지 못했을 뿐만 아니라 토지관습의 조사도 역시 법제의 기초 작업조차 성취하지 못했다. 이는 대한제국이 본래 추구하고 있었던 독자적인 민법과 토지법제의 수립과는 다른 궤도를 달리고 있었던 것이기 때문이었다.

이와 같이 조선후기 이래 토지제도와 지세제도의 개혁 흐름이 특히 1860년대 농민항쟁과 개항을 계기로 하여 근대적인 토지제도의 도입을 추구하게 되었다. 이후 갑오개혁과 대한제국기의 개혁을 통하여 독자적인 토지법제를 수립하려는 움직임으로 이어졌다. 사적 토지소유자인 지주들은 자기 토지의 소유권 의식을 점차 제고시켰고 다른 한편에서 농민들은 자신들의 경제적 안정을 위한 토지분배론을 제기하고 있었다. 이러한 갈등은 1894년 농민전쟁과 갑오개혁으로 충돌되었지만 마무리되지 못했고, 이를 이어받아 대한제국이 추구하는 근대적 토지소유제도의 수립과 외국인 토지침탈 금지정책은 적극적으로 추진하였다.

대한제국의 양지아문에서 수행한 양전사업과 이후 지계아문의 관계발급사업이 완료되었다면, 한국 근대 토지제도로서 전국 토지조사와 함께 부동산 증명제도의 수립, 그리고 토지소유권 및 경작권의 보호로 귀결되었을 것이다. 그렇지만 일제의 간섭과 보호국화로 인하여, 결국 식민지화로

전락하면서 한국의 독자적인 토지법제와 토지제도 개혁은 미완의 과제로
남게 되었다.

부 록

——

勅令 第二十五號 量地衙門職員及處務規程

第一條 量地衙門은 內部農商工部에셔 請議ᄒᆞᆫ 事項을 辦理ᄒᆞᄂᆞᆫ 處所로 定ᄒᆞᆯ
事

第二條 量地衙門職員은 總裁官三員 副總裁官二員 記事員 三員 書記 六員을
置ᄒᆞᆯ 事

一 總裁官 三員과 副總裁官 二員은 詔勅으로 被命ᄒᆞᆯ 事

二 記事員 三員은 內部 度支部 農商工部 奏任中으로 總裁官이 各一員식 薦任ᄒᆞᆯ
事

三 書記 六員은 內部 度支部 農商工部 判任中으로 總裁官이 各 二員식 選定ᄒᆞᆯ
事

四 記事員及書記中어 英語一員 日語一員 擇置ᄒᆞᆷᄅᆞᆯ 必要ᄒᆞᆯ 事

第三條 總裁官 三員은 量地衙門에 屬ᄒᆞᆫ 事務ᄅᆞᆯ 總管裁處ᄒᆞ며 特히 上奏裁可ᄒᆞᆯ
事項에 對ᄒᆞ야ᄂᆞᆫ 議政府 議政을 經ᄒᆞ야 上奏 裁可ᄒᆞ시ᄆᆞᆯ 要ᄒᆞ고 一切公文
에 姓名을 連署ᄒᆞ되 序次ᄂᆞᆫ 品階ᄅᆞᆯ 從ᄒᆞᆯ事 但 總裁官 三員中에 一員 或二員
이 有故在外ᄒᆞᄂᆞᆫ 時에ᄂᆞᆫ 副總 裁官으로 總裁職務ᄅᆞᆯ 代辦ᄒᆞ며 公文에 姓名
을 代署ᄒᆞᆯ 事

第四條 副總裁官은 總裁官의 職務ᄅᆞᆯ 補佐ᄒᆞ며 本衙門 事務ᄅᆞᆯ 整理ᄒᆞᆯ 事

第五條 記事員及書記ᄂᆞᆫ 總裁官又 副總裁官의 指揮監督을 承ᄒᆞ야 庶務에 從事ᄒᆞᆯ
事

第六條 總裁官以下 設始各員이 現帶實職을 遷任 或遞任ᄒᆞ여도 土地測量事務
告竣ᄒᆞ기 前에ᄂᆞᆫ 本衙門職務ᄅᆞᆯ 仍辦ᄒᆞ고 生手에 移付ᄒᆞᆷᄅᆞᆯ 得지 못ᄒᆞᆯ

事 但 記事員 書記는 現帶實職으로 陞遷ᄒᆞᄂᆞᆫ 境遇에는 不在此例ᄒᆞᆯ 事

第七條 總裁官俸給은 各部大臣俸給例를 照ᄒᆞ며 副總裁官俸給은 各部協辧의

二等俸給例를 照ᄒᆞ야 支給ᄒᆞ고 記事員書記 俸給은 本職等級을 從ᄒᆞ야

支給ᄒᆞᆯ 事

第八條 總裁官副總裁官 被命ᄒᆞᆯ時에 現帶職이 有ᄒᆞ여도 品階ᄂᆞᆫ絞ᄒᆞᆯ 事

第九條 首技師一員은 外國人으로 雇聘ᄒᆞ고 技手補十人以內를 雇用ᄒᆞ야 首技師

의 指揮監督을 承케ᄒᆞ本事務에 見習ᄒᆞ믈 爲ᄒᆞ야 本國英語日語學徒中 二十

人充補ᄒᆞᆯ 事

但 技手補ᄂᆞᆫ 本國人이나 或外國人中에 堪任ᄒᆞᆯ 者로 首技師가 試取敎習ᄒᆞᆯ 事

第十條 首技師及技手補의 月給은 量地衙門總裁官三員이 量宜定額ᄒᆞᆯ 事

第十一條 首技師ᄂᆞᆫ 量地衙門總裁官副總裁官의 指揮監督을 承ᄒᆞ야 從事케 ᄒᆞᆯ

事

第十二條 量地衙門에 雇員 三人 使令 九名 房直 三名을置ᄒᆞ되 內部 度支部

農商工部에서 均排移來ᄒᆞ며 月給은 該各部에서 照前支給ᄒᆞᆯ 事

第十三條 量地衙門印章을 鑄成ᄒᆞ야 各府部院及各地方官廳에 行會認準케 ᄒᆞᆯ

事

第十四條 量地衙門總裁官은 各府部大臣과 對等이니 警務使 漢城府判尹 各觀察

使以下官吏를 指揮監督ᄒᆞ야 量地事務어 從事케호되 違越ᄒᆞᄂᆞᆫ 弊가 有ᄒᆞ면

所管部어 移照ᄒᆞ야 譴責減俸免官ᄒᆞ믈 輕重을 隨ᄒᆞ야 施ᄒᆞᆯ 事

第十五條 觀察使及地方官을 另擇勤幹人員ᄒᆞ야 量地事務責成에 效力ᄒᆞ믈 期ᄒᆞᆯ

事

第十六條 量地事務就緒ᄒᆞ要ᄒᆞ야 官技師雇聘年限을 五個年으로 特定ᄒᆞ되 各府

部院廳에서 外國人雇聘ᄒᆞᄂᆞᆫ 境遇에ᄂᆞᆫ 此例를 勿準ᄒᆞᆯ 事

第十七條 土地測量을 漢城五署로 始ᄒᆞ야以爲自邇及遠ᄒᆞᆯ 事

第十八條 量地衙門及出往地方 技師一行이 巡檢保護를 必要ᄒᆞᆯ事

第十九條 量地衙門 經費ᄂᆞᆫ 事務 興旺ᄒᆞ기 前에ᄂᆞᆫ 中樞院例를 照야 加減定算ᄒᆞᆯ

事

第二十條 量地衙門各員俸給及器械書冊 各項物料 購用之費와 首技師以下 月給
은 自度支部로 支出홀事

第二十一條 技師一行 地方旅費ᄂ 量地衙門命令書ᄅ 受ᄒ야 所到該地方廳에
領受케ᄒ고 該命令書ᄂ 本衙門어 粘附ᄒ야 度支部에 移照準勘케홀 事

第二十二條 量地衙門設置홀 廳舍와 首技師 居住홀 房屋은 自度支部로 措辦홀
事

第二十三條 量地衙門處務細則은 總裁官이 議定홀 事

第二十四條 本令은 頒布日로始ᄒ야 施行홀 事

光武二年 七月六日 御押 御璽 奉 勅 議政府參政 尹容善[1]

───────────

1) 『관보』 996호, 1898년(광무 2) 7월 8일자 기사 참조.

「量地衙門 施行條例」

一 成冊式은 左開를 依흘 事

　某道某郡時起田畓字號夜味斗數落成冊 △某面, 某坪, 或稱員, 或稱里, 依前日量案 △某字田 幾夜味(或稱座) 幾斗幾升落, (日耕息耕) 時主姓名, 時作姓名 △ 某字畓(上仝) △已上某字田, 合幾夜味, 幾斗落, 某字畓, 合幾夜味, 幾斗落, 共合田, 幾夜味, 幾斗幾升落, 畓, 幾夜味, 幾斗幾升落, 年月日, 郡守姓名, 鈐章, 踏勘有司姓名鈐章, 該掌書記姓名鈐章

二 田畓을 勿論原結還起加耕新起火粟ᄒ고 但從今日耕農ᄒ야 一體登載ᄒ야 毋或一夜味一座見漏ᄒ며 至若陳川等田畓은 雖昨年耕農이라도 今日陳川이어든 勿爲入載흘 事

三 成冊은 以該郡公用紙로 編造ᄒ며 每一面各成一冊ᄒ야 本衙門으로 都聚上送흘 事

四 自該郡으로 另擇該面內有地望公正解事者 一員或二員ᄒ야 差定踏勘有司ᄒ야 該掌書記와 該面任과 各田畓主와 作人을 指揮辦事케흘 事

五 田畓主或舍音作人輩가 疑阻或漫汗ᄒ야 夜味數와 斗落이 隱漏或錯誤ᄒᄂ 弊가 有ᄒ야 開量後綻露ᄒ면 該有司와 書記와 田畓主를 別般嚴懲흘 事

六 田畓時主가 朝暮變遷ᄒ며 一家異産ᄒ니 田畓主姓名相左ᄂ 勿爲究詰ᄒ야 民等의 便宜를 從케흘 事

七 各該郡이 訓到흘 時ᄂ 自該郡直報ᄒ며 成冊도 自該郡直爲賫上ᄒ되 抵納期限은 訓到後六十個日과 該郡의셔 居京都每日八十里로 計算ᄒ야 定흘 事

八 驛土屯土及各樣公土도 一例入錄하되 區別標題흘 事

九 田畓踏驗後에 成冊修正賫上等費ᄂ 該郡에서 精略定數ᄒ야 明細書를 另具

ㅎ야 本衙門으로 直報ㅎ야 公錢을 計劃케할 事[2]

---

2) 『時事叢報』 52호(1899년 4월 2일, 양력 5월 11일) ; 53호(1899년 4월 4일, 양력
    5월 13일).

地契衙門職員及處務規程에 關ᄒ 請議書 第 号

第一條 地契衙門은 漢城府와 十三道 各府郡의 <u>山林土地田畓家舍契劵整釐 實施</u> <u>ᄒᄂ 事務를 專行ᄒᄂ 處所로 權設ᄒ 事</u> 但 <u>家舍契劵은 漢城府와 各開港口內</u> <u>에ᄂ 不在此限ᄒ 事</u>

第二條 地契衙門職員은 <u>左와 如ᄒ 事</u>

總裁官 一人 <u>勅任 一等</u>

副總裁官 二人 <u>勅任</u>

<u>記事員 三人</u>

<u>監理 十三人 奏任六等</u>

委員 四人 <u>奏任或判任</u>

<u>主事 六人 判任</u>

第三條 總裁官은 <u>衙務를 管理ᄒ며 所屬官吏를 指揮統督ᄒ 事</u>

<u>第四條 副總裁ᄂ 總裁의 職務를 補佐ᄒ며 事務를 贊議ᄒ 事</u>

<u>第五條 奏任官의 進退ᄂ 總裁가 奏稟施行ᄒ고 判任官以下ᄂ 專行ᄒ 事</u>

第六條 <u>監理ᄂ 總裁又副總裁官의 指揮監督를 承ᄒ야 十三道에 派住ᄒ야 各道內</u> 事務를 <u>依章程掌理ᄒ되 或各該地方官中으로 監理를 兼任도 ᄒ 事</u>

第七條 委員은 總裁又副總裁의 指揮監督를 承ᄒ야 <u>契劵事務에 誠實執行ᄒ</u> <u>事</u>

第八條 主事ᄂ 上官의 指揮를 承ᄒ야 庶務에 從事ᄒ 事

第九條 總裁官以下各官은 <u>各官廳勅奏判任官中으로 姑爲兼任ᄒ 事</u>

<u>第十條 山林土地田畓家舍ᄂ 大韓國人外에ᄂ 所有主되를 得지 못할 事</u> 但

各開港口內에는 不在此限홀 事

第十一條 山林土地田畓家舍所有主가 官契를 不願호다가 現發호 者는 原價十分
四罰金에 處하고 官契는 還給홀 事

第十二條 官契를 水沈火災或閪失호는 境遇에는 原主가 當該地方官에 報明호야
証據가 的確혼 後更히 成給홀 事

第十三條 契券形式과 還給과 舊券繳銷와 賣買讓與와 諸經費措劃에 관한 規則
은 本衙門令으로 定홀 事

第十四條 本令은 頒布日노붓터 施行홀 事[3]

---

3) 「中樞院議官 金重煥의 上疏에 따라 地契衙門 職員 및 處務規程에 관한 勅令案을
另具하여 會議에 提出한다는 請議書」『各部請議書存案』(奎 17715), 1901년(광무
5) 10월 21일. 밑줄 친 곳은 삭제되거나 수정된 부분임.

[자료 4] 칙령 제21호 지계아문직원급처무규정(1901년 10월 22일)

勅令 第二十一號 地契衙門職員及處務規程

第一條 地契衙門은 漢城府와 十三道 各府郡의 田土契券整釐 實施ㅎ는 事務를
　　　專行ㅎ는 處所로 權設홀 事

第二條 地契衙門職員은 左와如홀 事

總裁官 一人 (勅任 一等)

副總裁官 二人 (勅任)

委員 八人 四人奏任待遇四人判任待遇

技手 二人

一 總裁官 副總裁官은 詔勅으로 被命홀 事

一 奏任待遇委員은 總裁官이 奏裁ㅎ고 判任待遇委員과 技手는 總裁官과 副總裁
　　官이 選定홀 事

第三條 十三道에는 監理各一人을 薦 奏派送호딕 或各該地方官으로도 臨時監理
　　　를 奏命홀 事

第四條 總裁官은 衙屬을 指揮監督ㅎ며 地契의 當흔 事務를 管領處辦홀 事

　　第五條 副總裁官은 總裁官의 職務를 輔佐ㅎ야 本衙門事務를 整釐홈 事

第六條 委員은 總裁官又副總裁官의 指揮監督를 承ㅎ야 庶務에 從事홀 事

第七條 技手는 契券印刷에 事務를 服從홀 事

第八條 各地方에 派送ㅎ는 監理는 各該任命흔 地方에 出往ㅎ야 田土의 踏査와
　　　新契의 換給과 舊契의 繳銷ㅎ는 事務를 擔任홀 事

第九條 總裁官以下設施各員이 他職으로 或轉任야도 地契事務告竣ㅎ기 前에는
　　　本衙門職務를 仍辦ㅎ고 生手에 移附홈을 得지 勿홀 事

第十條 總裁官이 本衙門에 屬호 事務를 因호야 奏裁홀 境遇에는 總裁官副總裁官
　　이 議可聯署호 後에 奏裁를 得홀 事 但 總裁官이 有故在外與未及被命時에는
　　副總裁官 中一人으로 署理를 被命 後에 總裁官事務를 代辦홀 事

第十一條 總裁官俸給은 各部大臣俸給例로 副總裁官俸給은 各部協辦의 二等俸
　　給例로 照호야 支給호고 奏任待遇委員은 奏任六等으로 判任待遇委員은
　　判任五等을 照호야 支撥호고 技手는 本職等級을 從호야 支給홀 事

第十二條 總裁官以下各官은 各官廳勅奏判任官中으로 兼任케홀 事

第十三條 各地方에派送호는 監理의 俸給은 奏任六等을 照호야 支給호고 旅費
　　는 國內旅費規則을 照호야 支給홀 事

第十四條 本衙門總裁官은 各府部院長官의게 對等照會호고 各府觀察使府尹牧
　　使郡守의게 訓令指令으로 各觀察使府尹 牧使郡守는 報告質稟으로 홀 事

第十五條 各道監理는 各地方府尹牧使郡守의게 對等照會通牒으로 호고 觀察使
　　의게 關호 事項은 本衙門에 報明호야 指飭을 俟홀 事

第十六條 各府觀察使以下官吏가 地契事務에 關호야 違越호는 弊가 有호면
　　輕重을 隨호야 總裁官이 該所管部長官의게 移照호야 免官減俸譴責을 施케
　　홀 事

第十七條 田土官契은 田若畓를 勿論호고 每一作의 契券各一紙를 頒給호야 後日
　　賣買에 便케홀 事

第十八條 田土時主가 官契를 不肯印出호고 舊券으로 仍存타가 新官契의 無홈
　　이 現發되는 境遇에는 該田土의 關호訟事가 有홀지라도 受理치 아니호며
　　該田土는一切屬公홀 事

第十九條 官契를 印出割半호야 右片은 田土時主의게 付與호고 左片은 該地方官
　　廳에 保存케호되 式樣은 左와如홀 事

第二十條 官契를 閪失호는 境遇에는 該地方官의게 告實호야 証訂이 的確호
　　然後에 成給홀 事

第二十一條 地契實施호然後에 田土賣買호는 境遇에는 各該地方官이 証券을

成給호되 該証券을 領有호 者가 他人의게 轉賣홀 時에는 各該地方官이 舊証券을 繳銷ㅎ고 原地契는 還給ㅎ며 新証券을 成給홀 事 但 該地契을 典執ㅎᄂ 境遇라도 各該地方官에게 請願ㅎ야 認許를 得호 後에 施行홀 事

第二十二條 田土賣買証券을 印出割半ㅎ야 右片은 田土買主의게 付與ㅎ고 左片은 該地方官廳에 保存호되 式樣은 左와如홀 事

第二十三條 田土原契와 賣買証券一件에 銅貨二錢式 收入ㅎ야 該契券印出費을 當케홀 事

第二十四條 地契事務告竣호 後에는 漢城五署ᄂ 漢城府의셔 各地方은 各該府尹牧使郡守의게 事務를 擔任홀 事

第二十五條 契券의 印頒에 關호 各項細則은 本衙門總裁가 喬令으로 臨時頒行홀 事

第二十六條 本令은 頒布日노붓터 施行홀 事

光武五年十月二十日御押 御璽 奉 勅 議政府參政 金聲根[4]

---

4) 「勅令 第二十一號 地契衙門職員及處務規程」『관보』2024호, 1901년(광무 5) 10월 22일.

[자료 5] 전국 기관별 지역별 양전실시 현황 및 양안 상황

양전기관 / 지역	양지아문		지계아문
	양지아문(A)	지계이문(B)	지게아문(C)
경기	果川*1900 廣州 1900 廣州*1900 水原 1900 安山*1900 安城 1901 陽城 1901 陽智 1901 驪州 1901 龍仁 1900 陰竹 1901 利川 1901 竹山 1901 高陽 長端	安城* 1902 陽城* 1902 陽智* 1902 振威* 1902	水原 1903 龍仁 1903 始興 南陽 楊州 楊根 砥平
충북	槐山 1900 文義 1900 延豊*1901 陰城 1900 鎭川*1901 淸安 1900 忠州 1900 淸州 沃川 淸風 報恩 丹陽 提川 永同 黃澗 靑山	永春* 1902 忠州* 1902 懷仁* 1901	
충남	鎭岑 1901 天安 1900 韓山 1901 石城 1901 木川 1900 扶餘 1901 牙山*1900 燕岐 1900 連山 1901 溫陽 1900 全義 1900 定山 1901 公州 林川 鴻山 恩津 魯城 藍浦 鰲川 靑陽 泰仁 保寧	石城* 1902 連山* 1901 韓山* 1903	德山 新昌 禮山 大興 海美 沔川 唐津 瑞山 泰安 洪州 庇仁 瑞川 結城 稷山 平澤 懷德
전북	南原 古阜 金堤 錦山 咸悅 淳昌 任實 高山 井邑 雲峰 長水 求禮		全州 勵山 益山 臨陂 扶安 茂朱 鎭安 珍山 沃溝 萬頃 龍安 龍潭
전남	羅州 靈光 寶城 興陽 長興 康津 海南 茂長 綾州 樂安 南平 興德 和順 高敞 靈巖 務安		
경북	大邱 永川 安東 醴泉 淸道 靑松 寧海 張機 盈德 河陽 榮川 奉化 義城 淸河 眞寶 軍威 義興 新寧 延日 禮山 英陽 興海 慶山 慈仁 比安 玄風 慶州		尙州 星州 金山 善山 仁洞 順興 龍宮 開寧 聞慶 咸昌 知禮 高靈 漆谷 豊基
강원			江原道전부(杆城 1903 平海 1902) 江陵 襄陽 春川 三陟 蔚珍 平海 洪川
경남	密陽 蔚山 宜寧 昌寧 居昌 彦陽 靈山 昆陽 南海 泗川		昌原 金海 咸安 咸陽 固城 梁山 機張 草溪 漆原 巨濟 鎭海 安義 丹城 熊川 三嘉 晉州 河東 東萊 1904 山淸 1904 鎭南 1904 陝川 1904
황해	海州 甕津 康翎		

* 비고 : 연도표시지역은 규장각에 양안을 소장한 지역, 그중 *표시지역은 정서책 소장지역임. 밑줄 친 지역은 전답관계의 발견지역임.
* 자료 : 『증보문헌비고』, 전부고2, 중권, 645쪽 ; 奎章閣, 1982, 『규장각한국본도서해제 — 사부2』 ; 최원규, 1995, 「대한제국기 量田과 官契發給事業」 『대한제국의 토지조사사업』, 민음사, 212~213쪽 일부 수정 재인용.

1. 한말시기 토지제도 및 개항장 연구

가. 단행본

京城府, 1934, 『京城府史(上)』, 京城.

京城府, 1936, 『京城府史(中)』, 京城.

국사편찬위원회, 2002, 『대한제국』(신편 한국사 42).

金容燮, 1984, 『韓國近代農業史研究』(下), 一潮閣.

金鴻植 외, 1990, 『대한제국기의 토지제도』, 민음사.

金鴻植 외, 1997, 『조선토지조사사업의 연구』, 민음사.

裵英淳, 1988, 『한말 일제초기의 土地調査와 地稅改正』, 영남대 출판부.

孫禎睦, 1982, 『韓國開港期 都市變化過程研究－開港場 開市場 租界 居留地』, 一志社.

孫禎睦, 1982, 『韓國開港期 都市社會經濟史研究』, 一志社.

元永喜, 1972, 『韓國地籍史』, 新羅出版社.

李鉉宗, 1975, 『韓國開港場研究』一潮閣.

전우용, 2011, 『한국 회사의 탄생』, 서울대학교 출판문화원.

한국역사연구회 근대사분과 토지대장연구반, 1995, 『대한제국의 토지조사사업』, 민음사.

한우근, 1970, 『韓國開港期의 商業研究』, 一潮閣.

高秉雲, 1987, 『近代朝鮮租界史の研究』, 雄山閣.

宮嶋博史, 1991, 『朝鮮土地調査事業史の研究』, 東京大學 東洋文化研究所.

吉田光男, 2009, 『近世ソウル都市社會研究－漢城の街と住民』, 草風館.

和田一郎, 1920, 『朝鮮土地地稅制度調査報告書』, 朝鮮總督府 京城.

나. 논문

高東煥, 1993, 「18, 19세기 서울 경강지역의 상업발달」, 서울대 국사학과 박사학위논문.

구범진, 2006, 「「한청통상조약」일부 조문의 해석을 둘러싼 한·청의 외교분쟁」『대구사학』83.

金泳謨, 1980, 「韓末 漢城府民의 身分構造와 그 移動」『省谷論叢』11.

김상민, 2002, 「마산포의 개항과 각국공동조계의 성립에 관한 연구」, 경남대학교 대학원 사학과 석사학위논문.

金容燮, 1968, 「光武年間의 量田·地契事業」『亞細亞研究』31(『韓國近代農業史研究』下, 1984, 一潮閣 재수록).

金容燮, 1988, 「近代化過程에서의 農業改革의 두 方向」『韓國資本主義性格論爭』, 大旺社.

金正起, 1989, 「1890년 서울상인의 撤市同盟罷業과 示威투쟁」『韓國史研究』67.

김종원, 1966, 「조·중상민수륙무역장정에 대하여」『역사학보』32.

김희신, 2010, 「'한성 개설행잔 조항 개정'교섭과 중국의 대응」『동양사학연구』113.

노영택, 1974, 「開港地 仁川의 日本人 跋扈」『기전문화연구』5.

都冕會, 1989, 「갑오개혁 이후 화폐제도의 문란과 그 영향(1894-1905)」『韓國史論』21.

문준영, 2009, 「1895년 재판소구성법의 '出現'과 일본의 역할」『법사학연구』39.

민 윤, 2007, 「開港期 仁川 租界地 社會의 研究」『인천학연구』7.

민유기, 2007, 「한국 도시사 연구에 대한 비평과 전망」『사총』64.

閔會修, 2003, 「한국 근대 開港場·開市場의 監理署 연구」, 서울대학교 박사학위논문.

朴慶龍, 1992, 「大韓帝國時代 漢城府 研究-漢城府 [去文] 內容을 中心으로-」『水邨 朴永錫 敎授華甲記念 韓國史學論叢(下)』(『開化期 漢城府研究』, 1995, 一志社, 재수록).

박광성, 1991, 「仁川港의 租界에 대하여」『기전문화연구』20.

박은숙, 2009, 「개항기(1876~1894) 한성부 5部의 차별적 변화와 자본주의적 도시화」『한국사학보』36.

박정현, 2010, 「19세기 말 仁川과 漢城의 중국인 居留地 운영체제」『동양사학연구』113.

박준형, 2008, 「1890년대 후반 한국 언론의 '자주독립'과 韓淸 관계의 재정립」『한국사론』54.

박준형, 2009, 「청일전쟁 발발 이후 동아시아 각지에서의 청국인 규제규칙의 제정과 시행」『한국문화』49.

박준형, 2010, 「청일전쟁 이후 仁川 淸國租界의 법적 지위와 조계 내 조선인 거주문제」『한국학연구』22.

박준형, 2011, 「청일전쟁 이후 잡거지 한성의 공간재편논의와 한청통상조약」『서울학연구』 45.

박찬승, 2002, 「서울의 일본인 거류지 형성과정 : 1880년대~1903년을 중심으로」 『사회와 역사』 62.

박찬승, 2002, 「러일전쟁이후 서울의 일본인 거류지 확장과정」 『지방사와 지방문화』 5-2.

박찬승, 2003, 「조계제도와 인천의 조계」 『인천문화연구』 1.

손정목, 1982, 「개항장 조계제도의 개념과 성격 – 한반도 개항사의 올바른 인식을 위하여」 『한국학보』 8.

양상호, 1998, 「인천개항장의 거류지 확장에 관한 도시사적 고찰」 『논문집』 1.

양홍석, 2008, 「개항기(1876~1910) 한·미 간의 치외법권 사례 분석」 『동학연구』 24.

왕현종, 1995, 「대한제국기 量田·地契事業의 추진과정과 성격」(『대한제국의 토지조사사업』, 민음사, 수록)

왕현종, 1998, 「대한제국기 한성부의 토지·가옥조사와 외국인 토지침탈 대책」 『서울학연구』 10.

왕현종, 2001, 「갑오개혁기 개혁관료의 상업육성론과 경제정책」 『한국학보』 27-4.

왕현종, 2010, 「한말 한성부 지역 토지 가옥 거래의 추이와 거주지별 편차」 『한국사연구』 150.

왕현종, 2010, 「대한제국기 고종의 황제권 강화와 개혁논리」 『역사학보』 208.

왕현종, 2010, 「한국 근대사의 전통 근대의 연계와 동아시아 관계사 모색」 『역사학보』 207.

이규수, 2007, 「개항장 인천(1883~1910) – 재조일본인과 도시의 식민지화」 『인천학연구』 6.

李炳天, 1985, 「開港期 外國商人의 侵入과 韓國商人의 對應」, 서울대 경제학과 박사학위논문.

이영록, 2005, 「개항기 한국에 있어 영사재판권 : 수호조약상의 근거와 내용」 『법사학연구』 32.

이영록, 2011, 「한말 외국인 대상 민사재판의 구조와 실태 : 한성(부) 재판소의 민사판결을 중심으로」 『법과 사회』 41.

이영학, 2007, 「한말 일제하 식민지주의 형성과 그 특질」 『지역과역사』 21.

이영학, 2007, 「갑오개혁시기 기록관리제도의 변화」 『역사문화연구』 27.

이영학, 2008, 「일제의 토지조사사업과 기록관리」 『역사문화연구』 30.

이영학, 2009, 「조선시기 경제사연구의 현황」 『역사문화연구』 32.

이영학, 2009, 「대한제국의 기록관리」 『기록학연구』 19.

이영학, 2011, 「통감부의 조사사업과 조선침략」 『역사문화연구』 39.

이은자, 2005, 「한국 개항기(1876~1910) 治外法權 적용 논리와 한국의 대응 – 한중간 조약 체결 과정을 중심으로」 『동양사학연구』 92.

이은자, 2006, 「한청통상조약 시기(1900~1905) 중국의 재한 치외법권연구」 『명청사연구』 26.

이은자, 2010, 「19세기말 재조선 미개구안의 청상밀무역 관련 영사재판안건 연구」, 『동양사학연구』 111.

이재석, 1996, 「조청상민수륙무역장정과 한청조약의 비교분석」, 『통일문제와 국제관계』 7.

이재석, 2011, 「한청통상조약 연구」, 『대한정치학회보』 19-2.

이태진, 1995, 「18-19세기 서울의 근대적 도시발달 양상」, 『서울학연구』 4.

이현종, 1967, 「구한말 외국인 거류지내 조직체에 대하여」, 『역사학보』 34.

이희환, 2010, 「개항기 일본인들의 '인천(仁川)' 표상 : '식민도시 인천'담론의 기원」, 『역사문화연구』 37.

전성현, 2006, 「일제하 조선상업회의소 연합회의 산업개발전략과 정치활동」, 동아대학교 박사학위논문.

정혜중, 2007, 「개항기(開港期) 인천(仁川) 화상(華商) 네트워크와 화교(華僑) 정착의 특징」, 『중국현대사연구』 36.

조성윤, 1992, 「조선후기 서울주민의 신분구조와 그 변화」, 연세대 사회학과 박사학위논문.

조성윤·조은, 1996, 「한말의 가족과신분 : 한성부 호적 분석」, 『사회와 역사』 50.

차철욱, 2004, 「개항기-1916년 부산 일본인상업회의소 구성원 변화와 활동」, 『지역과 역사』 14, 2004.

崔元奎, 1994, 「韓末·日帝初期 土地調査와 土地法 硏究」, 연세대 사학과 박사학위논문.

崔元奎, 2001, 「19세기 후반 地契제도와 家契제도」, 『지역과 역사』 8.

한철호, 2008, 「갑오개혁·아관파천기(1894~1897) 일본의 치외법권 행사와 조선의 대응」, 『한국민족운동사연구』 56.

吉田光男, 1994, 「大韓帝國期のソウル住民移動」, 『朝鮮文化硏究』 1, 東京大學 文學部 朝鮮文化硏究室.

2. 한말 근대 법제 관련 논문

가. 단행본

강창석, 1995, 『朝鮮 統監府 硏究』, 국학자료원.

김운태, 1999, 『개정판 日本帝國主義의 韓國統治』, 박영사.

도면회, 2014, 『한국 근대 형사재판제도사』, 푸른역사.

박병호, 1985, 『한국의 전통사회와 법』, 서울대출판부.

박성진·이승일, 2007, 『조선총독부 공문서』, 역사비평사.

윤대성, 1997, 『한국민사법제사 연구』, 창원대출판부.
이승일, 2008, 『조선총독부 법제정책 ─ 일제의 식민통치와 조선민사령』, 역사비평사.
정긍식, 1996, 『朝鮮總督府 法令史料(1) ─ 支配機構·立法』, 한국법제연구원.
정긍식, 1995, 『統監府法令 體系分析』, 한국법제연구원.
정긍식, 2002, 『韓國近代法史攷』, 박영사.
정긍식, 1991, 『韓末法令體系分析』, 한국법제연구원.
최석영, 1997, 『일제의 동화이데올로기의 창출』, 서경.
최유리, 1997, 『日帝末期 植民地 支配政策研究』, 국학자료원.
鄭鍾休, 1989, 『韓國民法典의 比較法的研究』, 創文社.
李英美, 2005, 『韓國司法制度と梅謙次郎』, 法政大學出版局.

나. 논문

권태억, 2001, 「동화 정책론」, 『역사학보』 172.
권태억, 1994, 「통감부 설치기 일제의 조선근대화론」, 『국사관논총』 53.
김낙년, 1994, 「일본제국주의의 식민지 지배의 특질」, 『한국사』 13, 한길사.
김동명, 1998, 「일본제국주의의 식민지 지배 체제의 개편 ─ 3·1운동 직후 조선에서의
　　　　동화주의 지배 체제의 확정」, 『韓日關係史研究』 9.
김창록, 1989, 「식민지 피지배기 법제의 기초」, 『법제연구』 8.
김창록, 1994, 「日本에서의 西洋 憲法思想의 受容에 관한 研究」, 서울대 박사학위논문.
김창록, 2002, 「制令에 관한 연구」, 『법사학연구』 26.
김태웅, 1994, 「1910년대 전반 조선총독부의 취조국 참사관실과 구관제도조사사업」,
　　　　『규장각』 16.
남근우, 1998, 「식민지주의 민속학의 일고찰」, 『정신문화연구』 21권 3호.
도면회, 1994, 「1894~1905년간 형사재판제도 연구」, 서울대 박사학위논문.
도면회, 2001, 「갑오개혁 이후 근대적 법령 제정 과정」, 『한국문화』 27.
류승렬, 2007, 「한국의 일제강점기 '동화'론 연구에 대한 메타분석」, 『역사와 현실』
　　　　65.
文竣暎, 1999, 「大韓帝國期 刑法大典의 制定과 改正」, 『法史學研究』 20.
미즈노 나오키, 2001, 「조선 식민지 지배와 이름의 '차이화' : '내지인과 혼동하기
　　　　쉬운 이름'의 금지를 중심으로」, 『사회와 역사』 59.
박병호, 1992, 「日帝時代의 戶籍制度」, 『古文書研究』 3.
박진태, 2007, 「한말 내장원과 통감부 시기 임시재산정리국의 국유지 조사비교 분석」,
　　　　『Journal of korean Studies』 9.
박현수, 1980, 「일제의 침략을 위한 사회 문화 조사활동」, 『한국사연구』 30.
박현수, 1993, 「日帝의 朝鮮調査에 관한 研究」, 서울대 박사학위논문.
배성준, 2009, 「통감부시기 관습조사와 토지권 관습의 창출」, 『사림』 33.

심희기, 1992, 「書評 國譯慣習調査報告書」『법사학연구』 13.

심희기, 2003, 「일제강점 초기의 판례와 법학 ; 일제강점 초기 "식민지 관습법"의 형성」『법사학연구』 28.

양현아, 2000, 「식민지 시기 한국 가족법의 관습 문제 1」『사회와 역사』 58.

여박동, 1992, 「조선총독부 중추원의 조직과 조사 편찬사업에 관한 연구」『일본학연보』 4, 대구대.

왕현종, 2015, 「한말 개혁기 민법 제정론의 갈등과 '한국 관습'의 이해」『식민지 조선의 근대학문과 조선학연구』, 연세대학교 역사문화학과 BK21플러스 사업팀, 도서출판 선인.

柳在坤, 1993, 「日帝統監 伊藤博文의 對韓侵略政策(1906~1909)—〈大臣會議筆記〉를 중심으로」『청계사학』 10.

윤대성, 1991, 「일제의 한국 관습조사사업과 민사관습법」『창원대 논문집』 13권 1호, 1991.

윤대성, 1991, 「日帝의 韓國慣習調査事業과 傳貰慣習法」『韓國法史學論叢 — 박병호교수 화갑기념(2)』, 박영사.

윤대성, 1992, 「〈韓國不動産ニ關スル調査記錄〉의 연구」『창원대 논문집』 14.

이병수, 1975, 「우리나라의 근대화와 형법대전의 頒示」『법사학연구』 2.

이상욱, 1986, 「韓國相續法의 成文化過程」, 경북대 박사학위논문.

이승일, 2000, 「일제 식민지 시기 宗中財産과 '朝鮮不動産登記令'」『사학연구』 61.

이승일, 2003, 「일제의 관습조사사업과 식민지 관습법의 성격」『역사민속학』 17.

이승일, 2004, 「1910·20년대 조선총독부의 법제 정책」『동방학지』 126.

이승일, 2009, 「일제의 관습조사와 전국적 관습의 확립과정 연구」『대동문화연구』 67.

이승일, 2010, 「일제의 동아시아 구관조사와 식민지 법 제정구상 — 대만과 조선의 구관입법을 중심으로」『한국사연구』 151.

이승일, 2014, 「대한제국기 외국인의 부동산 전당 및 매매와 민사 분쟁 : 헐버트의 가옥 분쟁, 1900~1902)을 중심으로」『법사학연구』 49.

정긍식, 1992, 「日帝의 慣習調査와 意義」『國譯慣習調査報告書』, 한국법제연구원

정승모, 1994, 「관습조사보고서 서평」『역사민속학』 4.

정종휴, 2007, 「日本民法典의 編纂」『법사학연구』 36.

趙凡來, 1992, 「朝鮮總督府 中樞院의 初期 構造와 機能」『한국독립운동사연구』 6.

3. 한말 일제하 토지조사사업 관련 논문

가. 단행본

朝鮮總督府 臨時土地調査局, 1918, 『朝鮮土地調査事業報告書』, 朝鮮總督府.
和田一郎, 1920, 『朝鮮土地及地稅制度調査報告書』, 朝鮮總督府.
印貞植, 1940, 『朝鮮의 農業機構』, 白揚社.

강만길 외, 2004, 『일본과 서구의 식민통치 비교』, 선인.
김낙년, 2003, 『일제하 한국경제』, 해남.
김낙년 편, 2006, 『한국의 경제성장 1910~1945』, 서울대출판부.
김상용, 1995, 『토지소유권 법사상』, 민음사.
김양식, 2000, 『근대권력과 토지−역둔토 조사에서 불하까지−』, 해남.
김용섭, 1992, 『한국근현대농업사연구 ; 한말·일제하의 지주제와 농업문제』, 일조
　　　각.
김홍식 외, 1990, 『대한제국기의 토지제도』, 민음사.
김홍식 외, 1997, 『조선토지조사사업의 연구』, 민음사.
朴秉濠, 1974, 『韓國法制史攷』, 법문사.
배영순, 2002, 『韓末日帝初期의 土地調査와 地稅改正』, 영남대학교 출판부.
사계절편집부, 1983, 『한국근대경제사연구』, 사계절.
愼鏞廈, 1982, 『朝鮮土地調査事業硏究』, 지식산업사.
愼鏞廈, 2006, 『일제 식민지정책과 식민지근대화론 비판』, 문학과지성사.
심희기, 1992, 『한국법사연구』, 영남대학교 출판부.
안병직 편저, 1989, 『近代朝鮮의 經濟構造』, 비봉출판사.
역사학회, 2007, 『한국 역사학의 성과와 과제』, 일조각.
이대근 외, 2005, 『새로운 한국경제발전사−조선후기에서 20세기 고도성장까지』,
　　　나남.
이영호, 2001, 『한국근대 지세제도와 농민운동』, 서울대 출판부.
조석곤, 2003, 『한국 근대 토지제도의 형성』, 해남.
한국역사연구회 토지대장반, 1995, 『대한제국의 토지조사사업』, 민음사.
한국역사연구회 토지대장반, 2010, 『대한제국의 토지조사와 근대』, 혜안.
허수열, 2005, 『개발없는 개발−일제하, 조선경제 개발의 현상과 본질』, 은행나무.
Eckert, Carter, 1991, Offspring of empire : The Koch'ang Kims and the colonial origins
　　　of Korean capitalism, 1876~1945, University of Washington Press ; 주익종
　　　역, 2008, 『제국의 후예−고창 김씨가와 한국 자본주의의 식민지 기원,
　　　1876~1945』, 푸른역사.

Shin, Gi-Wook and Michael Robinson, eds., 1999, Colonial Modernity in Korea, Harvard University Press ; 도면회 역, 2006, 『한국의 식민지 근대성』, 삼인.

宮川澄, 1978, 『日本における近代的所有權の形成』, 御茶の水書房.

中村哲, 安秉直 譯, 1991, 『世界資本主義와 移行의 理論−東아시아를 中心으로−』, 비봉출판사.

나. 논문

김낙년, 2004, 「식민지기 조선의 '국제수지'추계」, 『경제사학』 37.

김낙년, 2005, 「서평 :『개발 없는 개발』, 허수열 저」, 『경제사학』 38.

김낙년, 2006, 「식민지기의 공업화 재론」, 박지향 외편, 『해방전후사의 재인식 1』, 책세상.

김낙년, 2007, 「'식민지 근대화' 재론」, 『경제사학』 43.

김동노, 1998, 「식민지시대의 근대적 수탈과 수탈을 통한 근대화」, 『창작과비평』 99.

김동노, 2003, 「식민지시기 인식의 새로운 방향 정립」, 김귀옥 외, 『한국사회사연구』, 나남출판.

김용섭, 1969, 「수탈을 위한 측량」, 『한국현대사』, 신구문화사(『한국근대민족운동사』, 141~174쪽, 돌배개, 1980 재수록).

김인수, 2013, 「일제하 조선의 농정 입법과 통계에 대한 지식국가론적 해석 : 제국 지식체계의 이식과 변용을 중심으로」, 서울대 사회학과 박사학위논문.

박명규, 1991, 「낡은 논리의 새로운 형태 : 宮嶋博史의 『朝鮮土地調査事業史の研究』, 비판」, 『한국사연구』 75.

배성준, 2000, 「'식민지 근대화'논쟁의 한계 지점에 서서」, 『당대비평』 13.

裵英淳, 1982, 「日帝下 驛屯土拂下와 그 귀결」, 영남대 『社會科學研究』 2-2.

裵英淳, 1984, 「일제하 국유지정리조사사업에 있어서 소유권 분쟁의 발생과 전개과 정」, 『인문연구』 5, 영남대학교, 인문과학연구소.

裵英淳, 1988, 『韓末・日帝初期의 土地調査와 地稅改正에 關한 硏究』, 서울대학교 국사 학과 박사학위논문(『韓末日帝初期의 土地調査와 地稅改正』, 2002, 영남대학 교출판부).

愼鏞廈, 1977, 「日帝下의 『朝鮮土地調査事業』에 대한 一考察」, 『韓國史研究』 15.

愼鏞廈, 1997, 「'식민지근대화론' 재정립 시도에 대한 비판」, 『창작과비평』 98.

안병직, 1997, 「한국근현대사 연구의 새로운 패러다임」, 『창작과비평』, 98.

왕현종, 2003, 「조선토지조사사업 연구의 과제와 시론적 검토」, 『역사와 현실』 50.

왕현종, 2007, 「경남 창원지역 토지조사의 시행과정과 장부체계의 변화」, 『역사와현 실』 65.

왕현종, 2011, 「경남 창원 토지조사의 실시와 지역 주민의 대응」, 『한국학연구』 24,

인하대학교 한국학연구소.

유재건, 1997, 「식민지·근대와 세계사적 시야의 모색」 『창작과비평』 98.

이송순, 2002, 「일제하 1930·40년대 농가경제의 추이와 농민생활」 『역사문제연구』 8.

이송순, 2005, 「1930년대 식민농정과 조선 농촌사회 변화」 『현대문학의 연구』 25.

이영호, 1990, 「대한제국시기의 토지제도와 농민층분화의 양상」 『한국사연구』 69.

이영호, 2003a, 「서평 : 『한국 근대 토지제도의 형성』(조석곤 저, 도서출판 해남, 2003)」 『경제사학』 35.

이영호, 2003b, 「일본제국의 식민지 토지조사사업에 대한 비교사적 검토」 『역사와 현실』 50.

이영호, 2007, 「조선토지조사사업에서 국유지의조사와 활용」 『역사와 현실』 65.

이영호, 2008a, 「일제의 한국토지정책과 '증명(證明)→지권(地券)→등기(登記)'로의 단계적 전환」 『한국사연구』 142.

이영호, 2008b, 「일제의 조선식민지 토지조사의 기원, 부평군 토지시험조사」 『한국학연구』 18.

李榮薰, 1993, 「토지조사사업의 수탈성 재검토」 『역사비평』 제22호, 1993 가을.

이영훈, 1997, 「토지조사사업의 수탈성 재검토」(김홍식 외, 1997, 『조선토지조사사업의 연구』, 민음사).

李鍾範, 1990, 「1915~1950년대 농지소유구조의 변동 ; 광산군 하남면 사례」 『이재룡박사환력기념 한국사학논총』, 서울, 이재룡박사환력기념한국사학논총간행위원회.

李鍾範, 1991, 「1908~09년 일제의 과세지조사에 관한 실증적 검토 ; 전라남도 구례군 토지면 오미동 사례」 『역사와 현실』 5.

李鍾範, 1992, 「1910年 前後 地稅問題의 展開過程에 관한 硏究」 『역사연구』 창간호.

李鍾範, 1994, 「19世紀末 20世紀初 鄕村社會構造와 租稅制度의 改編 : 求禮郡 吐旨面 五美洞 『柳氏家文書』 分析」, 延世大學校 사학과 박사학위논문.

장시원, 1997, 「서평 : 조선토지조사사업의 연구」 『경제사학』 23.

장시원, 1999, 「조선토지조사사업 연구의 새로운 지평」 『사회과학논평』 18.

전상인, 1998, 「식민지 근대화론에 대한 이해와 오해」 『동아시아비평』 창간호.

鄭然泰, 1997, 「大韓帝國 後期 啓蒙運動系列의 土地守護運動과 農業振興論」 『韓國民族運動史硏究』, 于松趙東杰先生停年紀念論叢刊行委員會.

정연태, 1997, 「수탈론의 속류화 속에 사라진 식민지」 『창작과비평』 97.

정연태, 1999, 「'식민지근대화론' 논쟁의 비판과 신근대사론의 모색」 『창작과비평』 103.

정연태, 2007, 『한국의 식민지적 근대 성찰-근대주의 비판과 평화공존의 역사학 모색』, 선인.

정재정, 1996, 「1980년대 일제시기 경제사 연구의 성과와 과제」, 역사문제연구소편,

『한국의 '근대'와 '근대성' 비판』, 역사비평사.

정재정, 2008, 「일본사 교과서에 기술된 식민지지배와 민족운동-2007년도 검정 합격본의 경우」『한일관계사연구』30.

趙錫坤, 1986, 「朝鮮土地調査事業에 있어서 所有權調査過程에 관한 한 硏究」『經濟史 學』10.

趙錫坤, 1994, 「토지조사사업과 식민지지주제」『한국사』13, 한길사.

趙錫坤, 1995a, 『朝鮮土地調査事業에 있어서의 近代的 土地所有制度와 地稅制度의 確立』, 서울대 경제학과 박사학위논문(『한국 근대 토지제도의 형성』, 해남, 2003).

趙錫坤, 1995b, 「서평 : 대한제국의 토지조사사업」『경제사학』19.

趙錫坤, 1997, 「수탈론과 근대화론을 넘어서」『창작과비평』96.

趙錫坤, 1998, 「식민지근대화론과 내재적 발전론 재검토」『동향과전망』38.

趙錫坤, 1999, 「조선토지조사사업연구를 둘러싼 최근 쟁점에 대한 소론」『사회과학논 평』18.

趙錫坤, 2006, 「식민지 근대화론 연구성과의 비판적 수용을 위한 제언」『역사비평』 75.

조형근, 2007, 「근대성의 내재하는 외부로서 식민지성/식민지적 차이와 변이의 문제」 『사회와 역사』73, 한국사회사학회.

주익종, 2006, 「식민지시기의 생활수준」『해방 전후사의 재인식』, 책세상.

주종환, 1999, 「일제 조선토지조사사업에 관한 '식민지근대화론'비판-근대성을 강 조하는 나가무라교수의 역사이론에 대하여-」『역사비평』통권47호.

崔元奎, 1994, 『韓末 日帝初期 土地調査와 土地法 硏究』, 연세대 사학과 박사학위논문.

崔元奎, 1995, 「1900년대 日帝의 土地權 侵奪과 그 管理機構」『釜大史學』19.

崔元奎, 1997, 「한말 일제초기 일제의 토지권 인식과 그 정리방향」『한국근현대의 민족문제와 신국가건설』, 지식산업사.

崔元奎, 1999, 「19세기·후반 20세기초 경남지역 일본인 지주의 형성과정과 투자사례」 『韓國民族文化』14-1.

崔元奎, 1999, 「한말·일제 초기의 토지조사사업 연구와 문제점-『조선토지조사사업 의 연구』(김홍식 외, 민음사, 1997)-」『역사와현실』31.

崔元奎, 2000, 「東洋拓殖株式會社의 이민사업과 동척이민 반대운동」『韓國民族文化』 16-1.

한국역사연구회 근대사분과 토지대장연구반, 1992, 「내재적 발전론을 가장한 또 하나의 식민주의」『역사와 현실』7.

허수열, 2006, 「『해방전후사의 재인식』의 식민지경제에 대한 인식 오류」『역사비평』 75.

왕 현 종

연세대학교 사학과를 졸업하고 같은 학교 대학원에서 석사와 박사학위를 받았다. 현재 연세대학교 역사문화학과 교수로 재직하고 있다. 전공분야는 한국근대사이며, 갑오개혁기에서 대한제국기까지 근대국가의 개혁운동과 근대사회 형성의 경제적 기초구조에 대한 연구이다.

저서로『한국근대 토지제도의 형성과 양안』(혜안, 2016),『한국 근대국가의 형성과 갑오개혁』(역사비평사, 2003), 공저로『1894년 농민전쟁 연구』(1·4)(역사비평사, 1991·1995),『대한제국의 토지조사사업』(민음사, 1995),『한국근대이행기 중인연구』(신서원, 1999),『청일전쟁기 한·중·일 삼국의 상호전략』(동북아역사재단, 2009),『대한제국의 토지제도와 근대』(혜안, 2010),『일제의 창원군 토지조사와 장부』(선인, 2011),『일제의 창원군 토지조사사업』(선인, 2013),『식민지 조선의 근대학문과 조선학연구』(선인, 2015) 등이 있다.

한국 근대의 토지와 농민 총서 **2**

대한제국의 토지조사와 토지법제

왕 현 종 지음

초판 1쇄 발행 2017년 1월 30일

펴낸이 오일주
펴낸곳 도서출판 혜안

등록번호 제22-471호
등록일자 1993년 7월 30일

주 소 ⓤ 04052 서울시 마포구 와우산로35길3 (서교동) 102호
전 화 3141-3711~2
팩 스 3141-3710
이메일 hyeanpub@hanmail.net

ISBN 978-89-8494-590-6 93910

값 32,000원